LAS ESCUELAS DEL HOGAR PROVINCIAL SANTO TOMÁS DE VILLANUEVA, PÉREZ MOLINA, CRUZ PRADO Y FERROVIARIO

Primer centenario de las escuelas públicas en Ciudad Real, 1924-2024

Vicente Palomares García

LAS ESCUELAS DEL HOGAR PROVINCIAL SANTO TOMÁS DE VILANUEVA, PÉREZ MOLINA, CRUZ PRADO Y FERROVIARIO

PRIMER CENTENARIO DE LAS ESCUELAS PÚBLICAS EN CIUDAD REAL, 1924-2024

BIBLIOTECA DE AUTORES MANCHEGOS
DIPUTACION DE CIUDAD REAL

Primera edición: 2024

© Vicente Palomares García
© Diputación Provincial de Ciudad Real

Edita: Servicio de Cultura. Diputación Provincial
Biblioteca de Autores Manchegos (BAM)
Plaza de la Constitución, 1. 13001 Ciudad Real
Tlf.: 926292575
Web: www.dipucr.es

Cubierta: BAM. Fotografías: Imágenes del pasado y del presente de
las Escuelas del Hogar Provincial Santo Tomás de Villanueva, Pérez
Molina, Cruz Prado y Ferroviario.

Coordinación editorial: Jesús Reviejo
Colección General, número 239

Imprime: Blanca Impresores, S.L.
ISBN: 978-84-7789-407-0
Depósito Legal: CR-58-2024

Impreso en España

A todos los maestros y maestras porque gracias a
ellos he podido escribir este libro y vosotros leerlo.

ÍNDICE

I

DE HOSPICIO PROVINCIAL A
CEIP SANTO TOMÁS DE VILLANUEVA

II
DE GRUPO DE PÁRVULOS A
CEIP PÉREZ MOLINA

III
DE GRADUADA MIXTA A
CEIP ALCALDE JOSÉ CRUZ PRADO

IV
DE ACADEMIA DE LOS FERROVIARIOS A
CEIP FERROVIARIO DE CIUDAD REAL

PRÓLOGO

Acabas de abrir la primera página de un libro del que no únicamente eres lector, sino también protagonista.

Maestro o alumno, vas a ir completando su historia con tu propia historia.

En su lectura vas a encontrar unas páginas en las que el autor ha sabido aunar historia, cultura y tradición. Explica con suma sencillez, a través de un exhaustivo trabajo de investigación y riqueza de información, la evolución de cuatro colegios claves de nuestra ciudad y provincia. Todos ellos de reconocido prestigio a lo largo de dos siglos (1924-2024).

Pone a nuestro alcance, de modo sugestivo y riguroso, la documentación más completa. Documentos tales como actas de diferentes claustros, antiguos libros de visita de Inspección, actas de plenos del Ayuntamiento y Diputación, documentos diversos…, algunos de ellos únicos e inéditos, que tienen un ingente valor para el conocimiento del devenir de las escuelas, de sus actividades escolares y extraescolares, sus solicitudes, necesidades e inquietudes.

La diversidad que aporta la lectura del libro no se limita a cuestiones culturales, pedagógicas o históricas, también incluye una enorme variedad de recursos. De relevante importancia es la gran cantidad de material gráfico, fotos y postales que ilustran, documentan y configuran la estructura física y el complejo mundo interior, lleno de vida, que es la escuela. Nos muestra acontecimientos en ocasiones complejos, que aun así el lector sin conocimientos específicos comprende y sigue sin dificultad.

En sus efemérides aparecen un número elevado de nombres, fechas y sucesos, que están siempre unidos al proceso educativo, a esta ciudad y a esta provincia. Conviven episodios anecdóticos, pero no menos representativos, que han trazado y reflejan el curso de actitudes y comportamientos de la sociedad de su tiempo.

No olvidemos la inestimable aportación de testigos presenciales pues ¡qué mejor que una fuente oral para ver en perspectiva aquellos episodios que forman parte del pasado, configuran nuestro presente y marcarán el futuro!

El orden en que se ha organizado esta obra sigue un esquema cronológico, con el fin de hacer un recorrido por la historia de los diferentes colegios desde sus inicios.

Como si de una «línea del tiempo» se tratara, desde el analfabetismo (que no incultura) del siglo XIX a la era digital del siglo XXI, vas a poder ir deteniéndote y reconocer esa escuela de tus abuelos, tantas veces evocada, de tus padres, de tus hijos, de tus nietos… hasta es posible que hayas dado tus primeros pasos educativos en alguno de ellos y encuentres aquel primer maestro o maestra.

Quizá vas a reconocerte en actividades de clase, cánticos, rezos, labores, catecismo, cuadernos y enciclopedia, frío, disciplina, gimnasia, mañanas de sábados y tardes libres de los jueves, en la ayuda americana de la leche en polvo, en la educación diferenciada… o quizá te reconocerás en la era digital con la tablet, la pizarra interactiva, los proyectos deportivos, la jornada continuada y la coeducación. Esa coeducación que ya tuvo su primer intento en la Segunda República, que poco duró…, como bien nos relata el libro.

Incluso en algún punto reconocerás el «Recuerdo Infantil» de Machado, en esa tarde parda y fría en que un coro infantil repite machaconamente la lección.

En esa línea pararás seguro en la escuela del Covid-19, como antes habrás hecho un alto en tiempos muy difíciles de guerra y de posguerra donde la labor docente nunca desaparece.

Irás viendo cómo se suceden las diferentes leyes de educación, quizá demasiadas, y las repercusiones que supusieron y actualmente suponen en los colegios, todo ello perfectamente documentado. El estudio bibliográfico y documental que el autor ha hecho es digno de ser reseñado.

Reconocerás nombres como «El Hospicio», «La Cantina», «La Ferroviaria» y «San Antón» donde cada uno de estos apelativos cobra sentido y se llena de significado.

Detengámonos ahora en el año 2003. Cuando Vicente Palomares se incorporó al claustro de profesores del CEIP Pérez Molina, pocos podíamos imaginar que su esfuerzo, tenacidad y trabajo le iba a llevar a explorar la historia de la enseñanza, de la educación y del personaje que da nombre a nuestro centro.

En su primer libro *Miguel Pérez Molina (1868-1939) y la Academia General de Enseñanza de Ciudad Real*, nos da a conocer a Pérez Moina con su constante empeño en temas educativos, tesón y esfuerzo en la realización de escuelas públicas y preocupación por los necesitados. Así nacería «La Cantina», hoy CEIP Pérez Molina.

El autor no queda aquí, porque en su actual libro nos adentra en los últimos 100 años de historia educativa, de vertiginosa transformación, a través de la conmemoración del centenario de estas escuelas. Esta historia educativa está repleta de personajes, unos conocidos, otros galardonados, otros anónimos, padres y madres de alumnos y otros que se irán incorporando para conservarla y continuarla.

Por último, dar las gracias a Vicente por su obra, su compañerismo, su buen hacer como maestro, por su esfuerzo y reivindicación de la enseñanza pública y, ¡cómo no!, por el privilegio de prologar una obra en la que he sido figurante, en mi papel de alumna y de maestra. He salido a recibir las imágenes, los sentimientos y en muchos casos los recuerdos vividos.

Y ahora sí, te invito a dar la vuelta a la página…

Comienza aquí la historia de cuatro escuelas, desde sus cimientos físicos, que vertebran su estructura, y sus cimientos pedagógicos, que conforman su identidad.

MILAGROS ROBREDO CALAHORRA
Maestra del CEIP Pérez Molina

INTRODUCCIÓN

La presente investigación pretende dar a conocer la situación de las escuelas desde el siglo XIX hasta nuestros días, conociendo sus locales, sus maestros y maestras, el alumnado, los métodos y metodologías, material didáctico, el trabajo diario, sus actividades extraescolares y complementarias, sus tiempos escolares y la evolución en los planteamientos de instrucción, enseñanza y educación tanto en los ayuntamientos como del poder central del Estado. Hemos ido pasando desde la simple instrucción como medio de erradicar el analfabetismo y el absentismo hasta la pretendida digitalización de la enseñanza en la actualidad.

La escuela que hemos tenido de referencia ha sido la del Hospicio Provincial, que abarca desde los primeros momentos de la Diputación Provincial hasta finales del siglo XX. Esta escuela nace de la necesidad de dar instrucción a los niños y niñas de toda la provincia que continuamente llegaban allí para darles cobijo y cubrir sus necesidades primarias más básicas. La Diputación, madre provincial, no solo intentaba cubrir las necesidades más elementales para cualquier ser humano, sino que pretendió darles una instrucción básica y una formación profesional para hacer personas útiles a la sociedad y que les permitiera ganarse la vida al salir de los establecimientos de Beneficencia.

Las escuelas del Hospicio Provincial son las primeras escuelas públicas en la provincia que disponían de local propio; esto suponía una ventaja para atender las necesidades de todos los niños y niñas que allí se recogían. Las primeras escuelas públicas con local propio se empiezan a realizar en nuestra provincia al comienzo del siglo XX en los pueblos que despuntaban en la agricultura cerealista y del cultivo de la vid. En el caso de la capital no tuvo escuelas públicas hasta 1924 en que se inauguran la escuela de Párvulos Pérez Molina, el grupo escolar mixto Cruz Prado y la escuela unitaria de La Poblachuela. Ese mismo año se inauguró también la Academia de los Ferroviarios. La razón de este retraso en la construcción de edificios escolares en la capital hay que buscarla en el escaso interés que tenían los componentes del Ayuntamiento en invertir en la instrucción y enseñanza y en los escasos medios económicos que manejaban la mayoría de los ayuntamientos.

Los maestros y maestras desarrollaban su trabajo en unas condiciones infrahumanas, mal pagados y poco valorados. Su sueldo dependía, hasta 1902, del pago por parte del Ayuntamiento y este pagaba tarde, mal y nunca. Desarrollaban su labor en unos locales que no reunían las mínimas condiciones pedagógicas ni higiénicas y con una ratio que superaba, en muchos casos, los cien niños de diferentes edades. De ahí el dicho, «Pasas más hambre que un maestro de escuela», el tema económico del profesorado se puede considerar resuelto de una manera digna en la década de 1980 y posteriores.

Analizando la evolución de las escuelas del Hogar Provincial Santo Tomás de Villanueva, Pérez Molina, Cruz Prado y Ferroviaria podemos ver las escuelas de toda España a lo largo de los siglos XIX, XX y XXI. Sus avances, sus dificultades y sus cambios para irse adaptando a la nueva sociedad, que va surgiendo como consecuencia del progreso económico y social, son fruto del tesón y del esfuerzo de las personas que en ellas aprendieron.

En el tema de la instrucción pública, la enseñanza y la educación en la capital de nuestra provincia podemos destacar a tres alcaldes que marcaron un hito en su dedicación y esfuerzo para que se escolarizasen los niños, tuviesen escuelas y se contratasen maestros y maestras, estos son Miguel Pérez Molina, José Cruz Prado y José Maestro San José. No podemos olvidar las grandes inversiones que a lo largo de los años ha realizado la Diputación Provincial.

Al examinar la evolución de las escuelas, de la instrucción y de la enseñanza que en ellas se imparte hemos de observar en el presente estudio que lo anterior es el reflejo, en gran parte, del poder político que en cada momento ha gobernado en España. José Castillejo ya se dio cuenta de ello y comentó que cada partido solo hace una ley de educación de acuerdo con sus postulados y España necesitaba una ley de educación hecha por todos y para todos.

El estudio de las escuelas, objeto de análisis, nos va a permitir observar el cambio a lo largo de los años de la manera de proceder en la instrucción, enseñanza y educación de las niñas. De no haber escuelas de niñas a poder asistir a una escuela, de estar en escuelas separadas hasta la coeducación, de enseñarlas solo a leer, coser y rezar hasta tener un mismo currículum de aprendizaje, de aislar a compartir, de aprender solo con maestras a recibir enseñanza por parte de cualquier maestro; en definitiva, a través del conocimiento de la vida en estos centros educativos también podemos ver la evolución en la educación de la mujer.

Desde hace varios años vengo recopilando información para realizar la presente investigación. Resulta difícil conseguir documentación, pero nuestra curiosidad y tesón han hecho posible ir recogiendo y recopilando todos los documentos que nos han permitido conocer, en lo posible, a los centros educativos anteriormente mencionados. A esta labor de investigación documental hay que añadir las numerosas visitas que he realizado al Museo Municipal Archivo Histórico López-Villaseñor, las horas y horas dedicadas a ver los fondos digitalizados de la Diputación de Ciudad Real en su Archivo General, de la Hemeroteca Nacional de España, del Centro de Estudios de la Universidad de Castilla-La Mancha y las hemerotecas de las bibliotecas públicas y de los archivos de los colegios objeto de estudio. No podemos olvidar las fuentes orales, pues su testimonio sobre sus antepasados y vivencias personales sobre aquellos años se diluyen con el paso del tiempo y cada vez son menos los que te pueden contar algo.

Para dar a conocer el presente trabajo lo hemos estructurado en varias partes. En la primera, estudiamos el Hospicio Provincial y su evolución hasta llegar a ser el CEIP Santo Tomás de Villanueva. Toda una aventura educativa y social de la provincia desde mediados del siglo XIX hasta finales del siglo XX.

En segundo lugar, dedicamos nuestro estudio a conocer la historia del CEIP Pérez Molina, inaugurado el 6 de enero de 1924 como grupo de Párvulos y conocido en la ciudad como «La Cantina». Todo un ejemplo de «despensa y escuela» para los niños. Una escuela impulsada por Miguel Pérez Molina para que los niños asistiesen a la escuela y pudiesen comer todos los días.

En tercer lugar, damos a conocer la primera escuela mixta de la capital, el grupo escolar Cruz Prado, también inaugurado en 1924, y que lleva el nombre del alcalde impulsor del proyecto escolar. Una escuela dedicada a un barrio que presentaba y presenta dificultades económicas, y habitado por gente obrera.

La última parte de nuestra investigación se la dedicamos al CEIP Ferroviario, que empezó como academia de los ferroviarios y acabó siendo un colegio público. Una escuela con el propósito de atender las necesidades de los ferroviarios y sus familias y que a lo largo de los años ha sido, y es, un referente en la enseñanza pública de la ciudad.

Entre la bibliografía más valiosa para la realización del presente trabajo caben destacar la revista *Siempre en Marcha*, los *Boletines Oficiales de la Provincia*, los periódicos de la época (revista y periódico *Vida Manchega, El Pueblo Manchego*, diario *Lanza* y diario *La Tribuna*), los libros publicados en la época como *Cuadros a Pluma (Notas descriptivas de Ciudad Real)* de Rafael Abellán, *La Guía de Ciudad Real* de Domingo Clemente y la *Guía Consultor e Indicador de Ciudad Real y su provincia* de Jesús Rejá y Pablo Pardiñas. Entre las publicaciones actuales cabe destacar las realizadas por Isidro Sánchez y otros en *Frailes, aprendices y estudiantes: Historia de los usos sociales en un espacio de Ciudad Real;* de Francisco Asensio Rubio, *La Enseñanza en la Segunda República y la Guerra Civil en Ciudad Real, 1931-1939*; y el libro titulado *La Instrucción pública en Ciudad Real (1850-1931)*, de Domingo Martínez, Francisco Asensio y Carmen H. González. Varios de ellos publicados gracias a la extraordinaria labor que realiza la Diputación Provincial de Ciudad Real a través de la Biblioteca de Autores Manchegos, para la difusión de la educación y de la cultura en la provincia.

AGRADECIMIENTOS

A mi mujer, Paqui, y a mis hijos, Eduardo y Diego, por tantas y tantas horas dedicadas a la investigación, que me han impedido atenderles como se merecen cada día.

A mis abuelos, padres, familiares, y a todos mis maestros y maestras, pues a ellos les debo la pasión por la enseñanza y la realización del presente libro.

También quiero agradecer el apoyo y los ánimos que siempre me dieron los equipos directivos actuales y anteriores de los colegios CEIP Santo Tomás de Villanueva, CEIP Pérez Molina, CEIP Alcalde José Cruz Prado y CEIP Ferroviario de Ciudad Real; en especial a José Luis Jiménez, antiguo director del colegio Ferroviario, por su información y aportación de documentación fotográfica. De la misma manera quiero expresar mi gratitud a Apolonio Oliver del Hierro por su inestimable ayuda en la composición informática, a Emilio Martín Aguirre por su colaboración y a Jorge Sánchez Lillo por sus constantes ánimos y aportaciones para realizar la presente publicación.

En cuanto a la búsqueda de fuentes orales, quiero dar las gracias a Patrocinio García Vélez, a las maestras Pilar y Carmen Cinca, a Rafael Díaz Molina, a Manoli y Juani Díaz, Antonio García-Donas y a todas las personas, que no puedo nombrar por ser innumerables, y que han colaborado con sus aportaciones orales o fotográficas en esta publicación.

También quiero reconocer la ayuda recibida de los responsables del Museo y Archivo Histórico Municipal de Ciudad Real López-Villaseñor, especialmente la colaboración y disposición de Valeriano Villajos.

Para finalizar quiero expresar mi gratitud a los trabajadores y trabajadoras del Archivo General de la Diputación, en especial a Francisco Adánez, por su ayuda, eficiencia y eficacia en la aportación de la documentación solicitada.

I
DE HOSPICIO PROVINCIAL A
CEIP SANTO TOMÁS DE VILLANUEVA

1
SIGLO XIX

1.1. ORÍGENES DEL HOSPICIO PROVINCIAL Y LA TRANSFORMACIÓN DE LOS ESPACIOS

El espacio que nos ocupa tiene unos 22.000 m², y está delimitado en la actualidad por la plaza de San Francisco, calle Granada, Ronda de Granada, calle Maternidad y calle San Francisco. Los usos a lo largo del tiempo de este espacio han sido muy diversos: convento y cementerio del convento de los Franciscanos Observantes, hospital civil, cuartel del Ejército, escuela normal, escuela práctica de niños, residencia de las Hijas de la Caridad, hospicio, casa de maternidad, casa-cuna, asilo de ancianos, huerta, escuelas de Primaria, talleres profesionales, imprenta, lavadero, panadería, talleres de vías y obras, instituto, centro de exposiciones, gestión tributaria y residencia universitaria.

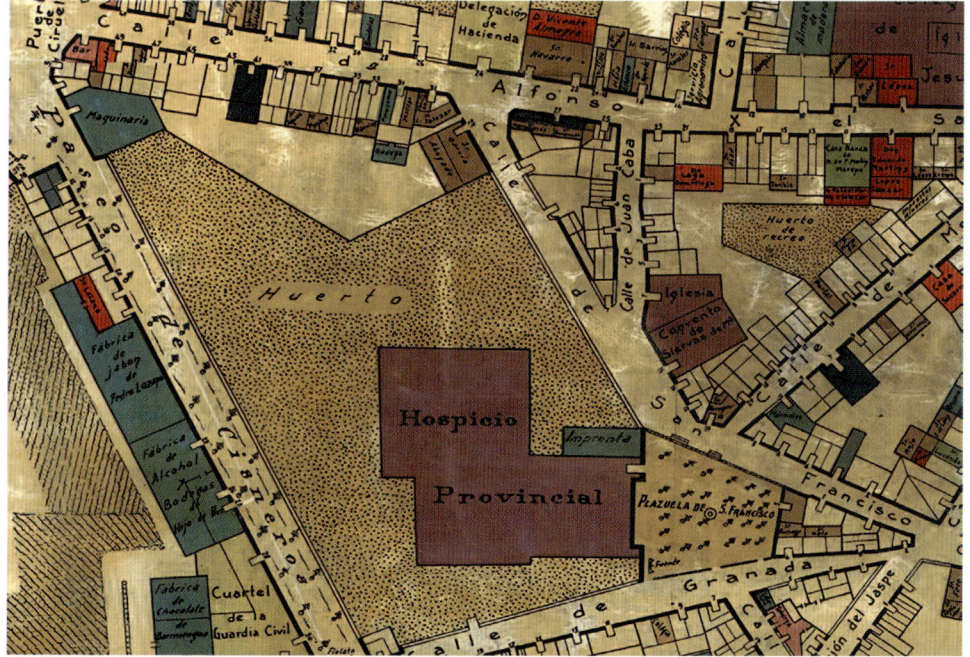

Detalle del Plano-Censo de Ciudad Real, Martín Sofí, 1925, con la ubicación del Hospicio Provincial. Fuente: Centro de Estudios de Castilla-La Mancha.

La fundación del convento de San Francisco y su fin lo describe María José Lop Otín de la siguiente manera:

> «Los frailes, cuya presencia en dicho espacio fue larga, superó con creces los 500 años, pues se prolongó desde 1262 hasta 1821. La primera de estas fechas corresponde a la probable fundación del convento de San Francisco por Alfonso X, y la segunda a la aplicación de las medidas desamortizadoras del Trienio Liberal, que propiciaron la exclaustración de los frailes y unos nuevos usos (militares, educativos, benéfico-asistenciales, residenciales) para el antiguo recinto conventual»[1].

El convento de los Franciscanos Observantes, como así se denominó al de Ciudad Real, toma este nombre en 1450 en la orden religiosa, frente a la corriente conventual o claustral. En la actualidad del espacio que ocupaba el convento y sus dependencias no queda nada. Dicho convento constaría de un templo, claustro, huertos, cementerio y otras dependencias. Del cementerio tenemos noticias gracias a algunos maestros que vieron huesos humanos cuando se hicieron las excavaciones para hacer el actual Instituto Santa María de Alarcos. Según nos comentan aparecieron tumbas y huesos en la zona del antiguo lavadero y panadería. Jorge Sánchez Lillo nos facilita información al respecto y nos remite a los artículos publicados en los diarios *Lanza* y *La Tribuna* el 24 de junio de 1994.

En el cementerio del convento se enterraban los frailes y gente importante de la ciudad, y sus familiares realizaban importantes donaciones al monasterio, lo cual era una importante fuente de ingresos para su sostenimiento.

Inocente Hervás y Buendía nos relata la desaparición del convento de la siguiente manera:

> «Suprimido en virtud de la ley de 1820, pasaron los religiosos que le habitaban al de Santa Cruz de Mudela. La administración del edificio corrió a cargo del Ayuntamiento, el cual, en las diversas guerras que agitaron la nación, estableció aquí un Hospital Civil, aunque éste, como el de San Juan de Dios, admitían también enfermos militares, cobrando seis reales por estancia. Al crearse en esta capital las Escuelas Normal de Maestros y Práctica de Niños, el Ayuntamiento ofreció este edificio para su instalación –1850–; pero al año siguiente se quejó el director de sus malas condiciones y en septiembre del año siguiente se hizo el cambio con San Juan de Dios, quedando éste de San Francisco como Hospital Civil único, puesto que, las demás fundaciones benéficas, habían desaparecido a impulsos de los trastornos sociales y leyes de Desamortización».

Desde que los Franciscanos abandonan el convento en 1821, el uso de las instalaciones ha corrido varias suertes. Según Félix Pillet, el edificio estuvo ocupado por las tropas y al irse entregaron las llaves al corregidor. El Ayuntamiento decide alquilar el edificio a Vicente Serrano con objeto de disponer de dinero para arreglar los desperfectos que las tropas habían ocasionado, y a la vez se consigue el mantenimiento del edificio[2].

El 3 de octubre de 1859 se aprueba la creación del Hospicio Provincial y se inaugura el 19 de marzo de 1861, según consta en el acta municipal del 18 de marzo de 1861. Sin embargo, según Delgado Merchán se inauguró el 1 de enero de 1860 bajo la advocación de San José[3].

La Diputación, al recibir el exconvento para establecer el Hospicio Provincial, decide hacer obras de reparación valoradas en 2679 escudos para los servicios a que iba a destinarse: Hospicio de San José y Casa de Maternidad y Expósitos. En la *Memoria de la Diputación* de 1866 se expresa la finalidad de la siguiente forma:

> «La Diputación Provincial de Ciudad Real, que anhela proporcionar al niño desvalido, al huérfano sin recursos, al anciano menesteroso medios de consolarlo, de subsistencia y asilo con las comodidades posibles, ha arreglado sus dependencias que hoy se prestan al mejor servicio».

La memoria anterior nos informa de que en 1865 hay 168 personas en el Hospicio y 205 acogidos en la Casa de Maternidad y Expósitos, sin contar las 210 defunciones de niños que se habían producido. El encargado de llevar a cabo la organización de todos estos establecimientos benéficos fue Enrique Cisneros, gobernador civil entre 1858 y 1863.

Domingo Clemente en su *Guía de Ciudad Real* (1869) nos indica que la Diputación se ha gastado cuantiosas sumas de dinero en la reparación, quedándose un buen establecimiento con espaciosos dormitorios para hombres, mujeres, niños y niñas. Además, tiene capilla, escuelas para ambos sexos, almacenes, talleres, cocina, comedor, oficinas, patios, etc. Acogiendo en esos momentos a 250 personas, entre expósitos, huérfanos, ancianos y pobres que no puedan trabajar[4].

En 1890 el Hospicio sufre un gran incendio y se destruyen gran parte de las techumbres, por lo que se tienen que acometer, en años sucesivos, varias reformas del edificio. Será el fin de la capilla de la Soledad, que será derruida en los comienzos del siglo XX y se construirá la nueva fachada del edificio en 1907 dando a la plaza de San Francisco.

Comienza el siglo XX con ampliaciones del Hospicio y reformas arquitectónicas debidas a la masificación y a la gran demanda existente.

Isidro Sánchez Sánchez lo describe así:

> «La Comisión provincial, en sesión de 10 de febrero de 1905, acuerda encargar al arquitecto provincial la elaboración de un proyecto para la ampliación del Hospicio. Se trata de utilizar el espacio de la antigua iglesia de San Francisco, que ya no tiene culto y es cedida a la Diputación Provincial por el Obispo Prior de la Órdenes Militares»[5].

El arquitecto Sebastián Rebollar será el encargado de llevar a efecto estas modificaciones arquitectónicas.

En la sesión provincial de 4 de noviembre de 1881 habían acordado comprar el huerto contiguo en la zona sur del Hospicio a su propietaria, Rogelia Sarachaga, lo que supondrá una ampliación considerable de los terrenos del exconvento. Estos terrenos permitirán ampliaciones, ya que desde comienzos de siglo las reformas son continuas para intentar atender tantas demandas. En 1917 y 1918 se realizarán las correspondientes a la Casa-Cuna y la cocina.

En la década de 1910 podemos encontrar diversas noticias del Hospicio en la revista *Vida Manchega* y en el periódico *El Pueblo Manchego*, que seguirán aportando información en décadas posteriores.

Hospicio Provincial a comienzos del siglo XX. Postal de época. Fotografía de Vicente Rubio.

Siendo alcalde Miguel Pérez Molina se hace la acometida de agua potable al Hospicio, ya que hasta ese momento se abastecían de un pozo y un depósito.

Durante la dictadura de Primo de Rivera se llevan a cabo grandes reformas, impulsadas por el diputado-visitador Ponciano Montero. Sus realizaciones se publican en la *Memoria* que se edita en 1929 por el gobernador civil. Además de las reformas en los interiores de los edificios, se construyen la Casa-Cuna y Maternidad, que serán inauguradas en 1930.

Tras la Guerra Civil, en la década de 1940 se hacen reformas en los interiores, que resultaron muy insuficientes. La década de 1950 se haría interminable, con continuas obras y grandísimas dificultades para los alojados en los hogares provinciales. Frecuentes cambios, ruidos, frío, comida insuficiente y disciplina férrea caracterizaron a esta década. En 1946 se inauguró el lavadero, situándolo al lado de la Casa-Cuna, en la Ronda de Granada.

El 21 de noviembre de 1956 se inauguró la panadería del Hogar Provincial, a continuación del lavadero. Su situación era la del actual IES Santa María de Alarcos, es decir en la calle Granada esquina con la ronda de igual nombre. En ella trabajaron funcionarios de la Diputación y alumnos internos que recibían una compensación económica.

Será en 1961 cuando se terminan, por fin, las obras en los hogares y se empieza una nueva andadura en todos los aspectos: asistencial, formativo, educativo, profesional y cultural. Los Salesianos serán los encargados de dar una nueva dimensión al Hogar Provincial.

El lavadero y la panadería verán su fin en 1982, en los terrenos que ocupaban se construirá el Instituto Santa María de Alarcos, inaugurándose en 1995. El 13 de septiembre de 1995 inicia la Corporación Provincial el expediente de cesión de terrenos de 1.769 m² para construir un gimnasio cubierto para el instituto, en la parte sur, sito en calle Maternidad esquina con Ronda de Granada.

La antigua Casa-Cuna y Maternidad se reforman y en ellas se establecen, en 1993, el Centro de Exposiciones de la Diputación y Gestión Tributaria.

Los antiguos hogares provinciales se van adaptando a los tiempos y a las necesidades de cada momento, por ello se tienen que hacer reformas para adecuarlos a la nueva situación que se produce en el curso escolar 1988-1989, en el cual se fusionan los colegios Virgen del Prado y Santo Tomás de Villanueva. En la parte donde se situaba el Hogar Femenino y sus escuelas, se van a instalar las dependencias del colegio fusionado, es decir, frente a la plaza de San Francisco; mientras que en la calle San Francisco, donde estaban el Hogar Masculino y las escuelas llevadas por los Salesianos, se llevan a cabo importantes reformas, y se inaugurará la Residencia Universitaria de la Diputación en 1992.

En el Pleno Provincial del 19 de noviembre de 2010, se aprueba por unanimidad la segregación del espacio destinado, con anterioridad, a hogares provinciales, quedando establecidos y delimitados el colegio público Santo Tomás de Villanueva, perteneciente a la Junta de Comunidades de Castilla-La Mancha; la Residencia Universitaria, propiedad de la Diputación; el IES Santa María de Alarcos, propiedad de la Junta de Comunidades, y el Centro de Exposiciones y el Servicio de Recaudación, pertenecientes a la Diputación.

El CEIP Santo Tomás de Villanueva tiene su puerta principal en la Plaza de San Francisco número 1 y una puerta de acceso para los alumnos, actividades y servicios, ubicada en la calle Granada.

1.2. LAS ESCUELAS DEL HOSPICIO PROVINCIAL

Las escuelas de niños y niñas del Hospicio nacen de la necesidad de instruir, enseñar, educar y formar profesionalmente a todos los niños de la provincia acogidos allí desde la tierna infancia hasta los 17 años. La labor de la Diputación era difícil porque tenía que cubrir también las necesidades más básicas de cualquier ser humano. Se recibían continuamente solicitudes para el ingreso de niños y niñas de todos los pueblos de la provincia y los medios económicos e instalaciones fueron insuficientes durante el siglo XIX y gran parte del siglo XX.

La Diputación de Ciudad Real comienza su andadura el día 5 de diciembre de 1835, su inicio resultó muy difícil, ya que carecía de medios económicos para emprender sus mínimas funciones. Será en 1836 cuando empiece a recibirlos de los pueblos, Gobierno Civil y donaciones particulares. A estas dificultades para ingresar dinero con el que poder hacerse cargo de las funciones provinciales que debía realizar, se unen las propias del siglo XIX en toda la provincia y en el resto de España. Los pueblos no podían pagar su cuota puesto que el cólera, las guerras carlistas, las continuas plagas de langosta, la filoxera y el mantenimiento de una economía agraria de subsistencia no generaban suficientes fondos para mantener las tareas encomendadas a la Diputación.

Desde los primeros momentos ven la necesidad de ofrecer a los niños no solo comida y vestido, sino el deber de darles una instrucción básica y posteriormente prepararlos para una vida profesional en los diversos talleres que pusieron en marcha. En materia de Instrucción Pública tenían a su cargo los gastos de la Junta Provincial de Instrucción Pública, sostener económicamente a las Escuelas Normales de Maestros y Maestras, la Inspección de Primera Enseñanza y el Instituto Provincial de Segunda Enseñanza. Además, debían controlar a los ayuntamientos para que pagasen a los maestros y maestras sus sueldos y comprobar que proporcionaban locales para las escuelas.

El primer documento que hemos encontrado referenciando las escuelas del Hospicio data del acta provincial de 16 de diciembre de 1854 en el cual se indica la gran cantidad de niños que hay en la Casa-Cuna, dado que ascienden a 374 de uno a once años, siendo 208 menores de un año. En la misma acta se menciona que el regente de la escuela de niños cobra 2.200 reales y su auxiliar 400. Dedicándose 400 reales para atender a libros y material escolar para cada escuela, una de niños y otra de niñas, y otros 400 reales para destinarlos a premios de los niños y niñas que hayan obtenidos buenos resultados escolares.

La Junta Local de Instrucción Pública otorgaba menciones honoríficas a los maestros y maestras de las escuelas cuyos alumnos hubieran destacado en los exámenes que se realizaban en enero y en junio de cada curso escolar. Dicho premio llevaba una gratificación económica. Según se publica en el *Boletín Oficial de la Provincia* el 25 de septiembre de 1865, se otorgaron los siguientes premios: 1º Francisco Ruiz Morote (maestro superior), 2º Juan Fernández Barranquero (maestro de la Escuela de Adultos), 3º Nicasio Ruperto Morreno (maestro del Hospicio) y 4º Josefa Agapita Merino López (maestra del Hospicio).

Teniendo presente la información que nos aporta el acta provincial de 12 de marzo de 1864, los maestros del Hospicio eran Nicasio Ruperto Moreno, con un sueldo de 4.400 reales anuales, y Josefa Agapita Merino, con un sueldo de 3.333 reales al año. Ambos maestros estatales piden a la Diputación un aumento de sueldo, que no se les concederá por no estar presupuestado.

La gran cantidad de niños que atendían en el Hospicio hacía necesario continuas reformas en el establecimiento, y el gobernador civil se hace eco, comunicando a la Diputación que deben mejorarse los establecimientos provinciales de Beneficencia y por tanto tiene que crearse una botica en el hospital, mejorar las camas del Hospicio, construir un lavadero y un local para el culto, hacer reparaciones para los talleres de carpintería, tejidos de hilo y proporcionar viviendas a los maestros y al director del Hospicio.

En estos momentos se estaban fomentando a nivel provincial las escuelas de adultos como medio de alfabetización. El maestro Nicasio Ruperto solicita que se ponga una escuela de este tipo en el Hospicio, pero la Diputación le comunica que no procede la solicitud puesto que se supone que los niños asilados deben saben leer y escribir cuando lleguen a adultos.

Nicasio Ruperto no se conforma con la respuesta y envía un escrito al Ministerio de Fomento, el cual estudia sus argumentos y notifica al gobernador civil que debe solucionarse dicho tema. La Junta de Instrucción Pública comunica a la Diputación que debe hacerse la Escuela de Adultos, pero la Diputación le responde que es innecesario en el centro porque "los niños nada adelantan sin duda por el poco tacto del maestro y la ninguna regularidad de la Escuela" y recomiendan al gobernador que suspenda al maestro, ya que no observan adelantos en los niños.

Esta tirantez entre maestro y Diputación se debe a que tenían que pagarle 150 escudos anuales de gratificación por impartir las clases de adultos.

En la *Memoria* que realiza la Diputación, correspondiente al año 1866, se relaciona el personal del Hospicio de San José con esta distribución, según los trabajos: José Borondo, director; Sebastián Mejía, interventor; Joaquín Fernández, oficial; José Gurruchaga, capellán; Nicasio Ruperto Moreno, maestro, Agapita Merino López, maestra; Sebastián Barrejón, maestro de solfeo; José Santisteban, maestro carpintero; José Antonio Espadas, maestro sastre; José Román, maestro tejedor, Antonio Martínez, maestro zapatero; Vicente Muñoz, maestro espartero; Josefa Monroy, maestra de blondas; Daniel García, guarda de almacén; Hilario León, portero; Juan Lagar, celador; María Sánchez, celadora; Josefina Díaz, ama mayor, y Andrea Clemente, cocinera.

Además del Hospicio la Diputación atendía a la Casa de Maternidad y Expósitos y el Hospital del Carmen, como distintas partes de la Beneficencia provincial.

El presupuesto provincial del año económico de 1864 a 1865 ascendió a un total de 408.148 escudos, de los cuales se destinaron 60.607 a Instrucción Pública y 80.234 a Beneficencia, lo que supone un 34,5% del gasto provincial en estos dos capítulos.

El número de niños que se incorporaban al Hospicio cada año era muy numeroso y los recursos de la Diputación no eran ilimitados, por lo que todas las solicitudes no se podían admitir. En enero de 1865 había 168 niños acogidos en el Hospicio, mientras que en la Casa de Maternidad y Expósitos había 519, de los cuales fallecieron 210. La mortalidad infantil, tanto en la institución provincial como fuera de ella, era muy elevada.

La preocupación porque los niños recibieran una formación de cara a su futuro estuvo desde los primeros momentos. En el acta provincial de 24 de julio de 1866 se dio lectura a un oficio del gobernador en el cual se indica la conveniencia de que sería muy provechoso establecer una imprenta en el Hospicio. En la misma sesión tratan el tema de la Academia de Música del Hospicio, indicando que hay once niños estudiando solfeo y pueden formar parte de la Banda de Música si se les compran los instrumentos.

Durante 1867 acometen varias reformas en el Hospicio y se plantean la compra de la huerta que está al sur del establecimiento, teniendo en cuenta las continuas demandas de plazas tanto para niños como ancianos. Al mismo tiempo se acuerdan visitar el Hospicio de Valencia para ver sus instalaciones y la posibilidad de mejorar las de aquí. En lo referido a la educación de los niños sordomudos y ciegos de la provincia, acuerdan enviarlos a un centro de Madrid, pagando su estancia.

Analizando los presupuestos de estos años a través de las actas provinciales, podemos observar que la situación económica de la Diputación es muy delicada y suprimen o reducen las cantidades asignadas en los presupuestos a diferentes capítulos. Por ello suprimen la cantidad consignada al aumento gradual de sueldos de los maestros, quitan la subvención destinada al Colegio de Internos del Instituto, reducen las ayudas a los pensionados en estudios superiores, al inspector de Escuelas le disminuyen dos escudos diarios en la visita a las escuelas, suprimen la Escuela Modelo de Párvulos sostenida por la Diputación en la casa de Pablo J. Vidal en la calle Azucena, etc.

En 1868 la situación económica no varió y los pagos de los pueblos se retrasaban o no llegaban. Este problema económico se traslada a los empleados. El maestro de la Escuela Modelo de Párvulos les solicita el abono de su sueldo ya que, desde el momento en el que la Diputación dejó de sostener aquella escuela, nadie le paga. Según el acta provincial de 16 de noviembre de 1868 los sueldos, en escudos, en la Casa de la Misericordia eran los siguientes: capellán, 350; maestro de primera enseñanza, 700; maestra de primera enseñanza, 330; maestro de música y solfeo, 500; maestro zapatero, sastre, carpintero, tejedor y espartero, 300; maestro barbero, 110; cocinera, 150 y lavandera, 150. Teóricamente los maestros debían recibir una compensación económica o bien facilitarles casa-habitación, pero en el Hospicio no se realizaba. Asimismo, tenían derecho a que los padres de los alumnos les pagasen unas retribuciones, pero al ser pobres de solemnidad no podían pagarlas, y la Diputación no se hacía cargo de los dos temas anteriores.

En la sesión provincial del 14 de noviembre de 1868 acuerdan el cese de la maestra del Hospicio Clementina Otal Morales por no reunir la titulación exigida en esos momentos y nombran maestra a Gabriela Pascual del Valle. Al tomar posesión de la escuela, la nueva maestra informa a la Diputación de que la escuela está en el más completo abandono.

La situación de las escuelas públicas a nivel provincial y nacional era lamentable, pocas y con numerosos niños hacinados en cada aula, siendo las condiciones higiénicas, sanitarias y de iluminación muy deficientes. En la capital estaban las dos del Hospicio, la aneja de niños, regentada por Francisco Ruiz Morote; la aneja de niñas, regentada por Patrocinio Quiroga; la de Juan Fernández Barranquero en la calle Infantes y la de Isabel María Trujillo en la calle Tintoreros. Además, había cuatro privadas de niños y cuatro de niñas, una pública de adultos y otra privada[6].

Domingo Clemente, en su *Guía de Ciudad Real*, nos indica que hay unos 250 niños en el Hospicio, correspondiendo a la Diputación el sostenimiento de las escuelas de niños y niñas, los talleres de Zapatería, Sastrería, Carpintería y uno de Tejidos con ocho telares, la Banda de Música con director y 36 músicos.

En estos momentos de cambios políticos, se sucede un hecho curioso que se refleja en el acta provincial de 12 de agosto de 1869 es que el director del Hospital y el capellán se niegan a jurar la Constitución, por lo cual tienen que ser cesados. La razón de su negativa era que en ella se sostiene la libertad de culto.

Durante el año 1871 se está confeccionando el Reglamento Orgánico del Hospicio, pero el hecho más importante, por su trascendencia y duración, será la inauguración de la Imprenta Provincial el 29 de septiembre de 1871, comenzando el 2 de octubre las publicaciones, por lo cual deciden pagar la deuda a la imprenta que publicaba el *Boletín Oficial de la Provincia*.

El número de niños asilados continúa aumentando y el maestro Nicasio Ruperto solicita a la Diputación que nombre un maestro auxiliar, acordando la Corporación Provincial crear dicha plaza el 18 de abril de 1872, con un sueldo de 700 pesetas anuales.

Cada iniciativa o suceso hay que verlo en el tiempo y en el momento histórico en que sucede. El director del Hospicio dirige un escrito al presidente de la Diputación, en el cual le manifiesta que se niega a admitir a los niños que vienen de los pueblos sin bautizar. Esto refleja, por un lado, la mentalidad de la época y por otro la imposibilidad de admitirlos ya que estaban saturados de solicitudes.

La Diputación decide poner un maestro auxiliar dada la gran cantidad de niños que tiene el maestro titular y el 7 de noviembre de 1872 eligen a Venancio Fernández Rubio para el desempeño del cargo. Este tema lo solucionan, pero Nicasio Ruperto les pone un recurso de alzada ante el ministro de la Gobernación en el cual les reclama que le deben pagar todo lo que le corresponde, es decir, retribuciones y casa-habitación.

Ante las continuas protestas y reclamaciones del maestro anterior, la Junta Provincial de Instrucción Pública se pone de parte de la Diputación y solicita que se le suspenda de empleo y sueldo. Sin embargo, el 27 de abril de 1876 acuerdan pagarle los 9.208 reales que le adeudan, aunque le rebajan de 450 pesetas, por la casa-habitación, a 360. En lo que respecta a las retribuciones que los padres de los niños debían pagarle, deciden no darle nada porque los alumnos que tiene en el Hospicio son pobres de solemnidad.

Las reclamaciones de los maestros y maestras del Hospicio y de toda la provincia a la Diputación son continuas, ya que los ayuntamientos no les pagaban y la Diputación tampoco pagaba el aumento gradual de sueldo al que tenían derecho.

El continuo pleito entre Diputación y el maestro Nicasio Ruperto lo resuelve, de momento, la Dirección General de Instrucción Primaria informando a la Diputación que deben reponerle en su empleo.

Nicasio, hombre luchador por sus derechos, vuelve con sus reclamaciones y solicita a la Diputación en noviembre de 1876 que presupueste 218,75 pesetas para el material de la escuela de los cursos pasados 1874-1875 y 1875-1876, puesto que se adeudan. La situación de la economía provincial era pésima y el sueldo de los funcionarios muy escaso. Detallamos a continuación los sueldos anuales en pesetas del acta provincial de 11 de abril de 1.877: diputado provincial, 2.000; secretario de la Diputación, 4.000; escribiente, 1.200; portero, 998; arquitecto, 3.500; delineante, 1.750; inspector de Primaria, 2.000 más 1.500 en dietas; maestro del Hospicio, 1.375; maestro auxiliar del Hospicio, 700, y mozo de oficios, 875.

Las reclamaciones de maestros y maestras se suceden. Nicasio Ruperto se pone enfermo y le sustituye Maximiano Rodríguez, que también se verá obligado a reclamar el pago del alquiler de la casa-habitación. No se libraría de reclamar Gabriela Pascual, que en 1880 presenta un escrito solicitando el aumento gradual de sueldo desde el 1 de julio de 1876 y el pago del alquiler de la casa-habitación.

En 1879 dirige a la Diputación un escrito Amalio Buendía Fernández, natural de Torralba de Calatrava, indicando que es ciego y ha estado en el colegio Santa Catalina de Madrid realizando sus estudios. Informa a la Corporación sobre la conveniencia de que se instale en el Hospicio una escuela de ciegos, ofreciéndose regentarla si destinan de 10 a 15 pesetas al mes para materiales, libros y aparatos. Este ofrecimiento conllevará posteriormente la atención a sordomudos y ciegos de la provincia.

Será en la sesión de 2 de enero de 1879 cuando la Corporación Provincial acuerde la instalación de las Hijas de la Caridad en los asilos y en el hospital, y para ello van a modificar los reglamentos de dichos establecimientos.

Al instalarse en el Hospicio Provincial las Hijas de la Caridad de San Vicente de Paúl, tienen que cesar a la maestra Gabriela Pascual del Valle, la cual solicita que se le abone todo lo que se le debe y se le busque una plaza en Ciudad Real. Desde su incorporación, las Hijas de la Caridad se hacen cargo de la enseñanza de las niñas y solicitan a la Diputación que instale una guardería de niños y niñas de 2 a 6 años.

En la sesión provincial de 27 de abril de 1883 acuerdan:

«proponer al Gobernador que las Hermanas del Hospicio establezcan un Asilo donde se admitan niños pobres de ambos sexos de 2 a 6 años desde las

1.4. LAS MATERIAS DE ENSEÑANZA EN LAS ESCUELAS DEL HOSPICIO EN EL SIGLO XIX

Vamos a partir de la Ley de Claudio Moyano de 1857 por su importancia y duración hasta su derogación total en 1970. En las escuelas establecidas de Primera Enseñanza se impartían las siguientes materias: Doctrina Cristiana y Nociones de Historia Sagrada acomodada a los niños, Lectura, Escritura, Principios de Gramática Castellana con ejercicios de Ortografía, Principios de Aritmética con el sistema legal de medidas, pesas y monedas y Breves Nociones de Agricultura, Industria y Comercio, según las localidades.

Los aspectos anteriores se podían ampliar con nociones sobre Historia de España, Historia Natural, Principios de Geometría, Dibujo Lineal y Agrimensura. En el caso de las niñas se suprimían las nociones del punto sexto y se reemplazaban por:

a) Labores propias del sexo.
b) Elementos de Dibujo aplicados a las mismas labores.
c) Ligeras nociones de Higiene Doméstica.

Las escuelas del Hospicio eran públicas y por tanto debían regirse por los mismos procedimientos académicos que el resto, si bien había algunas diferencias al ser un centro benéfico y la enseñanza de las niñas dependía solo de las Hijas de la Caridad. Dedicaban las tardes a la enseñanza del Catecismo, Historia Sagrada, Bordado, Cosido y Enseñanzas Domésticas. Estas últimas como preparación profesional al servicio doméstico, para su futuro hogar e incluso para hacer los trabajos de encargo de particulares. Estos trabajos encargados por personas particulares pagaban al Hospicio la cantidad estipulada y a las asiladas que los hacían se las ingresaba la mitad en su cuenta de ahorros para cuando abandonasen el establecimiento. En el caso de los niños que trabajasen o ayudasen en los talleres se procedía de la misma forma.

1.5. NUEVO REGLAMENTO DEL HOSPICIO PROVINCIAL DE 1887

Para finalizar el estudio en el siglo XIX en el Hospicio Provincial vamos a analizar el Reglamento aprobado el 2 de abril de 1887, que estará en vigor hasta que Luis Castillo Almena confecciona uno nuevo en 1937. En el análisis que nos ocupa vamos a tener presente las novedades con respecto al Reglamento de 1883.

Aparece por primera vez la figura del diputado-visitador, el cual será nombrado cada año por la Diputación y cuyo cargo recaerá en el vicepresidente de la Comisión Provincial, o en un diputado provincial residente en la capital. Este diputado será el jefe inmediato de todos los establecimientos de Beneficencia, sus funciones serán: presentar un informe anual sobre el estado de los establecimientos y las reformas necesarias, despedir a los asilados que cometan faltas graves, conceder permisos, realizar compras según los acuerdos tomados, revisar la alimentación en cantidad y calidad, revisar el vestuario, controlar la instrucción moral y material de los acogidos, visitar e inspeccionar con frecuencia los establecimientos, vigilar por el buen orden y poner sanciones, inspeccionar las obras y proponer a la Diputación la inversión de los donativos particulares según la voluntad del donante.

Otra novedad es la aparición de la figura del interventor, sustituyendo a las anteriores de secretario-contador y depositario-administrador.

En lo que respecta a las funciones del maestro y la maestra se mantienen iguales, exceptuando la obligación de informar al diputado-visitador sobre las necesidades de material escolar y proponerle los alumnos aventajados para que estudien carreras literarias.

Los exámenes de los niños eran antes semestrales y ahora van a ser trimestrales, aunque el tribunal examinador tendrá la misma composición de personas.

El horario escolar se mantiene igual, es decir, había clases por la mañana y por la tarde.

Los maestros de los talleres están bajo la supervisión de la superiora al igual que los talleres o fábricas. La superiora, de acuerdo con el director y el maestro de escuela, dispondrán los niños que podrán pasar a los talleres teniendo presente la inclinación del niño, así como que este sepa leer y escribir, sin cuyo requisito no podrá salir de la escuela.

El presente reglamento, al igual que el anterior, también describe la comida de los asilados, su vestuario y ropas, limpieza, aseo y distribución del horario a lo largo del día.

Una gran novedad es el capítulo dedicado a la Imprenta, creada en 1871. Al frente de ella estará el regente Joaquín Alberto Muñoz, siendo sus funciones:

1º Explicar y enseñar a los asilados puestos bajo su dependencia cuanto al arte se refiere, exigiendo de ellos la mayor aplicación o laboriosidad.

2º Procurar hacer los trabajos en el menor tiempo posible, realizándolos con esmero y prudencia económica.

3º Procurar tener más acogidos que personas de fuera del establecimiento.

4º Solicitar a través del director los materiales o enseres que necesite.

5º Llevar un inventario.

6º Realizar los trabajos de impresión y encuadernación que se soliciten por el conducto del Director y anotar los importes.

7º Llevar los libros de contabilidad y encargos realizados anotando los precios.

8º Imprimir el *Boletín Oficial de la Provincia*.

La finalidad de poner la Diputación una imprenta era para enseñar el oficio a los asilados y aumentar los recursos del establecimiento para cubrir, en parte, los gastos que ocasionaba. Al mismo tiempo ahorraba dinero al publicar en su propia imprenta el *Boletín Oficial de la Provincia* y otros documentos provinciales.

El capítulo décimo se dedica a la exposición de los premios y castigos a los acogidos y se especifica de la siguiente manera:

«Artículo 275. Los premios que se adjudicarán a loa asilados del Establecimiento por aplicación y buena conducta, consistirán:

1º Exención del servicio mecánico.

2º En hacer de ellos mención honorífica en los actos de lista.

3º En el ascenso a ayudantes de jefes de sección.

4º Nombramientos de jefes de sección.

5º En recompensas pecuniarias, según el mérito contraído.

6º En dedicarles a carreras literarias y artísticas.

Todos los expresados premios podrá acordarlos el Diputado-visitador de los Establecimientos, a excepción del último, que hará la propuesta a la Excma. Diputación.

Artículo 276. Los castigos que impondrá a los asilados por sus faltas de moralidad, desaplicación y demás que cometieren, serán:

1º Tenerlos de rodillas de diez a veinte minutos.

2º Privación de recreo.

3º Ídem de medio pan en las comidas, uno o dos días.

4º Recargo del servicio más penoso de uno a dos días.

5º Ídem del mismo de ocho a quince.

6º Arresto de un día de fiestas hasta ocho.

7º Reclusión en el cuarto de corrección de un día a dos.

8º Ídem en el mismo de cuatro a ocho días.

9º Mención en público de las penas aplicadas y las causas que las hayan motivado.

10º Imposición de multas de sus respectivos ahorros.

11º Privación de gratificaciones que disfruten.

12º Amonestaciones para ser despedidos.

13º Despedidos por incorregibles».

El Establecimiento Benéfico tenía un claro acento religioso marcado por los tiempos y por la impronta de las Hijas de la Caridad. Si seguimos el inventario de 1898 podemos ver los distintos nombres que asignaban a las diversas dependencias: dormitorios de Santa Ana, de la Purísima, de la Virgen del Prado, de San José, de San Luis, de San Francisco, de San Antonio y de Santo Ángel.

1.6. LAS BECAS-PENSIÓN PARA ESTUDIOS SUPERIORES

Una gran labor desarrollada por la Diputación en los siglos XIX y XX fue la de conceder ayudas para estudios superiores a jóvenes de la provincia de Ciudad Real.

En el pleno de la Diputación celebrado el 11 de marzo de 1864 se informa de que las diputaciones de Valencia, Barcelona, Zaragoza y Alicante dan pensiones a alumnos para que estudien pintura y escultura. Tras esta información se procede a estudiar el caso del daimieleño Joaquín José Flores Sánchez, el cual ha estudiado pintura en la Academia de San Fernando y ahora quiere completar sus estudios en el extranjero, solicitando ayuda a la Diputación. Una vez debatido el caso acuerdan lo siguiente: 1º Otorgarle una pensión anual de 10.000 reales, 2º Tendrá una duración de cuatro años, 3º Cada trimestre deberá enviar a la Diputación una foto del cuadro que esté pintando y un informe de sus profesores en el que consten sus aplicaciones, progresos y buena conducta y 4º En las exposiciones de Madrid deberá presentar algunos cuadros.

Detrás de este pensionado irán apareciendo más a lo largo del siglo XIX. En la sesión provincial del 3 de enero de 1867 acuerdan conceder pensiones a:

Ceferino Sauco, 4.500 reales al año, para estudiar Arquitectura.
Antonio Úbeda Megía, 4.500 reales al año, para estudiar Pintura.
Vicente Marcos Ruiz, 1.000 reales al año, para estudiar Agricultura.

Los siguientes becados serán Francisco Ramón Rivas Romero para estudiar ingeniero agrónomo y a Emilio Obón para estudiar Bellas Artes, en 1881. La popularidad de este tipo de becas se extiende por la provincia y en la sesión del 3 de abril de 1884 acuerdan conceder becas para estudios superiores a: Fernando Lozano Serna, estudios de Agricultura; Francisco Utrilla Madridejos, Pintura; Ezequiel Naranjo, Ingeniería; Ángel Andrade, Pintura; Mariano Moreno González, Música; Samuel Luna López, Pintura; José Pinilla, Música; Juan Antonio Díaz Muela, estudios militares; León Ruiz de León, Pintura y Juan Francisco Rivas Moreno, Agricultura.

Las condiciones para seguir disfrutándolas todos los cursos eran el certificado de sus progresos y aplicación por parte de los profesores y centros. A estas se añade a partir de ahora la obtención de sobresaliente en los estudios.

La situación económica de la Diputación era calamitosa y deciden hacer una rebaja de las cuantías de las pensiones, pedir un certificado de pobreza y entrega de cuadros a la Diputación, en el caso de estudios de Pintura.

Será en 1887 cuando se pensione a Carlos Vázquez para estudiar Pintura y entregará cada año un cuadro a la Diputación.

En el acta provincial del 1 de abril de 1890 se reflejan los pensionados y los recortes que han sufrido las becas en estos años. Ezequiel Naranjo, 1.000 pesetas para Pintura; Landelino Moreno, 1.000 para Ingeniería; Eduardo Núñez Peñasco, 1.000 para Leyes; Felicia Martín Cañamero, 1.000 para Pintura; Carlos Vázquez, 2.000 para Pintura y Alfonso Pinilla, 2.000 para Música.

2
SIGLO XX

2.1. LA ENSEÑANZA EN EL HOSPICIO PROVINCIAL DE 1900 A 1923

2.1.1. Las escuelas del Hospicio

Se comienza el siglo XX acometiendo grandes reformas en los edificios, llevadas a cabo por los arquitectos Sebastián Rebollar y Telmo Sánchez, que consiguen ampliar espacios, renovar dependencias y diseñar la fachada actual.

Pabellón del Hospicio Provincial, 1915. Fuente: Servicio de Arquitectura de la Diputación Provincial.

La situación económica de la Diputación sigue siendo precaria, todavía sigue reclamando la viuda del contratista del Palacio Provincial parte del dinero que se le adeuda más los intereses. Las causas de la deuda son debidas al impago de los pueblos de su cuota provincial, la langosta, la filoxera, el cólera, continuas obras, mantenimiento de los establecimientos de Beneficencia y la crisis de subsistencias y encarecimiento de los precios provocado por la I Guerra Mundial.

El médico y escritor Jesús Rejá Núñez[7] describe en 1905 el Hospicio Provincial de la siguiente manera:

«Se haya situado en la Plaza de San Francisco; tiene grande extensión y comodidades, capilla, anchos patios, galerías, dormitorios, enfermería, tahona, talleres para distintos oficios, entre ellos una buena imprenta, y academia de música, y reuniendo todas las condiciones higiénicas y arquitectónicas necesarias, no deja nada que desear su régimen interior, y siendo sin disputa alguna, uno de los mejores edificios destinados a este objeto.

En el piso bajo se hallan situadas las oficinas del Director e Interventor, los talleres de imprenta y encuadernación, cuatro galerías espaciosas y un jardín, refectorios de niños y niñas, suficientes para 500 acogidos, refectorio de ancianos, capaz para treinta asilados y una hermosa capilla. Amplia escalera conduce a otras cuatro galerías, en donde se halla instalado el dormitorio de ancianos (San Joaquín), la escuela de Párvulos y cuatro salas-dormitorios, tituladas de San José, San Luis, San Fernando y Divina Pastora, en donde se albergan actualmente 160 niños. En la planta superior está la sala de maternidad, dos roperos extensísimos y galería de las Hijas de la Caridad, con cuatro habitaciones y tres salas para niñas, que se titulan, de Santa Ana, de la Purísima y de la Sagrada Familia.

En los patios están, el despacho del médico, los talleres de Zapatería, Carpintería, Albañilería, Sastrería, academia de Música, escuelas de niños y un huerto espacioso».

Siendo alcalde Miguel Pérez Molina, se lleva a cabo la acometida del agua potable al Hospicio, aunque tenían pozo y depósito cn el patio.

Las escuelas del Hospicio seguían organizadas de la misma manera, es decir, un maestro estatal titular y un maestro auxiliar para los niños. La enseñanza y educación de las niñas corría a cargo de las Hijas de la Caridad.

En 1903 se jubila Nicasio Ruperto Moreno, maestro titular, y será sustituido en 1904 por Pedro Alejandrino Prado Cejudo. Nicasio siguió de pleitos con la jubilación hasta después de jubilado. En el acta provincial de 3 de octubre de 1903 se puede leer la comunicación del gobernador en la cual manifiesta que el estado de la instrucción de los asilados del Hospicio es bastante deficiente y atrasado, por lo que ve conveniente que se proceda a la jubilación del maestro ya que tiene edad avanzada.

El gobernador, la Diputación y la Junta Provincial de Instrucción Pública estaban deseosos de proceder a la jubilación de Nicasio Ruperto para terminar con los continuos pleitos económicos; sin embargo, la reclamación del siguiente maestro y su auxiliar se sucederían a lo largo del tiempo, como así consta en las diferentes actas provinciales.

Emilio Moreno Caballero, maestro auxiliar, solicita que le paguen lo que le corresponde desde el 13 de noviembre de 1903, ya que cobra 625 pesetas anuales y le corresponden 825. La Corporación Provincial acepta el pago y ordena que se le quiten 75 pesetas que le están dando como gratificación anual. En 1912 volverá a reclamar el pago de la casa-habitación, puesto que se le adeuda desde 1907.

Las reclamaciones son continuas por parte de los maestros del Hospicio; en 1913 se resuelve el recurso de alzada interpuesto por Pedro Alejandrino

Prado y su auxiliar Emilio Moreno Caballero en el cual se indica que la Diputación debe pagarles el dinero que les corresponde por haber ascendido en el escalafón. La Diputación acepta la resolución, pero ordena que no se les paguen las gratificaciones; por tanto, les abonarán las 547 pesetas anuales de casa-habitación, pero no las 375 pesetas de retribuciones, puesto que los niños tienen justificada orfandad y pobreza. Queda claro que la Diputación buscaba la manera de no pagarles todo lo que les correspondía. En este tipo de decisiones influía el diputado-visitador y el presidente de la Diputación. Así en 1914, Pedro Alejandrino les informa que cobra 1.650 pesetas anuales y 100 que le da voluntariamente la Diputación, pero solicita que se le abonen las 375 pesetas de retribuciones escolares que cobran todos los maestros estatales. En esta ocasión se accede a su petición, siendo la misma que en otras ocasiones[8].

El maestro auxiliar cobraba 825 pesetas anuales de emolumentos, 75 de aumento voluntario y 547 de casa-habitación. También recibía 343 pesetas de gratificación por dar clases de adultos. Vamos a realizar un pequeño estudio comparativo de los diferentes sueldos entre los funcionarios de la Diputación a lo largo de dos décadas.

Tabla 1

SUELDOS DE LOS FUNCIONARIOS DE LA DIPUTACIÓN, 1901-1920 (PESETAS)

EMPLEOS	1901	1910	1920
Secretario de la Diputación	5.000	5.000	-
Arquitecto	3.500	3.500	4.375
Delineante	2.250	2.250	2.812
Archivero	2.000	2.125	725
Portero mayor	998	1.048	1.519
Ordenanza	850	900	1.232
Hijas de la Caridad, cada una 1,25 pesetas/día	6.387,50	7.300	10.431
Capellán	1.226	1.226	1.875
Maestro Instrucción Pública	1.375	1.375	1.750
Maestro auxiliar	700	825	825
Maestro de Gimnasia	500	500	-
Maestro de taller carpintero	900	900	793
Maestro de taller zapatero	985	1110	1609
Maestro de taller sastre	900	1025	1486
Maestro albañil	900	900	-
Director de la Banda de Música	1.400	1.500	1875
Regente de la Imprenta	1.500	1.625	2.031
Encuadernador	1.375	1.375	1.718
Cajista	1225	1225	1776
Director de la Casa de Misericordia	2.500	-	-

Fuente: Actas provinciales. Elaboración propia.

Los maestros seguían con un sueldo muy bajo y con continuos retrasos en la percepción de sus haberes. La Diputación les solía dar algunas gratificaciones a cambio de trabajar en las escuelas de adultos y para compensarles la no percepción de las retribuciones que cobrarían de los padres de los niños. También recibían el pago anual para el alquiler de casa-habitación, que resultaba insuficiente para poder vivir de alquiler.

Es preciso aclarar que el sueldo de 1.750 pesetas anuales que cobraba el maestro Pedro Alejandrino se debe a que pertenecía al 2º escalafón, es decir, estaba entre los sueldos más altos de los maestros públicos. El sueldo del maestro auxiliar era inferior al del portero mayor y al del ordenanza de la Diputación. No hacen falta más explicaciones.

Analizando las actas provinciales de 1901, 1910 y 1920, obtenemos la siguiente tabla estadística que nos permite comparar el dinero destinado a material escolar, material para la clase de adultos asilados, gratificaciones a los maestros por impartir clases de adultos y el pago de alquileres al maestro y su auxiliar. Como podemos observar destinaban la misma cantidad para material en la escuela de niños en 1901 que en 1920, mientras que la escuela de niñas recibía mucho menos. El aumento que se realiza en la escuela de niñas en 1920 se debió a que la superiora hizo un escrito a la Diputación para que aumentasen la cuantía.

Tabla 2

Gastos en las escuelas del Hospicio, 1901-1920 (pesetas)

Concepto	1901	1910	1920
Material de la escuela de niños	375	375	375
Material de la escuela de niñas	150	150	200
Material de la escuela de adultos	-	57	57
Alquiler de la casa del maestro	547	547	547
Alquiler de la casa del maestro auxiliar	150	150	300
Gratificación Escuela Adultos	-	343	343

Fuente: Actas provinciales. Elaboración propia.

En lo que respecta a los niños mayores de 14 años, trabajaban en los diversos talleres y dependencias de la Diputación. En 1901 había siete acogidos trabajando en la imprenta y sus gratificaciones iban desde 365 pesetas anuales a 798, según el puesto de trabajo. Otro ejemplo es el de un asilado que estaba de ordenanza en el Palacio Provincial en 1920 y recibía por su trabajo 396 pesetas al año.

Las niñas mayores hacían trabajos de costura, lavadero, taquigrafía y mecanografía, por los cuales recibían la gratificación correspondiente. Dichas gratificaciones se ingresaban a los niños y niñas en una cuenta personal de ahorro, que recibían al abandonar el Hospicio.

2.1.2. Donaciones, benefactores, becas y celebraciones

La Diputación sostenía los establecimientos benéficos provinciales, pero también se recibían donaciones particulares a lo largo del año. La donación particular más importante recibida fue la realizada por José Patricio Clemente López del Campo, el cual en su testamento, otorgado en Moral de Calatrava el 24 de julio de 1909, manifiesta su deseo de donar 100.000 pesetas a la Diputación. La revista *Vida Manchega* publicó el 25 de diciembre de 1915 el siguiente texto:

«Lástima grande que *Vida Manchega* no pueda sentir con frecuencia el orgullo de dar a la publicidad tan filantrópicos rasgos de hijos de esta tierra, como los del Excmo. Sr. Don José Patricio Clemente.

Tan ilustre manchego ha tenido su amor a los semejantes de una forma altruista y muy humana: con elevar su condición social, poniéndoles en vías del saber y de los estudios.

Entre los innumerables legados que dan una idea de sus hermosos sentimientos, está la voluntad, cumplimentada el 19 del actual, de la entrega a la Diputación de Ciudad Real de un resguardo de depósito hecho en el Banco de España por el importe de 100.000 pesetas, con destino a la enseñanza de Maestros, a favor de los asilados en el Hospicio Provincial.

Los Sres. D. Ubaldo Guzmán y D. Ramón Ruiz, de Moral de Calatrava, dignos albaceas, fieles intérpretes de tan generoso cuan humanitario manchego, le han cumplido totalmente, orgullosos de su misión».

La administración del legado estaba a cargo de la Escuela Normal, la cual llevaba la contabilidad de cargos e ingresos por intereses. A cargo del legado de Patricio Clemente se pagaba a los alumnos del Hospicio su enseñanza en el Instituto y posterior (derechos de examen, pago de títulos de maestro, matrícula, libros y material escolar), eligiendo los que tuvieran especiales facultades para realizar estudios de Magisterio, enseñanzas artísticas o industriales, con la condición de que fueran hijos de la provincia y teniendo preferencia los de Moral de Calatrava[9].

La primera referencia administrativa sobre el legado de Clemente la encontramos en el acta provincial de 2 de octubre de 1912, en la cual

José Patricio Clemente. Fuente: *Vida Manchega*, 25 de julio de 1912.

se establecen los presupuestos y se especifica que han tenido un ingreso de 2.530 pesetas que han producido los intereses de las 52.000 pesetas que dejó el señor Clemente a las escuelas del Hospicio. Al año siguiente cargan al legado de Clemente 188,10 pesetas para satisfacer los gastos de ingreso, matrícula y libros por cursar estudios de Magisterio los asilados Inocente Díaz Martínez y Pedro Joaquín García Segundo.

Al legado de Clemente se cargaron en 1917 las becas de 1.000 pesetas cada una para Jerónimo López-Salazar, Gregorio Prieto y Alfredo Palmero. Otros becados en este periodo fueron Gabriel García Maroto y Samuel Luna López.

En 1920 el legado de Clemente produce 4.867 pesetas de intereses, que destinan a pagar los estudios de los asilados.

El recuerdo de Patricio Clemente en el Hospicio se hacía presente en la oficina del Hospicio, donde estaban presentes un retrato del rey y otro de él.

Otro ciudadrealeño que apostaba por la educación de los niños y niñas era Miguel Pérez Molina. En el acta provincial de 1 de octubre de 1912 se refleja un escrito suyo en el cual indica que crea unas plazas gratuitas a favor de alumnos aventajados que no pudieran por falta de medios costear los gastos de enseñanza, y pone dos plazas a disposición de la Corporación de la siguiente manera:

1. Un asilado del Hospicio que por su aptitud esté en condiciones de cursar la carrera de Magisterio, que tendrá gratis matrícula, libros y honorarios de enseñanza como alumno externo.
2. Un estudiante aprovechado de la provincia que cursó estudios de segunda enseñanza, el cual disfrutará la plaza de alumno interno libre de pensión y honorarios, los libros y matrículas, siendo condición recomendable que en su hoja de estudios haya un mayor número de matrículas de honor.

La Corporación Provincial agradece y acepta el ofrecimiento, y acuerda designar para 5º de Bachillerato a Favio Cuartero Massó y para Magisterio a Enrique Negrete Sendarrubias. Al año siguiente Pérez Molina les informa que Favio Cuartero ha terminado 6º de Bachillerato con tres sobresalientes y una matrícula de honor[10].

Todos los años se reflejaban en los presupuestos las donaciones en dinero, pero también había establecimientos comerciales de la capital que colaboraban, sobre todo en la campaña de Reyes. Un comercio que donaba juguetes habitualmente era el de Ángel Mur.

En la década de 1910 y posteriores *El Pueblo Manchego* y *Vida Manchega* daban información detallada de los eventos que anualmente se realizaban en el Hospicio. La Diputación se encargaba, todos los años, de que los niños asilados recibieran juguetes el Día de Reyes y en la feria de la capital, bien comprándolos o bien por las múltiples donaciones que había.

El patrón del Hospicio era San José y todos los años se celebraba con varios actos religiosos, culturales, fiesta y entrega de regalos y premios a los niños. El día 2 de abril de 1913, *El Pueblo Manchego* informa sobre la Fiesta

Reparto de juguetes a los niños del Hospicio en el Palacio Provincial durante la Feria de Ciudad Real. Fuente: *Vida Manchega*, 22 de agosto de 1912.

del Hospicio, a la cual asistieron las autoridades provinciales, el director del Hospicio, José María Marín; la superiora de las Hijas de la Caridad, maestros y funcionarios. Todos los años se repetía el mismo programa, es decir, recepción de las autoridades, misa, comida, actuación de la Banda Provincial, reparto de regalos a los niños, sorteo de cuatro dotes de 125 pesetas entre las niñas mayores de 14 años y reparto de tabaco a los mayores de edad y ancianos. También se especifica en la noticia el nombre de las niñas a las que han correspondido dichos dotes, las cuales han sido: Isabel Gómez González, Guadalupe Hilario Montalván, Eugenia Lorente Ortiz y Felipa Valencia.

La fiesta de San Vicente de Paúl se celebraba en julio, había misa, actuaciones y representaciones escolares, premios y regalos. También se cantaban coplas a San Vicente:

«No tengo padre ni madre
ni quien se acuerde de mí.
Solo tengo un hermanito
que está muy lejos de aquí».

Cuando llegaban las fiestas locales de la Virgen del Prado en agosto, se celebraba la llamada «Fiesta Escolar» en la cual participaban el Ayuntamiento, la Diputación y los niños de las escuelas. *El Pueblo Manchego* informa el 14 de agosto de 1922 sobre la Fiesta Infantil y da una relación de personas que han contribuido con donaciones de juguetes y libros para los niños; entre ellas están José Castillejo y sus hermanas, el general Aguilera, Ramón Rubisco, José Medrano, Teresa Rosales, José Ruiz de León, Rafael Herreros y Rafael Cárdenas. El reparto de juguetes, libros y premios se realizó en la Diputación por los maestros, la Comisión de Primera Enseñanza y Diputación, siendo los destinatarios todos los niños y niñas de las escuelas públicas y el Hospicio.

2.1.3. Renovación e innovaciones pedagógicas en las escuelas provinciales

En las escuelas de Hospicio, el maestro Pedro Alejandrino es el primer impulsor de los cambios que deben hacerse en dicho establecimiento benéfico y para ello solicita el 14 de diciembre de 1911 la creación de una escuela graduada, dado el gran número de niños que atienden él y su maestro auxiliar.

El gobernador civil había hecho un informe favorable sobre lo anterior, pero la Diputación no lo llevó a efecto por imposibilidad económica. Será en 1919 cuando la Diputación haga un desdoble de la escuela de niños y entre como maestro interino Evencio Sánchez Poblete.

Esta iniciativa del maestro se fundamentaba en el Real Decreto de 6 de marzo de 1911 por el cual se podían crear escuelas graduadas cuando hubiese más de 70 niños, haciendo secciones de 30. El Real Decreto de 25 de febrero de 1911 y la Real Orden de 10 de marzo de 1911 en varios artículos facultaba a las diputaciones para graduar las escuelas de los hospicios, poniéndose de acuerdo con la Dirección General de Primera Enseñanza.

La Junta Provincial de Instrucción Pública, a través del *Boletín Oficial de la Provincia de Ciudad Real*, informaba y emitía circulares sobre legislación educativa, plazas de maestros, concursos y orientaciones didácticas y pedagógicas. En el *Boletín* del 22 de noviembre de 1907 se inserta una circular, dirigida a todos los maestros, para indicarles que en las escuelas se deben hacer trabajos manuales, visitas a lugares de la localidad, tener un museo escolar, hacer exposiciones de trabajos, dar nociones de higiene y urbanidad y establecer bibliotecas escolares. Esta semilla tuvo su fruto en diciembre de 1908 y dio lugar a la celebración del Día del Árbol con motivo de la inauguración de la Granja Agrícola. El periódico *Diario de la Mancha*, hace un gran reportaje sobre tal evento el 7 de diciembre de 1908, destacando que a dichos actos acudieron la escuelas graduadas de niñas y niños de las anejas, niños del Hospicio, colegio San José, niños de los Jesuitas, discípulos de Ángel Rojas, los de Concepción Guevara, escuelas de Manuel Lorente, escuelas de San Vicente de Paúl, los niños de la Academia General de Enseñanza y las graduadas del barrio de Santiago y San Pedro. Por primera vez se hace un acto de este tipo en la capital y participan todos los niños y niñas de la ciudad. Los niños del Hospicio estuvieron acompañados por Pedro Alejandrino y su auxiliar Emilio Moreno.

En España la renovación pedagógica estaba impulsada por la Institución Libre de Enseñanza y en Ciudad Real por la Academia General de Enseñanza. En la primera estaba el ciudadrealeño José Castillejo y en la segunda Miguel Pérez Molina.

Otra apuesta por la innovación es acordada en el Pleno Provincial de 13 de noviembre de 1901, en el cual aprueban la instalación de un gimnasio en los nuevos locales realizados en el Hospicio; para ello invierten 1.000 pesetas en material deportivo y otorgan una gratificación de 500 pesetas para pagar al profesor de gimnasia Ignacio Madrigal.

El premio General Aguilera, instaurado por la Diputación el 20 de mayo de 1910, se dirigía a los niños del Hospicio que se distinguieran por su laboriosidad, aplicación y estudio. Fue dotado con 125 pesetas, que se ingresaban en la cuenta del niño premiado.

Durante estos primeros veinte años del siglo XX el proyecto de innovación más avanzado será el propuesto por Amalio Buendía Fernández, que llevó la enseñanza de ciegos en el Hospicio. Amalio presenta en el registro de la Diputación con fecha de 23 de octubre de 1902 un proyecto para reorganizar la escuela especial destinada a la enseñanza de ciegos en el Hospicio Provincial. Comienza el escrito con el siguiente texto:

«En el mes de noviembre de 1888 presenté a la Excma. Diputación una instancia solicitando que se me nombrase profesor para la enseñanza de lectura y escritura en caracteres de relieve por medio del tacto, a los niños de ambos sexos existentes en el Hospicio Provincial que tienen la desgracia, como el exponente, de ser ciegos, presentando a la vez un presupuesto de gastos para la adquisición de libros y demás enseres necesarios para ese fin».

La Diputación compró el menaje preciso en febrero de 1889 y le autorizó para que empezase la enseñanza sin sueldo hasta ver los resultados. Al ver los frutos recogidos, le dieron una gratificación de 125 pesetas, continuando su labor. Debido a la buena marcha de la educación de estos niños, solicita en 1902 que se instale de forma permanente y organizada este tipo de enseñanza.

Termina el escrito Amalio Buendía con estas palabras:

«Gracia que no duda obtener de los bondadosos sentimientos de los Señores que la componen cuya vida guarde Dios muchos años para el bien de los desgraciados».

La Corporación Provincial le contesta que van a solicitar informes al director del Hospicio y al médico. El 7 de febrero de 1903 le responden indicándole que puede empezar la enseñanza de dos ciegos y una ciega en el Hospicio, impartiéndoles instrucción de lectura, escritura y música de piano u órgano, dándole por ello una gratificación mensual de 15 pesetas.

La Diputación enviaba a los ciegos, sordomudos y dementes a centros asistenciales de Madrid y Valencia, corriendo con los gastos ocasionados a estas entidades y procediendo a su abono anualmente.

El tesón y el trabajo de Amalio en favor de los ciegos y sordomudos se verá complementado con la labor de Gaspar Fisac. El 27 de diciembre de 1921 la revista *Vida Manchega* publica un artículo titulado «Por la infancia», cuyo autor es Gaspar Fisac, y en él manifiesta que en compañía de la inspectora de Enseñanza Manolita Aznar van a realizar una campaña a favor del establecimiento en Ciudad Real de un colegio de sordomudos y ciegos.

En 1920 se incorpora a las escuelas del Hospicio Benigno Zubizarreta Arrillaga, maestro de Primaria y gran conocedor del idioma castellano, como lo demuestran sus publicaciones sobre Gramática y Ortografía. En Ciudad Real participó en varias conferencias sobre este tema y fue uno de los promotores para que se organizara la primera Colonia Escolar del Hospicio. Esta colonia no se llegó a realizar por falta de financiación, según publicó *Vida Manchega* el 13 de enero de 1922, pero sembró la semilla para que se organizaran unos años después.

Las escuelas del Hospicio se van abriendo cada vez más al exterior y a su relación con otros centros de la capital. El periódico *Vida Manchega* publica, el 22 de enero de 1923, un artículo titulado «Fiesta pro-enseñanza» dando cuenta de dicha fiesta, organizada por Miguel Pérez Molina con motivo de haber sido nombrado delegado regio de Primera Enseñanza. A ella invita a todos los niños de las escuelas públicas y a los de su Academia General de Enseñanza con sus respectivos maestros y maestras. Se celebró en el Coliseo Cervantes y consistió en una gran fiesta cinematográfica.

2.2. LAS ESCUELAS DEL HOSPICIO DURANTE LA DICTADURA DE PRIMO DE RIVERA, 1923-1930

En esta década, al igual que en las anteriores, seguían perdurando los problemas de espacio debido a la gran cantidad de personas que ingresaban en el establecimiento. La masificación junto a los problemas financieros de la Diputación hacía una situación difícil de sostener; sin embargo, se harán grandes reformas para intentar solucionar estas dificultades.

Durante este periodo fue diputado-visitador Ponciano Montero Ramírez, que será el verdadero promotor de dar soluciones a tantas dificultades. El señor Montero entra de diputado provincial en 1924 y será el diputado-visitador del Hospicio. Al comenzar en su nuevo cargo hace una visita exhaustiva de los establecimientos de Beneficencia y emite un informe muy detallado de la situación real en que se encuentran.

La Diputación tenía que enviar en 1924 una *Memoria* al Ministerio de la Gobernación, especificando el estado en que se encontraba a nivel económico y la situación de las competencias que tenía. En dicha *Memoria* se indica de manera textual: «Sin la recaudación del Contingente Provincial la vida de la Diputación es imposible». Así pues, es necesario que los pueblos paguen lo que les corresponde, pero las dificultades son grandes porque no tienen de donde obtenerlo y poner más impuestos es imposible. Seguidamente se hace una exposición de las deficiencias que tienen por falta de presupuesto:

1. Los funcionarios están mal pagados y existen favoritismos que dificultan el buen funcionamiento.
2. Las prestaciones que da el Hospicio son muy deficientes a causa de no tener dinero suficiente para atender a los niños, Inclusa, Maternidad y Asilo. «Baste conocer el detalle de que en la Inclusa mueren al año el 66 por ciento de los niños ingresados». Continúa el informe indicando que las Hijas de la Caridad trabajan entre 14 y 16 horas diarias y se las paga 1,25 pesetas diarias a cada una.

La alimentación de los niños es deficiente puesto que tiene un cupo de 83 céntimos diarios por niño. A estas deficiencias materiales añade las referidas a la educación, indicando que la mayoría de los niños son analfabetos porque se les suele destinar a trabajos materiales. Textualmente dice:

> «El descuido de la educación hace que estos niños salgan completamente inservibles de aquel Establecimiento donde han vivido con horror, alejados del mimo y del cariño y del estímulo y del ejemplo que el alma infantil necesita como medio educativo para que con el tiempo surja el hombre útil y prove-choso para sí, para la Patria y para sus semejantes».

Queda claro en la *Memoria* la necesidad de una financiación adecuada y que la misión del Hospicio no es solo dar casa, comida y ropa a los niños. Para solucionar estos problemas se propone al Ministerio una reorganización del Hospicio con un nuevo Reglamento, una financiación adecuada y un lugar solo para niños con secciones de Maternidad e Inclusa. También se sugiere, en la zona de terreno del huerto que linda con el Paseo de Cisneros y con el Callejón, construir 19 casas y alquilarlas y de esta manera obtener dinero para financiarse mejor. Asimismo, informan que los pagos del personal y material del Instituto, Escuelas Normales e Inspección de Enseñanza les ocasiona un desembolso económico importante, y solicitan que se haga cargo el Estado de ellos.

En aspectos generales informan del gran analfabetismo que reina en la provincia, la falta de escuelas y sobre los locales que ocupan, indicando que son muy deficientes y perjudiciales para la salud y la enseñanza.

Ponciano Montero añade en el informe que el Hospicio, atendido por la Diputación con relativa esplendidez, no responde a los fines para los que fue creado. Indica que:

> «El demasiado rutinarismo, es imperante en aquella casa, pese a las Hijas de la Caridad, se nota un aspecto de tristeza, de mansedumbre, de acallamiento espiritual, impropia de niños a los que es necesario educar de tal manera, que a pesar de su desgracia mantenga el espíritu jugoso y fresco. En unas palabras, el Asilo carece del alma».

El párrafo anterior expresa claramente la impresión que tiene el señor. Ponciano de lo que observó en el Hospicio en su inspección. A continuación, escribe:

> «El Hospicio, no es solo un medio de remediar la desgracia. Debe tener también, la función importantísima de hacer hombres capaces para vivir con sus propias fuerzas, alejando de la Diputación la responsabilidad moral de mantener jóvenes de más de 16 años, ociosos, sin cultura, ni amor al trabajo».

A lo anterior añade:

> «Es de notar un germen de indisciplina intolerable y un analfabetismo desconsolador».

Está claro que el señor Monero no se muerde la lengua a la hora de emitir su informe para incluirlo en la *Memoria* que irá al Ministerio de la Gobernación. En el aspecto de la alimentación de los acogidos, indica que la cantidad asignada por persona es insuficiente y propone que la Diputación evite los intermediarios y la creación de una junta que controle los suministros. Al referirse a las escuelas, escribe:

> «Instaladas en locales insuficientes, sin que nadie cuide de airearlos, cuando no están ocupados de material deficiente y anticuado, producen un deplorable aspecto».

También manifiesta que se debe exigir el cumplimiento del Reglamento actual y obligar a los alumnos de 7 a 16 a la asistencia a las escuelas y talleres, no se debe autorizar a los maestros de los talleres a que los niños solo estén en los mismos, establecer unas clases de adultos dotadas convenientemente en los presupuestos y erradicar el analfabetismo en un establecimiento mantenido por la provincia.

En lo que respecta a los talleres, informa de que el personal que lo lleva no es el idóneo, los locales están mal acondicionados y no son educativos, por todo ello ve la necesidad de reformarlos. Al tema de la imprenta le dedica una mayor atención, puesto que la considera muy importante para la Diputación y para la formación de los asilados. Manifiesta que es el taller mejor dotado, pero le hacen falta máquinas más modernas. Señala que le adeudan 1.800 pesetas entre particulares y ayuntamientos, y pone su mirada en las personas encargadas de llevar la gestión, que no han cumplido con sus obligaciones diciendo:

> «Todo esto demuestra el poco celo y menos interés de personas a quienes se debería exigir responsabilidad por el perjuicio irrogado».

También trata el tema sanitario del Hospicio, indicando que hacen falta más espacios para dormitorios y que en los lavabos hay poca higiene, por lo que propone se hagan nuevos. En su análisis de las deficiencias, ve la necesidad de pintar las dependencias y hacer dos grandes piscinas en los terrenos del huerto, dejando el terreno restante bien acondicionado para que los asilados paseen y tomen el sol y el aire puro.

El señor Montero propone la realización de gran cantidad de reformas con la finalidad de que los acogidos disfruten de mayores comodidades y más higiene. Otras propuestas suyas serán el arreglo de los tejados, hacer un patio cubierto para el invierno, poner calefacción a vapor, reformar Maternidad, etc.

El Gobierno Civil de Ciudad Real publica una *Memoria* en 1929 en la cual se describen todas las actuaciones realizadas en el Hospicio desde el 13 de septiembre de 1923 hasta el 31 de diciembre de 1928.

Salón de actos del Hospicio. Fuente: *Memoria del Gobierno Civil*, 1929.

Las actuaciones llevadas a cabo en los establecimientos benéficos estuvieron destinadas a aumentar la capacidad, dotar de nuevos servicios y medios, especialmente en el orden sanitario e higiénico. En el Hospicio Provincial se han invertido 230.333,78 pesetas, entre las obras principales de lavabos y cuartos de baño y Barbería. También se realizaron obras subastadas por 74.000 pesetas para la construcción de tres pabellones destinados a comedor de niños, escuela, dormitorios y secadero de ropas. Además, están en vías de ejecución la Casa de Expósitos por 344.680,54 pesetas, el Instituto de Puericultura y la Casa de Maternidad.

En otros establecimientos de la Diputación se efectuaron obras, como las realizadas en el Hospital Provincial en la cual se invirtieron 226.337 pesetas; en el Palacio Provincial se efectuaron reformas y conservaciones por un coste de 296.964 pesetas y tenían proyectado construir un hospital psiquiátrico, puesto que los gastos para atender a estas personas importaban 80.000 pesetas anuales.

Cuarto de baños del Hospicio. Fuente: *Memoria del Gobierno Civil*, 1929.

Durante este periodo de tiempo se hicieron grandes inversiones estructurales y sanitarias en todas las dependencias de la Diputación, aunque resultaron insuficientes.

En cuanto a la labor educativa y cultural realizada en este periodo, podemos destacar la creación, por parte de la Diputación, de una plaza de maestro nueva con cargo a su presupuesto, además de los dos maestros del Estado que había. Ambas escuelas se dotan de menaje pedagógico adecuado y de un aparato cinematográfico.

En el tema de becas para estudios de alumnos pobres de la provincia, se consignan los dos últimos años 22.000 pesetas para que cursen enseñanzas artísticas de Pintura, Escultura, Música y Declamación; además de las 5.000 pesetas que dedicaban a una pensión para realizar estudios en el extranjero.

Dentro del ámbito educativo provincial llevaron a cabo una campaña de alfabetización con la implicación de los maestros nacionales. Los gastos provinciales en enseñanza y en el mantenimiento de centros educativos van a tener su fin en 1925, pasando a correr a cargo del Estado el sostenimiento de los institutos, escuelas normales e Inspección de Enseñanza Primaria.

Otra actuación de la Diputación en el ámbito de extender la cultura fue solicitar al Estado el traspaso de la Biblioteca al Palacio Provincial y su instalación en la planta baja, con una capacidad de cien lectores. Asimismo, se empieza a subvencionar a los pueblos para que creen bibliotecas populares en sus municipios.

La sericicultura estaba muy extendida por grandes partes de España con ayudas del Estado y diputaciones, por ello llevan a cabo loa instalación de viveros provinciales de moreras.

2.2.1. Las escuelas provinciales y la labor de Ponciano Montero

El diputado-visitador Ponciano Montero Ramírez estuvo al frente de los establecimientos benéficos desde enero de 1924 hasta diciembre de 1929. El señor Montero, hombre de grandes preocupaciones por los temas educativos, que ya los puso de manifiesto siendo el principal artífice para que se hiciese en la capital el colegio de los Ferroviarios y se inaugurase en 1924. Su talante solidario lo pone de manifiesto en multitud de iniciativas que se van a realizar durante sus años de diputado-visitador en el Hospicio Provincial. Sus inquietudes pretenden dar al referido establecimiento una nueva dimensión y concepción, para ello intenta cambiar el nombre de Hospicio por otro más adecuado y educativo. El 22 de noviembre de 1927 el periódico *El Pueblo Manchego* se adhiere a una iniciativa de *El Eco de Valdepeñas* para que se realice una campaña de aportación mínima de 10 céntimos de parte de todos los niños de la provincia, para regalar a los niños del Hospicio un cinematógrafo y una radio. En esta misma información se da cuenta de la propuesta del señor Montero, es decir, a los niños del Hospicio se les debe de llamar en adelante «niños del Colegio Santo Tomás de Villanueva» en lugar de hospicianos.

El periódico *Vida Manchega* publica el 23 de noviembre de 1927 un artículo, titulado «El regalo de Navidad para los niños del colegio Santo Tomás de Villanueva», en el cual destaca la iniciativa de *El Eco de Valdepeñas*, al que han seguido otros periódicos como *El Despertar* de Alcázar de San Juan, con la esperanza de recaudar los fondos necesarios para hacer los regalos a los niños del colegio provincial.

Esta iniciativa termina con un final feliz, como así consta en las declaraciones del señor Montero a *El Pueblo Manchego* el 7 de enero de 1928, en las cuales informa que la suscripción promovida por *El Eco de Valdepeñas* ha sido suficiente para poder regalar a los niños el cinematógrafo, mientras que la radio ha sido donada por los herederos de Francisco Hidalgo, de Torrenueva.

En un artículo titulado «La labor pedagógica en el Hospicio», informa *El Pueblo Manchego* el 20 de noviembre de 1927 sobre los nuevos procedimientos organizativos y educativos que quiere promover Ponciano Montero, entre los cuales está intensificar por cuantos medios dispone la instrucción de los asilados en sus diversos aspectos, con la colaboración entusiasta de los maestros. El maestro Pedro Alejandrino ha llevado a cabo la preparación para estudios de Magisterio de los niños Domingo Nevado y Agapito del Olmo; mientras que Ramón Andrade ha preparado de Aurelio Higueras. También está impulsando la Escuela de Adultos y se abre a la participación de los obreros de la capital con gran éxito, a cargo del maestro Francisco Sánchez.

La Diputación ha favorecido la escuela anterior dotándola de un aparato proyector como complemento a las explicaciones del maestro Francisco Sánchez y favoreciendo que el maestro lleve a los alumnos a paseos escolares, visitas a fábricas, talleres y eventos culturales.

No se ha olvidado de la preparación de las niñas y contrata a Luis Buceta para que enseñe Taquigrafía y Mecanografía, y en esos momentos está impartiendo clases a Pepita Álvarez, Juliana Checo, María Simón y María Francisca Ruiz. Esto supone una apertura al exterior y a estar en contacto con personas de la capital, para ello se lleva a cabo una campaña de publicidad en los periódicos, informando y ofreciendo sus trabajos a precios económicos a particulares. Este proyecto favorecía las relaciones con el exterior y por otra parte se preparaba para un trabajo futuro a las niñas, las cuales recibían parte del dinero obtenido por su trabajo.

Otra faceta que favoreció el señor Montero durante estos años fue el impulso que dio a la Banda Provincial con su participación en numerosas fiestas provinciales y nacionales, sin olvidar la preparación musical de los niños para el Conservatorio.

En la década de 1920 se impulsó el ahorro entre los niños a nivel estatal. Por ello se llevó a cabo la Mutualidad Escolar «Sor Rosa» para favorecer el ahorro entre los asilados. Los niños y niñas recibían dinero de sus familiares, premios, trabajos, participación en la banda musical y donaciones. A todos ellos se les guardaban en una cartilla de ahorros y se les entregaba al salir del establecimiento. Una mutualidad escolar importante fue la realizada por la maestra Elisa María de la Torre en la escuela de Párvulos Pérez Molina. *El Pueblo Manchego* y *Vida Manchega* recogen en varios artículos a lo largo de 1925 la «Fiesta del Ahorro Escolar». Se celebraba en el teatro Cervantes y en ella se sorteaban numerosas cartillas de ahorros de 5 y 10 pesetas entre los niños y niñas, quedando reservadas tres de ellas para los niños de la Banda de Música del Hospicio. La inspectora, Manolita Aznar, repartió las cartillas de ahorro entre los niños del Hospicio, escuelas públicas, escuela Popular y escuela de los Ferroviarios.

Ante los nuevos tiempos Ponciano Montero plantea a la Corporación la creación de una escuela de Corte y Confección y de un taller mecánico. Sus ideas para actualizar la formación y adecuarla a la demanda que corría en aquellos años es evidente de cara a obtener un futuro trabajo.

Una actividad que todos los años ponía en contacto a los niños y niñas del Hospicio con la ciudad era la celebración de la Pandorga, como así lo atestiguan lo periódicos *Vida Manchega* y *El Pueblo Manchego* a lo largo de los años. En 1925 los niños acompañados de las Hijas de la Caridad, fueron a la catedral para celebrar la Pandorga. Allí hicieron varios cantos, dirigidos a la Virgen del Prado y acabaron cantando el Himno de la Mancha, dirigidos por el maestro Segura. En las fiestas patronales de la ciudad se organizaba la Fiesta Escolar, a la cual acudían todos los niños y niñas de las escuelas y recibían varios obsequios.

Ponciano Montero, periodista del Pueblo Manchego, inicia en el Hospicio la publicación del periódico *El Huerfanito*, donde se recogían las vivencias de aquellos niños. Tenemos conocimiento de este periódico escolar gracias a la información que dio el 13 de septiembre *Vida Manchega*, aunque no hemos podido localizar ningún ejemplar.

Otra iniciativa innovadora del señor Montero fue el fomento de la Biblioteca Escolar y la celebración del Día del Libro. La inspectora de Enseñanza Primaria Manolita Aznar pone en marcha el 1 de octubre de 1924 una Biblioteca Circulante Infantil, que estará centralizada en la Oficina de la Inspección de Primera Enseñanza, sita en el Palacio Provincial. Será atendida por ella, un niño y una niña de las escuelas públicas, siendo el horario de 12 a 13 horas todos los sábados[11].

Además, Ponciano Montero consigue una dotación de 84 libros y 26 folletos del Ministerio de Instrucción Pública para la Biblioteca Escolar del Hospicio. Para ver los adelantos e innovaciones en este tema, va el inspector Gaspar Sánchez a visitar las escuelas del Hospicio y analiza los adelantos que está llevando a cabo el maestro Francisco Sánchez, por lo cual le otorga una felicitación. Como consecuencia de lo anterior, Manolita Aznar concede a dichas escuelas una biblioteca circulante. Esta importante novedad la publica *El Pueblo Manchego* el 6 de septiembre de 1926.

La propia Diputación inició la biblioteca escolar del Hospicio, en 1924, con la adquisición de los siguientes libros: *La cuna de Cervantes*; *Historia antigua de la ciudad de Sisapón*, de José María Pontes; *La castiza*, de Agapito Fernández; *La pulmonía*, de Federico Sánchez (médico del Hospicio); *Ecos Manchegos*, de Juan B. Bernabeu, e *Historia de España*, de Joaquín Gálvez.

La satisfacción de los proyectos que se están llevando a cabo es muy alta y el inspector emite un informe al Ministerio de Instrucción Pública, resultando la concesión de un premio de 200 pesetas al maestro.

En las celebraciones del Día del Libro se hacían varias actividades en las escuelas, se repartían libros y llevaban a algunas personas relacionadas con los libros, uno de ellos era el archivero Francisco Tolsada.

La idea de poner en relación a los niños y asilados del Hospicio con el exterior siempre estuvo en la mente de Ponciano Montero; para ello organizaba exposiciones de pintura, partidos de fútbol y fomentaba la participación en actos culturales que se celebrasen en la ciudad. En la fiesta de los Reyes Magos de 1926 asistieron todos al teatro Cervantes, junto con los niños de las otras escuelas públicas, al cine y, por la tarde en el Hospicio, las niñas representaron una obra de teatro. El Ayuntamiento colaboró con las escuelas públicas dando cuatro kilos de caramelos para los niños del Hospicio, otros cuatro para los del Pérez Molina y ocho para los del Cruz Prado. Los acontecimientos tuvieron en la ciudad tal relevancia que *El Pueblo Manchego* publicó la noticia el 7 de enero de 1926.

Jerónimo Luna, por encargo de la Diputación, había puesto en marcha en el Hospicio una escuela de Bellos Oficios y en diciembre de 1930 se hace en el Palacio Provincial una Exposición de Dibujo y Pintura con los trabajos de los niños con la finalidad de hacer partícipe a toda la ciudad[12].

La fiesta de San José, patrón del Hospicio, se celebró en 1924 con un partido de fútbol, organizado por la Asociación de Empleados y Obreros de los Ferrocarriles de España en el patio del Hospicio. Ponciano Montero, ferroviario y diputado-visitador, puso su empeño y su mano para que muchos de estos eventos se pudieran celebrar allí y los niños disfrutaran con ellos.

Las fiestas que se celebraban anualmente en el Hospicio eran Reyes, San José y San Vicente de Paúl. A propuesta del médico del Establecimiento se instauró el Día del Niño el 1 de enero. A esta fiesta asistían el presidente de la Diputación, Bernardo Mulleras; el diputado-visitador, el señor Montero; la superiora de las Hijas de la Caridad, sor Gregoria Oyarzábal; el médico, José R. Montoya, maestros y otras autoridades. En ella se repartían premios, caramelos y juguetes a todos los niños y niñas[13].

2.2.2. La Diputación y la Campaña contra el Analfabetismo

Los promotores de ella fueron Bernardo Mulleras, presidente de la Diputación; y los diputados provinciales Ponciano Montero, José Céspedes y Juan Amunategui. Su pretensión era apoyar al Gobierno de la nación en su campaña de acabar con el analfabetismo haciendo escuelas y fomentando las clases de adultos.

En la provincia de Ciudad Real se habían inaugurado durante estos años muchos grupos escolares, entre ellos: Ciudad Real, Almagro, Puertollano y Villanueva de los Infantes y, dado que en la provincia había un 60% de la población analfabeta, era el momento de apoyar la iniciativa desde la Diputación.

La Corporación Provincial acuerda crear un Patronato, presidido por el marqués de Guerra, con un presupuesto de 4.000 pesetas para su puesta en marcha. Pretendían la colaboración de los ayuntamientos y de los maestros, los primeros favoreciendo la educación de adultos y a los segundos dándoles unas gratificaciones.

2.2.3. La Escuela Provincial de Sordomudos y Ciegos

Los antecedentes de esta hay que buscarlos en la labor que desde finales del siglo XIX inició Amalio Buendía. El doctor Gaspar Fisac, junto con la inspectora de Primera Enseñanza Manolita Aznar, empiezan en diciembre de 1924 una campaña para que se establezca en Ciudad Real un colegio provincial de sordomudos y ciegos[14]. A lo largo de varios años darán conferencias y realizarán actos para informar a la opinión pública de lo beneficioso que sería para la provincia, para los niños y sus familias la educación y la enseñanza de estas personas; así se recoge en numerosos artículos la prensa de la época.

Será el 15 de julio de 1928 cuando Gaspar Fisac Orovio presenta un *Álbum o Memoria* de trabajos, apoyos y presupuesto justificando su petición de creación de un colegio para estos niños a la Diputación. El título de la ponencia presentada era «Creación de un colegio provincial para sordomudos, ciegos y anormales». En ella relata los antecedentes acaecidos, empezando por la presentación que realizó en septiembre de 1923 en el Congreso de Pediatría de San Sebastián, y en diciembre de 1924 la dio a conocer al presidente de la Diputación, Luis Barreda, para que la presentase a toda la Corporación.

Tras ello, la Diputación publica la citada *Memoria* para informar a todas las autoridades civiles, militares y eclesiásticas. En ella proponía celebrar un acto público para que se leyesen todas las adhesiones recibidas de médicos, pedagogos y sordomudistas.

El señor Fisac informa también sobre una Real Orden del Ministerio de Instrucción Pública de 23 de noviembre de 1926 en la cual se declara la obligación que tienen las diputaciones de pagar los gastos de internado de los alumnos sordomudos y ciegos. Asimismo, reconoce en su informe que la Diputación le ha apoyado en la impresión de los folletos y libros destinados a impulsar este *Álbum-Memoria* de protección al sordomudo y ciego. En el mismo documento agradece la colaboración estadística que está teniendo de los ayuntamientos, maestros, médicos y delegados gubernativos para conocer la realidad provincial.

El gobernador civil apoya la iniciativa con una carta e indica que en la provincia hay 221 ciegos y otros tantos sordomudos, de los cuales son unos 25 niños ciegos y 30 sordomudos en edad escolar.

Los apoyos al proyecto se suceden, el presidente de la Diputación. Bernardo Mulleras, añade al *Álbum* su escrito de apoyo institucional; Vicente Calatayud, abogado y catedrático del Instituto, muestra su apoyo incondicional; Cristóbal Caballero, catedrático de Psicología; el alcalde de Ciudad Real y el presidente de la Diputación de Madrid envían una carta de adhesión.

Francisco Herencia, maestro y abogado, se manifiesta de la siguiente manera:

> «Muchos son los niños que, en Ciudad Real como en otros pueblos, carecen de instrucción por culpa o negligencia de sus padres, por insuficientes números de maestros o por incapacidad de las escuelas; y a estos niños, normales en general, debe atenderse; pero no son pocos los que, sin ser anormales en su verdadero sentido, carecen de la instrucción a que tienen derecho. Los procedimientos educativos serán distintos, pero sin instrucción no debe dejar el Estado a los que más la necesitan, porque, aunque sean menor en número que los demás niños, como son más desgraciados, deben merecer preferentes simpatías de la madre patria».

Termina el *Álbum* de Gaspar Fisac con la explicación de gastos que conllevaría la instalación e indicando que la Diputación paga por trece alumnos que tiene en el colegio de Madrid 19.500 pesetas anuales y van a enviar otros siete niños que costarán unas 10.500 pesetas más al año. Teniendo en cuenta los gastos de profesorado, personal y material, resultan unas 24.000 pesetas, por lo que tendríamos un déficit de 12.000 pesetas anuales que se puede solventar con subvenciones oficiales y donaciones particulares.

El 21 de marzo de 1928 las profesoras y las alumnas de la Escuela Normal de Maestras envían a la Diputación un escrito con numerosas firmas solicitando la creación de un colegio de sordomudos y ciegos de carácter provincial. Entre las firmas se encuentran las de Pilar Serrano, Flora Morales, Telesforo Torija, Magdalena Ayuso, Regina Torija, Manuel Mendía, Clara de Acevedo, Miguel Fisac, Soledad Cuadrillero y Manuela Gómez.

2.2.4. Las bandas de Música Provincial e Infantil

Uno de los primeros talleres que se implantaron en el Hospicio fue la creación de una banda de música, y sus funciones y organización se plasmaron en los reglamentos de 1883 y 1887. El primer director fue Sebastián Barrajón, al que sustituiría Justo Sánchez Escribano.

En el periodo que comprende la dictadura de Primo de Rivera, el maestro de la Banda Provincial de Música era Antonio Segura. El nuevo director contó con el apoyo incondicional y entusiasta de Ponciano Montero, y en estos años su promoción traspasó los ámbitos local y provincial, llegando a realizar actuaciones en diversos lugares de España.

El maestro Segura tenía que enseñar solfeo y lenguaje musical a los niños y canto a las niñas, seleccionar a los más aptos para la música e incorporarlos, si fuese posible, a la Banda Provincial. Entre sus trabajos docentes de carácter musical estaba la preparación de los niños para que cursasen estudios en el Conservatorio de Madrid. Los niños seleccionados por sus cualidades eran enviados a un examen a Madrid y, si se daba el caso de haber alguno muy aventajado en cualidades y conocimientos musicales, lo proponía al diputado-visitador para que él lo comunicase a la Corporación y, si procediese, darle estudios. *El Pueblo Manchego* publica el 20 de noviembre de 1925 la noticia de que el maestro Segura ha preparado para el examen de Madrid a los niños Domingo Ruiz, Dimas Abellán, Concepción Ruiz, Manuel Ortega, Antonio Rolando y Diego Cano. Todos ellos resultaron aprobados. El mismo periódico publicaría en 1927 la lista de los niños elegidos para realizar el examen en la capital de España, en esta ocasión fueron Dimas Abellán, Manuel Salinero, Manuel Ortega, Domingo Ruiz, José Sánchez Barba, Ángel González Torres, Santiago Catalán y Jesús Montalván. Todos ellos consiguieron aprobar y sus edades oscilaban entre los 13 y los 15 años.

Las bandas Infantil y Provincial actuaban en todas las fiestas del Hospicio, es decir, el día de San José, fiesta de Reyes, de San Vicente de Paúl, de Navidad y visitas de autoridades. También intervenían en las fiestas locales, si se solicitaba su actuación.

El señor Montero mejoró los locales dedicados a la formación de los ni-ños en Música y sentó las bases para que el maestro Segura hiciese una Banda Provincial de Música, que traspasó los límites provinciales. En los periódicos de la época podemos encontrar noticias de sus actuaciones en Málaga y Albacete. A nivel provincial actuaron en fiestas patronales y en la Semana Santa de nu-merosos pueblos, entre ellos, Daimiel y Valdepeñas. En la localidad fueron muy numerosos sus conciertos: en el teatro Cervantes, en la Fiesta de los Ferroviarios, en las procesiones de Semana Santa, en la Pandorga y en los Baños de Fuensanta para celebrar su comienzo de temporada en las fiestas del Carmen.

El director de la Banda Provincial recogía el dinero recibido por sus actuaciones y lo entregaba a la Diputación. La mitad del dinero recaudado era ingresado en la cartilla de ahorros de los asilados músicos participantes.

Ponciano Montero y el maestro Segura lograron hacer una Banda de Música Provincial con una dimensión social y participativa, acercando el establecimiento a la ciudadanía.

2.2.5. El premio General Aguilera, el legado de Patricio Clemente y las becas para estudios superiores

Tanto el legado de Clemente como el premio General Aguilera se crea-ron, entre otras cosas, para incentivar el estudio y la aplicación de los niños y niñas del Hospicio. El premio del general Francisco Aguilera, creado el 20 de mayo de 1910, se siguió otorgando todos los años a asilados destacaban por su laboriosidad, aplicación y estudio, estando dotado con 125 pesetas. En 1925 se concedió a Agapito del Olmo Collado, de Membrilla, por haber obtenido una matrícula de honor, siete sobresalientes y un notable en los estudios de Magisterio que estaba realizando[15]. Al año siguiente volverá a recibir el premio de nuevo, y en 1927 la Diputación acordó concederle los estudios superiores.

El legado de Patricio Clemente seguía teniendo fondos y de él se paga-ban los estudios, matrículas y libros a los niños y niñas que cursaban estudios en el Instituto, Escuela de Artes y Oficios y Magisterio. *El Pueblo Manchego* informa, el 10 de junio de 1927, que los alumnos del Hospicio Agapito del Olmo, Aureliano Higueras, Juan Madrid y Filomena Gutiérrez, están estudiando Magisterio y obtienen buenas notas. El mismo periódico comunica el 30 de septiembre de 1929 que ascienden a 46.933 pesetas los fondos de dicho legado.

La Diputación dedicaba bastantes fondos propios a la Educación y Cultura, como podemos observar en la tabla de la página sifuiente.

Además de estas ayudas, todos los años subvencionaban con 2.000 pesetas a la Enseñanza de la Mujer, que era una sección de la Escuela de Artes y Oficios.

Durante esta década se continuó con las becas para estudios superio-res; entre otros, tuvieron beca los escultores Julián Lozano Serrano y Felipe García de Mora Coronado.

Tabla 3

GASTOS DE LA DIPUTACIÓN EN EDUCACIÓN, 1927-1930 (PESETAS)

CONCEPTO	1927	1928	1930
Escuelas industriales	1.000	3.000	3.000
Bibliotecas	1.750	750	750
Otros establecimientos de Cultura	6.000	7.000	2.500
Comisión de Monumentos	1.750	750	-
Subvenciones y becas	18.500	20.500	15.000
Escuela de Sordomudos	-	25.000	19.000
TOTALES	29.000	57.000	37.750

Fuente: Actas provinciales. Elaboración propia.

2.2.6. Talleres, escuelas, maestros y niños en el Establecimiento Provincial

Los talleres tenían las funciones de mantener los servicios del establecimiento y enseñar un oficio a los asilados. En 1929 funcionaban los talleres de Imprenta, Encuadernación, Carpintería, Sastrería, Zapatería y Barbería, mientras que para las niñas tenían Bordado, Encajes, Costura, Taquigrafía y Mecanografía.

El diputado-visitador Ponciano Montero propuso a la Corporación la creación de una Escuela de Corte y Confección para las niñas y un taller mecánico para los chicos. Su propuesta era un proyecto para adaptar el futuro laboral de los niños y niñas a los tiempos. Otra manera de introducir a los

Taller de Carpintería del Hospicio. Fuente: *Memoria del Gobierno Civil*, 1929.

niños mayores en el mundo laboral era emplearles en otras dependencias de la Diputación, por lo cual recibían una gratificación.

En lo que respecta a los maestros, había dos estatales y uno de la Diputación para dar clase a los niños, mientras que las Hijas de la Caridad se encargaban de dar instrucción y talleres a las niñas. En 1923 estaban de maestros Pedro Alejandrino y Benigno Zubizarreta, pero el primero se jubilará en 1925 y se incorporará Ramón Andrade. Este mismo año se traslada Benigno Zubizarreta y a su puesto vendrá Francisco Sánchez.

La Diputación, ante el aumento constante de niños, decide en 1924 crear dos plazas de maestros provinciales y pagarles de su presupuesto[16]. La situación económica no era buena y en realidad lo que se lleva a cabo es la contratación de dos maestros provinciales para las vacaciones de verano.

Aula del Hospicio. Fuente: *Memoria del Gobierno Civil*, 1929.

Será en 1930, según informaciones de *El Pueblo Manchego*, cuando se incorporan como maestros interinos al Hospicio, Hermenegildo Gómez Moreno, y el señor Romero Trujillo.

El periódico *Vida Manchega* publica el 7 de julio de 1927 un artículo titulado «Una visita al Hospicio Provincial» en la cual se hace una entrevista al diputado-visitador mientras recorren las diversas dependencias del establecimiento. El periodista Castor García Rojo lo describe de la siguiente manera:

«Al atravesar los umbrales de una puerta amplia, oímos el sonido metálico de una campana que nos hace meditar en que nos hallamos ante un

Exterior del comedor del Hospicio. Fuente: *Memoria del Gobierno Civil*, 1929.

Convento, una Cárcel, un Hospital o un Hospicio. La voz de la campana rige el movimiento de centenares de vidas en ambos sitios. Con este pensamiento seguimos adelante hasta que llegamos frente a un chico simpático que por su indumentaria suponemos empleado del Hospicio.

Pasamos a un amplio y alegre comedor donde los niños sentados en sus mesas dan un aspecto encantador. Sor Isabel les reparte la comida prodigando a su vez consejos perfumados de bondad. La higiene y el orden que se respira invita a pensar. Los niños guardan una compostura que revela la gran labor educativa que llevan a cabo».

Interior del comedor de niñas del Hospicio. Fuente: *Memoria del Gobierno Civil*, 1929.

Interior del comedor de niños del Hospicio. Fuente: *Memoria del Gobierno Civil*, 1929.

El diputado-visitador le manifiesta que están confeccionando un presupuesto extraordinario para acometer importantes reformas en los establecimientos benéficos y entre ellas está la construcción de nuevos dormitorios, escuelas, dotar de nuevos materiales modernos al taller de Carpintería, lavabos, baños, duchas y una nueva sala de estar. Además, tienen en proyecto una casa-cuna. También le indica que las escuelas es lo peor que tienen y por eso quieren hacerlas nuevas. Sus palabras lo expresan todo:

«Los Maestros laboran mucho, pero comprendemos que ni el local, ni el material, ni nada responde a su esfuerzo; por otra parte, la enorme agrupación de niños no permite más labor educadora que la de llevamos a cabo».

Continúa diciendo que:

«Su aspiración suprema es dejar un Establecimiento modelo y poner a cuantos puede en condiciones de ser hombres de provecho; y con respecto a las mujeres, que lo sean de casa. Es esencial quitarle el aspecto de cuartel y convertirlo en colegio de sistema que conocemos en Inglaterra, Francia o Bélgica; es decir, laboratorios de pedagogía práctica. Desterrar el sistema de piara para convertirlo en familiar; desterrar la rutina y enseñarles a vivir».

Al final de la entrevista y visita al Hospicio, el periodista manifiesta que el Hospicio actual es un lugar donde se prepara, enseña y educa a los niños y niñas.

En el Archivo General de la Diputación encontramos un documento fechado el 12 de marzo de 1929 en el cual se indica que la Diputación proyecta la creación de un Instituto de Puericultura, que estaría compuesto por la Casa de Expósitos, la Escuela de Maternología y la Casa de Maternidad. En el mismo, el señor Montero indica que la Casa de Expósitos antigua no debe llamarse más así, ni tampoco Inclusa y propone que se denomine Hogar Infantil, Casa-Cuna, Casa del Niño o Casa Maternal. En el mismo documento se da el nombre acordado de Casa-Cuna y su construcción estará dirigida por el arquitecto Francisco Alonso Martos, inaugurándose en 1930.

Para conocer el material de las escuelas en estos años vamos a seguir lo reflejado en el *Inventario* de 1928 de la Diputación Provincial[17]. De él podemos obtener que había dos escuelas nacionales de beneficencia de niños y una provincial de niños. El material entre las escuelas estatales y la provincial era muy parecido. En cada clase había un crucifijo, retrato del rey, mesa del profesor, sillón, 32 sillas de niños, cuatro mesas para ocho niños cada una, aparato para repartir tinta, termómetro, barómetro, pizarra de cristal esmerilado, soporte Pestalozzi, compás, semicírculo graduado, metro cúbico, mapa de Europa en relieve, colección de once mapas, telégrafo Morse, gabinete de Física y cuerpo humano desmontable.

La Escuela Provincial estába peor dotada que las estatales, si bien es cierto que su creación era muy reciente.

La escuela de niñas, dirigida por las Hijas de la Caridad, tenía un cuadro del Sagrado Corazón de Jesús, una escultura del Santo Cristo, sillas mesas, pizarra, mapas y libros.

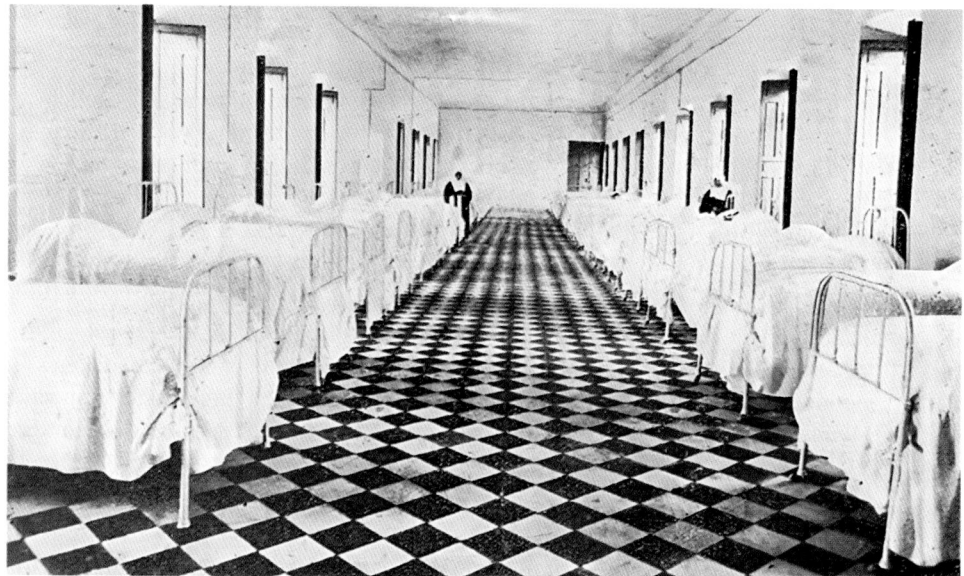

Dormitorios del Hospicio. Fuente: *Memoria del Gobierno Civil*, 1929.

La cantidad total de niños en edad escolar debía de ser de unos 96, que son los puestos escolares que se describen, sin tener en cuenta los niños que asistían a los talleres. En lo que respecta a los dormitorios de niños, tenían por nombres diferentes denominaciones de tipo religioso, como Santa Cecilia, San Luis, Sagrada Familia y San Andrés. En total había 145 camas, por lo que podemos deducir que los niños mayores eran 49, y por tanto asistían a los talleres.

En lo que respecta a los dormitorios de las niñas, disponían de un total de 102 camas, distribuidas en los dormitorios, llamados Milagrosa, Santa Teresa, Divina Pastora y Purísima.

2.2.7. La Diputación Provincial: pionera en organizar colonias escolares

El proyecto más novedoso llevado a cabo con los niños y niñas del Establecimiento Provincial fue la organización de colonias escolares de 1926 a 1929, ambos inclusive. La idea parte del diputado-visitador, señor Montero, apoyado por el presidente de la Diputación, Bernardo Mulleras, y el resto de la Corporación. *El Pueblo Manchego* publica el 1 de agosto de 1925 la intención de Ponciano Montero de organizar para 1926 una colonia escolar con los niños y niñas del Hospicio.

La filosofía de las colonias escolares respondía no solo a finalidades higiénicas y médicas, sino también alimentarias y de ocio. Sin olvidar las de carácter educativo, ya anunciadas en el Museo Pedagógico Nacional[18]. Durante la dictadura de Primo de Rivera se favorecen este tipo de colonias buscando fortalecer el cuerpo y la mente a través de un ambiente sano, alimentación adecuada, realizando ejercicios físicos y juegos en un ambiente distinto al habitual (playa o montaña). A estas colonias asistían niños y niñas, pero las actividades se realizaban por separado. El director de la colonia debía cumplir la normativa legal al respecto, es decir, la Real Orden de 9 de julio de 1920 del Ministerio de Instrucción Pública, en la que se indicaba que se debían registrar los datos de peso, estatura y desarrollo torácico de niños y niñas, antes y al acabar la estancia en el mar o la montaña.

A las dificultades de los niños y de la sociedad en esos momentos, se buscan diferentes soluciones para intentar atajarlas. Para afrontar los problemas de salud e higiene se promovieron las colonias escolares, para las dificultades alimenticias se hicieron cantinas escolares, para vestir a los niños se favorecieron los roperos escolares, para erradicar el analfabetismo se intentaron hacer bibliotecas y escuelas, y para fomentar el ahorro se promocionaron las mutualidades de Ahorro Infantil.

Ramón Andrade, maestro del Hospicio, publica en *Vida Manchega,* el 24 de marzo de 1926, un artículo titulado «Educación Física. Colonias Escolares», del cual extraemos el siguiente párrafo:

«Las primeras colonias escolares que se crearon en Europa fueron en nuestras vecinas naciones Francia y Bélgica, organizándolas bajo la dirección de un maestro y maestra, con la inspección de un médico cuyo objeto es observar el desarrollo alcanzado en los niños durante el tiempo de su permanencia en las poblaciones marítimas y alpinas, punto de residencia que fijan estas colonias.

Alabemos la hermosa iniciativa que han proyectado nuestros dignos e inteligentes diputados provinciales, con la organización de una colonia escolar que en breve se fijará».

La primera colonia se pone en marcha y la compañía de ferrocarriles Madrid-Zaragoza-Alicante (MZA) va a colaborar regalando los billetes para el viaje de la colonia del Hospicio al Sanatorio Marítimo de Oza.

El periódico *Vida Manchega* narra la noticia de la partida de la Colonia Escolar del Hospicio el día 17 de septiembre de 1926 con numerosos detalles. Los niños y niñas han salido de madrugada acompañados de los maestros Julia López y Francisco Sánchez. La expedición está compuesta por quince niños y quince niñas y son los que a continuación se detallan: Epifanía Serrano, de Malagón; M.ª Manuela Bordallo, de Daimiel; Julia Checa, de Fuente Caliente; Manuela Calero, de Santa Marta; Hortensia Ramos, de Almagro; Carolina Padilla, de Cabezarados; Adela Zapata, de Ciudad Real; Fermina Sevillano, de Ciudad Real; Vicenta Astilleros, de Poblete; Andrea Muñoz, de Granátula; Visitación Sobrino, de Carrión; Alejandra López, de Ciudad Real; Concepción Calzado, de Almuradiel; Mercedes Blázquez, de Santa Elena; Lucila Esteban, de Moral; Domingo Ruiz, de Valdepeñas; Jacinto Muñoz, de Ciudad Real; Antonio Flores, de Moral; Francisco Higueras, de Tirteafuera; Roque Esteban, de Moral; Argelio Martín, de Villamayor; Antonio Sabas, de Almodóvar; Doroteo Ruiz, de Calzada; José Meldaña, de Ciudad Real; Juan Antonio Mora, de Ciudad Real; Nicasio Sánchez, de Fuente el Fresno; Ramón Catalá, de Fontanarejo; Lope Padilla, de Cabezarados; Santiago Martínez, de Valdepeñas, y Dimas Avellán, de Valdepeñas.

El presidente de la Diputación fue a despedirse de los niños y niñas, entregándoles unos regalos. La colonia partió en el tren hacia Madrid y allí descansaron en un local que les tenía preparado el Ayuntamiento de esa ciudad.

El citado periódico vuelve a informar de la colonia el 25 de septiembre e indica que en Madrid fueron recibidos por el alcalde interino, señor Antón; el concejal, señor Arteaga, y el arquitecto de los ferroviarios, Francisco Alonso Martos. A la llegada de la colonia a Oza fueron recibidos por el director de la misma, Rafael Fernández, y el diputado-visitador, Ponciano Montero. Ambos se encargaron de visitar en Madrid el colegio San Ildefonso y en La Coruña fueron a conocer el Hospicio de esa ciudad para tomar nota de los progresos que haya en dichos establecimientos.

El éxito de esta iniciativa tan novedosa lo recogen los periódicos *Vida Manchega* y *El Pueblo Manchego*, que dan la enhorabuena a la Diputación por ser la primera en tomar una iniciativa así. El regreso de los niños se producirá el 18 de octubre.

En 1927 la Colonia del Hospicio va al Sanatorio Marítimo de Pedrosa (Santander) y la expedición la forman 18 niños y 18 niñas de edades comprendidas entre los 7 y los 13 años. A su llegada a Madrid fueron recibidos por autoridades municipales y el director general de Agricultura, señor Vellando, pernoctando allí un día. Las compañías de ferrocarriles MZA y Ferrocarriles del Norte han facilitado los billetes a toda la expedición. En esta ocasión su estancia en Santander será de un mes y medio, efectuando su regreso el 31 de octubre, como así lo atestiguan los periódicos de la época.

Vida Manchega informará el 21 de agosto de 1928 sobre la nueva colonia del Hospicio, indicando que este año van a ir al Sanatorio Marítimo de Oza en La Coruña. La expedición durará 45 días y se hospedarán, al igual que en anteriores ocasiones, en el colegio de San Ildefonso por gentileza del Ayuntamiento de Madrid. En esta ocasión van a ir catorce niños y catorce niñas en edades comprendidas entre los 5 y los 13 años.

La colonia de 1929 partió el 23 de agosto hacia Oza, acompañada por tres Hijas de la Caridad y una costurera del establecimiento. En esta ocasión van veinte niños y veinte niñas.

En 1930 no habrá Colonia Escolar del Hospicio, de lo cual se lamenta Antón de Villarreal (Francisco Pérez Fernández) en un artículo publicado en *Vida Manchega* el 8 de julio de 1930, en el cual manifiesta:

> «esto no debe asombrarnos si tenemos en cuenta de que carecen hasta de edificios donde se pueda enseñar decorosamente».

2.3. EL HOGAR PROVINCIAL (1931-1939)

La caída de la dictadura y el inicio de la Segunda República la describe Isidro Sánchez así:

> «La llegada de la República no varía en exceso la situación de los establecimientos de beneficencia. Los problemas, a pesar de las inversiones realizadas durante la primera dictadura, continúan en los años republicanos. La labor del diputado-visitador Ponciano Montero Ramírez, en el cargo desde 1924 hasta la nueva situación, ha dado sus frutos, pero resulta insuficiente.
> Hay una novedad significativa en el terreno de lo simbólico. En mayo de 1932 se abandona la denominación tradicional de Hospicio Provincial, aunque las funciones y preocupaciones son similares. La palabra hospicio tiene en la sociedad un claro sentido peyorativo como, referido a los internos, cuneros, expósitos, hospicianos, asilados o incluseros. Se cambia el nombre de la institución, pero las denominaciones citadas siguen utilizándose»[19].

Ponciano Montero ya había propuesto el cambio de nombre para este establecimiento provincial, pero no dio sus frutos en aquel momento. En la sesión plenaria provincial de 5 de diciembre de 1931, José Maestro San José solicita que se cambie el nombre de Hospicio por otro más adecuado a la función educativa y social que allí se realiza. En este momento no se acuerda el cambio y se pospone para otro momento.

Justino Espadas, maestro y diputado provincial, propone en la sesión de 2 de mayo de 1932 que en lo sucesivo al Hospicio se le denomine «Hogar Provincial» y que en el futuro reglamento así conste. Dicha propuesta fue aprobada.

Durante este periodo funcionaron el Hogar Provincial, para niños de 7 años hasta 17; la Casa-Cuna, que disponía de una sala para niños de 0 a 2 años y otra para niños de 2 a 6 años, y Maternidad, para acoger a las mujeres embarazadas, solteras, casadas o viudas.

Muchas son las ambiciones que en estos años venideros se plantean, pero la situación económica nacional, provincial y local no es buena y la Diputación tiene dificultades económicas para poder llevar a cabo sus funciones provinciales. A estas dificultades se añaden otras de índole educativo, es decir, el Gobierno de la República derogó el artículo 134 del Estatuto Provincial en 1931 y por ello se ven las diputaciones obligadas a hacerse cargo de las atenciones de la Segunda Enseñanza. Desde 1925 estaban exentas de efectuar estos pagos, ya que pasaron al Estado. En este capítulo de gastos se incluían los institutos, escuelas normales, Inspección de Primera Enseñanza, bibliotecas y las secciones administrativas de la Primera Enseñanza. Ante este problema, las diputaciones se organizan en 1933 y envían al ministro un escrito solicitando que dichos pagos vuelvan al Estado. El tema es de vital importancia y se trata ampliamente en las sesiones de 20 de mayo y 31 de julio de 1933.

2.3.1. El Colegio Provincial de Sordomudos y Ciegos

En la sesión provincial de 5 de octubre de 1931, siendo presidente de la Diputación Francisco Morayta, se lee una instancia en la que suplican su creación, firmada por Gaspar Fisac, médico jubilado de la Beneficencia Provincial; Ángel Ávila, presidente de la Audiencia; José Maestro, alcalde de Ciudad Real; Gonzalo Muñoz, director de la Escuela Normal de Maestros; Gaspar Sánchez, inspector de Primera Enseñanza; Julián Bonilla, presidente del Colegio de Médicos; Manuel Novés, presidente de la Casa del Pueblo, y José Mosqueras, regente de la Escuela Práctica. Tras la lectura de dicha solicitud, acuerdan no estimarla.

Durante estos años y los que preceden la Diputación pagaba las estancias de estas personas en un colegio de Madrid. En 1932 había siete niños internos que costaban a la Diputación 14.000 pesetas anuales. El coste era importante y los niños estaban lejos de sus familias, aunque en un centro donde les podían atender de una manera especializada. El Ayuntamiento de Ciudad Real les quería ceder un edificio propio sito en El Viñedo para la instalación del colegio, ante esto deciden encargar un estudio a Gaspar Fisac y Julián Bonilla con el fin de valorar el tema adecuadamente. En la sesión de 20 de mayo de 1932 se lee el informe emitido por los médicos anteriores y su propuesta de construirlo en el solar del Hospicio. Tras ello, acuerdan solicitar al arquitecto provincial la redacción de un proyecto con el correspondiente presupuesto.

El 13 de junio de 1932 estudian los planos, la memoria y proyecto para el citado colegio. El presupuesto ascendía a 234.756,70 pesetas, y no lo ven posible dada la situación económica provincial. José Maestro, hombre muy preocupado por los temas educativos, propone que se ajuste el presupuesto a 75.000 u 80.000 pesetas, ya que están construyendo el nuevo hospital. Vuelven a tratar el tema el 11 de julio y se presenta un presupuesto que asciende a 82.470,58 pesetas, que atendería a catorce niños y edificado en los terrenos del Hospicio. El señor Maestro insiste en que debe hacerse, aunque no haya dinero, pero Francisco Morayta le indica que puede instalarse en la escuela incautada a los Jesuitas y así no costará tanto dinero.

En octubre de 1932 reciben un oficio del presidente del Patronato de Incautaciones de Bienes de la Compañía de Jesús, en el cual les indica que en él se van a instalar la Escuela de Trabajo, la Escuela Normal de Maestros, el Museo Provincial y el Colegio de Sordomudos y Ciegos.

Mientras tanto, las familias de la provincia seguían enviando solicitudes para que se atienda a sus hijos ciegos y sordos. Pasa el tiempo y en la sesión de 20 de marzo de 1933 el presidente de la Diputación, Francisco Morayta, propone crear un Patronato Provincial de Ciegos e instalarlo en el edificio de los Jesuitas. Dicho Patronato estará formado por un presidente, el presidente de la Diputación; y como vocales, el alcalde de Ciudad Real, Julián Bonilla (oftalmólogo), Gaspar Fisac (Federación Hispana de Ciegos), T. Escobar (masajista y ciego) y José González (alumno del Colegio Nacional de Ciegos y Sordos).

El tiempo pasa y no hay soluciones, esto desespera a las personas que habían tenido la iniciativa y en 1934 vuelven a enviar un escrito a la Diputación solicitando su inmediata creación. El presidente de la Diputación les contesta, para salir del paso, que los locales de los Jesuitas no reúnen las condiciones pedagógicas adecuadas y además es preferente la creación de grupos escolares. La situación es cada vez más insostenible y el diputado provincial señor Megía Moreno propone que se realice en el Hogar Provincial y que se haga un reglamento.

El cese de José Maestro y Justino Espadas en 1934 y la dimisión de Luis Megía en 1936, harán que se olvide este tema.

Tabla 4

PRESUPUESTOS DE LA DIPUTACIÓN PARA SORDOMUDOS Y CIEGOS, 1931-1939 (PESETAS)

Años	1931	1932	1933	1934	1935	1936	1937	1938	1939
CANTIDAD	19.000	30.000	13.000	10.000	10.000	15.000	15.000	10.000	8.000

Fuente: Actas provinciales. Elaboración propia.

El presupuesto destinado durante este periodo a la atención de sordomudos y ciegos es el que se refleja en la tabla anterior.

2.3.2. La Banda de Música

En el Hogar Provincial se reorganizan los talleres en 1932 y se crean las Escuelas Profesionales, esto supone el fin de la Banda de Música Provincial ya que se limita su actuación a nivel interno y su mantenimiento resultaba muy caro. El maestro Antonio Segura se convirtió en un profesor especial junto a Eleuterio Romero, Martín Calvillo y Joaquín Bermúdez. Las últimas actuaciones de la Banda Provincial fueron el concierto conmemorativo del día 14 de abril de 1932 y la función dada con motivo de la visita de Alcalá Zamora a Ciudad Real el día 27 de abril de 1933[20].

2.3.3. El legado de Patricio Clemente, becas, actividades culturales y pedagógicas

A lo largo de los años se ha ido pagando del legado de Patricio Clemente los estudios de los asilados en el Instituto y la Escuela Normal, ahora se continúa haciendo, pero con algunos cambios motivados por necesidades económicas y la Guerra Civil.

En 1933 tenía el citado legado unos intereses acumulados de 53.000 pesetas y van a solicitar a la Dirección General de Beneficencia la autorización para disponer de esos intereses con la finalidad de comprar una máquina de componer «Linotipe» de 24.800 pesetas para las Escuelas Gráficas del Hogar Provincial[21].

En la sesión de 30 de junio de 1933 acuerdan nombrar maestra interina a Ester Mayor para seleccionar a dos o tres niñas y prepararlas para los estudios de Magisterio. El importe de dichos estudios se cargará al legado de Clemente y ascenderá a 250 pesetas al mes. En estos momentos se estaban pagando con el legado de Patricio Clemente, aun no permitiéndolo sus cláusulas, a dos maestras interinas, una desde el 1 de febrero de 1932 y la otra desde agosto de 1933[22]. Las razones para realizar estos pagos no permitidos hay que buscarlas en las dificultades económicas de la Diputación, en el aumento de niñas, en la sustitución progresiva de las Hijas de la Caridad en la enseñanza, en la idea de graduar las escuelas y de atender mejor las necesidades educativas de las niñas del Hogar.

Las colonias escolares dejaron de ser patrocinadas por la Diputación desde 1929, ya que serán los ayuntamientos los encargados de llevarlas a cabo. El Ayuntamiento de Ciudad Real, presidido por José Maestro, organiza la primera colonia escolar en 1931. En 1932 la colonia de Ciudad Real se dirigió a Santa Pola, y la Diputación pagó los gastos de tres niños y tres niñas procedentes del Hogar Provincial. La colonia escolar de 1933, organizada por el Ayuntamiento de la capital, estuvo compuesta por quince niños y quince niñas y se estableció en el Sanatorio Marítimo de Oza (La Coruña), en la misma hubo niños y niñas del Hogar Provincial, corriendo con sus gastos la Diputación. Al año siguiente se vuelve a enviar la colonia escolar a Oza con un total de veinte niños y veinte niñas, estando entre ellos varios del Hogar Provincial.

Será 1935 el último año que el Ayuntamiento de Ciudad Real organiza la colonia escolar; en esta ocasión marcharán veinticinco niños a la playa de San Juan (Alicante)[23].

Las colonias escolares se financiaban con la subvención del Ministerio de Instrucción Pública, el presupuesto del Ayuntamiento, ayudas de la Diputación, donaciones de particulares y la colaboración de los roperos escolares.

La Diputación, aunque tenía cada vez menos competencias en materia educativa, financiaba proyectos, jornadas de renovación pedagógica, actividades culturales y otros eventos artísticos. En 1932 se organiza en Puertollano la I Semana Pedagógica y al año siguiente la II en Ciudad Real, con la finalidad de reciclar y formar a los maestros y maestras. La Diputación colaborará con la publicación de los folletos informativos imprimiéndolos en la Imprenta Provincial y con la donación de varios premios para los trabajos presentados.

En el aspecto cultural la Diputación colaboró en la creación del Museo Provincial de Bellas Artes que se iba a llevar a cabo y situar en el antiguo edificio de los Jesuitas. También homenajeó en 1933 a José María de la Fuente con motivo de su fallecimiento y la donación de su colección de insectos.

Las escuelas de trabajo creadas en este periodo en la provincia se sostienen, en gran parte, con fondos provinciales. En el capítulo X de los presupuestos provinciales de 1934 se atendían los siguientes centros: escuelas provinciales industriales, Escuela Superior de Comercio (voluntariamente), Patronato del Archivo Histórico, Museo Provincial, cronista de la provincia y Escuela de Capataces de Almadén.

El diputado provincial José Maestro, hombre muy preocupado por los temas educativos, propone en la sesión provincial de 1 de diciembre de 1932 que se dote a la Escuela del Hogar y Profesional de la Mujer de máquinas de escribir y de coser, así como aumentar el dinero con que se les dota todos los años.

Durante estos años la Diputación sigue dando becas para estudios artísticos, musicales, universitarios, Medicina e Ingeniería.

2.3.4. Vida, escuelas primarias y profesionales del Hogar Provincial (1931-1939)

Este periodo se va a caracterizar por grandes cambios en el Hogar Provincial. La secularización de la enseñanza llevará, junto con la Guerra Civil, a la salida de las Hijas de la Caridad del Hospital y del Hogar. Podemos distinguir dos momentos, uno antes del conflicto bélico y otro durante la Guerra Civil, dadas las circunstancias que se generan de escasez de alimentos, cambios de personal trabajador, depuraciones de funcionarios y falta de recursos económicos.

La Enseñanza Primaria de los niños del Hogar Provincial en 1931 corría a cargo de dos maestros del Estado y dos maestros provinciales. Los primeros eran Francisco Sánchez y Nicanor Hernández Álvarez, mientras que la Diputación tenía contratados a Ramón Rodríguez Andrade y a Antonio Romero Trujillo.

Los maestros provinciales cobraban 3.000 y 2.500 pesetas anuales respectivamente en 1931. Al año siguiente Francisco Sánchez cobraba 3.250 pesetas y Antonio Romero 3.000, gracias a la subida de sueldos que la Corporación aprobó. La Diputación se hacía cargo de pagar a los maestros estatales de Beneficencia el concepto de alquiler de la casa-habitación, por lo cual percibían otras 1.000 pesetas al año; sin embargo, a los maestros provinciales les pagaba la mitad ya que no era un concepto de pago obligatorio para sus empleados.

La enseñanza de las niñas estaba en manos de las Hijas de la Caridad en 1931, posteriormente serán sustituidas por maestras provinciales. El 1 de febrero de 1932 contratan de maestra interina a Ester Mayor, cobrando un sueldo de 3.000 pesetas anuales. Dado que va a atender a casi cien niñas, la Corporación acuerda el 31 de julio de 1933 contratar otra maestra provincial. Dicha plaza va a recaer en Amparo Sánchez-Herreros. Será en la sesión de 5 de noviembre de 1934 donde se establezcan las bases para proveer por concurso las dos plazas de maestras para niñas, en las que las aspirantes debían presentar: 1) título de maestra, 2) méritos académicos, 3) certificado de buena conducta expedido por la Alcaldía, 4) no padecer defecto físico ni enfermedad contagiosa, 5) tener menos de 40 años y más de 20, 6) renunciar al tipo de vacaciones de los maestros del Estado y someterse a los acuerdos y reglamentos de la Corporación Provincial, 7) no tener antecedentes penales, 8) el sueldo será de 3.000 pesetas anuales.

El tribunal examinador estará compuesto por un presidente, que será el inspector jefe de Primera Enseñanza, y cuatro vocales (un maestro del Hogar Provincial, un maestro designado por la Asociación Provincial del Magisterio y un maestro designado por la Federación de Trabajadores de la Enseñanza).   Según lo expresado en diversas actas provinciales, las maestras de la Diputación estaban siendo pagadas del legado de Patricio Clemente.

El material pedagógico para las escuelas era pagado por la Diputación de forma anual, incluso acceden a que en el verano de 1935 las maestras compren libros por valor de 200 pesetas para las escuelas de niñas. Ya en 1932 la Diputación envió a las escuelas, previa petición de las maestras, varias máquinas de escribir para que dieran clase de Mecanografía a las niñas.

Durante estos años continuaron funcionando en el Hogar Provincial las escuelas de adultos. Estas funcionaban desde el 1 de noviembre hasta el 31 de marzo. El Estado se encargaba de dar una gratificación a los maestros suyos y la Diputación otorgaba 250 pesetas a cada maestro provincial que impartiera dichas clases durante 1932. En los años posteriores se gratificaría con 300 pesetas al año.

En el periodo de vacaciones estival, las cuatro aulas de alumnado se agrupaban en dos, siendo atendidas por maestros provinciales. El horario de verano era en sesión única de 8 a 12 de la mañana.

Las fiestas que se venían celebrando con anterioridad en el Hogar Provincial eran Reyes, San José, San Vicente de Paúl y las de la Virgen del Prado. Durante el periodo republicano se estableció el sentido laico, dichas fiestas se fueron secularizando. En cualquier caso, se seguían celebrando fiestas y regalando a los niños juguetes, caramelos y libros.

Las Escuelas Profesionales van a sufrir una gran transformación a lo largo de este periodo de tiempo. A lo largo de los años la Diputación procuró que al terminar la Enseñanza Primaria los niños se preparasen para su incorporación al mundo del trabajo; para ello, desde los 14 a los 17 años, se formaban en los talleres existentes que en el Hospicio se fueron estableciendo. Tomando como referencia el *Inventario* de 1931, los talleres existentes en ese momento eran Imprenta, Encuadernación, Carpintería, Peluquería, Zapatería, Sastrería y Electricidad.

En 1932 pasan a denominarse Escuelas Profesionales del Hogar Provincial. A las anteriores añaden una de Mecánica y la Escuela de Pintura, Modelado y Arte Industrial. Este remodelado de talleres se complementa con una subida de 627 pesetas en los salarios de los maestros de los mismos, que supone alcanzar las 3.000 pesetas anuales.

El maestro de Música seguía siendo Antonio Segura y para la Escuela de Pintura se designa a Jerónimo Luna Abad, con un sueldo de 2.500 pesetas anuales.

Las niñas realizaban costura, bordado, punto, corte y confección, mecanografía y taquigrafía. La profesora encargada cobraba en 1937 un sueldo de 3.500 pesetas.

La plantilla de maestros y maestras de las Escuelas Profesionales estaba compuesta en 1937, según se indica en las actas provinciales de 30 y 31 de marzo, de la siguiente manera: Valentín Pérez, profesor de Pintura y Dibujo; Niceto A. Sánchez, maestro sastre; José A. Ruiz Garrido, maestro zapatero; Nicanor González, maestro carpintero; María Arias, profesora de Punto, Corte y Confección; Bernardina López Bermejo; profesora de Puericultura; Manuela Fillol, profesora de Música, Canto y Piano; Ángel Jiménez Lillo, Escuelas Gráficas, y un profesor para la Escuela de Electricidad.

La plantilla se completaba con unos profesores especialistas en Música: de bajo, Eleuterio Romero; de saxofón, Antonio Ruda, y de trombón, Germán Chacón. En 1938 ocuparía la plaza de profesor de Música Salomón Buitrago.

Además de la plantilla de profesorado, durante los recreos y tiempo libre había inspectores para cuidar a los niños, que tenían un sueldo de 3.000 pesetas al año, mientras que las inspectoras tenían asignadas 2.500 pesetas anuales.

2.3.5. La enseñanza y la vida en el Hogar Provincial durante la Guerra Civil

A comienzos de 1936 se producen numerosas dimisiones de los gestores provinciales (diputados provinciales). El gestor provincial Domingo Cepeda llevará muy de cerca el tema religioso en el Hogar Provincial, en la sesión de 25 de marzo de 1936 comunica que tiene noticias de que a los niños se les obliga a rezar e indica que se deben tomar medidas para que se corrija esa situación. Sobre este tema volverá a insistir en la sesión del 15 de mayo indicando que en el Hogar se enseña Religión a las niñas y además algunas llevan símbolos religiosos, por lo que ruega al diputado-visitador que se corrijan ambos aspectos.

El presidente de la Diputación, Francisco Maeso, informa el 27 de mayo sobre la solicitud, que ha cursado al Ministerio de Instrucción Pública, de tres plazas de maestras nacionales y una más de maestro para hacer dos graduadas de tres secciones cada una, con la pretensión de que asistan también a ellas niños y niñas de la ciudad. También indica que la Diputación se compromete a facilitar todos los medios que hagan falta (locales, mobiliario, material escolar, pago de alquileres a los maestros, etc.).

La situación de las monjas en el Hogar se va haciendo difícil y ante la inminente salida de las Hijas de la Caridad, se reciben multitud de firmas de toda la provincia para que no se realice tal marcha. Domingo Cepeda indica que no deben tomarse en consideración dichas firmas y en la sesión del 25 de junio manifiesta que: 1º) Se debe prohibir a los niños del Hogar Provincial entrar en la capilla, 2º) se debe clausurar la capilla puesto que es de la Diputación y 3º) se tienen que prohibir los cánticos religiosos en el Hospital.

El presidente de la Diputación le contesta que se está estudiando la sustitución de las Hijas de la Caridad, pero hay problemas económicos. Al final, acuerdan formar una Comisión para realizar el estudio de viabilidad.

El día 5 de noviembre acuerdan nombrar director del Hogar al maestro Luis Castillo Almena, que será el encargado, tras aceptar el cargo, de realizar un nuevo reglamento y una reestructuración del Hogar.

Estos primeros meses, tras estallar la Guerra Civil, son momentos de mucha tensión y de toma de decisiones muy precipitadas. En la sesión provincial del 16 de noviembre acuerdan la formación de la Comisión Depuradora del Personal Funcionario y será el 7 de diciembre donde se hagan públicas las listas de funcionarios a los que se debe expulsar o cesar por tener una actuación hostil al Régimen, con pérdida de todos los derechos. Entre ellos están Jerónimo Luna (profesor de Dibujo del Hogar Provincial), Amparo Sánchez Herrero (maestra provincial), Ester Mayor (maestra provincial) y Félix Clemente García Mingallón (regente de las Escuelas Gráficas).

En el mismo acta, el Presidente informa que va a solicitar al Ministerio de Instrucción Pública la creación de un grupo escolar compuesto por las escuelas nacionales unitarias que tenían, otra sección de niños, tres secciones de niñas, dos escuelas maternales y una plaza de director. La idea era que los niños de la ciudad pudieran venir al nuevo grupo escolar, es decir, abrir el Hogar Provincial a la ciudad. Antonio Cano Murillo continúa comunicando que las monjas van a ser sustituidas inmediatamente, ya que le han informado que sustraen ropas y otros efectos del Hogar Provincial y van a sustituirlas familiares de milicianos muertos, huidos o desaparecidos, con carácter interino.

Esta acusación sobre las monjas era para forzar su salida lo antes posible del Hogar y empezar las reformas que tenían pensadas.

En diciembre de 1936 las Escuelas de Niños del Hogar Provincial pasan todas al Estado y por tanto declaran excedentes forzosos a los dos maestros provinciales. Acuerdan que Ramón Andrade y Antonio Romero pasen a trabajar como oficiales primeros administrativos con un sueldo de 5.000 pesetas anuales cada uno. En lo que respecta a la sustitución de las monjas, el 28 de diciembre se producen los nombramientos con carácter interino de los funcionarios que se harán cargo de reemplazarlas. También se procede a nombrar un nuevo profesor de Dibujo y Pintura, que será Valentín Pérez con un sueldo de 3.000 pesetas anuales.

El año 1937 será muy difícil como consecuencia de la Guerra Civil y de las tensiones que surgen en el seno del Hogar Provincial. A lo largo del año se producen admisiones de funcionarios que habían sufrido la depuración, entre ellas, es readmitida la maestra provincial Amparo Sánchez-Herrera con un sueldo de 3.500 pesetas al año. Al mismo tiempo se nombra profesor de Educación Física y jefe de los servicios de Inspección, con un sueldo de 3.000 pesetas anuales, a Ceferino Terreros Martín.

Los cambios de funcionarios, las rivalidades, las tensiones propias de un estado bélico, y la escasez de subsistencias van creando dentro del Hogar Provincial un clima de difícil convivencia durante este año y el siguiente. Los problemas de conducta de los alumnos son frecuentes y se producen algunas acusaciones sobre los maestros y maestras de no tratarlos bien. Mientras esto sucede varios vecinos se quejan a la Diputación de los daños que les han producido los niños del Hogar en sus tejados.

En este clima de inestabilidad se celebra la sesión provincial del 8 de septiembre de 1938 leyéndose un escrito de la Dirección Provincial de Primera Enseñanza en la cual les comunica que se nombra directora de las escuelas del Hogar Provincial a María del Carmen Gil Ruiz. El presidente de la Diputación, Antonio Menchén, manifiesta su disconformidad con dicho nombramiento puesto que los gestores provinciales quieren que el director del grupo escolar y del Hogar sea la misma persona. Al no estar conformes con el nombramiento, acuerdan que irán a hablar con el director provincial y, si no llegan a un acuerdo, van a solicitar un patronato para dichas escuelas al Ministerio de Instrucción Pública.

Los ceses y nombramientos se producen con frecuencia, y en octubre de 1938 cesa el profesor de Pintura Valentín Pérez, siendo sustituido por Esteban Bonilla López. La plaza de maestro de Música es ocupada por Salomón Buitrago, ya que cuenta con el apoyo de Calixto Pintor.

La Comisión de Seguridad del Gobierno Civil les informa de las quejas que ha recibido sobre el régimen de comidas y limpieza de los niños acogidos en el Hogar Provincial, manifestando que son muy deficientes las comidas y que la limpieza de la ropa interior se hace cada quince días y las sábanas cada tres meses. Ante esta información, el presidente Antonio Menchén informa que es cierto lo que se indica porque ha hecho una visita al Hogar en compañía del secretario y lo ha visto[24].

Ante los problemas de conducta y de acusaciones de malos tratos por parte de algunos maestros y maestras, ahora a Soledad Sanz Hernández, deciden solicitar un nuevo grado para niños anormales y de educación difícil.

Los problemas se suceden y el 8 de diciembre de 1938 tratan el tema de un comunicado del director del Hogar y Casa-Cuna en el cual les informa de que los maestros del grupo escolar faltan con frecuencia y que se lo dicho también a la directora de la citada escuela. Ante esta situación acuerdan trasladar el tema a la Inspección Provincial de Primera Enseñanza.

A finales de 1938 había grandes problemas de abastecimiento y subsistencias, por ello deciden, a primeros de 1939, entregar niños acogidos a sus padres o familiares. A pesar de estas dificultades dieron una cena especial el día 5 de enero a todos los niños del Hogar.

Termina la Guerra Civil en abril de 1939 y empieza otro nuevo proceso de organización y de depuración.

2.3.6. Luis Castillo Almena y su Plan de Reorganización del Hogar y Casa-Cuna Provinciales

El maestro Luis Castillo llega al Hogar Provincial de la mano del presidente Antonio Cano, y se le encarga reorganizar todo el Hogar Provincial, al cual dará una impronta de innovación pedagógica para aquellos momentos.

El señor Castillo redacta de esta manera su comienzo:

> «Llegué al Hogar y Casa-Cuna provinciales el día dos de noviembre de 1936 para reorganizar –encargado por la Diputación de Ciudad Real, que lo había pedido a la F.E.T.E.– ambas Instituciones. A primeros de diciembre me dispuse para volver a mi Escuela, por considerar terminadas mis tareas planificadoras y de iniciación. Pero la Diputación Provincial me había ganado el terreno, interesada en la educación de sus acogidos: me honraba con la Dirección interina del Establecimiento, facilitándome los medios necesarios para lograr la obra proyectada».

Luis Castillo acepta la dirección, pero pretende dejar clara su situación profesional, puesto que desde noviembre estaba como maestro agregado a una vacante existente en las escuelas nacionales del Hogar, y la Diputación pide a la Inspección Provincial de Primera Enseñanza que solicite a la Dirección General un nombramiento provisional para dirigir el grupo escolar. Una vez que se resuelva la situación administrativa se dedicará a trabajar para el Hogar, Casa-Cuna y el grupo escolar.

Antes de aceptar el cargo, Luis Castillo pone las siguientes condiciones al presidente de la Diputación:

1ª) Adaptar el edificio a las exigencias del orfanato.

2ª) Crear un grupo escolar nacional, transformando las escuelas unitarias que había y suprimir las provinciales, pudiéndose matricular también hijos de funcionarios de la Diputación y niños de la ciudad.

3ª) Tener autoridad indiscutible sobre el personal del establecimiento.

4ª) La Diputación no debe actuar sin antes haberle consultado.

5ª) Crear los cargos que considere necesarios para llevar a cabo lo proyectado por él.

6ª) Las monjas deben salir del establecimiento.

7ª) La Diputación debe llevarse a los ancianos e impedidos a instituciones adecuadas.

8ª) Una vez aprobadas estas exigencias, la Diputación puede pedirle responsabilidades.

Comienza su trabajo y a los siete meses indica que todas las condiciones anteriores se han cumplido excepto el traslado de los ancianos e impedidos, manifestando que está contento con los resultados obtenidos con los niños en los talleres, las Escuelas, en las actividades extraescolares, en el aspecto administrativo y de servicios y con las reformas arquitectónicas realizadas.

Castillo Almena escribe un informe[25], en mayo de 1937, sobre la organización planificada en el Hogar Provincial y lo dirige al consejero de Cultura de Ciudad Real para solicitarle:

1º) Que haga las gestiones oportunas para que los niños de los funcionarios de la Diputación y los del distrito escolar puedan ser matriculados en este centro.

2º) Que le autorice a formar un grupo de amigos del Hogar.

3º) Que estudien la manera de gratificar a los maestros y maestras del Grupo Escolar cuando realicen actividades complementarias fuera del horario de su trabajo.

4º) Que estudien las posibilidades económicas para instalar una granja avícola en el Hogar.

5º) Que soliciten al Ministerio de Instrucción Pública la autorización para que realicen prácticas los estudiantes de cuarto curso del Magisterio Profesional. Estos alumnos se encargarían de la función extraescolar y participarían en la organización del internado. Serían seis alumnos y seis alumnas.

6º) Que se autorice la matrícula de alumnos externos a los talleres del Hogar y que los alumnos del centro puedan asistir a talleres de Mecánica de la localidad. Asimismo, solicita que se cree en el Hogar un taller de Fontanería.

Como podemos deducir, Luis Castillo dedicaba todo su trabajo a un ideal pedagógico y formativo. El Plan de Prácticas referido, que explica en el apartado 6º, lo pormenoriza en otro escrito que dirige al consejero de Cultura. Su propuesta era realizarlo el curso 1937-1938 y estaba compuesto por un trabajo escolar de dos horas diarias bajo el control del maestro, y de un trabajo extraescolar que comprendía aspectos como higiene, comida, deportes, juegos, biblioteca, prensa, temas artísticos y musicales, trabajos en el jardín y huerto, trabajos mecánicos cotidianos y crear un buen ambiente en el Hogar. Estos trabajos de los alumnos en prácticas se realizarán en turnos de mañana, tarde y noche, y el Ministerio les deberá abonar el sueldo que les corresponda. Este escrito data del 23 de junio de 1937, por lo que no llegaría a realizarse dado que fue cesado en su puesto poco tiempo después[26].

Para dar conocimiento de lo proyectado por Luis Castillo tomamos como referencia fundamental su obra *Jalones*, editada por las Escuelas Gráficas del Hogar Provincial en 1937.

En la primera parte de su obra define sus pretensiones e ideas sobre el establecimiento:

«El Hogar Provincial de Ciudad Real debe ser en lo sucesivo una Institución –comunidad de residencia y trabajo– encargada de iniciar la formación de individuos completos, dentro de cada presente de la evolución humana, que, plenamente capacitados para su incesante superación, sean a la vez, actuantes decididos y conscientes en el mejoramiento de la colectividad».

Castillo fundamenta los aspectos pedagógicos en los principios educativos de la Institución Libre de Enseñanza y plantea una educación científica, teniendo en cuenta todos los aspectos humanos, es decir, intelectual, moral, físico, social, estético y sexual. También indica que la educación debe partir de las posibilidades e intereses del alumno, favoreciendo su libertad y la colaboración con los demás. El desarrollo intelectual partirá de la observación de las cosas, seres y fenómenos. Para el desarrollo de los sentidos propone higiene, juegos, deportes, gimnasia, paseos, excursiones y destrezas manuales.

Al plantear estos principios educativos, que se deben desarrollar en el Hogar Provincial, indica que es fundamental crear un ambiente adecuado, y para ello debe haber limpieza, belleza, armonía, libertad y responsabilidad, actividad y capacidad manual, participación y colaboración de todos y hacer partícipes a las personas de la calle. Todo esto se verá reforzado si tenemos la autodisciplina por meta.

Según nos narra Luis Castillo, el Orfanato Provincial debe tener las siguientes funciones: escolar, extraescolar, preparación profesional, higiénico-sanitaria y administrativa. Y los servicios de que debe disponer son el ropero-lavadero, almacén-despensa-cocina, higiénicos, limpieza, comedores y dormitorios.

Una de las pretensiones principales de Luis Castillo era que el director de la escuela fuese a la vez el director del orfanato, pero eso debía autorizarlo el Ministerio y nunca lo hizo. Otra de sus ideas era que el maestro-director del grupo escolar y el resto de los maestros fuesen nombrados por concurso de méritos profesionales, pero esto también dependía de la autorización del Ministerio. No debemos olvidar que las escuelas de Beneficencia eran estatales y no correspondían a la Diputación tales atribuciones. Este tema y otros de la misma índole se habían planteado en la Diputación a lo largo de los años.

Castillo parte, en sus planteamientos educativos, con la idea de establecer el laicismo y la coeducación en la escuela, que son los mismos que las leyes de ese momento indicaban. Sobre los alumnos manifiesta que debemos aceptarlos como son, con sus posibilidades y limitaciones, y partiendo de ello debemos tener en cuenta su edad real y los conocimientos que poseen en cálculo y lenguaje, para matricularlos en la sección correspondiente.

Según Luis Castillo, el grupo escolar del Hogar Provincial constará de ocho secciones: una Maternal, una de Párvulos y seis de Primaria. Estableciendo también una de Anormales. La distribución horaria y de trabajo que plantea es la siguiente:

1. Primer horario
    a) Mañana
    10' Reunión, canto y distribución.
    10' Lo ocasional y físico.
    45' Tema central del día.
    40' Cálculo: ejercicios aplicados al tema central del día y aprendizaje.
    30' Recreo.
    35' Lenguaje: ejercicios aplicados al tema central y aprendizaje.
       5' Ordenación y salida.

    b) Tarde
    5' Reunión, canto y distribución.
    30' Lo actual social.
    5' Movimientos.
    75' Trabajos complementarios del tema central. Trabajos libres y especiales.
    5' Ordenación y salida.

2. Segundo horario
    a) Mañana
    10' Reunión, canto y distribución.
    45' Tema central del día.
    40' Cálculo: ejercicios aplicados al tema central y aprendizaje.
    30' Recreo.
    50' Trabajos complementarios al tema central.
    5' Ordenación y salida.

    b) Tarde: paseos, excursiones y visitas.

En este horario, deja claro el autor que Maternal y Párvulos tendrán el máximo de libertad.

Castillo deja todo bien pormenorizado, incluso el tipo de papel que deben usar los alumnos según su sección: para maternal, papel sin rayas; para Párvulos, papel sin rayas y cuadrícula; para Primaria, papel sin rayas y cuadernos de rayas horizontales.

En lo que respecta a la biblioteca de la escuela, indica que debe tener una sección general y otras especiales según los tipos de trabajo. En ella deben existir periódicos, revistas, folletos y libros de información, de lectura, de consulta y de ampliación.

El aspecto didáctico no lo olvida Castillo en sus *Jalones* y da unas orientaciones para los maestros y la manera en que se deben preparar las lecciones. En primer lugar, indica se debe partir de la realidad del niño y del medio; en segundo lugar, deben tener en cuenta las exigencias de cada curso y en tercer lugar manifiesta que la metodología debe fundarse en la intuición, en la libertad y en la colaboración. El maestro no debe olvidar el material necesario y la realización de ejercicios de observación, asociación y expresión.

Castillo, como maestro que era, indica que la escuela debe estar en contacto con el medio que le rodea, es decir, la calle. Para ello se tienen que tener reuniones dominicales, charlas, cine, organizar fiestas infantiles, colaborar con asociaciones de amigos de los niños, hacer exposiciones de trabajos, cooperar con otras escuelas y hacer visitas.

En las orientaciones pedagógicas que escribe señala que el trabajo escolar debe complementarse con cultura general, mecanografía, taquigrafía, contabilidad, dibujo, pintura, música, canto, cocina, costura, puericultura, deportes y experimentaciones agrícolas (huerto, gallinero, palomar, etc.).

Los planteamientos didácticos propuestos por Luis Castillo recogen las ideas de Cossío y Freinet. Pretende que los niños tengan un periódico escolar y una imprenta, complementados con trabajos manuales, museo escolar y un laboratorio. No olvida en sus pretensiones tener presente la importancia de las actividades complementarias y extraescolares como medio de completar la educación de los niños. Para ello crea el cargo de educadores extraescolares, que tendrán turnos rotativos de mañana, tarde y noche. Sus funciones serán: continuar la labor de los maestros, atender a los niños en el cuidado de su higiene, vestido y necesidades primarias, cuidar de su reposo y sueño, comer con ellos y cuidarles en el comedor, organizar y realizar paseos, excursiones, visitas, juegos, deportes y gimnasia, organizar actividades artísticas, organizar la biblioteca, organizar y realizar actividades en el huerto, jardín y granja, enseñarles a realizar trabajos mecánicos usuales, cuidar de la limpieza y del ambiente.

Castillo, hombre soñador pedagógico, aspiraba a que en el Hogar se hiciese una piscina y otros elementos recreativos para compartirlos entre los niños del centro y de la ciudad.

La organización horaria del Hogar Provincial es plasmada de forma pormenorizada tanto en los horarios de invierno, verano y meses intermedios, distinguiendo entre los horarios para niños de la escuela o para niños que asisten a la escuelas profesionales. Para hacernos una idea de la distribución horaria vamos a exponer la que realiza para todo el año y para invierno.

1. DURANTE TODO EL AÑO
- De seis y cuarto a siete, levantarse y gimnasia.
- De siete a ocho, aseo y muda.
- De ocho a nueve, desayuno y asistencia médica.
- De nueve a doce, clases primarias y trabajos profesionales. Los días de vacaciones: paseos, excursiones, visitas, etc.
- De doce a doce y media, aseo.
- De doce y media a una y media, comida.

2. HORARIO DE INVIERNO PARA LOS ESCOLARES
- De una y media a dos y media, reposo y juegos sedentarios.
- De dos y media a cuatro y media, clases de Primaria. Los días de vacaciones: deportes, visitas, paseos, excursiones, juegos libres, etc.
- De cuatro y media a cinco y media, dibujo para los matriculados en esa clase.
- De seis y media a siete, paseo.
- De ocho a nueve, reposo, juegos sedentarios y acostarse.

3. HORARIO DE INVIERNO PARA LOS NIÑOS DE LAS ESCUELAS PROFESIONALES.
- De una y media a dos y media, reposo y juegos sedentarios.
- De dos y media a cinco y media, trabajos profesionales.
- De dos y media a cinco y media, dibujo para los matriculados.
- De cuatro y media a seis y media, música para los matriculados.
- De cinco y media a siete, recreo y paseo.
- De siete a ocho, cena.
- De ocho a diez, clases complementarias y acostarse.

La segunda parte del Plan para la Reorganización se dedica a la alimentación de los niños en la Casa-Cuna (de 0 a 18 meses, de 18 meses a 2 años y de 2 a 6 años.) y de los niños del Colegio-Residencia (de 7 a 17 años). En el tema alimenticio se busca una dieta equilibrada y suficiente. Pongamos el ejemplo de la comida servida los lunes a los niños del Colegio-Residencia:

Desayuno: 250 gramos de leche sola o con café y bollo.
Comida: sopa de fideos, un plato de garbanzos y 200 gramos de carne de vaca, pan y naranja.
Merienda: 100 gramos de pan y 50 gramos de queso.
Cena: patatas guisadas, un filete de merluza de 150 gramos, pan y una manzana.

Si analizamos la comida diaria propuesta, vemos que está muy por encima de lo real en esos momentos en que había crisis de subsistencias y la situación financiera de la Diputación era muy delicada, aunque sería la idónea para los niños de esta edad.

La tercera parte de *Jalones*, la dedica a los cuestionarios (contenidos) de las diferentes áreas y edades. A continuación, presentamos algunos de ellos.

a) Cuestionario para la Sección de Maternal (alumnos hasta 5 años de edad).
b) Cuestionario para la Sección de Párvulos (alumnos hasta los 7 años).
c) Cuestionarios para los grados 1º, 2º y 3º.
d) Cuestionarios para los grados 4º, 5º y 6º.

En los cuestionarios para los niños de Primaria parte de los publicados por el Estado y da importancia a los trabajos manuales, ejercicios físicos, dibujo, canto y civismo.

La cuarta parte de su proyecto la dedica a los cuestionarios de los talleres-escuelas de aprendizaje profesional.

Otra de las funciones importantes del Hogar Provincial era la preparación profesional. Castillo la planifica de la siguiente manera:

1) Sección de los artistas: en ella se dará música, dibujo y pintura por profesores especiales para descubrir y desarrollar las facultades artísticas y por otro lado aplicarlas a la Escuela Profesional.
2) Sección de los intelectuales: comprenderá Bachillerato, escuelas especiales y Universidad. Los alumnos matriculados asistirán a los centros que les corresponda y repasarán con los maestros del Grupo Escolar.
3) Sección de los manuales: estará compuesta por los siguientes talleres y escuelas de Puericultura, Enfermería, Limpieza (servicio mecánico), Automovilismo, Fontanería, Agricultura, Alpargatería, Mecánica y Panadería.

Esta preparación profesional durará tres cursos consecutivos y tendrá una formación complementaria en Civismo, Cultura General y Aplicada.

Una idea muy novedosa de Luis Castillo, que tiene la finalidad de acercar el Hogar a la ciudad, es la matriculación en los talleres de alumnos externos. Tampoco olvida, en su propuesta, a los alumnos con facultades extraordinarias e indica que deben estudiar en los centros adecuados y tienen que ser pensionados por la Diputación.

Los alumnos y alumnas de las secciones profesionales tenían que hacer prácticas, según su especialidad, en el ropero, almacén-despensa, cocina, lavadero, servicios higiénicos, limpieza, comedor y dormitorios.

Este proyecto innovador, bien estructurado y de grandes pretensiones educativas, formativas y sociales se verá truncado por las dificultades propias de una situación de guerra. Los continuos cambios en los consejeros provinciales, la depuración hecha a los funcionarios, los continuos cambios en el Hogar Provincial, la falta de alimentos, las rivalidades políticas y la inestabilidad propia de una contienda civil hacen que el proyecto de Castillo se desplome. En cualquier escuela se necesita estabilidad y continuidad del profesorado para atender a los niños y niñas de forma adecuada. Fruto de todo lo anterior serán los continuos problemas de conducta, entre otros, que surgían y llevaron a Luis Castillo a tener que dejar su proyecto.

En el acta del Consejo Provincial del 15 de octubre de 1937 podemos leer:

«La presidencia da cuenta a continuación de lo sucedido en el Hogar Provincial a un acogido del mismo, que dio lugar a que tuviera que ser asistido en la Casa de Socorro; acordándose por unanimidad ratificar su actuación de que mientras se tramita el expediente siga suspendido en su cargo el Director del Hogar y Casa-Cuna principal, D. Luis Castillo Almena, en cuanto a sus funciones que este Consejo le tiene delegadas y que actúen como Juez y Secretario del expresado expediente el Vicepresidente primero y Consejero de Cultura respectivamente auxiliados por el Consejero provincial Domingo Cepeda».

Tras este tema se continúa en el acta provincial de 6 de diciembre de 1937 de la siguiente manera:

«A continuación se da lectura al expediente instruido contra el Director del Hogar y Casa-Cuna D. Luis Castillo Almena por malos tratos de obra a uno de los acogidos en dicho Establecimiento, y en el que el Juez Instructor como resultado de las diligencias instruidas, propone se signifique al expediente el disgusto aunque ha conocido el Consejo, de este hecho de violencia; y en su consecuencia se proponga al Ministerio de Instrucción Pública, el cese como Director del Grupo escolar del Hogar Provincial; que para salvar la actual indisciplina existente, se proceda rápidamente por la Dirección Provincial de Primera Enseñanza, al nombramiento del que hay de sustituirle, y por último que por los maestros del grupo de referencia se formulen propuestas de aquellos niños que a su juicio deban ser separados».

Los consejeros provinciales Domingo Cepeda y Juan Blanco lamentan lo sucedido y Calixto Pintor indica que «el Partido Comunista no puede ser responsable de los actos de un afiliado». Acuerdan por unanimidad: 1°) separar del cargo a Luis Castillo, 2°) solicitar al Ministerio de Instrucción Pública la creación de un patronato, 3°) estudiar la forma de crear dentro del Hogar un reformatorio, 4°) dar unas conferencias en el Hogar destinadas a mejorar la disciplina entre los acogidos.

El gran esfuerzo, ilusión y empeño de Luis Castillo se quedan en el camino, pero logró formar un Grupo Escolar en el Hogar Provincial con los dos maestros estatales y el resto de las secciones con maestros y maestras interinas o con carácter provisional en dicha escuela. No nos queda claro, según los documentos encontrados, que en dicha escuela graduada llegase a haber coeducación, quizás fuese una graduada mixta.

2.4. LA LARGA Y DURA POSGUERRA EN EL HOGAR PROVINCIAL (1939-1960)

El 31 de marzo de 1939 se forma la nueva Corporación Provincial, siendo presidente Manuel Aranda del Forcallo. Entre los acuerdos que se toman figuran los siguientes:

1º Nombrar diputado-visitador del Hogar Provincial a Ignacio Gall Boy.

2º Reintegrar a sus puestos de trabajo a todos los funcionarios de la Diputación separados o expulsados el 18 de julio de 1936.

3º Incorporar inmediatamente a las Hijas de la Caridad para que se hagan cargo de los servicios que atendían anteriormente.

4º Depuración de funcionarios admitidos desde el 18 de julio de 1936 y anteriores.

La situación en el Hogar Provincial y en toda la provincia tras la Guerra Civil era muy difícil. Isidro Sánchez la describe con estas palabras:

> «Los efectos de la guerra hacen aumentar de manera importante las situaciones de pobreza, enfermedad y desarraigo. La población más vulnerable, niños y viejos, incrementa su número y los establecimientos de beneficencia, con grandes carencias tradicionales, se ven desbordados.
>
> En agosto de 1939 se da cuenta de la existencia de una epidemia de sarampión en Ciudad Real capital y la aparición de "algunos casos de fiebre tifoidea en algunos de los acogidos", por lo que no se permiten ingresos "hasta nueva orden" y se prohíbe de forma rigurosa la visita de los familiares»[27].

La organización de los servicios en el Hogar Provincial resulta muy difícil entre tantos cambios de funcionarios. Se admiten a los expulsados por la depuración de 1936 y se depuran a los existentes, que en unos casos continuarán y en otros se les suspenderá de empleo y sueldo.

El hambre, la escasez de alimentos, las enfermedades, la gran cantidad de huérfanos provocados por la guerra, la escasez de trabajo y las rencillas personales harán huella en el Hogar Provincial y en todo el territorio. En este ambiente era difícil vivir o sobrevivir y sobre todo si eras un niño o un anciano. Si era difícil subsistir en la calle, nos podemos imaginar la situación de las escuelas del Hogar en esos momentos.

La Corporación Provincial encomienda a las Hijas de la Caridad la organización de los establecimientos de Beneficencia, pero no la Enseñanza Primaria. Esta enseñanza correrá a cargo de los maestros del Estado junto a los maestros y maestras provinciales.

En la sesión provincial de 27 de septiembre de 1939 se acuerda dar 5.000 pesetas a las Hijas de la Caridad del Hogar Provincial y otras 5.000 a las establecidas en el Hospital, para equipararlas al resto de los funcionarios por el tiempo de expulsión. En total se contratan 22 hermanas con un sueldo diario de tres pesetas cada una.

En noviembre de 1939 se confeccionan los presupuestos para el siguiente ejercicio y de él vamos a exponer detalladamente los aspectos que nos interesan para nuestro estudio. En primer lugar, vamos a exponer los gastos y sueldos anuales de maestros provinciales, maestros de taller, director de la Banda y otros del Hogar Provincial. Maestro provincial, 6.000 pesetas; otro maestro provincial, 5.000; dos maestras provinciales, 10.000; gastos de escuelas, 2.300; casa-habitación de los dos maestros estatales, 2.000; cargos al legado de Patricio Clemente, 4.852; maestro de la Escuela de Electricidad, 5.000; director de Escuela y Banda de Música, 6.500; regente de las Escuelas Gráficas, 6.000; maestro sastre, 4.000; maestro zapatero, 4.500; oficial carpintero, 3.500; encargado del costurero, 3.250; inspector-celador auxiliar de maestros, 4.500; celador, 3.000; capellán, 6.000; 22 Hijas de la Caridad, 24.090; profesor de la Escuela de pintura, modelado y dibujo, 6.000 y para la Fiesta del Maestro y Día de la Madre, 250.

En el capítulo que tratan los gastos de Instrucción Pública se distribuyen de la siguiente manera:

Tabla 5

PRESUPUESTO DE LA DIPUTACIÓN PARA INSTRUCCIÓN PÚBLICA EN 1940 (PESETAS)

CENTRO DE ENSEÑANZA	GASTO PRESUPUESTADO
Escuelas Industriales de Trabajo	10.000
Estancias de sordomudos y ciegos	15.000
Escuela de Artes y Oficios	4.500
Escuela de Capataces de Minas	2.500
Museo Provincial	3.000
Colección de insectos de José María de la Fuente	500

Fuente: Actas provinciales. Elaboración propia.

La Diputación seguía dando becas y subvenciones para realizar estudios posteriores a la Enseñanza Primaria, en esta ocasión se distribuyen de la siguiente forma:

Tabla 6

PRESUPUESTO DE LA DIPUTACIÓN PARA BECAS Y SUBVENCIONES EN 1940 (PESETAS)

BECAS Y SUBVENCIONES	GASTO PRESUPUESTADO
Estación radiofónica	1.500
Becas de Bachillerato (3)	3.000
Becas de Magisterio	2.000
Carrera eclesiástica para asilados	2.000
Artes y Universidad (2)	5.000

Fuente: Actas provinciales. Elaboración propia.

Dada la situación económica y social tan angustiosa tras la Guerra Civil, vamos a exponer en un breve cuadro la distribución de algunos capítulos presupuestarios.

Tabla 7

DIVERSOS CAPÍTULOS DE GASTOS DE LA DIPUTACIÓN, 1940

CAPÍTULO DE GASTOS	GASTOS EN PESETAS	PORCENTAJE
Representación provincial	47.000	1,01%
Beneficencia	1.867.807	40,20%
Asistencia Social	64.500	1,38%
Instrucción Pública	66.400	1,42%
PRESUPUESTO TOTAL	4.645.731	100%

Fuente: Actas provinciales. Elaboración propia.

Analizando los datos anteriores, podemos comprobar que el 42% del dinero presupuestado se destina a Beneficencia y Asistencia Social, como venía siendo, aproximadamente, desde 1933. La extrema necesidad en que se encuentran todos los centros educativos de Primaria, institutos, escuelas de Trabajo, Escuela de Capataces de Almadén, Escuela de Comercio y la Escuela de Artes y Oficios, hace que sean continuas las demandas económicas de dichos centros para empezar a funcionar.

2.4.1. Maestros, niños y escuelas del Hogar Provincial

Al acabar la Guerra Civil la situación de los maestros era confusa y se disponen a hacer la plantilla para que empiecen a funcionar las escuelas de niños y niñas del Hogar. La maestra provincial Amparo Sánchez Herrera fue separada del servicio en la depuración de 1936 y admitida en 1937 para continuar en su puesto. Al llegar el nuevo gobierno sufre otra depuración de signo contrario al primero y, tras su revisión, acuerdan su reingreso.

Ester Mayor Macías, maestra provincial, sufrió la depuración de 1936 y fue suspendida de empleo y sueldo. En estos momentos acuerdan su reingreso al trabajo sin pérdida de derechos de ningún tipo.

El maestro provincial Blas Ramón Rodríguez Andrade se incorpora a su puesto de trabajo tras haber estado desempeñando trabajos administrativos desde 1937.

Antonio Romero Trujillo, maestro provincial hasta 1937, vuelve a su puesto de trabajo de maestro, pero es depurado y sufre sanción de dos años sin empleo y sueldo. Mientras se resuelve su situación se hace cargo de su clase Lorenzo Martín Ruiz. En 1944 ocupará su plaza Antonio Vázquez Fernández, como maestro interino, ya que su puesto de trabajo era de inspector celador y auxiliar de Enseñanza.

Los maestros estatales eran Nicanor Fernández y Pedro del Valle Fisac. Al ser nombrado gestor provincial Pedro del Valle, su escuela estará atendida por Luis García Bermejo.

Era necesario, cuanto antes, realizar una relación de puestos de trabajo de los funcionarios de la Diputación para saber las diferentes situaciones de los empleados. En la sesión provincial de 27 de diciembre de 1939 se trata el tema anterior y ven las necesidades que tienen de sacar oposiciones y las condiciones económicas de cada puesto de trabajo. En el caso de la enseñanza acuerdan sacar plazas de maestra provincial y para ello las interesadas deben presentar el título y los años de experiencia. El tribunal estará formado por el presidente de la Diputación o en quien delegue, Pedro del Valle Fisac, un maestro y un profesor de la Escuela Normal designado por la Diputación.

Será en la sesión del 16 de febrero de 1940 cuando Pedro del Valle, gestor provincial, proponga crear dos escuelas provinciales de Párvulos en la Casa-Cuna del Hogar. Se aprobará su creación el 5 de mayo junto con una reestructuración de las escuelas de niñas. Los nombramientos para dichas escuelas son:

1º Párvulos de la Casa-Cuna: Eulogia P. Cendreros García (víctima de guerra) y Amparo Sánchez Herrero (depurada en 1936).
2º Escuelas de niñas 1 y 2 del Hogar Provincial: Amalia Camacho Cárdenas (depurada en 1936) y Ester Mayor Macías (víctima de guerra, depurada y expulsada en 1936).

En 1942 deciden reorganizar a los maestros y maestras, nombrando directora de las escuelas a Ester Mayor. Dicha reorganización no tiene sentido si no se acomete una construcción de un edificio para las escuelas, y comienzan a reformar y ampliar la Casa-Cuna, construyendo una nueva planta.

La inspectora de Primera Enseñanza visita en 1943 las escuelas del Hogar Provincial y, viendo la gran cantidad de niños que tienen, ruega a la Diputación que pongan en disposición dos locales más.

Desde 1940 la plantilla estaba compuesta por dos maestros estatales, dos provinciales y cuatro maestras provinciales. Existe una gran demanda de plazas para niños huérfanos y con una situación precaria alarmante en toda la provincia, no siendo posible admitir a todos los que necesitan ayuda. Será en la sesión provincial del 23 de enero de 1948 cuando se ven forzados a realizar una reestructuración de todos los maestros y escuelas debido a las obras de reforma y ampliación que se están realizando. Dicha remodelación queda como sigue:

- Ramón Rodríguez Andrade, pasa a trabajar en la Depositaria de Fondos Provinciales.
- Ester Mayor trabajará en la Casa-Cuna de maestra.
- Amalia Camacho es trasladada a trabajar en la Secretaría General.

- Prudencia Cendreros irá a trabajar a Intervención.
- Antonio Vázquez es trasladado a Intervención de la Casa-Cuna.
- Jerónimo Luna, profesor de Dibujo, trabajará a las órdenes del arquitecto.

Las obras se eternizan en su duración y se ven obligados desde el 1 de agosto de 1949 a enviar a muchos niños con sus familiares, dándoles becas de socorro para que los puedan mantener hasta que vuelvan al Hogar Provincial. Según lo escrito en las actas provinciales, hasta agosto de 1951 no empiezan a regresar niños al Hogar y poco a poco se van incorporando los maestros provinciales a su trabajo. Estos solicitarán a la Diputación en 1956 la equiparación salarial con los maestros estatales y la Corporación Provincial accederá a ello y les da una gratificación de 500 pesetas a cada uno.

La situación de los maestros provinciales fue muy inestable durante las décadas de 1940 y 1950 por las razones explicadas con anterioridad. Desde 1940 comenzaron a computarse los quinquenios y por tanto en 1945 cobrarán el primero, que suponía 750 pesetas anuales. Además, completaban su sueldo dando clases de adultos en el Hogar, preparando a los acogidos que estudiaban en el Instituto, Comercio o Magisterio, por lo cual recibían una gratificación con cargo al legado de Patricio Clemente.

Los maestros estatales tenían derecho a cobrar de la Diputación el concepto de casa-habitación o bien a que se les proporcionase una vivienda. La Corporación también les pagaba ese concepto a los maestros provinciales en una cantidad algo inferior, aunque no tenían derecho.

Para hacernos una idea de la evolución de los gastos en sueldos de maestros provinciales, casa-habitación y material para las escuelas, vamos a confeccionar la siguiente tabla:

Tabla 8

SUELDOS DE LOS MAESTROS DEL HOGAR PROVINCIAL, 1940-1960 (PESETAS)

CONCEPTO	1940	1941	1945	1948	1952	1960
Casa-habitación de maestros del Estado	1.000	1.000	1.000	1.000	4.000	5.600
Casa-habitación de maestros provinciales	500	1.500	1.000	1.000	4.000	5.600
Material escolar	2.300	3.000	3.000	6.000	-	*
Sueldo de maestro provincial	5.000	5.000	6.000	7.500	-	14.500**

* Lo incluyen en los 50.000 de la Centuria de la Falange. ** Equiparación con los estatales.
Fuente: Actas provinciales. Elaboración propia.

La directora del grupo escolar, Ester Mayor, empezó cobrando 2.000 pesetas como directora en 1942. Desde 1943 hasta 1946 le subieron el complemento a 3.000 pesetas anuales y en 1947 llegó a 5.000 pesetas.

Los maestros y maestras del Hogar Provincial estuvieron muy mediatizados durante todos estos años por los principios de la escuela del nacional-catolicismo. Como en todas las escuelas se izaban las banderas, se rezaba al comenzar las clases, se cantaba el *Cara al Sol*, se preparaba a los niños y niñas para la primera comunión, era obligatoria la asistencia a misa y otros actos protocolarios referidos a la Falange.

La inspectora de Primera Enseñanza visitó las escuelas provinciales en 1943 e instó a la Diputación a que asignase una cantidad económica para premios escolares y así incentivar a los niños a participar con sus trabajos en la Semana Provincial que se estaban preparando, dicho trabajo versaría sobre «España hacia el Imperio».

En el acta provincial del 2 de septiembre de 1944, el diputado-visitador indica que se haga constar en el expediente de cada maestro su participación en la Exposición del Frente de Juventudes y los premios que obtienen sus alumnos. Este tipo de participaciones se incentivaba por parte de la Diputación dando cantidades de dinero para llevar de excursión a los niños que obtenían premios en las exposiciones.

Otra de las facetas donde se impregnaban las ideas del nacional-catolicismo era la Semana Pedagógica celebrada en julio de 1945; en ella se dieron conferencias de tipo religioso, militar, del Movimiento y de tipo técnico. Pedro Valle, maestro estatal del Hogar, será el ponente de una de ellas según lo publicado por el diario *Lanza*.

Tras la Guerra Civil la situación de los niños en el Hogar es difícil y preocupante, son muchísimas las solicitudes para huérfanos, situaciones de abandono, pobreza y enfermedades. Entre ellos, solicita plaza la madre de Ángel Jara Barreiro[28]. Este niño, que será profesor nuestro y que recordamos con gran cariño, estudiará Bachillerato y Magisterio con beca de la Diputación con cargo al legado de Patricio Clemente. Al acabar sus estudios será maestro en el colegio El Doncel, profesor en el Instituto Juan de Ávila y en la Escuela de Magisterio en la década de 1970. Un dato conmovedor e interesante es que fue diputado provincial desde 1968 hasta 1973, siendo diputado-visitador del Hogar Provincial.

Como hemos dicho, la situación era tan complicada tras el conflicto bélico que el gestor provincial señor Sánchez Aparicio propone:

> «formar un Patronato para atender a tantos niños abandonados por la guerra, aunque Auxilio Social ha resuelto en parte, hacer un colegio en Almagro y enseñarles oficios».

El 4 de julio de 1940 vuelven a tratar el tema y el diputado provincial señor Ballesteros propone la creación de un Hogar Provincial en Puertollano, ya que la Casa-Cuna y el Hogar están llenos y hay continuas solicitudes.

El diputado-visitador Lorenzo Sánchez de León informa en la sesión provincial de 30 de enero de 1941, sobre las deficiencias que hay en el Hogar Provincial en temas de enseñanza y formación profesional, con estas palabras:

«salen los acogidos, en general, sin aprender un oficio, no obstante, se dispone de talleres con todos los adelantos modernos, y de Escuelas de Primera Enseñanza, regentadas por Maestros Nacionales. Esta situación, le ha obligado a reunir a los Maestros y Jefes de Talleres para que sepan la responsabilidad que tienen en la educación de los niños».

Por ello solicita a todos un voto de confianza para organizar el Hogar y solucionar estos problemas. El diputado Darío Zori le apoya e indica que el Hogar no debe ser solo para comer, sino para hacer hombres útiles a España.

La situación de los niños a nivel provincial es alarmante y pasan de 27.000 huérfanos, por lo que deciden reunirse con el delegado de Auxilio Social. En estos momentos tenían niñas del Hogar Provincial en el colegio María Inmaculada por no poder acogerlas en el Hogar debido a la falta de espacio.

Estos temas preocupan mucho en la Diputación y se tratan en numerosas sesiones provinciales. El diputado Sánchez de León informa, en la sesión del 10 de octubre de 1941, que el Hogar Provincial está lleno y hay lista de espera de niños abandonados y enfermos, por lo que solicita ampliar el Hogar dado que ya tiene 247 niños. En 1942 estudian la posibilidad de construir un edificio para escuelas y ampliar la Casa-Cuna, pero será en 1943 cuando empiecen las obras en la Casa-Cuna y el lavadero[29].

El diario *Lanza* informa el 17 de julio de 1944 sobre los temas tratados en la sesión ordinaria del 6 de julio en la Diputación, y entre ellos está uno muy importante como es el traslado de los ancianos acogidos en el Hogar a las instalaciones de las Hermanitas de los Desamparados de Madrid. Este traslado se realiza en 1945, llevando los ancianos al asilo de dichas monjas en la calle Calatrava de Ciudad Real. El deseo de que en el Hogar estuviesen solo los niños era una vieja aspiración desde tiempos inmemoriales, y Luis Castillo la puso como condición para hacerse cargo del Establecimiento Provincial, pero tampoco lo logró.

El presidente de la Diputación, Martín Freire, anuncia en el diario *Lanza* el día 31 de mayo de 1947 que han aprobado el proyecto de construcción del Hogar Provincial por un importe de 8.873.006 pesetas. Continúa su información diciendo:

«Se acogen actualmente 459 niños de ambos sexos, durmiendo bastantes a dos por cama, con una distribución pésima, con las instalaciones sanitarias insuficientes y deplorables, con los talleres y escuelas totalmente ineficaces, y con una instalación que constituye una vergüenza para nuestro organismo provincial, si a ello se agrega, que el actual edificio, antiguo convento, que amenaza ruina en algunas de sus partes, hasta tal punto que ha sido precisa la demolición, a nadie con serenidad honrada puede sorprenderle nuestra determinación».

La ampliación conllevará poder atender a 500 niños, pero las obras se harán interminables. La década de 1950 con estas continuas obras será muy difícil para todos los acogidos. Las escuelas funcionaban con menos maestros y con continuas molestias, y muchos niños tendrán que partir con sus familiares mientras se ejecutan las obras. Domingo Navarro Barrera, acogido en el Hogar en los años 50, nos cuenta en su libro *Penal de inocentes* lo amargo, frío y duro que le resultó la estancia en aquellos años.

Una de las obras que la Diputación decide hacer en los terrenos del Hogar fue un horno de pan, inaugurándose el 22 de abril de 1953. Este horno abastecerá al Hogar y al Hospital de la Diputación. El diario *Lanza* recoge la información de dicho acto y la publica al día siguiente. Asistieron el gobernador civil, señor Del Moral; el presidente de la Diputación, señor García Noblejas; el diputado-visitador, Cecilio López Pastor, y la superiora de las monjas, sor Escolástica Maeztu.

Las escuelas de Primera Enseñanza estaban atendidas por maestros estatales y provinciales durante esta década y los espacios destinados a las mismas siguen prácticamente igual, solo se han ampliado debido al gran aumento de niños que hay acogidos. En lo que se refiere al material escolar, la Diputación se hacía cargo de comprarlo como en décadas anteriores. En el presupuesto de 1960 acuerdan aprobar una partida de 20.000 pesetas para dotar al Hogar de cinematógrafo y sala de teatro. Pronto empezará el convenio con los Salesianos y las Hijas de la Caridad en materia de enseñanza.

Las fiestas que se celebraban en el Hogar Provincial eran el día de Reyes, San José, San Vicente de Paúl, la Virgen del Prado y la Inmaculada. En las escuelas, al igual que en todas las de España, celebraban el mes de María en mayo y se organizaban las comuniones de niños y niñas. Además de estos festejos, la Diputación presupuestaba todos los años una cantidad para celebrar en el Hogar el Día del Maestro y el Día de la Madre.

Todos conocemos el refrán «Pasas más hambre que un maestro de escuela», por ello vamos a ver algunos sueldos anuales que cobraban trabajadores del Hogar y de la Diputación según el Acta de 26 de noviembre de 1959: secretario de la Diputación, 32.000; interventor, 28.800; ingeniero, 25.200; arquitecto, 19.000; médico, 19.000; regente de la imprenta, 17.000; aparejador, 14.500; maestro, 14.500; profesor de sordomudos, 14.500; inspector-celador maestro auxiliar, 14.500; auxiliar administrativo, 13.000; maestro zapatero, sastre y barbero, 12.500; portero mayor, 12.500, maestro encuadernador, 12.500; profesores de saxofón, trombón y bajo, 12.500; capellán, 11.000; profesor de Educación Física, 10.400; limpiadora, 10.400 y las Hijas de la Caridad, 6.400 cada una más vivienda y comida.

La situación de los maestros y escuelas fue muy irregular durante la década de 1950 en el Hogar debido a las interminables obras de ampliación y reforma que estaban realizándose.

2.4.2. Las escuelas profesionales y talleres

Si partimos del presupuesto que se confecciona el 22 de noviembre de 1939 para el año 1940, encontramos que están funcionando la Escuela de Pintura, Modelado, Dibujo y Arte Industrial, la Escuela de Electricidad, la Escuela y Banda de Música, las Escuelas Gráficas, Sastrería, Carpintería, Barbería y Costurero. En los años posteriores están funcionando las Escuelas Gráficas, Escuela de Música, Escuela de Electricidad y la Escuela de Dibujo y Pintura, que se complementaban con los talleres de Zapatería, Sastrería, Barbería, Carpintería y Costura.

El profesor de la Escuela de Dibujo y Pintura será Jerónimo Luna Abad, que había sido depurado y sancionado con pérdida de empleo y sueldo en 1936.

Al acabar la guerra, el funcionamiento de estas escuelas y talleres era muy deficitario por falta de recursos y de personal especializado. La Banda Provincial no funcionaba desde hacía mucho tiempo, por lo que se nombra director a José Caballero García. Se contratan profesores para algunos instrumentos como clarinete y bajo. Las actuaciones de la Banda de Música en el exterior son muy pocas y será en la segunda parte de los años cincuenta cuando el diputado-visitador Cecilio López Pastor trate de darle un impulso con su actuación el 31 de diciembre de 1954 en la Diputación. Dicha banda de música pasa a denominarse Banda del Hogar Provincial «Centuria Federico Ruyra».

El director de la Banda de Música tenía además que encargarse de dar clase de música a los niños del Hogar. Los presupuestos de 1941 detallan que la Escuela y la Banda de Música estaban compuestas por un director, un solfista-pianista, un profesor de bajo, uno de clarinete, otro de saxofón y uno de trombón. También tenían en el Hogar un orfeón, que estaba dirigido en 1946 por Cristóbal Ruyra.

Joaquín Bermúdez Ruiz, maestro nacional, quiere volver a dar clases de solfeo y piano a los niños del Hogar y lo solicita a la Diputación. Se le contestará que puede hacerlo sin dejar su trabajo de maestro y si da de 2 a 4 horas diarias se le otorgará una compensación económica.

Los diferentes puestos de trabajo se van ocupando poco a poco mientras se va arreglando el Hogar y en 1944 el diputado-visitador propone hacer un gimnasio y una biblioteca, acordando en la sesión provincial de 2 de septiembre de 1944 la compra de 40 espalderas, 14 bancos y 10 juegos de deportes y barras. La plaza de profesor de Educación Física la solicitan a la Dirección General de Educación Física y Deportes y se les concederá. Ese mismo año se empiezan a celebrar los primeros partidos de fútbol en el campo del Hogar. Será en 1945 cuando crean la plaza de profesor de Educación Física y Deportes con un sueldo de 3.500 pesetas anuales, nombrando profesor a Esteban Núñez de Arenas. Tras tener esto resuelto, comienzan las obras de instalación y acondicionamiento del gimnasio.

En estos años y posteriores la Educación Física y Deportes iban de mano del Frente de Juventudes, que organizaba eventos y campamentos escolares. La centuria «Federico Ruyra», instalada en el Hogar, recibió en 1955 una mesa de billar, 2 mesas de futbolín, una mesa de baloncesto, dos mesas de tenis y una subvención de 30.000 pesetas. El Frente de Juventudes organizaba campamentos todos los años y en el Hogar la centuria instalada coordinaba y llevaba la realización de actividades. En 1951 enviaron 23 niños del Hogar al campamento de Granada.

Al igual que en épocas anteriores, los niños que hacían trabajos en diferentes talleres recibían una gratificación económica que se les ingresaba en su cartilla de ahorros, lo mismo ocurría con las niñas que trabajaban en el taller de Costura o realizaban labores de taquigrafía y mecanografía.

Tanto los talleres como las escuelas profesionales no funcionaron bien hasta la llegada de los Salesianos.

2.4.3. La Escuela Provincial de Sordomudos y Ciegos

La idea de instalar en el Hogar una escuela provincial de sordomudos y ciegos no es nueva. A finales del siglo XIX lo propuso Amalio Buendía que estuvo trabajando durante algunos años en ese proyecto. En la década de 1920 hubo un segundo intento, encabezado por Gaspar Fisac, que duró hasta la Guerra Civil. Ninguno de ellos consiguió que se estableciese dicha escuela.

Los niños de la provincia que tenían este tipo de deficiencias eran enviados a la Escuela Nacional de Sordomudos que estaba en Madrid. Su educación y estancia eran pagadas por la Diputación, que también les costeaba, desde 1949, las colonias escolares de Suances (Santander). Para el pago de las estancias en Madrid se presupuestaron 30.000 pesetas en el ejercicio de 1952.

El diputado-visitador Cecilio López Pastor propone crear en el Hogar una Escuela Provincial de Sordomudos, Disártricos y Ciegos para atender las necesidades que hay y que aumentan cada año. La Corporación Provincial acuerda habilitar un local en el Hogar y encargar la tarea al maestro Ramón Rodríguez Andrade, ya que ha realizado prácticas en el Colegio Nacional de Sordomudos de Madrid. Las obras para llevarlo a cabo comienzan pronto y se comunica a todos los alcaldes de la provincia.

La sección de niñas de esta Escuela Provincial de Sordomudos deciden ponerla en Almagro y se le comunica a su alcalde inmediatamente. La maestra será Joaquina Almodóvar Berdián, que se encontraba haciendo prácticas en Madrid y en el Hogar Provincial. Esta decisión tenía como objetivo acercar los niños a sus familias y ahorrar dinero. En estos momentos cada niño que estaba en el colegio de Madrid costaba 400 pesetas al mes.

En la provincia se van enterando las familias a través de los ayuntamientos y en diciembre de 1954 llegan las primeras solicitudes para la Escuela Provincial de Sordomudos. Mientras tanto se va acondicionando la escuela de Almagro y le envían a su alcalde 11.800 pesetas. La demanda de solicitudes les desborda y deciden ampliar el local y contratar otro maestro. La apuesta provincial por esta escuela es fuerte y presupuestan 100.000 pesetas para el año 1956, nombrando profesor interino a José Ros Salmerón con un sueldo anual de 9.500 pesetas anuales, gratificándole en 1958 con 1.800 por su dedicación, esfuerzo y resultados. En 1959 presupuestarán 15.000 pesetas para el mantenimiento de dichas escuelas y 12.000 pesetas para las estancias de niños en otros colegios especiales.

Esta emocionante andadura y apuesta por la enseñanza a niños sordomudos y ciegos se trunca en 1960 con el acuerdo entre la Diputación, los Salesianos y las Hijas de la Caridad. En este acuerdo no tendrá cabida esta enseñanza especial en los hogares.

2.4.4. Becas, ayudas, donaciones, el legado de Patricio Clemente y los gastos de enseñanza

La Diputación pagaba los estudios, con cargo al legado de Clemente, de Bachillerato, Magisterio y Comercio a los niños del Hogar que valiesen para realizar con buen resultado dichas enseñanzas. A los maestros del Hogar que les ayudaban en dichos estudios se les daba unas gratificaciones económicas, llegando en algunos casos a ayudarles a prepararse las oposiciones.

El legado de Patricio Clemente ascendía, según el acta provincial del 30 de octubre de 1941, a 152.100 pesetas. De este dinero se pagaban las matrículas, libros, certificados de estudios, títulos y a los maestros preparadores. Se procuraba no tocar el capital e ir pagando los gastos con los intereses que generaba. También se pagaban los cursos de perfeccionamiento que hacían los estudiantes de Magisterio del Hogar, sus desplazamientos y estancias en Madrid.

A las niñas mayores de 14 años se les sorteaban cuatro dotes de 250 pesetas todos los años el día de San José y a las agraciadas se les ingresaba en su cartilla.

En lo que respecta a las donaciones, la mayor que hemos constatado en estas dos décadas posteriores a la Guerra Civil, fue realizada por los herederos de Manuel Messía de la Cerda, médico que fue de la Beneficencia. Dicha donación consistió en una gran biblioteca con destino al Hogar Provincial.

Los gastos de la Diputación en materia de Instrucción Pública en 1943 correspondían con la atención a las escuelas profesionales, Museo Provincial, estancias de sordomudos y ciegos, bibliotecas, monumentos artísticos e históricos, conservación de la colección de insectos de José María de la Fuente, becas para estudios universitarios y becas para hijos de caídos. En la sesión del 21 de febrero de 1944 acuerdan crear una beca de estudios universitarios llamada «Francisco Franco», con una asignación de 5.000 pesetas, siendo requisito imprescindible pertenecer al Frente de Juventudes. La Diputación, a partir de mediados de la década de 1950, concederá becas para Formación Profesional a los Salesianos de Puertollano y a Hermano Gárate de Ciudad Real.

En 1958 la Diputación hace un esfuerzo económico para ayudar a los ayuntamientos en la construcción de escuelas, concediéndoles un préstamo de 2.490.000 pesetas. También recibirán un apoyo económico la enseñanza laboral de Daimiel y Manzanares con un total de 150.000 pesetas. En materia de becas se presupuestan las siguientes: cinco becas universitarias de 5.000 pesetas, cuatro becas de Bellas Artes de 32.000; tres becas eclesiásticas de 15.000, veinte becas para estudiantes de 60.000; diez becas para médicos de 30.000 y becas de Formación Profesional por un total de 75.000 pesetas. Además de las ayudas anteriores, se otorgaron en 1959 cantidades muy significativas al Centro Coordinador de Bibliotecas (137.000 pesetas), a la construcción del Colegio Menor del Frente de Juventudes «El Doncel» (150.000 pesetas) y a las bibliotecas ambulantes (30.000 pesetas).

2.4.5. Las Hijas de la Caridad

Tras acabar la Guerra Civil, los gestores provinciales acuerdan incorporarlas para que realicen sus trabajos en el Hogar Provincial, Maternidad, Casa-Cuna y Hospital. Se les encomiendan los trabajos de organización y dirección de dichos establecimientos benéficos por los que recibían los pagos acordados, instalaciones para vivir y la manutención. El 27 de septiembre de 1939 aprueban concederles 5.000 pesetas a las hermanas del Hogar en concepto de perjuicios ocasionados desde su expulsión en 1936. Se incorporan al Hogar veintidós hermanas que cobraban a razón de tres pesetas diarias cada una. A lo largo de los años el número de monjas se fue manteniendo y en 1955 había quince, que cobraban 155 pesetas al mes cada una.

Como podemos observar, después de la guerra no se les encomienda a las monjas la enseñanza de las niñas en las escuelas del Hogar, ámbito que sí venían realizando con anterioridad. Además de sus trabajos en los distintos establecimientos se encargaban de preparar a los niños y niñas para las fiestas religiosas, asistir en misa, protocolos con las autoridades y de impartir protocolos religiosos en las comidas, al levantarse y acostarse.

La directora del Hogar será, hasta noviembre de 1942, sor Amelia Cano. A su cese, se incorpora la superiora sor Delfina Flores. En 1951 se nombra superiora a sor Escolástica Maeztu, que estará hasta la incorporación de sor Carmen Arriba en 1955.

2.5. LOS SALESIANOS (1960-1986)

2.5.1. De orfanato a hogar-escuela

Las interminables obras de la década de 1950, que tantos trastornos e incomodidades ocasionaron a niños, maestros y residentes en el Hogar Provincial, van tocando a su fin. El anterior presidente de la Diputación, Daniel Aliseda, había tenido conversaciones con los Salesianos para que se encargaran de la enseñanza en el Hogar cuando se finalizaran las obras, y por ese motivo realizó un viaje a centros educativos de Madrid, Santander, Bilbao y Vitoria.

Una de las dificultades a resolver era la situación de los niños y niñas sordomudas que había en el Hogar, dado que los Salesianos, en las conversaciones, mantenidas indican que no se hacen cargo de este tipo de educación. Lo primero que se hace, por parte de la Diputación, es viajar a Madrid y Zaragoza para estudiar las instalaciones de los colegios de sordomudos que allí tienen las religiosas Terciarias de San Francisco de Asís y de la Inmaculada Concepción. En primer lugar, piensan en trasladar los niños a la calle Calatrava número 11, pero las instalaciones no son adecuadas para tal fin. En segundo lugar, contemplan la posibilidad de llevarlos a Madrid, pero en dicho colegio no hay plazas para todos. Al final deciden llevarlos al nuevo colegio instalado en Zaragoza y que va a suponer el pago de 10.000 pesetas por alumno al año.

En la sesión provincial del 17 de agosto de 1960 acuerdan por unanimidad aprobar el proyecto de contrato entre la Congregación Salesiana y la Diputación para la formación moral, religiosa, profesional y cultural de los niños acogidos en el Hogar Provincial, suprimiendo los artículos 10, 11 y 12, ya que la administración correrá a cargo de la Corporación Provincial. En esta misma sesión, facultan al diputado-visitador, Antonio Rojas Dorado, a suscribir el contrato con la Congregación de la Inmaculada Concepción de Zaragoza para que los niños sordomudos reciban allí la enseñanza. Dicho contrato tiene las siguientes clausulas:

1ª) El número máximo de acogidos será de cuarenta niños y recibirán asistencia y enseñanza.

2ª) La Diputación pagará por cada uno 800 pesetas mensuales, más 150 pesetas anuales por alquiler de cama, colchón y gasto de uniformes.

3ª) Cada alumno debe llevar cuatro sábanas, ropa interior y cubiertos.

Será el 29 de diciembre de 1960 cuando acuerden el traslado de las 16 niñas sordomudas de Almagro al colegio de la Purísima de Zaragoza.

La comisión de diputados encargada de llevar a efecto el acuerdo con los Salesianos expone, en un escrito del 4 de febrero de 1960, al pleno provincial las dificultades que encuentran a las peticiones de los religiosos, e indican que:

> «realizar las obras por etapas supone demorar por varios años más la solución, tan apremiante, del Hogar Provincial, si la Congregación mantiene su criterio de no establecerse en él hasta la total eliminación de los obstáculos señalados, demora inadmisible a nuestro juicio pues ha de ser un compromiso de honor para la actual Corporación terminar en breve plazo el dilatado y vergonzante estado de las instalaciones y organización del Establecimiento».

A pesar de las dificultades, las negociaciones siguen su curso y se aprueba el contrato con los Salesianos el 17 de agosto de 1960. Dicho contrato consta de 19 puntos de los cuales se excluirán el 10, 11 y 12. A continuación vamos a exponer los aspectos más relevantes de dicho acuerdo:

1) El Hogar-Escuela tiene como finalidad la formación moral, religiosa, profesional y cultural de los niños y jóvenes acogidos en él.

2) La Congregación Salesiana llevará a cabo la labor anterior de acuerdo con los postulados de san Juan Bosco.

3) En el Hogar-Escuela se darán clases de primera enseñanza y se enseñará un oficio manual, para ello se instalarán talleres-escuela que mejor contribuyan a la formación de obreros capacitados, como son los de mecánica, electricidad, carpintería, ebanistería, talla, imprenta, sastrería, zapatería, música, etc.

4) La Dirección del centro, planes de estudio, régimen interno y procedimientos educativos y de enseñanza los llevarán los Padres Salesianos, los cuales propondrán a la Diputación los alumnos que por su capacidad pueden cursar otra clase de estudios.

5) El personal docente no salesiano y el resto del personal de servicio será nombrado por los Padres Salesianos, dando conocimiento previo a la Diputación.

6) La admisión de alumnos en el Hogar-Escuela será competencia de la Diputación. La edad de admisión no será menor de 8 años ni mayor de 14.

7) La expulsión de los alumnos será competencia de la Dirección y por faltas muy graves, según los reglamentos de las casas salesianas. El director dará aviso inmediato a la Diputación y pondrá en conocimiento las causas.

8) Al acabar cada curso escolar, la Dirección enviará a la Diputación una memoria detallada de la labor realizada, gastos, etc.

9) Todos los años se realizará, al acabar el curso, una exposición escolar de los trabajos realizados.

13) Los Salesianos llevarán la dirección de los talleres-escuela y periódicamente informará a la Diputación sobre los gastos e ingresos de los mismos.

14) Los gastos extraordinarios en adquisición de maquinaria, muebles y obras de ampliación se comunicarán a la Diputación para que resuelva lo que proceda.

15) «La Excma. Diputación Provincial gozará en el Hogar-Escuela de todos los honores. Los Padres Salesianos procurarán inculcar en los alumnos gratitud hacia la Diputación a quien deben su bienestar, y la Excma. Diputación, a su vez, se esforzará en tener para los RR. PP. Salesianos todo género de consideraciones, y hacia los acogidos las deferencias y solicitudes de un buen padre de familia».

16) En este punto se tratan las retribuciones que recibirán los Salesianos. En estos comienzos son 3.000 pesetas por persona y mes. Los gastos de vivienda de los Salesianos, comida, asistencia médica, ropa, calzado y viajes al servicio del Hogar correrán a cargo de la Diputación.

17) La Comunidad Salesiana se regirá por sus reglamentos y tendrán un departamento separado para vivir.

18) El contrato será por dos años y se podrá prorrogar anualmente.

19) Los Salesianos recibirán, al entrar, el inventario del Hogar y lo entregarán debidamente, si se marchan.

Clausula adicional: Los Salesianos podrán valoran la necesidad o no del personal empleado, en el Hogar, por la Diputación. Caso de no ser necesario, la Diputación los trasladará a otros servicios[30].

En la sesión provincial del 31 de enero de 1961 el diputado provincial Dulce Néstor Ramírez Morales propone que el Hogar Provincial pase a denominarse «Escuela-Hogar Santo Tomás de Villanueva». La propuesta se aprueba por unanimidad.

El deseo por acabar las obras interminables en el Hogar lleva a hacer un acto propagandístico sobre su finalización, así lo recoge el diario *Lanza* el 17 de julio de 1961. Sin embargo, las obras se dan por finalizadas en la sesión provincial de 28 de julio de 1962.

Las condiciones de los Salesianos para hacerse cargo de la enseñanza hacen que la Diputación tenga que tomar medidas organizativas con el personal empleado en los hogares. José Ros Salmerón, maestro de sordomudos, pasó a prestar su trabajo en el Servicio de Inspección y Asesoramiento de las Corporaciones Locales, percibiendo todo el sueldo y emolumentos correspondientes a la plaza que ocupaba. Lo mismo ocurre con el maestro sastre, Edistio Pascual, quedando en situación de excedencia forzosa al ser amortizada la plaza desde el 1 de enero de 1962.

Los Salesianos empiezan inmediatamente a organizar escuelas, talleres, formación profesional y vida en el Hogar. A finales de 1961 se empieza a adquirir maquinaria para la puesta en marcha de la Enseñanza Profesional y a la vez dotar de material moderno a los talleres. Este hecho será recogido por el periódico *Lanza* el 23 de diciembre de 1961.

1962 comienza en el Hogar-Escuela con el reparto de juguetes, con motivo de la festividad de Reyes. Al acto acuden el gobernador civil, señor Utrera Molina; el obispo, señor Hervás Bonet; el presidente de la Diputación, señor Izarra Rodríguez, y el padre salesiano, Maximiliano Francoy.

Los Salesianos van poniendo en funcionamiento toda la enseñanza y organizando el internado durante el curso 1961-1962. Al finalizar dicho curso realizan una gran exposición de trabajos realizados por los alumnos de sastrería, carpintería, ebanistería, forja, mecánica, imprenta, sastrería y trabajos manuales. El acto estuvo presidido por el presidente de la Diputación, Alfonso Izarra, acompañado por el gobernador civil, señor Utrera, y el director de los Salesianos, Benigno Castejón. Dicha exposición tuvo eco en el diario *Lanza* del 13 de julio de 1962.

La Diputación hace una gran apuesta por la Formación Profesional y potenciará con ayudas a las Escuelas Profesionales Hermano Gárate, otorgándolas subvenciones cuantiosas y dando numerosas becas a los alumnos de este tipo de enseñanzas. Este tipo de ayudas se difunden con carácter propagandístico a través del diario *Lanza*.

Durante 1963 la Diputación sigue comprando material para los talleres y el 23 de febrero acuerdan adquirir, a propuesta del diputado-visitador, material para el taller de Zapatería con un coste de 70.000 pesetas, un aparato móvil de rayos X para la vigilancia sanitaria de los niños, cuyo importe asciende a 100.000 pesetas, e instrumentos de cuerda para formar una rondalla con los alumnos. Durante el verano de 1963 el Frente de Juventudes organiza un campamento para niños del Hogar en Nava de Riofrío. A la clausura de esta actividad hicieron tablas de gimnasia, charlas, una pequeña excursión, finalizando el acto con un pequeño concierto musical dado por la Banda de Música del Hogar.

El diario *Lanza* del 16 de agosto recoge la noticia de la actividad que está realizando la Sección Femenina con las niñas en el albergue de las Lagunas de Ruidera. En el tiempo que estuvieron allí, fueron visitadas por el presidente de la Diputación y el diputado-visitador, realizando en su presencia una exposición de bailes regionales.

El *Boletín de Información Municipal* publica en mayo de 1963 una entrevista realizada a Benigno Castejón. En ella, este indica que el antiguo Hospicio Provincial recogía a niños para darles asilo y en la actualidad reciben instrucción, educación, aprendizaje de un oficio y un hogar, que suple en lo posible a su familia. «Hoy en día el 80% de nuestros alumnos son huérfanos». Continúa explicando que los 170 alumnos que tienen se distribuyen entre la enseñanza elemental y la profesional. De 8 a 14 años están distribuidos en tres

Alumnos de la Escuela-Hogar realizando ejercicio en el patio en los años 60. Fuente: *Memoria comprensiva de la provincia*, 1962. Biblioteca Virtual de Castilla-La Mancha.

clases graduadas y los dos años finales se comienza la enseñanza profesional de iniciación. También comenta que los talleres que tienen en esos momentos son los de Mecánica (ajuste-matricería, torno y fresa), Carpintería-Ebanistería, Imprenta, Sastrería y Zapatería. El trabajo en los talleres se completa con conocimiento de la Tecnología del oficio y Dibujo Industrial, teniendo en cuenta que también deben dar clases de Gramática, Matemáticas, Física, etc.

En esta densa entrevista, don Benigno comenta que la formación física es necesaria para el desarrollo de los niños, por ello se practican deportes como fútbol, balonmano, balonvolea y atletismo. En ellos han obtenido varios campeonatos provinciales y se han clasificado para la fase nacional.

«Otras de las actividades que hemos puesto en marcha [comenta] es la Banda de Cornetas y Tambores que está causando buenas sensaciones en las procesiones de Semana Santa, y pronto estará la Rondalla. Completan la formación intelectual las obras de teatro y veladas lírico-musicales que se realizan en las diversas fiestas del Hogar y también tienen momentos de ocio y tiempo libre, e incluso disponemos de una televisión».

Don Benigno sigue explicando la vida en el Hogar, en el cual se transmite el trinomio de san Juan Bosco (razón, religión y amor).

«Los Salesianos dedicamos el día y la noche a nuestros alumnos, queremos que salgan honrados, buenos y trabajadores».

En otro momento habla del edificio y comenta que está nuevo, aunque pendiente de inauguración oficial. Continúa con la distribución de aulas y espacios, indicando que en la primera planta están las escuelas, el taller de la Imprenta y el de Ebanistería. En el semisótano está el taller de Mecánica y en la segunda planta están los dormitorios, con camas nuevas y colchón Flex, un teatro con cuatrocientas butacas, los talleres de Sastrería y Zapatería y la Academia de la Banda de Música. En la tercera planta hay más dormitorios, la residencia salesiana y la capilla.

Acaba la entrevista dando las gracias al presidente de la Diputación, Alfonso Izarra, y al diputado-visitador, Antonio Rojas, por sus continuas atenciones y preocupaciones por el Hogar.

Los Salesianos impregnan en el Hogar-Escuela con sus principios religiosos y todos los años se celebraba el 31 de enero la festividad de San Juan Bosco. El diario *Lanza* del 31 de enero de 1964 da información detallada de los actos realizados en el Escuela-Hogar Santo Tomás de Villanueva. Al acto asisten el gobernador civil, el vicepresidente de la Diputación, el diputado-visitador, el director de las escuelas profesionales y el director del Hogar, Benigno Castejón. La celebración se compone de una misa, discursos de las autoridades, actividades literarias, musicales y deportivas.

La clausura del curso 1963-1964 se realizó con una magnífica exposición de trabajos escolares y profesionales de los alumnos de:

- Mecánica: torno, fresa y matricería.
- Zapatería: a máquina y artesana.
- Imprenta: encuadernación y composición a mano y a máquina.
- Sastrería
- Trabajos manuales de los alumnos de Primaria.
- Tablas de gimnasia realizadas por 200 alumnos.

Al acto asistieron el presidente de la Diputación, señor Aparicio; el diputado-visitador, el obispo y el director del Hogar, Benigno Castejón[31].

En la segunda mitad de la década de 1960, la Banda Provincial fue reconstruida gracias a Cecilio López Pastor, estando en contacto estrecho con algunas hermandades de Semana Santa, con la de Jesús Nazareno y Jesús Caído. Su participación era habitual el Jueves Santo con la Santa Cena. Además, hacía actuaciones en la fiesta del Carmen y en la de San Isidro. Al llegar los Salesianos, las actuaciones de la Banda Provincial se reducen de cara al exterior, ya que el tema musical lo consideran dentro del currículo formativo y educativo para los niños.

Los Salesianos apostaron fuerte por tener una formación profesional de calidad y la Orden de 20 de mayo de 1964 del Ministerio de Educación

Banda de Cornetas y Tambores del Hogar Provincial tocando por la ciudad, 1969. Fuente: aasalesciudadreal.novamix.es.

Nacional clasifica a la Escuela-Hogar Santo Tomás de Villanueva como centro de Formación Profesional, autorizando impartir dichas enseñanzas.

Al hacerse cargo los Salesianos y las Hijas de la Caridad de la enseñanza, la situación del profesorado anterior se ve profundamente afectada, por ello Amalia Camacho Cárdenas pasa a ser agregada a la Secretaría General, Amparo Sánchez Herrera, Prudencia Cendrero García y Ester Mayor Macías son declaradas en excedencia forzosa. Los maestros Ramón Rodríguez Andrade y José Ros Salmerón desempeñarán otras funciones dentro de la Diputación.

La Diputación apoya la labor de los Salesianos en Formación Profesional e invierte 1.049.780 pesetas en 1965 para adquirir material y maquinaria para el taller de la Escuela de Mecánica, el taller de la Escuela de Carpintería y la Escuela-Taller de Artes Gráficas.

Será en 1966 cuando acuerden subir los salarios a los Salesianos. A partir de ese momento cobrarán 5.000 pesetas mensuales cada uno, más una gratificación por no tener descanso semanal.

La labor de los Salesianos en Formación Profesional recibe alabanzas continuas. Dulce Néstor Ramírez, en su «Postal de la provincia» del diario *Lanza*, dedica un artículo el 1 de marzo de 1966 para agradecer la labor que están realizando bajo la dirección de Benigno Castejón. También refleja la labor de la Banda Musical de Cornetas y Tambores, que actúa en las procesiones de Semana Santa acompañando a Jesús de Medinaceli y en las fiestas de San Juan Bosco, María Auxiliadora y fin de curso, formada por 100 niños y dirigida por Germán Chacón.

Equipo de fútbol alevín del Hogar. Fuente: aasalesciudadreal.novamix.es.

Los deportes y la actividad física eran objetivos fundamentales para los Salesianos por ello en 1966 la Diputación hace un anteproyecto de Instalaciones Deportivas para la Escuela-Hogar, cuyo presupuesto asciende a 5.944.056 pesetas, en el cual se contempla realizar un campo de deportes, piscina y gimnasio, para lo que van a solicitar ayudas a la Delegación Nacional de Deportes. También contemplan la instalación de una Escuela Profesional de Corte y Confección, Hostelería y Peluquería.

En el *Boletín Oficial del Estado* de 4 de noviembre de 1966 se declaran subvencionados e inscritos, en los colegios de Enseñanza Primaria Privada, los colegios de la Diputación, es decir, el colegio de niñas Virgen del Prado y el de niños Escuela-Hogar Santo Tomás de Villanueva.

Benigno Castejón, director salesiano, se traslada a Madrid en 1967 y su puesto lo ejercerá Nicanor del Valle, quedando así asentados los primeros años de los Salesianos en el Hogar. El nuevo director sigue con el empeño de tener una Formación Profesional de calidad, referente en la provincia y la Diputación lo respalda, consiguiendo una subvención del Estado de 5.000.000 de pesetas en 1967[32].

La Enseñanza Primaria en el Hogar necesitaba un impulso y la Junta de Construcciones Escolares da una subvención para hacer dos unidades más, un comedor y un aula para niños deficientes.

El curso 1968-1969 finaliza con la organización de una gran exposición de trabajos efectuados por los alumnos de Formación Profesional y Primaria. A dicha exposición asisten el gobernador civil, señor Roger Amat; el presidente de la Diputación, señor Aparicio Arce; el director del Centro, Nicanor

Visita de las familias de los alumnos del Hogar, 1969. Fuente: aasalesciudadreal.novamix.es.

del Valle, y otras autoridades. La exposición consistió en una gran muestra de trabajos realizados por más de 250 alumnos, unas tablas de gimnasia, entrega de diplomas y premios en metálico. Los trabajos expuestos fueron de carpintería, sastrería, ebanistería, decoración, artesanía y trabajos manuales[33].

Arriba, alumnos de 8º de Básica del Hogar, 1968. Abajo, alumnos del Hogar posan en el patio, 1969. Fuente: aasalesciudadreal.novamix.es.

Todos los años celebraban en la Escuela-Hogar un homenaje al Magisterio con motivo de la festividad de San José de Calasanz. En dicho acto intervinieron autoridades civiles, religiosas, militares y políticas. El diario *Lanza* informa el 28 de noviembre de 1969 sobre dicho evento, al cual asistieron el presidente de la Diputación, José Aparicio; el diputado-visitador, José González; el delegado provincial de Educación, el inspector jefe de Enseñanza, Julián Díaz Peco; la directora de la Normal, Teresa Franco, y los delegados del Frente de Juventudes y Sección Femenina. La celebración comenzó con una misa, continuando con los discursos de las autoridades y por último se entregaron las medallas de Alfonso X a los maestros Máximo Arias Valiente y a María Garmendia.

Acaba la década de 1960 con la elevación a definitiva de la autorización del 21 de diciembre de 1965, por la cual se ratificaba el funcionamiento legal de Enseñanza Primaria privada en el colegio Santo Tomás de Villanueva. Dicha disposición se publicaría en el *BOE* el día 8 de noviembre de 1969.

La década de 1970 va a marcar una nueva pauta en la Educación Primaria con la implantación de la Ley General de Educación de Villar Palasí. Iniciamos la nueva década siguiendo la descripción que realizan los Salesianos en la *Memoria* del curso 1969-1970 de la Escuela-Hogar y que entregan a la Diputación, como era preceptivo al acabar todos los cursos. En ella narran la composición de la Escuela-Hogar, indicando que está formada por niños de 9 a 18 años, con carácter gratuito, pudiendo ser internos y externos. Los espacios de que dispone son: despacho del director, despacho del jefe de estudios, ocho aulas, una sala de Dibujo, talleres de Mecánica, Carpintería, Imprenta, Sastrería, Zapatería, laboratorio de Física, Biblioteca, sala para la Banda de Música y Rondalla, un amplio comedor, cinco dormitorios, aseos, salón de actos, capilla y enfermería. A continuación, se hace una detallada relación del inventario y maquinaria de los talleres de Mecánica, Carpintería, Sastrería e Imprenta. En lo referente a los medios audiovisuales, se indica que la Escuela-Hogar dispone de un proyector de cine de 35 mm «Supersond», un proyector de 16 mm «De Vrie», un magnetófono «Brunging», dos aparatos de televisión y un proyector de fílminas y diapositivas.

En lo que se refiere al alumnado, se informa en la *Memoria* de 1970 que tienen un total de 428 alumnos, distribuidos de la siguiente manera:

Tabla 9

ALUMNADO DE PRIMARIA DEL HOGAR PROVINCIAL, 1970

CURSO DE PRIMARIA	3° y 4°	5°	6°	7°	8°
NÚMERO DE ALUMNOS	55	42	43	51	40

Tabla 10

ALUMNADO DE OFICIALÍA INDUSTRIAL DEL HOGAR PROVINCIAL, 1970

CURSO DE OFICIALÍA INDUSTRIAL	1°	2°	3°
NÚMERO DE ALUMNOS	39	30	28

Queda claro que la enseñanza de Párvulos y los cursos de 1º y 2º de Primaria eran impartidos por las Hijas de la Caridad.

En la *Memoria* también hacen constar que todos los alumnos presentados a la Escuela de Maestría Industrial de Valdepeñas han conseguido el título de Oficial Industrial. Los Salesianos presentaban a sus alumnos a concursos provinciales y nacionales que había todos los años y donde obtenían numerosos premios, que demostraban el nivel de las enseñanzas profesionales que se impartían en el Hogar. En el concurso provincial de este curso obtuvieron los siguientes resultados:

- Campeones provinciales de Fresa A y B: Isabelo Borja y Tomás Ormeño.
- Campeones provinciales de Corte y Confección: Daniel Anaya y Rafael Puerto.
- Campeones provinciales A y B de Carpintería y Ebanistería: Luis Delgado y Mariano Sánchez.
- Campeones provinciales de Artes Gráficas: José Antonio Flores y José Manuel García.

El mayor premio obtenido, lo describen así:

«En el concurso nacional se presentó en la especialidad de Corte y Confección nuestro alumno ganador del concurso provincial Daniel Anaya, quedando en el mismo, campeón nacional de dicha especialidad, hecho por el que fue recibido por su Excelencia el Jefe del Estado en su Palacio del Pardo, junto con los demás campeones de España en las distintas especialidades profesionales».

En lo que respecta a las actividades culturales y recreativas, fomentan la Banda de Música, rondallas, teatro y veladas lírico-musicales. Las actividades culturales que se celebraban a lo largo del curso escolar eran muy variadas. El Club Juman celebró en junio de 1970 el tercer aniversario de su fundación. Paco Badía, su director, se encargaba todas las semanas de la proyección de películas en la Escuela-Hogar. A lo largo del curso el Círculo Medina se encargaba de organizar diversas obras de teatro en el salón de actos del Hogar. Otra actividad clásica fue el concurso de villancicos que se realizaba todos los años, en el cual las Hijas de la Caridad participaban con un coro de niñas.

Las actividades religiosas realizadas durante este curso fueron misa, ejercicios espirituales, retiros, fiestas de San Juan Bosco, María Auxiliadora, Santo Tomás de Villanueva y la Inmaculada.

Las actividades deportivas estuvieron presentes a lo largo del curso, y participaron en competiciones provinciales, y realizaron excursiones y un campamento cerca de Peñarroya durante parte del verano.

La Congregación Salesiana que ha llevado a cabo las labores de formación moral, religiosa, cultural y profesional con los niños ha estado constituida por: Nicanor del Valle Álvarez, director; Juan Calvo, catequista; Francisco Hernández Díaz, jefe de estudios; José Aguilar, confesor; Venancio

Banda de Cornetas y Tambores del Hogar tocando por la ciudad, 1969. Fuente: aasalesciudadreal.novamix.es.

Rodríguez, jefe de Carpintería; Manuel Ratero, Enfermería; Teodomiro Lara, jefe de Sastrería; Silvano Ordóñez, Ropería y Sastrería; Mariano Fuertes, jefe del taller de Mecánica; Isidro Calvo, Mecánica; Arturo Menéndez, clérigo; Fernando Cals, clérigo y Francisco Sánchez, clérigo.

Termina la *Memoria* del curso 1969-1970 con una relación nominal de los 36 funcionarios de la Diputación que ayudan a llevar a cabo el proyecto emprendido. Entre ellos vamos a nombrar a Miguel Cano Serrano, maestro nacional; José Antonio Velascoín, maestro cajista; Ángela Calvillo, aparadora; Germán Chacón Vela, profesor de trombón; Antonio Ruda López, profesor de saxofón; Antonio Chico, practicante; Antonio Velascoín, sirviente; Ángel Bravo Ramos, mozo de limpieza, y Juana Aparicio González, sirviente laboral.

El diario *Lanza* daba cuenta todos los años de las participaciones de los chicos de la Escuela-Hogar en el Concurso Juvenil de Formación Profesional y Artesana de carácter provincial. En 1970 participaron en su XXIV edición por las siguientes especialidades: 1ª) Ebanistería, Carpintería, Tipografía y Bobinados, 2ª) Delineación Industrial, Ajuste y Electromontaje, 3ª) Fresa, Matricería, Instalaciones y Calderería, y 4ª) Corte y Confección, Soldadura Eléctrica y Torno.

Los centros de enseñanza que solían competir por los premios provinciales eran la Escuela de Maestría Industrial Santo Tomás de Puertollano, la Escuela de Maestría Industrial de Valdepeñas, la Escuela de Maestría Industrial de Alcázar, la Escuela Profesional Hermano Gárate y la Escuela del Hogar Provincial[34].

Durante 1971 continúan la labor de apertura del centro tanto en salidas al exterior como organizando eventos culturales y deportivos en el propio Hogar. El Club Juman sigue realizando sus proyecciones y su prestigio se va reflejando en las informaciones continuas del diario *Lanza*. El día 1 de mayo, festividad de San José Artesano, invitan al Orfeón de la ciudad de Cáceres para amenizar los actos que se celebraron. También el Centro Asturiano de La Mancha fue invitado a celebrar la fiesta del «Bollu» en los locales de Hogar, siendo un éxito su organización y participación.

No solo crece la Escuela-Hogar en el tema educativo y de enseñanza profesional, también se realizan obras de nivelación en el campo de deportes por un coste de 145.000 pesetas, una mejora en material deportivo para el colegio Virgen de Prado por un montante de 15.000 pesetas y la instalación de una cocina con un tanque de propano. A los Salesianos se les elevan las remuneraciones de 5.000 a 7.000 pesetas mensuales a cada uno; sin embargo, la subida a las Hijas de la Caridad es más pequeña, quedándose en 3.000 pesetas al mes cada una.

Las continuas mejoras se suceden en la Escuela-Hogar gracias a la mano de Ángel Jara Barreiro, diputado-visitador y antiguo alumno del centro.

Actuación del grupo musical dl Hogar "Los Peques". Fuente: aasalesciudadreal.novamix.es.

La Ley General de Educación se va implantando poco a poco y en la sesión provincial del 29 de septiembre de 1972 acuerdan hacer más aulas para los dos colegios de EGB del Hogar e instalar caldera de gasoil tanto en el Hogar como en la Casa-Cuna.

Los éxitos continúan en Formación Profesional y adquieren un prestigio reconocido y valorado tanto por las instituciones educativas como por empresas. El MEC, a través de la Junta Coordinadora de Formación Profesional, les concede maquinaria para los talleres por un valor de un millón de pesetas.

El diario *Lanza* se hace eco de los éxitos obtenidos por los alumnos de EGB de la Escuela Santo Tomás de Villanueva, destacando los numerosos premios conseguidos por Dionisio Campos, hijo de Braulio Campos, en las pruebas de atletismo en los III Juegos de EGB, celebrados en mayo de 1972.

La vida en las escuelas del Hogar transcurre con las celebraciones tradicionales en enero, es decir, la festividad de Reyes con reparto de juguetes, y continúa con la celebración de San Juan Bosco a finales del mes. El mes de mayo se dedicaba a la Virgen María, para ello organizaban la procesión de María Auxiliadora, participando los dos colegios. Para el final de curso realizaban la fiesta fin de curso y las comuniones de niños y niñas.

Los Salesianos querían potenciar la relación ente la Escuela-Hogar y sus antiguos alumnos, para ello consiguen que la Diputación haga una reforma en un local, por valor de 42.360 pesetas, para destinarlo a dicha Asociación. Esta confraternización se lleva a cabo por primera vez en el Colegio Salesiano de Atocha en el mes de diciembre de 1972. Allí acuerdan la inauguración del local de la Asociación el 28 de enero de 1973, que estará ubicado en la Escuela-Hogar.

El diario *Lanza* informa el 8 de febrero de 1973 sobre la Fiesta de la Unión que se ha celebrado en la Escuela-Hogar. A ella asistieron el director del centro, Nicanor del Valle, y el diputado-visitador, Ángel Jara, entre otras

Equipo de fútbol de antiguos alumnos de la Escuela-Hogar. Fuente: aasalesciudadreal. novamix.es.

personalidades. El acto comenzó con una misa y a continuación se disputó un partido de fútbol entre los equipos Viejas Glorias y el Santo Tomás C.F. Finalizó el evento con una comida de hermandad entre los antiguos alumnos que vinieron a la celebración.

El día 2 de diciembre del mismo año se vuelven a reunir en Madrid y la Junta de Antiguos Alumnos quedó compuesta por: consiliario, Nicanor del Valle Álvarez; presidente, José María Ruiz Lorente; vicepresidente, Ignacio García Ramos; secretario, Leovigildo Izquierdo Sanz; vocales, Juan José Mejías, Alfonso Martín Albo, José María Camacho Hidalgo y Marcelino Montero.

La Diputación sigue haciendo continuas mejoras en talleres y aprueba una inversión de 200.800 pesetas para la adquisición de maquinaria destinada al taller de Carpintería. La EGB también se quiere potenciar y acuerdan adquirir un laboratorio de idiomas con 12 puestos por un valor de 500.000 pesetas. Estas mejoras están de acuerdo a la gran demanda de puestos escolares que el centro recibe tanto en EGB como en Formación Profesional y la Corporación Provincial contempla hacer un nuevo hogar fuera del casco urbano.

Taller de Carpintería del Hogar Provincial. Fuente: aasalesciudadreal.novamix.es.

Durante esta década no tenemos datos del legado de Patricio Clemente. Sin embargo, la Diputación recibe en 1973 una herencia de Ramón de la Torre López-Tejedor en la cual se asignan 272.996 pesetas para los colegios del Hogar, y la misma cantidad para el Hospital Provincial y el Psiquiátrico, respectivamente.

En el aspecto económico, la Corporación Provincial decide subir el sueldo a los Salesianos y pasan a cobrar 8.700 pesetas mensuales cada uno, y la misma cantidad las Hijas de la Caridad que tengan la titulación correspondiente. Este dato nos parece interesante, ya que es la primera vez que las monjas cobran lo mismo que los Salesianos.

El 31 de enero de 1974 el gobernador civil impone la Medalla de Plata de la Juventud al director de la Escuela-Hogar Santo Tomás de Villanueva, Nicanor del Valle. La noticia fue dada por el diario *Lanza* el mismo día y por la revista *Siempre en Marcha* en su número 26. El acto de entrega se realizó en el salón de actos de la Escuela-Hogar y asistieron el gobernador civil, Andrés Villalobos Beltrán; el presidente de la Diputación, Fernando de Juan; el padre provincial salesiano, José Antonio Rico; el delegado provincial del MEC, Marciano Cuesta Polo; el delegado provincial de Juventud, señor García Luengo; el diputado-visitador, Juan Barrero, y otras autoridades civiles, religiosas y militares. Tras varias intervenciones de las autoridades, la Banda del Hogar interpretó una marcha y a continuación, acompañada del Coro, cantaron el *Himno de San Juan Bosco*. Por último, intervino don Nicanor para dar las gracias e indicar que este premio es compartido con todos los Salesianos, recordando que cuando comenzaron en 1961 solo había 72 alumnos y ahora tienen un total de 500 entre internos y externos. Continuó diciendo que el Hogar se ha quedado pequeño para la gran demanda que tiene y acabó dando las gracias a la Diputación por el esfuerzo económico que viene haciendo.

El invierno y la primavera de 1974 traerán numerosos premios para la Formación Profesional. En el XXVI Concurso Nacional de Formación Profesional,

CAMPEONES EN LA FASE PROVINCIAL del **XXVIII** Concurso Nacional de formación profesional, industrial y artesana

AJUSTE «B»
Pablo Burgos del Río

CARPINTERIA «A»
Pedro Crespo Bellón

CARPINTERIA «B»
Andrés Toribio Donaire

EBANISTERIA «A»
Juan Antonio Lara Camacho

EBANISTERIA «B»
Rafael Gómez Calero

SOLDADURA ELECTRICA por arco «B»
Vicente Rey Zamora

DELINEACION INDUSTRIAL «B»
José Camacho Camacho

TIPOGRAFIA «A»
José Luis Anaya Ormeño

CORTE Y CONFECCION «B»
Angel Rodríguez Díaz

Campeones de la Fase Provincial del XXVIII Campeonato Nacional de Formación Profesional, 1974. Fuente: *Siempre en Marcha*.

Industrial y Artesana se proclaman campeones provinciales en las siguientes especialidades:

- Mecánica: Torno (Categoría B), Emilio Notario Ramírez; Ajuste (Categoría B), Juan Cortés.
- Artes Gráficas: Tipografía (Categoría A), A. José Ruiz Fernández; Encuadernación (Categoría A), José Jiménez Jiménez.
- Carpintería (Categoría B), Pedro Trenado Ramos.
- Ebanistería (Categoría B); José R. Sánchez Escribano.
- Corte y Confección: Categoría A, Corpus Ruiz Moreno y Categoría B, José L. Palomares Párraga.

En 1974 se produce el traslado de don Nicanor, director del colegio Santo Tomás de Villanueva, y en su lugar nombra la Inspectoría Salesiana a Jesús García Valiente.

Don Nicanor escribe, el 24 de julio de 1974, una carta titulada "Mirando al futuro", dirigida al delegado de Hogares, Enrique Martínez. En ella expresa su tristeza al no poder atender todas las solicitudes de ingreso que se han pedido por no tener plazas suficientes. A continuación, expone sus proyectos e ideas para que se tengan en cuenta en la Diputación con el fin de ir mejorando el centro[35]. Estas ideas son:

1ª) Está de acuerdo en que se construya un nuevo edificio para la Escuela-Hogar, pero hasta llevarlo a cabo deben hacerse las reformas necesarias y ampliar el número de plazas.
2ª) Sugiere que se demuela la Casa-Cuna y Subnormales, y en su lugar se haga un pabellón para talleres de Mecánica, Carpintería, Imprenta, Mecánica del Automóvil, Sastrería, Zapatería, sala para la Banda y aulas de Formación Profesional. Asimismo, indica que a las Hermanas habría que construirles un pabellón, ya que quedarían sin habitaciones al derribar la Casa-Cuna.
3ª) En la planta primera deberían hacerse dos dormitorios y en la planta baja mejorar las instalaciones de la EGB, puesto que los talleres se trasladarían al lugar indicado antes.
4ª) En los dormitorios de los niños mayores, propone que se hagan divisiones para que estén en departamentos de 6 u 8 camas, facilitando con ello el estudio y la comodidad.

La situación del alumnado y de los estudios en el Hogar queda como se indica en la tabla 11, según se publica en la revista *Siempre en Marcha* en un artículo titulado «Mirando al Futuro», de diciembre de 1974.

En lo que respecta a la Formación Profesional (Oficialía), quedaría según la tabla 12. Del alumnado de Oficialía, 62 son internos y 39 externos. A estos tendríamos que añadir 13 alumnos internos que estudian fuera del Hogar y 1 alumno que está empleado en la panadería del centro.

Tabla 11

ALUMNADO DE EGB DEL COLEGIO SANTO TOMÁS DE VILLANUEVA, 1974

CURSO DE EGB	1º	2º	3º	4º	5º	6º	7º	8º	TOTAL
INTERNNOS	5	2	11	22	28	28	25	23	146
EXTERNOS	26	28	23	26	22	24	23	23	195

Tabla 12

ALUMNADO DE FORMACIÓN PROFESIONAL DEL HOGAR PROVINCIAL, 1974

CURSO	MECÁNICA	CARPINTERÍA	IMPRENTA	SASTRERÍA	TOTALES
1º	21	6	14	1	42
2º	22	7	2	2	32
3º	11	7	7	4	27
TOTALES	54	20	23		101

La EGB continúa su implantación y necesitan hacer reformas para ubicar el curso de 8º, también necesitan más maestros y revisar los sueldos, ya que son inferiores a los del Estado. La igualdad de salarios entre las comunidades religiosas se tratará en la sesión provincial del 21 de abril de 1975, en la cual se acuerda:

1º) Se equipararán los sueldos en función del puesto y titulación.

2º) Se asignan 5.000 pesetas a cada religiosa mayor que haya trabajado en el Hogar al menos quince años.

3º) Se le detraerá a cada uno 4.000 pesetas al mes por gastos de residencia y manutención.

La necesidad de espacio en la Escuela-Hogar lleva al diputado-visitador, señor Martínez Rojas, a presentar una moción en la que indica dos opciones para solucionarlo. La primera es la ampliación de los hogares y la segunda es la construcción de nuevos hogares en los terrenos próximos al Hospital Provincial. Será en el verano de 1975 cuando se confeccione el «Proyecto de contrato entre la Diputación Provincial y la Congregación Salesiana», ya que el anterior data de 1961 y es conveniente su actualización. En la sesión provincial de 28 de julio se aprobará dicho acuerdo. El nuevo contrato tendrá una duración de dos años y los aspectos nuevos con respecto al de 1961 son los siguientes:

1) La base tercera indica que las enseñanzas que se impartirán en la Escuela Hogar serán la EGB y la Formación Profesional de primer grado.

2) En la base séptima se especifica que la admisión de alumnos corresponde a la Diputación y las condiciones se establecerán en un Reglamento de Régimen Interior.

3) La base octava hace referencia a la administración del Hogar, en el cual habrá una Administración salesiana coordinada con una Administración General de la Diputación.

4) La base novena especifica las retribuciones económicas de los Salesianos. Se les pagará mediante inclusión en nómina, en las mismas condiciones que el resto de los funcionarios de la Diputación. Las cantidades a percibir estarán en razón a sus titulaciones y de las actividades que realicen. Tendrán pagas extraordinarias en Navidad y en julio. También se establece la desaparición de la deducción mensual de 4.000 pesetas por persona en concepto de manutención y residencia, para compensar que su trabajo va más allá de su jornada laboral.

5) El contrato entra en vigor el 1 de julio de 1976 y es firmado por el presidente de la Diputación, Fernando de Juan, y por el representante de la Inspectoría Salesiana, José Antonio Rico.

En agosto de 1976 los Salesianos hacen un informe para el diputado-visitador, Enrique Martínez Rojas, en el cual indican:

«que desde el curso 1969-1970 se abrieron cien puestos escolares para alumnos necesitados de la ciudad en régimen de externado, previa autorización de la Diputación, por ver en ello la posibilidad de resolver las necesidades escolares en la capital y permitir a nuestros niños una mejor convivencia social».

Continúa dicho informe, indicando que en el colegio hay 322 alumnos, de los cuales 230 son internos y 92 externos. La demanda de plazas es cada vez mayor y cada año quedan muchos niños sin poder ingresar en Formación Profesional. A continuación, manifiestan que tienen personal suficiente en los talleres, pero el personal para limpieza es insuficiente. El colegio tiene 3.796 m^2 y hay siete mujeres para limpiar, por lo cual deberían contratar dos personas más para este servicio.

En lo referente a obras se manifiesta que ya están en marcha los arreglos del piso y pasillos del comedor. En este resulta conveniente que se instale el autoservicio para agilidad y rapidez. También solicitan que los dos carpinteros, que atienden en el Hogar, se queden incorporados en plantilla, uno para el mantenimiento del centro y otro para ayudar al salesiano destinado en el taller de Carpintería.

Con respecto al alumnado informan que, de los 92 alumnos externos, pagan cuota mensual 75, oscilando las cuotas entre 75 y 125 pesetas. Asimismo, indican que los ingresos obtenidos por los trabajos realizados a personas externas se dedican a comprar libros de texto para algunos alumnos necesitados, mejorar los desayunos y comidas en los días de fiesta, entrega de cantidades en metálico a niños que no tienen familia y excursiones. A estos ingresos hay que añadir los obtenidos del cine dominical, la participación de la Banda de Música en algunos pueblos y la realización de trabajos en los talleres por alumnos.

Taller de Carpintería del Hogar Provincial, años 60. Fuente: aasalesciudadreal.novamix.es.

Los Salesianos destacan que, por su labor, han conseguido del Ministerio en tres años maquinaria valorada en más de tres millones de pesetas y han completado la sala de Dibujo con 30 tecnígrafos y 40 pupitres unipersonales. Por tanto, su empeño en formar alumnos bien preparados profesionalmente para el mundo laboral está bien demostrada al igual que logrando en muchas ocasiones premios provinciales y nacionales.

Tras la firma del nuevo contrato, el director del centro convoca el primer claustro el día 15 de agosto de 1976, en el cual se tratan, entre otros, los siguientes temas:

1º) Horario de EGB
- De mañana:
1ª clase de 9,30 a 10,20.
2ª clase de 10,20 a 11,10.
Recreo de 11,10 a 11,40
4ª clase: lectura, dictado, urbanidad, caligrafía, misa y estudio. 11,40 a 12,10.
5ª clase de 12,10 a 13.
- De tarde:
1ª clase de 3,15 a 4,05.
2ª clase de 4,05 a 4,55.
Recreo de 4,55 a 5,05
Permanencias de 5,05 a 5,45.

2º) Los alumnos que estén desfasados curricularmente serán ayudados por un profesor de la primera etapa de EGB y por otro de la segunda etapa.

La implantación progresiva de la EGB en la década de 1970 implicó un aumento de la plantilla de maestros. Por un lado, se instauran más cursos hasta llegar al Bachillerato y por otro lado surgen las especialidades de Sociales, Lengua Castellana, Idiomas, Educación Física y Matemáticas. Debido a estas necesidades acuerdan nombrar profesor de Ciencias Sociales en EGB a Esteban Núñez de Arenas, que también impartirá Educación Cívico Social en Formación Profesional. También se contrata para las clases de recuperación del colegio Santo Tomás de Villanueva a María del Carmen Monescillo Aparicio y a Arcángela Moreno Díaz, y para el colegio Virgen del Prado a Concepción Roldán.

En la sesión provincial de 27 de octubre de 1976 se nombra a Pedro José Amorós Carrasco, administrador de Hogares.

Será en el acta provincial del 22 de enero de 1977 donde se da cuenta del «Proyecto de Ampliación del Hogar», que ha sido realizado por los arquitectos Eduardo García Rodríguez y Julio Inchausti Escobar, cuyo presupuesto asciende de 164.573.243 pesetas y del Proyecto de Hogar femenino. Este último llevaría un colegio de EGB, residencia y Casa-Cuna, para ello se utilizarían los terrenos que tiene la Diputación próximos al Hospital Provincial. En la misma sesión se lee un escrito de José Ros Salmerón en el cual manifiesta la conveniencia de que se cree un Instituto Provincial de Educación Especial.

Tres días después reciben un escrito del delegado provincial de Educación del MEC en el que les solicita la cesión de terrenos para la construcción de un centro de Educación Especial. La Corporación Provincial acuerda cederles 20.000 m^2 detrás del Hospital Provincial.

En la sesión provincial del 17 de octubre de 1977 toman decisiones importantes de cara al futuro de los hogares, acordando para el curso 1978-1979 lo siguiente:

1º) El alumnado externo se debe ir suprimiendo de cara a su paulatina desaparición.

2º) Iniciar conversaciones con el MEC para que asuma el profesorado y analizar las condiciones en que se quedarían.

3º) Contratar más profesorado por parte de la Diputación.

En 1978 se constituye una Junta Rectora, que durará hasta 1988, para el Hogar Provincial y el 11 de marzo quedó formada por:

- El presidente de la Diputación, quien delega en el diputado de Hogares, Enrique Rojas.
- El diputado provincial, Ramón Pérez.
- La directora del Hogar femenino, sor Concepción Conde.
- El director del Hogar Masculino, Jesús García Vicente.
- El administrador salesiano, Andrés Marcos.
- El administrador de Hogares, José Amorós.
- La secretaria del Negociado de Beneficencia, Pilar Cid.

Equipo de fútbol de alumnos de Formación Profesional de la Escuela-Hogar. Fuente: aasalesciudadreal.novamix.es.

Durante 1978 se aprueba la construcción de una pista polideportiva en el Hogar, teniendo un presupuesto de 412.104 pesetas y la reforma de los dormitorios. La Diputación sigue apoyando con la cesión de terrenos al plan de construcciones escolares y acuerdan la cesión al MEC de 10.000 m^2 para la construcción del futuro IES Hernán Pérez del Pulgar.

Las inversiones de la Diputación no cesan y al apoyo a la Formación Profesional se refleja en la compra de un torno valorado en 359.480 pesetas y una máquina fresadora por 613.490 pesetas.

La EGB del Hogar está muy demandada por la población de la localidad, pero también hay niños con deficiencias y retraso escolar. Deciden plantear al MEC la necesidad de que envíen profesorado especialista y la creación de aulas de Educación Especial. La Diputación sigue invirtiendo en la educación de sus alumnos y en la calidad en que deben ser atendidos, por ello contratan a un equipo psicotécnico para los Hogares y un pediatra, Pedro Lozano, con la finalidad de atender a los niños de la Casa-Cuna y los dos hogares.

El director, Jesús García, hace una planificación para el curso 1978-1979 en la cual manifiesta las mejoras y necesidades más prioritarias.

1) Necesidad de seguir potenciando la Formación Profesional.
2) Mejorar el taller de Artes Gráficas.
3) Ampliar y dividir los dormitorios.
4) Tienen falta de aulas ya que desde 5º tienen cursos dobles y no se han realizado las obras de ampliación.

La Corporación Provincial decide dar el 15 de noviembre de 1978 un gran paso para proveer de forma definitiva las plazas de profesores de EGB, convocando doce plazas en oposición restringida para los maestros, teniendo en cuenta su antigüedad: María Jesús Martín Martín, 1974; María del Carmen Ruiz Turrillo, 1973; Concepción Roldán Bórnez, 1976; Isabel García Carrión, 1972; María del Carmen Monescillo Aparicio, 1976; Amada Sáez Rodríguez, 1972; Nieves Pérez Torres, 1975; Aurelio Fernández Cortés, 1972; Petra Sánchez Santos, 1973; Agustina Serrano López, 1974; Arcángela Moreno Díaz, 1976. y Miguel Cano Serrano.

En junio de 1979 deciden completar la plantilla de profesorado y contratan a Vicente Almodóvar Romero, Concepción Sánchez Cano y Manuel Díaz Pinto. Ese mismo verano se acometen las obras en los dormitorios, biblioteca y lugares de esparcimiento. Asimismo, ante la gran demanda de plazas para el internado y con la finalidad de atender las necesidades sociales de las familias, deciden contratar para el próximo curso una asistente social.

Será 1980 el año que va a marcar un antes y un después dentro de la educación en los hogares. La Corporación Provincial había tenido contactos con el MEC para que se hiciera cargo del profesorado de las escuelas del Hogar, para lo cual habían creado una Comisión Informativa, que sería la encargada de estudiar la propuesta sobre el convenio entre el MEC y la Diputación. El delegado provincial del MEC les presentó una propuesta con el fin de transformar los centros educativos dependientes de los hogares en centros educativos estatales de EGB. La Comisión estudia el tema y emite un informe favorable el día 26 de febrero de 1980, aunque apunta cuatro cláusulas que consideran importantes para su inclusión en el texto definitivo.

Los Salesianos y las Hijas de la Caridad son informados mediante el envío del borrador para que lo estudien y aleguen lo que consideren. La Congregación Salesiana, a través de su Inspectoría, envía un escrito el 11 de marzo de 1980 al presidente de la Diputación en el cual le manifiestan que si se lleva a cabo lo propuesto, quedaría sustancialmente modificado el contrato que tienen con la Diputación, puesto que no podrían ejercer la dirección pedagógica y formativa, asimismo dejarían de pertenecer al cuadro de profesores de EGB al no ser maestros estatales y su presencia como educadores en el tiempo libre e internado quedaría muy recortada.

Después de tener en cuenta las sugerencias de todas las partes implicadas, se presenta el Convenio entre el MEC y la Diputación en la sesión provincial de 22 de mayo de 1980 y se acuerda su aprobación. Dada la importancia de este acuerdo para el futuro del colegio Santo Tomás de Villanueva y del colegio Virgen del Prado, vamos a tratar las cláusulas del mismo.

En la cláusula primera se establece que el gobierno y la administración de los colegios nacionales comprenderá una Junta de Promoción Educativa que estará compuesta por:

- Presidente: el presidente de la Diputación.
- Vicepresidente: el delegado provincial del MEC.
- Vocales:
  Diputado-delegado del Hogar Provincial.
  Secretario provincial del MEC.
  Inspector jefe de Enseñanza Primaria.
  Inspector ponente de Educación Especial.
  Coordinador provincial de Formación Profesional.
  Un diputado provincial.
  Director del colegio Santo Tomás de Villanueva.
  Directora del colegio Virgen de Prado.
  Jefe de la Unidad de Personal de la Delegación Provincial del MEC.
- Secretario: el secretario de la Diputación.

La cláusula segunda establece:

> «Se convierten en Centros estatales de EGB, en régimen de Administración Especial, los colegios Santo Tomás de Villanueva y Virgen del Prado, que constarán cada uno con ocho unidades escolares de EGB, dos unidades escolares de preescolar, dos unidades escolares de Educación Especial (inadaptados) y una unidad de logopedia».

La tercera cláusula indica que la Diputación cede gratuitamente el uso y disfrute de las aulas, servicios y patios para la creación de los dos colegios nacionales.

En la cuarta cláusula se expresa que el periodo de vigencia del acuerdo será de 15 años, prorrogables.

La cláusula sexta trata el tema de los docentes e indica que las vacantes las asignará el MEC entre los funcionarios del Cuerpo de Profesores de EGB. La Diputación seguirá haciéndose cargo, hasta su extinción, de los profesores de EGB que tiene en estos momentos prestando sus servicios.

En la cláusula séptima se manifiesta que los directores de ambos colegios se nombrarán de acuerdo con la legislación educativa en vigor.

La octava cláusula establece que los gastos de material y mobiliario correrán a cargo del MEC.

La novena hace referencia al personal administrativo y no docente, que correrá a cargo de la Diputación. Asimismo, la Diputación se compromete a subvencionar, al menos el 10% de los gastos.

En la décima se establece que la enseñanza será gratuita en ambos centros y queda sometida a la Inspección Técnica de EGB. También se indica que los alumnos acogidos en los hogares tendrán derecho preferente.

Por último, se expresa que el presente Convenio entrará en vigor el 1 de septiembre de 1980[36].

Una vez aprobado el texto, se envían copias de lo acordado a los Salesianos y a las Hijas de la Caridad. Con fecha de 19 de junio de 1980, la Inspectoría Salesiana envía un escrito al presidente de la Diputación en el cual ven como primera consecuencia del acuerdo la revisión del contrato que tienen con ellos, ya que no podrán ejercer su labor educadora según el espíritu de San Juan Bosco y por tanto esperan aclaraciones sobre los puntos esenciales que tienen acordados con ellos.

El presidente de la Diputación, Eloy Sancho García, envía a las comunidades religiosas un escrito, con fecha de 2 de julio de 1980, en el que les comunica:

1) En la Junta de Promoción Educativa dará cabida como vocales a dos miembros de las comunidades religiosas y a dos profesores elegidos por el claustro.

2) Se reservará, con cargo a la Diputación, los puestos docentes a los religiosos/as, siendo cuatro en el Hogar masculino y cuatro en el femenino, ya que en la actualidad es este el número de docentes religiosos.

Ante la nueva situación creada desde el 1 de septiembre de 1980, la Diputación pretende hacer un nuevo Hogar, y el director salesiano del Hogar, Isidro Calero, envía un escrito el 25 de noviembre al diputado-visitador, Antonio Fresneda, en el cual manifiesta que después de haber leído el proyecto, proponen que se tengan en cuenta sus sugerencias, basadas en los veinte años de experiencia que llevan en el Hogar. Las citadas sugerencias son las que siguen:

1ª) En los nuevos hogares debe haber una división radical por edades, puesto que en la actualidad conviven niños de 8 años con jóvenes de 18.

2ª) Dado que muchos alumnos del Hogar tienen problemas familiares, afectivos y socio-culturales es necesario potenciar al máximo la Formación Profesional. Comprometiéndose los Salesianos a llevar a cabo las ramas de Mecánica, Electricidad, Electrónica, Automoción, Delineación, Ebanistería, Artes Gráficas y Químicas.

3ª) Dado que no se puede educar desde la masificación, proponen que el nuevo hogar disponga de sala de televisión, sala de juegos, sala de medios audiovisuales, biblioteca, recibidores, patios amplios, gimnasio, piscina, zonas con jardín, salón de actos y capilla.

4ª) En este nuevo proyecto la Comunidad Salesiana debe tener una zona de residencia independiente y de acuerdo a los tiempos actuales.

5ª) El nuevo proyecto requiere una revisión del contrato entre la Congregación Salesiana y la Diputación.

El curso 1980-1981 comienza con importantes novedades académicas y de funcionamiento orgánico del centro. Vamos a tomar de referencia el Proyecto Educativo del Colegio Santo Tomás de Villanueva para tener conocimiento de su estructura y funcionamiento.

La Comunidad Salesiana estaba formada por Isidro Calvo Sánchez, director; Francisco Rodríguez Pérez, vicedirector y jefe de estudios de Formación Profesional; Pedro Cuevas Moreno, jefe de estudios en EGB; Andrés Marcos Marcos, administrador; Venancio Rodríguez Puente, Asterio Díez Valdivieso, Eduardo Sánchez Fernández, José Antonio Redolar Sánchez, Juan Sánchez González, José Ramón Pastor García y Vicente Álvaro Rodríguez.

Profesores externos: Vicente Almodóvar Romero, María del Carmen Monescillo, Miguel Cano Serrano, Arcángela Moreno, Manuel Díaz Pinto, Nieves Pérez Torres, Aurelio Fernández, Amada Sáez, Gonzalo Gómez Ullate, Agustina Serrano y Antonio López.

Asociación de Padres: Antonio Baptista Vizcaíno, presidente.

Antiguos alumnos: Emilio Merino.

El alumnado matriculado durante este curso se distribuía de la siguiente forma:

- Educación General Básica

Tabla 13

ALUMNADO DE EGB DEL COLEGIO SANTO TOMÁS DE VILLANUEVA, 1980-1981

CURSO	1º	2º	3º	4º	5º	6º A	6º B	7º A	7º B	8º A	8º B
ALUMNOS	22	30	31	38	37	27	26	31	30	33	33

Fuente: *Proyecto Educativo del Centro*. Elaboración propia.

- Formación Profesional

Tabla 14

ALUMNADO DE FORMACIÓN PROFESIONAL DEL HOGAR PROVINCIAL, 1980-1981

CURSO DE FORMACIÓN PROFESIONAL	1º	2º
ALUMNOS	41	22

Al ser un colegio dirigido por una congregación religiosa tenía que cumplir varios preceptos a lo largo del curso. Los niños de EGB y FP rezaban todos los días al entrar por la mañana y al salir por la tarde. En lo referente a la celebración de la Eucaristía, se realizaba cada quince días y en ocasiones especiales se hacía con todos los alumnos. Los alumnos internos iban los días festivos a la parroquia de San Pedro para celebrar misa y estar en contacto con la ciudad. El curso lo dividían en tres trimestres litúrgicos, el primero lo dedicaban a la Fiesta de la Inmaculada, en el segundo hacían Ejercicios Espirituales y el tercero se realizaba la fiesta de María Auxiliadora.

Teniendo en cuenta la nueva situación, confeccionan en 1981 los Estatutos del Centro Escuela-Hogar Santo Tomas de Villanueva[37]. En ellos se expresa que se trata de un centro de EGB y FP de primer grado. El reconocimiento como colegio viene dado en el *BOE* del 25 de enero de 1966 y el de Formación Profesional de Primer Grado se publicó en el *BOE* del 20 de diciembre de 1966. En el artículo segundo de los Estatutos se deja claro que la titularidad del centro corresponde a la Diputación y la Dirección Pedagógica-Formativa a la Congregación Salesiana.

El artículo cuarto manifiesta que profesores, padres de alumnos, alumnos y personal no docente aceptan corresponsablemente la realización del Proyecto de Hombre expresado en el Ideario Salesiano.

Según el artículo sexto, las enseñanzas impartidas en el centro se ajustarán a las disposiciones del MEC.

En el capítulo segundo se tratan los órganos unipersonales del centro. El director será un salesiano, que debe ser confirmado por la Diputación. También serán salesianos el subdirector, el jefe de estudios, el coordinador de pastoral, el secretario y el administrador.

El capítulo tercero trata de los órganos colegiados, que estarán de acuerdo a la Ley Orgánica del Estatuto de Centros Escolares. Por tanto, la composición será:

1º) Consejo Escolar del Centro: representante de la Diputación, director del Centro, jefe de estudios de EGB, jefe de estudios de FP, administrador del Hogar, secretario, representante de los padres, representante del personal no docente y representantes de los alumnos, 2º) Comisión Permanente, 3º) Claustro de Profesores y 4º) Junta Económica.

El Título III trata del personal docente y en él se indica que su contratación corresponderá a la Diputación, oído el parecer de la Dirección del centro. El profesorado deberá respetar el ideario, los estatutos y las normas del centro.

En el Título IV se trata el tema de los padres de los alumnos, los cuales deben respetar el Ideario y el Proyecto Educativo del centro.

El Título V hace referencia a los alumnos, los cuales serán admitidos según la normativa vigente y en ningún caso habrá discriminaciones por razones de lengua, raza, creencias, situación económico-social y lugar de residencia. Tendrán derechos y obligaciones que se expresan en el Reglamento de Régimen Interior y participarán en los órganos colegiados del centro.

El Título VI trata del personal no docente, el cual era dependiente de la Diputación.

Al final de los Estatutos se expresa el ideario de un centro educativo salesiano, en el cual se indica que

«El sistema educativo de Don Bosco se basa por entero en la RAZÓN, la RELIGIÓN y el AMOR».

En el punto 4.1. se dice:

«La Congregación Salesiana organiza sus centros como auténticas comunidades educativas, integradas por todas las personas que contribuyen a la función educadora. Todas ellas están llamadas a una participación responsable y activa en el ámbito de sus propias funciones».

Por último, recogemos el punto 2.5 de la Identidad de un centro salesiano, en el cual se dice:

- Están al servicio de la evangelización y de la catequesis.
- Se integra en la zona en la que radica para dar un servicio preferente a las clases populares.
- Fomenta la acción pastoral a través de actividades de tiempo libre, como peculiar característica salesiana.
- Desarrolla el espíritu de familia, en actitud de búsqueda, encuentro, acogida y diálogo.

El primer *Libro de Actas de Claustros* que hemos podido localizar data del curso 1981-1982 y en dichas actas figuran los profesores de EGB y los de Formación Profesional. Su composición era: Glicerio Gutiérrez, Francisco Rodríguez, Pedro Cuevas, Emilio Labrador, Andrés Marcos, Vicente Almodóvar, Vicente Álvaro, Miguel Cano, Manuel Díaz-Pinto, Asterio Díez, Carmen Enríquez de Salamanca, Aurelio Fernández, Sergio García, Gonzalo Gómez-Ullate, Julián Guijarro, María del Carmen Monescillo, Arcángela Moreno, José Ramón Pastor, Nieves Pérez, Magdalena del Rey, Venancio Rodríguez, José María Ruiz, Amada Sáez, Agustina Serrano, José Antonio Velascoín y Agustín Zarzuela.

Durante este curso se expresan, con cierta frecuencia en las actas, las dificultades que tenían en la docencia, entre otras: la disciplina, el orden y la puntualidad. Por ello deciden hacer un reglamento de régimen interior más actualizado, teniendo en cuenta la procedencia de muchos alumnos y las necesidades que tienen de formación humana, urbanidad y afecto. La procedencia de ambientes familiares difíciles lleva a que tengan un nivel cultural bajo y a que se vaya acumulando un retraso escolar significativo. El alumnado podía estar en el centro de forma externa, interna y mediopensionista.

Según van pasando los cursos, desde que el colegio pasa a ser un centro estatal, se confeccionan los documentos pertinentes. Así tenemos el Proyecto Educativo del colegio Santo Tomás de Villanueva para el curso 1983/84, del cual vamos a recoger la siguiente información:

El claustro de profesores estaba formado por: director, Glicerio Gutiérrez Martín; subdirector, Francisco Rodríguez Pérez (FP); jefe de estudios de EGB, Mariano Sáez de Castro; jefe de estudios de FP1, José Manuel Ramos Conde; secretario, Pedro Cuevas Moreno, y administrador: Andrés Marcos Marcos.

Profesorado: Vicente Almodóvar Romero, Miguel Cano Serrano, Manuel Díaz-Pinto Toro (Educación Física), Asterio Díez Valdivieso, María del

Carmen Enríquez de Salamanca (Educación Especial), Aurelio Fernández Cortés, José Luis Flores Montes, Gonzalo Gómez-Ullate, María del Carmen Monescillo Aparicio, Arcángela Moreno Díaz, Antonio Pecharromán Molero, María Nieves Pérez Torres, María Magdalena del Rey (Educación Especial), Ramón Romero Gómez, José María Ruiz Lorente, Amada Sáez Serrano, Francisco Santos Rico, Agustina Serrano López, Antonio Velascoín Rodríguez (Música) y Venancio Rodríguez (FP1).

Asociación de Padres de Alumnos (APA): presidente, Alejandro Álvarez Rodríguez; secretaria, Dolores Lacoba Lapeña; alumnos representantes, Francisco Javier López Arévalo y Miguel López Vila, y personal no docente, Gregorio Salgado Corchero.

En cuanto al alumnado, seguía aumentando y llegan a tener dos cursos por nivel en 3º, 7º y 8º. Los horarios establecidos en EGB eran de 10 a 13 y de 15,15 a 17,15, mientras que los de Formación Profesional eran de 9,30 a 13,30 y de 15 a 17,30.

Dada la gran cantidad de gastos que supone el aumento progresivo de alumnos y el mantenimiento de las dos etapas educativas, la Corporación Provincial acuerda en la sesión del 23 de junio de 1984 solicitar al MEC una subvención, en la modalidad A (gastos de personal y funcionamiento) de las escuelas dc EGB de los hogares, ya que el alumnado externo que asiste es muy numeroso. Para la FP acuerdan solicitar la subvención el 18 de febrero de 1985.

El diario *Lanza* del 19 de septiembre de 1984 publica una noticia cuyo título es «Inauguración del curso 84-85 en los Hogares», dando información de las autoridades que asisten al comienzo del curso. El curso fue inaugurado por el presidente de la Diputación (en funciones), Ángel López Jiménez, y el diputado de Hogares, Manuel Juliá Dorado. El presidente intervino indicando que hay 380 niños en EGB, 75 en FP1, dos aulas especiales, un aula de Preescolar y 28 niños en la Casa-Cuna. Continuó informando sobre las pretensiones que tienen de hacer una nueva residencia femenina, derribar la Casa-Cuna y construir la Casa del Niño.

La aparición en 1985 de la Ley Orgánica del Derecho a la Educación (LODE) va a suponer el abandono de los Salesianos del Hogar. Desde febrero tenían conversaciones con la Diputación sobre lo que iba a suponer la implantación de la citada ley. El tema anterior se trata en la sesión provincial del 8 de julio de 1986, leyendo un escrito de la Inspectoría Salesiana en el cual se indica que los miembros de la Congregación quedan excluidos, por la aplicación de esta nueva legislación, de los cargos unipersonales de director, jefe de estudios y secretario, por todo lo cual se ven obligados a retirar la Comunidad Salesiana antes de empezar el nuevo curso escolar.

Ambas partes, de común acuerdo, suspenden el convenio que tenían, decidiendo los Salesianos retirarse también del internado del Hogar. Las Hijas de la Caridad deciden retirarse del colegio de EGB, pero continúan trabajando en el internado del Hogar.

En la misma sesión, el presidente de la Diputación informa que los gastos pasarán de 14.000.000 a 52.000.000 pesetas y Manuel Juliá matiza que el colegio será más barato porque el MEC tendrá que subvencionarlo en su totalidad. Continúa diciendo que «sentía admiración y respeto por los religiosos, por la labor que venían realizando y por la entrega con que han desempeñado sus funciones». Acto seguido hacen la relación de personal con que debe dotarse a los hogares:

1) Hogar Santo Tomás de Villanueva: trece plazas de educadores, un profesor de Humanidades para EGB, un profesor de Humanidades titulado superior, un licenciado en Inglés, un maestro de taller de Mecánica, un profesor de Dibujo titulado superior y cinco plazas de becarios-estudiantes para cuidar a los niños por la noche.
2) Hogar Virgen del Prado: dos plazas de profesor de EGB para preescolar, una plaza de profesor de EGB para Pretecnología y una plaza de profesor de EGB para Lengua Española.

Tras ello, acuerdan publicarlo en el *Boletín Oficial de la Provincia* y crear una comisión especial de selección de personal. En estos momentos las escuelas de los hogares tenían un total de diecisiete profesores de EGB, dos profesores de Educación Física, dos directores, un profesor de Música, un capellán y un psicólogo.

La implantación de la LODE va a suponer que en el curso 1985-1986 se comience con la enseñanza mixta en los hogares. En este curso se incorporan como profesores de EGB, Jesús Reviejo y Antonio Casado. La dirección del centro sigue bajo la tutela de Luis Álvarez, que nombrará jefe de estudios a Juan Sánchez. Durante este curso se trata en los claustros la transformación de las dos aulas de Educación Especial en aulas de Apoyo, integrando a los niños en aulas ordinarias, como así lo indica la Ley de Integración de 1985. Otro tema que abordan es la incorporación de niños de Preescolar al colegio Santo Tomás de Villanueva porque solo estaban en el colegio Virgen de Prado.

El periódico *Lanza* dará cuenta de la marcha de los Salesianos de la Escuela Hogar Santo Tomás de Villanueva en varias publicaciones durante el verano de 1986. El 6 de julio anuncia la reestructuración que se tiene que llevar a cabo tanto en el internado como en el colegio de EGB y en Formación Profesional. En ella, se

Sello del colegio de EGB Santo Tomás de Villanueva.

abordarán la falta de profesorado, el trabajo en grupos reducidos, la organización del trabajo después de la jornada escolar, la atención de los niños por la noche y los fines de semana, las necesidades de reformas arquitectónicas y las dotaciones de material informático.

El día 11 de julio de 1986 se entrevista a Luis Álvarez, director del centro, el cual manifiesta: «Nos marchamos con nostalgia, pero sin ningún tipo de resquemor».

La entrevistadora, Amparo García de la Gama, comienza con estas palabras:

> «En una fría mañana del mes de diciembre del año 61, seis hombres de la Orden de los Salesianos llegaban a nuestra ciudad con sus maletas de viaje cargadas de ilusiones para llevar lo que entonces era "orfanato de niños abandonados".
>
> Ochenta era el número de alumnos existentes. Los mayores se dedicaban a las prácticas de taller, mecánica, sastrería e imprenta. Hoy la mayoría de ellos, trabajan en fábricas, talleres de costura de diferentes ciudades de la geografía española, y cuando vuelven a Ciudad Real, melancólicamente visitan su colegio. Un colegio que durante la infancia les proporcionó una casa prestada para crecer al lado de unos hombres que hacían las veces de padre y madre».

El director, Luis Álvarez, lleva dos años al frente del colegio y de un internado de ciento veinte niños de diferentes edades. Don Luis comenta que las instalaciones deben mejorarse, puesto que no reúnen las condiciones auténticas de un hogar dado que cuando se hizo se pensó más en un centro educativo que en uno de tipo residencial. Continúa diciendo que las relaciones con la Diputación han sido ejemplares:

> «no encontrando diferencias esenciales en relación a la ideología que gobierne la Diputación, cuando la Diputación era de derechas se portaban correctamente y ahora con el PSOE también hemos funcionado perfectamente».

Añade que los once salesianos que hay en la Escuela-Hogar se trasladarán a otros centros; los Jesuitas de Ciudad Real acogerán a 4 o 5 de ellos para que continúen allí su obra. Termina diciendo que siempre han tratado de formar una auténtica familia.

El Ayuntamiento de Ciudad Real concede la mención de Ciudadanos Ejemplares a los Salesianos en 1986, reconociendo la labor educativa que han realizado para todos los ciudadanos de la provincia.

2.5.2. Actividades culturales, deportivas, musicales y extraescolares (1960-1986)

Los niños de la escuela, Formación Profesional e internado del Hogar tienen numerosas y variadas actividades desde la llegada de los Salesianos. En

1963 deciden crear una rondalla y la Diputación apoya el proyecto con 12.000 pesetas para guitarras y bandurrias. También formaron la Banda de Cornetas y Tambores, que se hizo muy popular en las procesiones y festividades locales del Carmen y San Isidro. En 1966 llegó a estar compuesta por 100 niños y estaba dirigida por Germán Chacón. Además de la música y de la Banda, los Salesianos fomentaron, a lo largo de todos los años que estuvieron, el deporte e instaron a la Diputación a realizar un Proyecto de Instalaciones Deportivas en el Hogar.

Banda de Cornetas y Tambores en la escalinata del Hogar Provincial. Fuente: aasa-lesciudadreal.novamix.es.

El Cine-Club Juman, dirigido por Paco Badía, proyectaba sus películas los fines de semana en el salón de actos del Hogar, desde 1967.

La década de los años 70 va a suponer un crecimiento exponencial de todo tipo de actividades y para estar al día de ellas es necesario consultar el diario *Lanza*, la revista de la Diputación *20.000 km²*, la revista del Hogar *Siempre en Marcha*, el *Boletín de Información Municipal* y las actas provinciales, dada la gran cantidad de información que nos aportan. En 1971 se arreglan los campos de deportes del Hogar con un presupuesto de 145.000 pesetas y se dota al colegio Virgen del Prado con material deportivo valorado en 15.000 pesetas, pero hasta 1978 no se construirá una pista polideportiva presupuestada en 491.335 pesetas.

Según nos informa Jesús Gutiérrez Patón, antiguo alumno, los Salesianos fomentaron mucho los deportes y se mejoraban cada año instalaciones y material deportivo. Recuerda que la distribución del profesorado dedicado a actividades deportivas era: Teodomiro Lara, gimnasia y atletismo, José Manuel Ramos, balonmano; Juan Calvo, baloncesto; Joaquín, balonvolea y Nicanor del Valle, fútbol.

En enero de 1972 sale el primer número de la revista mensual *Siempre en Marcha*, dirigida por los profesores del centro con la colaboración de los alumnos e impresa en los Talleres Gráficos del Hogar. En ella se tratan temas deportivos, culturales, excursiones, la Navidad, fiesta de fin de curso, fiestas del colegio, los ahorros de los alumnos, el cuadro de honor de los alumnos, las actividades religiosas y literarias, cartelera cinematográfica, etc.

Cuadro de HONOR

Cuadro de honor de alumnos de la Escuela-Hogar, 1974. Fuente: *Siempre en Marcha*.

El número 2 de la citada revista sale en febrero y en ella felicitan a los equipos de fútbol infantil y a los de balonvolea infantiles y alevines por los éxitos que están teniendo en los campeonatos escolares. También tenían equipos de baloncesto y balonmano, pero los grandes éxitos deportivos están por llegar. Será en la revista de marzo cuando se da cuenta del éxito rotundo que han obtenido en balonvolea, puesto que los juveniles han sido campeones y van a ir a jugar el sector nacional. En atletismo se obtienen numerosos triunfos y por ello en la revista de abril se les dedica una página entera detallando los vencedores y trofeos, que son los siguientes:

1. Categoría alevín:

- 600 m lisos: oro para Dionisio Campos y bronce para Tomás Zumajo.
- 150 m lisos: plata para Tomás Zumajo.
- 300 m lisos: plata para Antonio Rodríguez Vozmediano.

- 600 m lisos: oro para Leocadio Julián García.
- Relevos 60x60: oro para Dionisio Campos, Leocadio Julián, Agustín López y Tomás Zumajo.
- Lanzamiento de peso: bronce para M. Pérez.
- Salto de longitud: plata para Dionisio Campos.
- Salto de altura: oro para Leocadio Julián y plata para José A. Peco.

2. Categoría infantil:
- 80 m lisos: bronce para Maximino Sánchez Carretón.
- 150 m lisos: oro para Maximino Sánchez.
- 4x80 m lisos: bronce para Pedro Hernández, Victoriano Gómez, Carmelo Ruiz y Maximino Sánchez.
- Lanzamiento de peso: oro para Vicente Rey.
- Lanzamiento de disco: plata para Vicente Rey.
- Pértiga: oro para Carmelo Ruiz.

3. Categoría juvenil:
- Lanzamiento de martillo: plata para Evaristo Sierra.
- Pértiga: oro para Carmelo Ruiz.

La revista recogía todos los eventos deportivos que se realizaban a lo largo del curso escolar y en abril de 1973 dedica una página entera a felicitar a los atletas que han conseguido varios triunfos en los campeonatos escolares en los diferentes deportes. Entre ellos destacan:

- Pedro Manuel del Hierro: juvenil y oro en altura.
- Leovigildo Sánchez Carretón: infantil y oro en vallas y 300 m lisos.
- José A. Peco Fernández: infantil y oro en altura.
- Manuel Martín: infantil y oro en pértiga.
- Evaristo Sierra Hervás: juvenil y oro en martillo.
- Vicente Rey Zamora: juvenil y oro en peso.
- Mariano Rodríguez Díaz: juvenil y oro en pértiga.

Los éxitos deportivos se suceden y en mayo destacan al equipo Santo Tomás, categoría benjamín, por haber conseguido ser campeón local y subcampeón provincial de balonmano. En balonvolea obtienen el campeonato provincial en las categorías infantil y benjamín. El fútbol no se iba a quedar atrás, proclamándose campeones provinciales en la categoría infantil.

Otra de las actividades importantes para los Salesianos eran las excursiones que realizaban ellos y los maestros con los niños y la participación de numerosos niños y niñas en los Centros de Vacaciones Escolares del MEC, a los cuales asistían todos los años. Los Salesianos disponían de una furgoneta Mercedes en la cual llevaban a los niños a las diferentes competiciones deportivas y a las excursiones más cercanas. En el verano de 1969 organizaron una excursión con niños a Luciana, mientras que los que acababan la Formación Profesional disfrutaron de una magnífica excursión a Avilés (Asturias). Estas

Nicanor del Valle, director de la Escuela-Hogar, con un equipo de fútbol. Fuente: aasalesciudadreal.novamix.es.

excursiones de fin de estudios profesionales fueron muy apreciadas por los alumnos y de ello daba cuenta la revista *Siempre en Marcha*. En el verano de 1971 el viaje fin de curso se realizó a Galicia, visitando Salamanca, Zamora, Orense, Vigo, Santiago de Compostela, La Coruña, León y Valladolid.

Viaje a Sevilla de alumnos de la Escuela-Hogar. Fuente: aasalesciudadreal.novamix.es.

En 1972 se realizan varias excursiones de fin de curso entre los distintos niveles educativos. Los más pequeños fueron a Infantes, los medianos a Granada, los de Formación Profesional visitaron Ruidera, Calzada y Toledo. El viaje fin de estudios profesionales de los alumnos de 3º se realizó al Monasterio de Piedra, Zaragoza, Tarragona y a la playa de Benicarló.

En estas revistas que publicaban se hacía un especial hincapié en homenajear a los alumnos que se distinguían por su buen comportamiento y rendimiento escolar, para ello se hacía un cuadro de honor con los alumnos que habían obtenido mejores notas y se habían distinguido por su aplicación y comportamiento ejemplar. A estos niños los llevaban a una excursión todos los finales de curso. En junio de 1973 salieron los 16 niños elegidos a una excursión que se realizó a Aranjuez y Madrid, visitando la Casa de Campo, el Parque Zoológico, el Estadio Vicente Calderón y el Parque de Atracciones. Los Salesianos realizaban mensualmente el cuadro de honor con los mejores alumnos de cada curso y nivel. Al finalizar el curso se les otorgaban diplomas, premios en metálico y se les obsequiaba con una excursión. Como norma general se elegían tres alumnos de cada curso, aunque había excepciones, a los cuales se les ponía en el cuadro de honor y se publicaba en la revista *Siempre en Marcha* para hacerlo público a toda la comunidad escolar y familiar. Los alumnos premiados podían ir desde 3º de EGB hasta 3º de Oficialía. Al finalizar el curso 1970/71 nos encontramos en el cuadro de honor de segundo de Oficialía al futuro humorista Millán Salcedo, ocupando el primer lugar. En primero de Bachillerato se encuentra, el actual maestro, Ángel Galán y en cuarto de Primaria Jesús Cecilio Velascoín obtiene el segundo premio.

La idea de Nicanor del Valle era formar una gran familia y por ello fomentaba la relación entre profesores y trabajadores del centro, organizando

El humorista Millán Salcedo, con salesianos y compañeros de la Escuela-Hogar. Fuente: aasalesciudadreal.novamix.es.

excursiones para ello. En el verano de 1973 marcharon para tierras asturianas y sus vivencias fueron recogidas por el diario *Lanza*. Al año siguiente los alumnos de tercero de Oficialía realizaron su excursión a Covadonga, cuevas de Altamira, Bilbao y Lourdes. El resto de los grupos visitaron Madrid, y los del cuadro de honor fueron a Toledo y las Cuevas del Águila (Ávila).

El Ministerio de Educación y Ciencia (MEC), a través de la Inspección Técnica de Educación, organizaba todos los años colonias escolares en los Centros de Vacaciones Escolares distribuidos por la costa española. La Diputación daba una media de 25.000 pesetas anuales de subvención para las mismas. La demanda fue creciendo en toda la provincia y, en 1983, subvenciona con un millón de pesetas en becas, aumentando a 1.750.000 pesetas en 1984 y llegando a los 2.000.000 de pesetas en 1985, según se indica en las actas provinciales. Los niños y niñas del Hogar Provincial participaban en ellas y de ello se da cuenta en la revista *Siempre en Marcha* de junio de 1972 indicando que doce niños del Hogar han ido a las colonias de Huelva. En las actas provinciales también se reflejaba la asistencia de los niños del Hogar a los Centros de Vacaciones, y en el acta de 8 de junio de 1983 se indica que 27 niños y 27 niñas van a ir becados a los centros de Cádiz y Torrevieja.

Otra de las actividades culturales y lúdicas que se realizaban semanalmente en el Hogar era el cine. El Club Juman, fundado en 1967 por Paco Badía, proyectaba las películas en el salón del Hogar. La programación de las mismas se hacía mensualmente en la revista *Siempre en Marcha* y el programa de películas para el mes de junio de 1973 fue: *El desafío de las águilas*, *Un millón en la basura*, *Komba*, *El hijo del capitán Blood*, *Estación polar Cebra*, *El Zorro en el imperio de Napoleón* y *Las sandalias del pescador*. Antonio Pascual Colás se haría cargo del Club Juman desde 1977 hasta 1985, año en el que desaparece.

Los Salesianos potenciaron fundamentalmente la Formación Profesional y los deportes, mientras que la enseñanza de la Música se trató de manera lúdica y formativa para los niños del Hogar, por lo que disminuyeron drásticamente sus actuaciones con público en el exterior del Hogar. Sin embargo, Nicanor del Valle potenció el fomento de la Banda de Cornetas y Tambores hasta que se marchó del Hogar en 1974. En la revista del Hogar *Siempre en Marcha*, de mayo de 1972, se informa de las actuaciones musicales de la Banda del Hogar en Villanueva de Franco y en Fuente el Fresno. En 1973 actuarán en las Fallas de Valencia, según se documenta en la citada revista en marzo.

En un artículo que publican en diciembre de 1974 sobre la música en el colegio, se hace referencia a la labor realizada por el director de la Banda, don Germán, sin olvidarse del impulso a la música ligera que dio don Mariano con el trío «SUS», participando en el Festival de la Canción Blanca y logrando un tercer puesto. Otros conjuntos modernos del centro fueron «Murmullo en el silencio» y «Los Peques», que también hacían sus actuaciones en las fiestas de Don Bosco, la clausura de curso, Navidad y Fiestas de María Auxiliadora.

Arriba, grupo de música de los "Sus" con don Joaquín, 1970. Abajo, Integrantes del grupo de los "Sus" (Santi, Viruvi y Gavilán), 1970. Fuente: aasalesciudadreal. novamix.es.

También tenían una orquestina formada por dos saxofones, dos trompetas, un trombón, un batería, un bajo de guitarra, una guitarra rítmica y un vocalista.

Gran trascendencia tuvieron las clausuras de curso a lo largo de los años, organizando numerosos actos rematados de una gran exposición de trabajos realizados por todos los alumnos. La exposición de trabajos de 1969 fue llamada «EXPO-69», se celebró en junio y a ella asistieron el gobernador civil, el presidente de la Diputación y otras autoridades civiles, religiosas y militares. Dicha exposición fue visitada por todos los alumnos, padres, madres y toda la ciudad, llegando a tener un total de 6.717 visitas[38].

La clausura del curso 1971-1972 fue apoteósica, llegándose a realizar una novillada en el patio del Hogar.

La última exposición organizada por don Nicanor fue la del curso 1973-1974 y, como siempre, se entregaron los diplomas y premios en metálico a los alumnos, según se informaba con numerosos detalles y fotos en la revista del Hogar.

El ahorro fue otra de las iniciativas que se fomentaba en el Hogar desde la década de 1920, para ello se proporcionaba una cartilla a cada alumno en la cual se iba ingresando el dinero que los niños obtenían por diferentes procedimientos, entregándoselo al marchar del Hogar. Durante el periodo de los Salesianos las cantidades de dinero que los niños tenían provenían del premio por estar en el cuadro de honor, la Banda de Música, los trabajos en los talleres y los ingresos realizados por sus familiares. En el caso de las niñas provenía, además, de las dotes que daba la Diputación y de sus trabajos en el Hogar. Tomando los datos de la revista *Siempre en Marcha* de 1 de enero de 1973, vamos a conocer los ahorros de algunos de los alumnos para hacernos una idea general.

Millán Salcedo, acompañado de don Nicanor del Valle y algunos compañeros de la Escuela-Hogar. Fuente: aasalesciudadreal.novamix.es.

Tercero de Oficialía:
Emilio Notario Ramírez	7.550,08 pesetas
Luis González Hervás	7.651,90
Millán Salcedo Salcedo	2.632,31

Segundo de Oficialía:
José Antonio Álvarez Herrero	6.059,15
Miguel Rodríguez Fernández	5.234,93
Antonio Gómez Mota	300,00

Primero de Oficialía:
Ricardo Mateo Segura	3.226,85
Ambrosio Cruz Higueras	3.041,29
Ángel Rodríguez Díaz	150,00

8º EGB:
Ángel Casero Rodríguez	4.686,84
Carlos Fernández Cámara	4.117,52
Saturnino Aguado Abad	200,00

7º EGB:
Rafael Jiménez Mena	1.123,50
Cipriano Crespo Arcos	715,14
Juan José Poblete Díaz	100,00

6º EGB:
Feliciano Velasco Duque	2.556,57
Tomás Cano Salido	454,53
Vicente Melgar Muñoz	100,00

5º EGB:
Aquilino Soto Morales	971,90
José Julián García Isado	452,85
Manuel Luchena Bautista	300,00

4º EGB:
Raimundo Cobrana López	200,00
Miguel Ángel Llanos Bocharán	200,00
José Morales Gutiérrez	200,00

2.5.3. Las Escuelas Profesionales Hermano Gárate

La Diputación venía apoyando dese la década de 1950 la enseñanza profesional en todos los centros de enseñanza de la provincia, dando subvenciones a dichos establecimientos para becas de los alumnos. Analizando las actas provinciales, encontramos que la Diputación daba 12.000 pesetas anuales a los Jesuitas para seis becas de alumnos. En el acta provincial de 31 de julio de 1961 acuerdan patrocinar a las Escuelas Profesionales Hermano Gárate si ponen una sección de especialización en maquinaria agraria. Para ello firman un convenio entre ambas partes. En dicho acuerdo se especifica que en el ámbito profesional se impartirán:

Adaptación Profesional: edad 13 años y duración un curso.
Oficialía Industrial: edad 14 años y tres cursos de duración.
Maestría Industrial: edad 17 años y dos cursos de duración.

En el artículo cuarto se especifica que debe establecerse una sección de «Especialización en Maquinaria Agrícola», cuyas enseñanzas repercutirán grandes beneficios a los obreros y empresarios de la provincia, ya que esta es fundamentalmente agrícola.

El artículo octavo indica que la Diputación patrocina dichas escuelas y las considera "en lo moral, docente y económico bajo su especial protección".

El artículo noveno aclara el ideario de dichas Escuelas Profesionales Hermano Gárate, especificando que:

«El fin primordial es educar y preparar profesionalmente a la juventud obrera y campesina, con arreglo a los Principios de la Religión Católica, Apostólica y Romana y su moral cristiana».

En el artículo undécimo se explica que dichas escuelas se acomodan a las leyes y cuestionarios del Estado, aclarando que la ayuda de la Diputación es exclusivamente en el aspecto económico.

El artículo duodécimo especifica que la Diputación destinará a partir del 1 de enero de 1962, en concepto de ayuda, una subvención anual de 650.000 pesetas.

En el artículo catorce se explica la justificación de gastos, que será con carácter anual, ante la Diputación.

Por último, vamos a hacer referencia al artículo quince, el cual expresa:

«Esta subvención además de contribuir al mantenimiento de toda la Obra, permitirá sostener la nueva Sección de Maquinaria Agrícola y aumentar el número de becas de alumnos y el utillaje».

Este convenio estará vigente, sin modificaciones, hasta 1978 en el que los directores de los hogares solicitan a la Diputación su revisión para incluir en el convenio a los alumnos del Hogar que deseen estudiar allí la Maestría Industrial. Los Jesuitas aceptan la propuesta y en la década de 1980 hay ex alumnos del Hogar estudiando en dicho centro, pagando la Diputación 40.000 pesetas por cada uno en concepto de estudios e internado.

2.6. LAS HIJAS DE LA CARIDAD. LA ESCUELA-HOGAR VIRGEN DEL PRADO (1960-1986)

En una carta fechada el 20 de agosto de 1960, la superiora de las Hijas de la Caridad del Hogar Provincial, sor Carmen de Arriba González, se dirige al presidente de la Diputación comunicándole la intención de hacerse cargo de la Enseñanza Primaria en el Hogar, si la Diputación lo estimase conveniente. Para ello expone lo siguiente[39]:

«En virtud del contrato suscrito con fecha de 13 de agosto de 1879 entre el presbítero Don Juan Masnou, como subdirector de las Hijas de la Caridad, y el Excmo. Sr. Gobernador Civil de la provincia, a la sazón Don Carlos Frontaura, en nombre de la Excma. Diputación Provincial de Ciudad Real, esta Congregación se hizo cargo del gobierno y servicios del Hospicio provincial, hoy Hogar provincial, entre los que figuraban los de Enseñanza Primaria de las asiladas, como se desprende del artículo 30 del referido contrato que, a tener de las necesidades de la época, decía así:

"Art. 30.- Será obligación de las Hijas de la Caridad educar a las niñas existentes en el Establecimiento, en el catecismo, urbanidad, leer, escribir, contar y buenas costumbres a las mismas; se las enseñará además de lo expuesto las labores propias de su sexo, como son hacer calceta, coser, marcar, bordar, etc., y principios de gobierno para dirigir una casa de familia.

Viniendo desempeñando puntualmente esta función docente hasta la implantación de la República en España en el año 1931, en que se desplazó a las Órdenes Religiosas de esta labor, encomendándosela a personal seglar nombrado por la Corporación, el cual la viene desempeñando actualmente".

Continúa argumentando que no se hicieron cargo después de la Guerra Civil por escasez de Hermanas tituladas y por la situación irregular con que se vienen desenvolviendo los servicios como consecuencia del dilatado periodo de construcción del nuevo edificio».

Las obras estaban casi acabadas en 1960 y deciden solicitar hacerse cargo de la Enseñanza Primaria. Para ello ven necesario que la educación de las niñas la lleven exclusivamente ellas con el fin de tener unidad y continuidad en el régimen formativo del Hogar.

En el acta provincial de 27 de septiembre de 1960 se hacen eco de esta solicitud y acuerda la Corporación Provincial que las Hijas de la Caridad se hagan cargo de la Enseñanza Primaria de las niñas si tienen la titulación adecuada y si lo aprueba la Delegación Provincial de Primera Enseñanza. A la solicitud de la Diputación, responde el inspector jefe de Enseñanza Primaria, Valeriano Pastrana, indicando que las escuelas de niñas del Hogar Provincial no constan, ni como patronato ni como privadas, en los archivos de la Inspección.

Visto todo lo anterior la Corporación acuerda en la sesión de 24 de noviembre de 1960 lo siguiente:

1º) Ratificar el acuerdo de 27 de septiembre de 1960 por el cual las Hijas de la Caridad se harán cargo de la Enseñanza Primaria de las niñas, dado que tienen la titulación adecuada y respetan el acuerdo de 1879.

2º) Como consecuencia de lo anterior, se suprimen las plazas de maestras provinciales, sabiendo que la maestra Amalia Camacho está en comisión de servicios en la Secretaria General desde 1948.

3º) Las otras maestras, Ester Mayor Macías, Amparo Sánchez y Prudencia Cendreros, pasan a excedencia forzosa percibiendo el 80% del sueldo y conservando el resto de sus derechos, desde el 1 de enero de 1961.

La información y documentación sobre la escuela de Primaria e internado Virgen del Prado es escasa tanto en las actas provinciales y el diario *Lanza*, como en el Archivo de la Diputación. Tampoco hemos encontrado ninguna publicación que hiciesen las monjas sobre dichas escuelas y Hogar femenino. Sin embargo, tenemos datos sobre el nombramiento en 1963 de sor María Teresa García como superiora, en sustitución de sor María Oroz.

Comuniones de niños y niñas del Hogar Provincial, años 60. Fuente: aasalesciudadreal. novamix.es.

Será en agosto de 1966 cuando se empiece a hacer el nuevo convenio entre las Hijas de la Caridad y la Diputación. Tras examinarlo por ambas partes, lo firma el presidente de la Diputación el 24 de noviembre de 1966. Mientras tanto, se publica en el *BOE* del 4 de noviembre de 1966 una Orden por la cual se declaran subvencionados los colegios Virgen del Prado y Santo Tomás de Villanueva, ambos pertenecientes a la Diputación. Este nuevo convenio era una necesidad imperiosa dado que el anterior era de 1879 y era preciso adaptarlo a los nuevos tiempos y situaciones.

El convenio de 1966 entraría en vigor el 1 de enero de 1967 y, dada su importancia para el funcionamiento del centro, vamos a entrar a detallar algunos de sus artículos:

Art.1º. Las Hijas de la Caridad prestarán sus servicios en el Hogar Provincial Virgen del Prado y en la Casa-Cuna.

Art.3º. La superiora del Hogar y las hermanas del Hogar serán nombradas por las superioras de la Comunidad Religiosa.

Art.5º. Las hermanas que se dediquen a la Enseñanza Primaria tendrán la titulación correspondiente.

Art.6º. a) La superiora tendrá la autoridad sobre el orden y disciplina en el Establecimiento, siendo parte de la Comisión de Régimen Interior e informando, si procede, a la Diputación.

b) La Dirección del colegio organizará el colegio y tendrá que sujetarse a los planes y orientaciones del MEC.

c) El personal subalterno será organizado por la superiora.

f) Al final de cada curso se hará una memoria detallada del mismo y se enviará a la Diputación.

g) La superiora propondrá a la Diputación las alumnas que por su aptitud y aprovechamiento puedan realizar estudios superiores o universitarios.

Dicho convenio especifica las funciones de las hermanas, que serán:

1ª) La educación y enseñanza de las niñas.

2ª) La atención y el cuidado de los niños de la Casa-Cuna.

3ª) Los servicios sanitarios los realizarán las hermanas con titulación de enfermera bajo la supervisión del médico.

4ª) Llevarán la administración del almacén, ropero, lavadero y cocina.

Art.9º. La Diputación pagará al personal subalterno y los servicios auxiliares.

Art.11º. Las Hijas de la Caridad deben ser atendidas por el médico del Establecimiento y los medicamentos correrán a cargo de la Diputación.

Art.12º. Se dará cuenta a la Diputación de los gastos de alimentación, lavado, combustible, ropas, sábanas y otras cosas necesarias para las hermanas, disponiendo las hermanas de habitación separada del resto del Establecimiento. La Diputación abonará por cada hermana la cantidad de mil pesetas al mes, revisándose cada cinco años.

Art.13º. La Diputación costeará un capellán, que debe dar misa diaria.

Durante esta década, anteriores y posteriores, la enseñanza estaba influenciada por los temas y actos religiosos y políticos propios de la época. Las Hijas de la Caridad preparaban a las niñas en el plano educativo dándoles una enseñanza Primaria y después una preparación para el mundo laboral y del hogar. Milagros Robredo Calahorra, alumna externa en los años sesenta, recuerda que por las tardes daban Catecismo y Labores y el ambiente escolar era de orden y disciplina propios de aquellos tiempos.

Arriba, comuniones de niños y niñas del Hogar Provincial. Abajo, niñas del Hogar Provincial durante el Mes de la Virgen. Fotografías cedidas por Mariana Cubero.

Las niñas participaban en todos los eventos que se realizaban o celebraban en el Hogar, es decir, en Navidad, Reyes, San José, Día de la Inmaculada, Mes de la Virgen, Festividad de la Virgen del Prado, San Vicente de Paúl, comuniones, etc.

En lo referido al sueldo de las Hijas de la Caridad, encontramos en la sesión provincial del 28 de septiembre de 1971 el acuerdo de elevarles el sueldo mensual a 3.000 pesetas a cada monja y concederles 1.500 pesetas para material deportivo. No solo se ve la necesidad anterior si no que, como consecuencia de la implantación progresiva de la Ley General de Educación, y por tanto la necesidad de ampliar el número de aulas para dar cabida a 7º y 8º de EGB, hace que la Diputación apruebe la dotación de un aula más al colegio Virgen del Prado en 1972. Será en 1973 cuando la Corporación acuerde aumentar el sueldo nuevamente a las Hermanas con el título de maestra a la cantidad de 8.700 pesetas por mes. La equiparación con el sueldo de los Salesianos llegará en la sesión del 21 de abril de 1975 de la siguiente manera:

1) Equiparación de las comunidades religiosas en función del título y puesto de trabajo.

2) Otorgar 5.000 pesetas al mes a cada religiosa mayor que haya trabajado para la Diputación al menos 15 años.

3) Detraerle 4.000 pesetas mensuales a cada una por la residencia y manutención.

En lo que se refiere a la situación del Hogar Femenino y su escuela, sabemos que el periodista Pedro Peral hace una entrevista, para el diario *Lanza* en junio de 1973, a sor Amparo Blanco en la cual manifiesta que tienen casi trescientas niñas en el Hogar Femenino y unas cincuenta en la Casa-Cuna, siendo ochenta internas. Debido a ello plantea que sería conveniente hacer pequeños grupos de niñas por el parentesco o afinidad con el fin de evitar la masificación[40].

El colegio va aumentando el número de niñas poco a poco y al finalizar el curso 1973-1974 el presidente de la Diputación, Fernando de Juan, envía a la Delegación Provincial del MEC la solicitud de subvenciones para el colegio Virgen del Prado y Santo Tomás de Villanueva, ateniéndose a lo establecido en la Orden Ministerial de 19 de abril de 1974. En dicha solicitud se refleja que los centros disponen de ocho unidades, de las cuales siete son de EGB y una de octavo experimental, y que el próximo curso serán todas de EGB. Distribuyéndose los alumnos de la siguiente manera que se refleja en la siguiente tabla[41].

Tabla 15

ALUMNADO DE EGB EN LOS DOS COLEGIOS DE LOS HOGARES, 1973-1974

Centro	1º	2º	3º	4º	5º	6º	7º	Totales
Virgen del Prado	5	2	11	22	28	28	25	23
Santo Tomás de Villanueva	26	28	23	26	22	24	23	23

Fuente: Actas provinciales. Elaboración propia.

En la marcha del Hogar Femenino se produce el cambio de la superiora sor Amparo Blanco por sor Inés López, mientras tanto la Corporación Provincial está estudiando la posibilidad de construir un nuevo hogar en los terrenos que tiene en los alrededores del Hospital.

Para saber la vida escolar del colegio hemos tenido que recurrir al diario *Lanza*, actas provinciales y a entrevistas a antiguas alumnas, puesto que no hay documentación en el actual CEIP Santo Tomas de Villanueva. El diario *Lanza* se hacía eco todos los años de la fiesta de María Auxiliadora, en la cual tocaba la Banda de Cornetas y Tambores de los niños que acompañaban a la procesión, y junto a las niñas del colegio iban a la iglesia de San Pedro. El acto revestía gran solemnidad, celebrándose una misa y cantando el coro de las niñas. Además, todos los años se celebraba en el Hogar un concurso de villancicos, en el cual participaban niños y niñas, y después realizaban una representación teatral navideña. Pero no solo se hacían actividades de carácter interno, pues todos los años enviaban niños y niñas a los centros de vacaciones escolares de Cádiz y Torrevieja, cuyos gastos pagaba la Diputación.

Los años 70 van pasando y la cantidad de niñas va aumentando considerablemente. En el curso 1975-1976 había 160 niñas internas y 325 externas, distribuidas en EGB y Preescolar. La enseñanza estaba en manos de ocho Hijas de la Caridad, cinco maestras y una instructora de la Sección Femenina que se encargaba de impartir Educación Física. La revista de la Diputación, *20.000 km²*, publica un artículo con el título «Una casa para todos» sobre la Escuela-Hogar Virgen del Prado, en el cual se describe el colegio y su buena marcha[42]. Al comenzar el curso 1976-1977 la superiora sor Inés López es reemplazada por sor Concepción Conde, y la Diputación contrata a la profesora de EGB Concepción

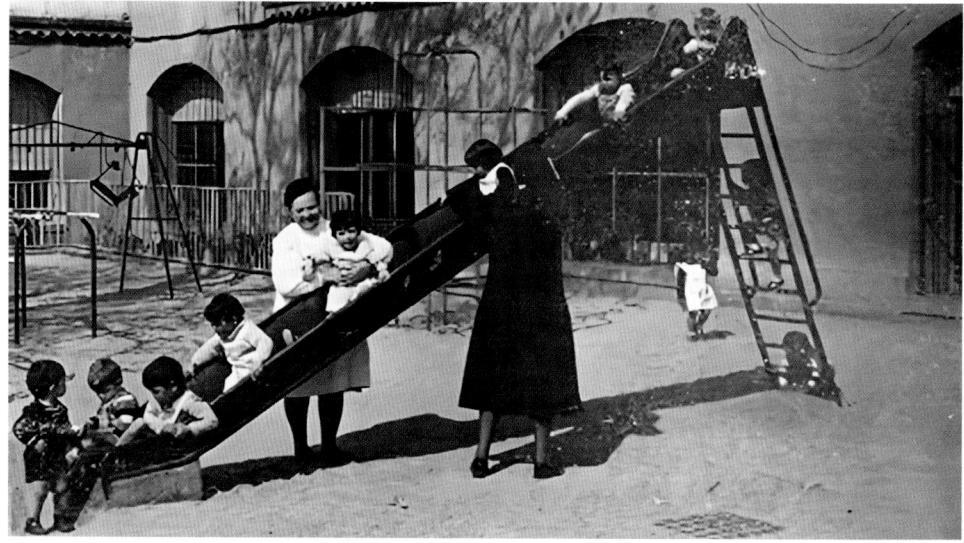

Niños de Presescolar jugando en el patio del Hogar Provincial. Fuente: *20.000 km²*, 1976.

Roldán para prestar sus servicios en el colegio Virgen del Prado. La necesidad de profesorado aumenta como consecuencia de la implantación de la LGE y del aumento de niñas. Al comenzar el curso 1979-1980 contratan a los maestros Vicente Almodóvar Romero, Concepción Sánchez-Cano y Manuel Díaz-Pinto.

Estas necesidades de espacio y bienestar para las niñas hacen que el tema de construir un nuevo hogar esté presente en la Corporación Provincial, pero va pasando el tiempo y nada se ha llevado a cabo. En la sesión provincial del 28 de enero de 1977 vuelven a tratar el tema y en el «Proyecto de Hogar Femenino» se contemplan la realización de una residencia para las Hermanas, la Casa-Cuna y un colegio de EGB de ocho unidades en un terreno que la Diputación posee cerca del Hospital.

Los cambios legislativos, políticos, sociales y las nuevas necesidades hacen que sor María del Pilar Laguía escriba una carta, fechada el 16 de febrero de 1980 y dirigida al presidente de la Diputación, en la que expone lo siguiente:

1) En la actualidad están ejerciendo en el colegio Virgen del Prado dos hermanas en Preescolar y tres en EGB.
2) Si la Diputación firma el convenio con el MEC para hacer un colegio nacional, ¿en qué situación administrativa quedan las hermanas maestras?
3) En el convenio actual, que data de 1967, la dirección del colegio recae en una hermana de la Caridad, ¿cómo quedaría después?
4) En el edificio actual hay falta de espacios, por tanto, sería preciso y urgente construir la nueva residencia según los planos de 1976[43].

Mientras esperan las respuestas, las Hijas de la Caridad van adaptando el colegio a las funciones expresadas en la LGE y hacen los Estatutos del Centro (16 de febrero de 1981) en los cuales se explican la naturaleza del centro y funciones de los órganos de gobierno, personal docente, padres de alumnos, alumnos, personal no docente y aspectos complementarios. Al desarrollar los diversos títulos se indica que el centro está situado en la plaza de San Francisco número 1, estando clasificado como centro de EGB con ocho unidades (Orden Ministerial de 13 de diciembre de 1973, *BOE* de 17 de enero de 1974), teniendo también dos unidades de Preescolar. El titular del centro es la Diputación de Ciudad Real y la dirección del mismo corresponde a las Hijas de la Caridad, según el convenio establecido con anterioridad. En el artículo 3º de los estatutos se especifica que:

> «El fin primordial del Centro es contribuir a la formación integral del alumno en su dimensión personal, social y trascendente, de acuerdo con el Ideario del Centro, y en el respeto a los principios democráticos de convivencia y a los Derechos Humanos y libertades fundamentales recogidos en la Constitución».

Los órganos de gobierno del centro son de dos tipos:

a) Unipersonales: director, jefe de estudios (coordinador de pastoral), secretario y administrador del Hogar.

b) Colegiados: Consejo del Centro, Claustro de Profesores y Junta Económica.

La composición del Consejo de Centro es de dos tipos:

1) Los miembros natos: director, jefe de estudios, secretario, administrador del Hogar y representante de la Diputación.
2) Los miembros electivos: representantes del profesorado, representantes de los padres de los alumnos y los representantes de los alumnos.

En lo que se refiere a los derechos y obligaciones del personal docente, el artículo 31 dice:

> «El personal docente, dentro del respeto a la Constitución, a las leyes, al Ideario Educativo propio del Centro, al Estatuto, al Proyecto Educativo, tienen garantizados la libertad de enseñanza».

Para completar y entender adecuadamente los estatutos vamos a entresacar algunos párrafos expresados en el Ideario del Centro. En su presentación se indica:

> «El Centro Colegio Hogar Virgen del Prado, ofrece a padres, educadores, colaboradores y alumnos el IDEARIO que orienta su misión educadora al servicio del desarrollo integral de la persona, según el espíritu de sus fundadores: Vicente de Paúl y Luisa de Marillac».

En el apartado llamado Identidad del Centro se define:

> «El Colegio Hogar Virgen del Prado es confesionalmente católico. Inspira su acción educativa en el Evangelio, en la doctrina y directrices de la Iglesia y en el espíritu de sus fundadores».

Los trámites para convertir los dos colegios en estatales siguen en marcha, mientras tanto se van completando las plantillas del profesorado y las hermanas solicitan en 1981 que la Diputación contrate una profesora para dar Educación Física. Ante esta necesidad la Diputación acuerda en la sesión del 30 de diciembre de 1982 dotar el colegio con material deportivo por valor de 77.000 pesetas, que completan con un laboratorio de idiomas presupuestado en 134.960 pesetas.

El profesorado del colegio para el curso 1983-1984 estaba formado, según el acta del Claustro de Profesores del 26 de septiembre de 1984, por Araceli Babiano Núñez, Concepción Sánchez-Cano, Juan Carlos Barrajón (Educación Física), Concepción Roldán Bornez, María del Carmen Ruiz Turrillo, Petra Sánchez Santos, Julia Benítez González, María Jesús Martín Martín, Isabel García Carrión, Antonio Velascoín Rodríguez (Música), sor Ángeles Ayala Albandea, sor Raquel Gómez López, sor Mari Cruz Rincón Arranz, sor María

Alumnos del colegio Virgen del Prado, años 80. Fuente: aasalesciudadreal.novamix.es.

Rosa Calvo Alcázar (secretaria) y sor María del Rosario Eizaguirre Ostolaza (directora). A esta plantilla habría que añadir las dos maestras de Preescolar y la maestra de Educación Especial.

El primer libro de actas de claustros del colegio Virgen del Prado que hemos encontrado en los archivos del actual CEIP Santo Tomás de Villanueva data del curso 1983-1984, siendo su primera acta la del 26 de septiembre de 1983, y gracias a él vamos a poder conocer algunas de las actividades que se realizaban durante el curso. En ellas se hace constar que era obligatorio para todas las niñas el uso del uniforme y del chándal azul marino para Educación Física.

Sello del Colegio-Hogar Virgen del Prado.

El colegio se fue abriendo hacia el exterior en la medida en que se iban incorporando maestras y maestros seglares y las actividades extraescolares iban creciendo curso tras curso. En este curso escolar, a modo de ejemplo, se llevaron a cabo las siguientes:

1. CAMPAÑAS DE SOLIDARIDAD Y AYUDA
- Campaña de Navidad con la recogida de alimentos para las familias necesitadas.
- En enero se llevó a cabo la Campaña de la Santa Infancia, que se realizaba con la petición de dinero a través de huchas y con la realización de un festival en el que se pagaba una cuota para entrar y se vendían bocadillos.
- En febrero se realizó la Campaña contra el Hambre en el Mundo.
- Campaña a favor de los pobres, realizada en marzo, en la cual se hacía una tómbola.

2. ACTIVIDADES DE OCIO, TIEMPO LIBRE Y EXCURSIONES
- Visita a la Exposición de Arte Español Contemporáneo en el Museo de Ciudad Real.
- Viaje cultural a Madrid y el río Mundo con las niñas de 2ª etapa de EGB.
- Participación en campamentos y centros de vacaciones escolares (colonias).

3. ACTIVIDADES RELIGIOSAS Y DEL CENTRO
- Jornadas de formación humano-cristiana para las niñas de la 2ª etapa de EGB.
- Asistencia y participación en la procesión de San Blas por parte de niñas de Preescolar, Primera Etapa y Recuperación.
- Concurso de villancicos y realización de un Belén viviente.
- Fiestas colegiales de fin de curso, fiesta de María Auxiliadora, mes de la Virgen (mayo), comuniones de las niñas y fiesta de San José de Calasanz.
- Día del Árbol, Día de la Constitución y Día del Libro.

En lo que se refiere a actividades propias del funcionamiento del centro, se plantean reuniones con padres de alumnas, hacen programas para mejorar la lectura, ortografía y escritura, se convocan elecciones para el Consejo de Dirección y Junta Económica, se estudia la necesidad y conveniencia de que se hagan estudios psicológicos a determinadas niñas y se realizan clases de mecanografía para algunas niñas de la segunda etapa de EGB.

El claustro de profesores se reúne por primera vez en su historia en el Palacio Provincial el día 11 de septiembre de 1984 y a él asisten catorce maestras y el diputado provincial, Manuel Juliá Dorado. En dicho claustro se toma una decisión importante, será separar los cargos de directora del hogar y directora del centro, que hasta ahora los ejercía la misma persona. A partir de ese momento la directora del internado será sor María del Rosario Eizaguirre y la directora del colegio sor María Rosa Calvo Alcaraz.

Tras estos importantes cambios en la dinámica escolar y del Hogar se lleva a cabo en el claustro del día 12 de diciembre el nombramiento de jefa de estudios a María Jesús Martín y como secretaria a María del Carmen

Ruiz. Estos cambios suponen el comienzo de la democratización del centro y ello se traduce en la participación del profesorado en los órganos colegiados. Las transformaciones del colegio se van haciendo para adaptarse a los nuevos tiempos y leyes educativas. Durante el curso escolar toman la decisión de ir integrando las 16 niñas del aula de Educación Especial a las aulas ordinarias. Se comienza por su integración en las áreas de Educación Física, Música, Religión y Plástica. Esta integración va acompañada por las orientaciones pertinentes de la psicóloga de hogares Carmen Enríquez de Salamanca.

La nueva dinámica hace que las actividades extraescolares se diversifiquen y en este curso se visitan la pastelería La Deliciosa, las instalaciones de Renfe, el Instituto Meteorológico, la depuradora de aguas, la imprenta del Hogar Provincial y las minas de Almadén.

En los claustros se trata con frecuencia la disciplina y el orden tanto en el Hogar como en la escuela, asimismo se manifiesta la necesidad de coordinarse con el colegio Santo Tomás de Villanueva.

La implantación de la LODE en el curso 1985-1986 llevará a la dimisión de la directora del colegio, sor María Rosa Calvo, el 21 de mayo de 1986, por no cumplir las condiciones que exige la ley para ser directora del colegio. La dirección tendrá que elegirse entre las profesoras funcionarias del MEC, es decir, Isabel García, Petra Sánchez, Carmen Ruiz y María Jesús Martín. Otra novedad importante es la implantación de la coeducación en el primer ciclo de EGB como consecuencia de las nuevas leyes educativas.

El curso 1986-1987 se comienza con la siguiente plantilla de profesorado: María Jesús Martín Martín (directora), Concepción Roldán Bórnez (jefa de estudios), María del Carmen Ruiz Turrillo (secretaria), Isabel García Carrión, Concepción Sánchez-Cano, Antonio Velascoín (Música), Araceli Babiano Muñoz, Petra Sánchez Santos, Carmen Sánchez Caminero, Luz Amanda Dorado, Laura Díaz, Julia Benítez y Antonio Barragán (Educación Física). El profesorado se distribuye teniendo en cuenta las especialidades de Lengua, Matemáticas, Sociales y Orientación, y se organizará por departamentos.

El alumnado se distribuye por cursos de la siguiente forma.

Tabla 16

ALUMNAS DE EGB DEL COLEGIO VIRGEN DEL PRADO, 1986-1987

CURSO	PREESCOLAR	1º	2º	3º	4º	5º	6º	7º	8º
ALUMNAS	27	22	24	22	28	65	40	34	30

Fuente: Actas del claustro, 1986. Elaboración propia.

El periódico *Lanza* da la noticia el día 9 de julio de 1986 de la aparición del periódico escolar *Rocinante en Marcha* en las escuelas de los hogares, dirigido por la maestra Carmen Sánchez y formando el equipo de redacción los alumnos de 7º y 8º de EGB. Este periódico cubrirá las noticias de los colegios de los hogares, de la localidad, de la Feria del Libro, visitas de los alumnos, excursiones, exposiciones, etc. En el primer número han colaborado en la sección de entrevistas Francisco Ureña, sor Rosa Calvo Alcaraz y Luis Álvarez.

El curso escolar 1987-1988 será el último del colegio Virgen del Prado, puesto que en el 1988-1989 se fusiona con el colegio Santo Tomás de Villanueva. En este curso cesa Concepción Sánchez-Cano y se incorporan a la plantilla como maestras provinciales Petra Elena Alcañiz y Lucrecia Párraga Valverde. Los últimos convenios entre las Hijas de la Caridad y la Diputación son los firmados en 1985 y 1987. De ellos vamos a extraer solamente los aspectos más significativos para esos momentos y posteriores. Uno de ellos es el referido, en el convenio de 1985, al régimen de asistencia social de las hermanas, las cuales estarán afiliadas al régimen general de la Seguridad Social con cargo a la Diputación, y de otra parte cesarán al cumplir la edad de 70 años, aunque puedan seguir viviendo en el Hogar.

También es importante la separación de los cargos, es decir, por un lado estará la Superiora del Hogar, y otra persona distinta será la directora del colegio Virgen del Prado.

El punto 6.3. es muy interesante porque recoge por primera vez en la historia de los convenios la libertad religiosa. Dice así textualmente:

> «Las Hijas de la Caridad, en sus relaciones con los niños y familiares, podrán hacer apostolado religioso, en la forma que aconseje la prudencia y el respeto a la libertad religiosa».

En el anexo II de este convenio se especifica la plantilla de las Hijas de la Caridad en el Hogar: sor María del Rosario Eizaguirre, superiora y directora del Hogar; sor Ángela Ayala Albandea, educadora del Hogar; sor Raquel Gómez López, educadora del Hogar; sor María Rosa Calvo, directora del colegio y educadora del Hogar; sor María de la Cruz Rincón Arranz, educadora del Hogar; sor Carmen Pérez Torres, educadora de 1ª Infancia; sor Joaquina de la Vega, educadora de 2ª Infancia; sor Tomasa Pérez Mendoza, jefa de almacén y cocina; sor Josefa Centeno Gutiérrez, jubilada, y sor Corona Gómez Álvarez, jubilada y encargada del ropero.

Como consecuencia de la dimisión de la directora del colegio, sor María Rosa Calvo, en mayo de 1986, se hace otro convenio y se firmará el 30 de diciembre de 1986. En el acta provincial del 30 de diciembre se recoge el nuevo convenio que entrará en vigor el 1 de enero de 1987. En dicho acuerdo hay pocas variaciones con respecto al anterior, pero son muy importantes. Las Hijas de la Caridad tendrán sus funciones en la dirección del internado del Hogar y en la Casa-Cuna, pero dejan definitivamente la docencia en el colegio, tan solo una hermana puede seguir dando clase en EGB. Según lo acordado la plantilla de la comunidad religiosa está formada por sor María del Rosario Eizaguirre, superiora y directora del Hogar; sor Raquel Gómez, profesora de EGB; sor María de la Cruz Rincón, educadora en el internado; sor Ángela Ayala, educadora en el internado; sor Carmen Pérez, encargada de la Casa-Cuna y 1ª Infancia; sor Joaquina de la Vega, encargada en la Casa-Cuna; sor Josefa Centeno, jubilada; sor Corona Gómez, jubilada y encargada del ropero, y sor Mercedes Pérez, encargada de cocina y almacén.

Al acabar 1986 el profesorado que impartía docencia en los dos colegios estaba compuesto por 17 profesores de EGB, dos profesores de Educación Física, un profesor de Música, una psicóloga, un técnico superior de Gabinete Psicopedagógico, dos directores de colegios y un capellán.

Tras este análisis interno y determinar la evolución del colegio vamos a recoger algunas vivencias de María del Pilar Menchero García, antigua alumna mediopensionista desde 1976 a 1987. Nos cuenta que pasaba allí todo el día y se marchaba a su casa después de la merienda. Recuerda el uniforme y la ropa que le daban las monjas, también me informa que las niñas ayudaban a poner la mesa, servir, recoger la comida y las meriendas. Con cariño especial me relata su primera comunión, el vestido, los zapatos y demás enseres que les proporcionaron las monjas porque sus familias no tenían recursos económicos para hacerse cargo de esos gastos. Su primer curso fue en 1976-1977 en Preescolar de 4 años con sor Inmaculada, continuando en 5 años con sor Corona. Me comenta que en el colegio había mucha disciplina y orden, siendo las monjas muy rigurosas con los horarios y procedimientos a seguir cada día y hora. La religión estaba presente en casi todo, se rezaba al comer, al entrar en el colegio, se preparaba para la primera comunión, se aprendía el catecismo y el mes de mayo se dedicaba a la Virgen. Lo que la llena de nostalgia es el Día de Reyes, donde todas las niñas recibían juguetes. La Navidad era muy especial, se hacía teatro, belenes y se cantaban muchos villancicos.

Me comenta, con mucha pena, que podían ir pocas veces al cine que proyectaban los Salesianos los fines de semana y cuando iban las acompañaba una monja siempre. De la jornada escolar recuerda aquellas tardes en las que sor Ángela Ayala les enseñaba labores, y que para ella eran interminables por lo mal que se le daban.

Las fiestas de fin de curso eran algo especial porque se hacían muchas actividades y al menos por una vez se podían juntar con los chicos de los Salesianos. Las excursiones, me relata, se hacían a lo largo del curso a varios lugares, recuerda las del río Mundo, Infantes y la visita a las cuevas del Águila, siempre acompañadas de una tutora o monja. Muy especial fue la excursión de final de curso y etapa al santuario de Lourdes, a la cual fueron con los maestros Antonio Barragán, Isabel García y María Jesús Martín.

2.7. CURSOS DE TRANSICIÓN: 1986-1987 Y 1987-1988

Al marcharse el director salesiano, Luis Álvarez, tienen que nombrar un nuevo director para el curso 1986-1987 y dicho cargo recaerá en Aurelio

Fernández Cortés, el cual nombra jefa de estudios a Agustina Serrano y secretario a Vicente Almodóvar. El claustro de profesores estaba formado también por María José Bernal, Miguel Cano, Matilde Conde, Carlos García de León, Miguel García Saavedra, Adela Maroto, María del Carmen Monescillo, Nieves Pérez, Magdalena del Rey, Amada Sáez y Antonio Velascoín.

Don Aurelio se encarga de la nueva andadura del colegio con la colaboración del profesorado. Los éxitos deportivos que obtenían los alumnos en los tiempos de los Salesianos van a continuar. En el curso 1986-1987 obtienen numerosos triunfos en las categorías de benjamín, alevín, infantil y cadetes, es decir con niños de 8 a 15 años. Por primera vez tenemos a una niña, María de los Ángeles Ureña Buitrago, participando en la categoría de benjamín y obteniendo la medalla de bronce en Campo a Través en Puertollano. La medalla de oro en benjamín masculino fue para Antonio Ruiz y en infantil masculino obtuvo la medalla de bronce Antonio Cezón.

En los Campeonatos Escolares de Castilla-La Mancha de enero de 1987 obtuvieron un rotundo éxito por equipos: campeones en alevín masculino, subcampeones en infantil masculino y terceros en cadetes masculino. En las pruebas de atletismo celebradas el 22 de marzo de 1987 volvieron a obtener grandes resultados:

Tabla 17

ALUMNOS DEL COLEGIO SANTO TOMÁS DE VILLANUEVA PREMIADOS EN EL CAMPEONATO ESCOLAR DE 1987

ATLETAS	PRUEBA	CATEGORÍA	MEDALLA
Augusto Burgos	Marcha atlética	alevín	plata
Julio Megías	Salto de longitud	infantil	bronce
Julio Megías, Julio García Núñez, Sánchez Céspedes y Juan Carlos Cano	Relevos 4x80	infantil	bronce
Julián Ruiz	Lanzamiento de peso	alevín	bronce
Augusto Burgos	Salto de altura	alevín	bronce
Eloy Rivilla	Velocidad 100 m	cadetes	oro
Velarde Marchán	150 m	alevín	plata
Jesús Sánchez	Lanzamiento de disco	cadete	oro
Francisco Lavado	100 m	alevín	plata
	Relevos 4x60	alevín	bronce
	Relevos 4x100	cadetes	bronce

Fuente: *Lanza*. Elaboración propia.

En la fase provincial de atletismo celebrada en Alcázar de San Juan, participaron 35 colegios de la provincia y se proclamaron subcampeones provinciales por equipos y obtuvieron numerosas medallas individuales.

El Consejo Escolar, presidido por don Aurelio, acuerda celebrar el V Centenario del nacimiento de santo Tomás de Villanueva y para ello se van a coordinar con el profesorado de Formación Profesional y con la dirección del internado.

El diario *Lanza* del 11 de octubre de 1986 da la información de los actos celebrados con motivo de dicho centenario, los cuales han sido de carácter religioso (misa en la iglesia de San Pedro), deportivos (partidos de baloncesto, futbito, voleibol y pruebas de atletismo) y de tipo cultural (teatro, música y baile de disfraces). Dicho evento terminó con una exposición titulada «Cien libros para la paz».

Durante el curso 1986-1987 llevan a cabo la admisión de los alumnos, aprueban el Reglamento de Régimen Interior y solicitan a la Diputación la apertura de dos aulas de Preescolar en el colegio con la dotación de sus respectivas maestras. Al finalizar el curso, el presidente del APA, señor Róspide, les felicita por las actividades realizadas a lo largo del curso y por la puesta en marcha del Día Cultural de final de curso.

De la memoria, que se realiza al final del curso, vamos a obtener las siguientes informaciones que a continuación se expresan y que exponemos por su relevante interés. En ella se indica que el presidente de la Diputación, Javier Martín del Burgo, acompañado del diputado responsable, Manuel Juliá, inauguraron el curso, y con su presencia dieron testimonio del apoyo de la Diputación al colegio. En lo que respecta al alumnado se manifiesta que estaba compuesto por alumnos internos, externos y mediopensionistas, siendo su distribución como sigue:

Tabla 18

ALUMNADO DE EGB DEL COLEGIO SANTO TOMÁS DE VILLANUEVA, 1986-1987

CURSO	1º	2º	3º	4º	5º	6º	7º	8º
NÚMERO DE ALUMNOS	10	22	18	22	34	42	30	35

Fuente: Memorias del centro. Elaboración propia.

A estos alumnos habría que añadir los de las dos aulas de Educación Especial que venían funcionando. A la primera asistían catorce niños de 8 a 13 años y a la segunda asisten catorce niños de 11 a 15 años. Lo más destacable que hemos encontrado es que por primera vez asiste una niña a una de estas aulas y procede del colegio Virgen del Prado.

La fiesta del colegio en honor de Santo Tomás de Villanueva se celebró, como en todos los años de los Salesianos, con una misa en San Pedro, un desfile con música en el patio entonando el *Himno de Santo Tomás*, juegos recreativos, actividades deportivas, entrega de trofeos y por la tarde se representó la obra de teatro *El patito feo*.

En lo que respecta a las actividades extraescolares continuaron e incluso aumentaron. Obtuvieron el primer premio regional en el concurso «La naturaleza y el hombre» organizado por la Consejería de Agricultura. Dicho premio consistió en una visita al Parque Nacional de Ordesa por parte de cuarenta niños, tres maestros y dos padres o madres.

El último curso de andadura en solitario del colegio Santo Tomás de Villanueva será 1987-1988, siendo la composición del claustro la siguiente:

Aurelio Fernández Cortés, director; Agustina Serrano, jefa de estudios; Vicente Almodóvar, secretario; Arcángela Moreno, 1º EGB; Matilde Conde, 2º EGB; Nieves Pérez, 3º EGB; Carmen Monescillo, 4º EGB; Amada Sáez, 5º EGB; Vicente Almodóvar, 6º A; Miguel Cano, 6º B, Agustina Serrano, 7º EGB; Miguel García Saavedra, 8º EGB; María José Bernal, Recuperación; Antonio Velascoín, Música; José González Auñón, Apoyo Ciclo Inicial, y Joaquín Fernández, Religión.

Los órganos docentes se concretan en tutorías, ciclos y departamentos de Lengua, Orientación, Matemáticas y Sociales. Todos establecidos según la LODE.

A lo largo del curso se mantuvieron varias reuniones entre los directores y profesorado de ambos colegios para ir configurando los órganos docentes, metodologías, actividades pedagógicas, organización de aulas y alumnos, en definitiva, coordinándose de cara a la fusión el siguiente curso 1988-1989.

2.8. CURSO 1988-1989. FUSIÓN DE LOS COLEGIOS SANTO TOMÁS DE VILLANUEVA Y VIRGEN DEL PRADO. NUEVA ANDADURA (1989-2000)

El claustro de profesores celebrado el día 7 de septiembre de 1988 marca el comienzo de la fusión de ambos colegios, de cuya unión resulta el colegio llamado Santo Tomás de Villanueva, formado por los maestros y maestras que se relacionan en la tabla 19.

Las dificultades de la fusión fueron diversas, según las actas de los claustros; por un lado, la adscripción del profesorado y por otro los bajos niveles de conocimientos de bastantes alumnos junto a los problemas de tipo conductual, que eran frecuentes. A estas dificultades habría que añadir el escaso material didáctico que había en las aulas (un crucifijo, un cuadro de la Inmaculada, un cuadro de Don Bosco, mapas, globos terráqueos, caja de cuerpos geométricos, escuadra, cartabón, semicírculo y regla).

A lo largo de 1988 la Corporación Provincial centra su trabajo en la fusión de los dos colegios y en ir quitando poco a poco la Formación Profesional. Carpintería y Mecánica finalizaron el curso 1987-1988 y Artes Gráficas acabará su andadura en 1988-1989. Los alumnos de Formación Profesional se fueron distribuyendo poco a poco por otros centros públicos y concertados de la provincia y en los Salesianos Hermano Gárate de Ciudad Real. Los hogares-internado quedan dirigidos, el femenino por sor María del Rosario Eizaguirre y el masculino por Francisco Matas Triguero. Ambos tenían como administrador general a Pedro José Amorós Carrasco. En el Hogar masculino trabajaban como educadores, Lucio García Leal, Esperanza Gallego Calvo, Pilar González León,

Tabla 19

CLAUSTRO DE PROFESORES DEL COLEGIO SANTO TOMÁS DE VILLANUEVA, 1988

MAESTROS/AS	CURSO	TIPO DE MAESTRO
Lucrecia Valverde Párraga	1º Preescolar	provincial
Magdalena del Rey	2º Preescolar	provincial
Petra Elena Alcañiz	2º Preescolar	provincial
Carmen Monescillo Aparicio	1º EGB	provincial
Nieves Pérez Torres	1º EGB	provincial
Araceli Babiano Núñez	2º EGB	provincial
Arcángela Moreno Díaz	2º EGB	provincial
Amada Sáez Rodríguez	3º EGB	provincial
Agustina Serrano López	4º EGB	provincial
Julia Benítez González	4º EGB	provincial
Aurelio Fernández Cortés	5º EGB	provincial
José González Auñón	5º EGB	provincial
Carmen Ruiz Turrillo	6º EGB	prov. y jefa de estudios
Concepción Roldán Bórnez	6º EGB	provincial y secretaria
Antonio Barragán	6º EGB y E. Física	provincial
Isabel García Carrión	7º EGB	provincial
Vicente Almodóvar Romero	7º EGB	provincial
Petra Sánchez Santos	8º EGB	provincial
María Jesús Martín Martín	8º EGB	provincial y directora
Miguel Cano Serrano	5º EGB	provincial
Joaquín Fernández Pinilla	Religión	provincial
Antonio Velascoín	Música	provincial

Fuente: Acta del claustro. Elaboración propia.

Teodoro Cobos Medina, Manuel Caminero, Juan Caballero Bayo, Fernando Izquierdo Rodríguez, Francisca Rodríguez Aguilera, Gabriel Romero de Ávila, Delfín Valero Vadillo, Francisco Adánez Fernández y Jesús Reviejo Fernández[44].

Los alumnos del internado iban disminuyendo considerablemente y en 1990 se trasladarán los últimos a centros de la Junta de Comunidades, ya que las competencias de Bienestar Social le habían sido transferidas. Este traspaso sobre la protección de menores marcará el fin de la Beneficencia en el Hogar Provincial.

El diario *Lanza* del 18 de octubre de 1990 informa sobre la inauguración de las reformas realizadas en el colegio Santo Tomás de Villanueva, en las que la Diputación ha invertido 70 millones de pesetas y 20 la Junta de Comunidades. En dichas obras se han acondicionado las aulas, la Escuela de Graduados Sociales instalada en el recinto y las separaciones necesarias con el futuro instituto de enseñanza media.

La Corporación Provincial acuerda el 23 de mayo de 1991 iniciar el «Expediente para convertir el actual colegio concertado Santo Tomás de Villanueva en un colegio público de EGB». En dicho expediente se da conformidad a:

a) La creación por Real Decreto de un colegio público de EGB por parte del MEC.

b) Ceder gratuitamente los terrenos anejos al actual colegio con una superficie total de 5.777 m².

c) Cesión futura del edificio actual del colegio Santo Tomás de Villanueva, con una superficie en planta de 1.034 m² y un total edificado de 3.162 m², en tres plantas.

d) Autorizar la disponibilidad o uso compartido de las instalaciones deportivas.

e) Las obras a realizar correrán a cargo del MEC, previa información a la Diputación.

Este expediente será corregido en la sesión del 26 de julio y elevado al MEC de forma definitiva. La cesión gratuita de los terrenos al MEC con destino a centro público de EGB se acuerda en la sesión del 27 de septiembre.

El colegio Santo Tomás de Villanueva se convierte en colegio público pasando a depender del MEC, por la Orden Ministerial del 2 de septiembre de 1991, publicada en el *BOE*.

Durante estos años de transición surgieron dificultades entre los maestros, ya que solo los estatales podían acceder a ocupar los cargos directivos. Para el curso 1991-1992 la Delegación Provincial de Educación nombra como director a José Fuentes, que no pertenecía al claustro del centro, y el nuevo equipo directivo estará formado por él mismo; José González Auñón, como jefe de estudios, y Vicente Almodóvar, como secretario.

El nuevo director trata de unificar posturas y de generar un buen clima de trabajo y convivencia. El colegio sigue su buen ritmo de funcionamiento tanto en las actividades lectivas como en las extraescolares y culturales, ese mismo curso se realizan numerosas excursiones en la localidad y a diferentes provincias. La excursión de los alumnos de 8º de EGB se efectuó por tierras andaluzas y el resto de los cursos las realizaron a lo largo del curso por Talavera de la Reina, el Museo del Prado, Cuenca, las instalaciones de Antena 3 y la fábrica de mazapanes de Malagón. En Ciudad Real visitaron el Museo Provincial, el Museo Elisa Cendrero, la estación del AVE y el Museo de Ciencias Naturales del Instituto Juan de Ávila[45].

El colegio, en esos momentos, tiene aulas de Preescolar de 4 y 5 años, profesor de Educación Especial y psicóloga (María del Carmen Enríquez de Salamanca).

La dimisión presentada por María Jesús Martín, directora del colegio, fue un tema amargo, ya que ella quería continuar en el cargo y había sido la encargada de la unión de los dos colegios y elegida por el Consejo Escolar, quedándole un año por cumplir su mandato. Este tema se trató en la sesión de la Diputación del día 25 de octubre de 1991, en la cual acuerdan su cese con efectos de 1 de septiembre. Se produjeron varias intervenciones de diputados. José María Arcos indicó que el colegio había pasado a depender del MEC y se aplicaba la LODE para elegir el director, además era necesario dar este paso puesto que había clases con 12 o 13 alumnos y eso debería solucionarlo el Ministerio de Educación.

El diputado Licinio Moreno defiende que desde la Diputación se deberían haber hecho más esfuerzos para reconocer a María Jesús Martín su compromiso con el centro. Mientras esto sucede, la Corporación Provincial acuerda el 23 de mayo de 1991 iniciar el «Expediente para convertir el actual colegio concertado Santo Tomás de Villanueva en un colegio público de EGB».

El curso 1992-1993 se incorporan al colegio los niños y niñas de 3 años y el centro se puede considerar en base dos al tener en todos los niveles dos cursos, excepto 8º de EGB. Los maestros eran 26 y los alumnos 508, continuando de director José Fuentes. Otras novedades importantes en este curso son la disponibilidad de comedor para los alumnos del centro y la incorporación de Julia Benítez como orientadora.

Durante el año 1992 se producen grandes cambios en los hogares puesto que se reforma el internado y los funcionarios de la Diputación, que trabajaban en él, son destinados a otros puestos de trabajo. Por ejemplo, Francisco Adánez será destinado al Archivo de la Diputación y Jesús Reviejo al Área de Cultura, en concreto a la Biblioteca de Autores Manchegos.

El curso 1993-1994 seguirá siendo de transición hasta que se firma el convenio. La Delegación Provincial del MEC nombra como director a José Galán Peris, y poco a poco se van incorporando profesores de EGB funcionarios del MEC. En lo que respecta al alumnado, este va creciendo curso a curso como veremos en los cuadros estadísticos.

Tabla 20

ALUMNADO Y PROFESORADO DEL COLEGIO SANTO TOMÁS DE VILLANUEVA, 1993-1994

NIVELES	MAESTROS/AS	ALUMNOS
Infantil de 3 años	Isabel Bernal, Encarni Sánchez y Prado Rivera	66
Infantil de 4 años	Magdalena del Rey, Lucrecia Valverde y Petra E. Alcañiz	93
Infantil de 5 años	Juani Merino, Ana M. Casado y Prado Gallego Serrano	84
1º EGB	Nieves Pérez, Alfonso Sánchez y Arcángela Moreno	64
2º EGB	Carmen Monescillo y Aurora Caminero	50
3º EGB	Araceli Babiano y Aurelio Fernández	46
4º EGB	Agustina Serrano y Petra Sánchez	40
5º EGB	Miguel Cano y Amada Sáez	48
6º EGB	Julia Benítez y María Jesús Martín	51
7º EGB	Concepción Roldán y José González	47
8º EGB	Isabel García	38

Fuente: Acta del claustro y *DOC*. Elaboración propia.

Por tanto, resulta un total de 627 alumnos, de los cuales 601 reciben clase de Religión católica y 26 no. El número de niños extranjeros es de cinco.

El colegio disponía de comedor escolar que estaba gestionado por padres y madres de alumnos con ayuda de algunos maestros, utilizando este servicio unos 240 alumnos.

Año transcendental será 1994, por firmarse el convenio entre el MEC y la Diputación para el sostenimiento del centro hasta que se produzca la cesión definitiva. En el acta provincial del 25 de marzo de 1994 se presenta para su aprobación el citado convenio, que será firmado por Ángel López Jiménez, director provincial del MEC, y Francisco Ureña Prieto, representando a la Diputación. El mencionado convenio se compone de nueve cláusulas, de las cuales se desprenden las siguientes conclusiones:

1. El MEC contribuirá a los gastos de sostenimiento, financiando las 16 unidades de EGB.
2. El número de plazas de profesores financiados será de 18.
3. Los complementos de los cargos directivos los pagará el MEC o la Diputación, según a quien pertenezca el maestro en el que recaigan.
4. Mientras el centro sea subvencionado, la Diputación debe enviar al MEC la memoria justificativa de los gastos.
5. Este convenio estará vigente hasta que el centro sea dependiente del MEC.

Tras estas exposiciones, interviene Francisco Ureña, presidente de la Diputación, para explicar que se ha conseguido que cualquier maestro sea del MEC o de la Diputación pueda ser elegido para desempeñar la dirección del centro, aclarando que las retribuciones de los maestros están pendientes de homologarlas para que todos tengan los mismos complementos (esto último se aprobará en la sesión del 24 de junio). Tras su intervención se detallan las antigüedades que se reconocen a los maestros provinciales: María Jesús Martín, 1 de abril de 1974; Vicente Almodóvar, 13 de diciembre de 1976; Isabel García, 1 de octubre de 1972; Concepción Roldán, 6 de octubre de 1976; Carmen Monescillo, 8 de agosto de 1975; Carmen Ruiz, 17 de septiembre de 1973; Nieves Pérez, 1 de octubre de 1972; Aurelio Fernández, 1 de octubre de 1972; Petra Sánchez, 13 de diciembre de 1977; Agustina Serrano, 1 de octubre de 1974; Arcángela Moreno, 14 de agosto de 1970; Miguel Cano, 24 de julio de 1954; Araceli Babiano, 9 de mayo de 1975; Amada Sáez, 1 de octubre de 1972; Magdalena del Rey, 23 de diciembre de 1980; Julia Benítez, 13 de noviembre de 1982; Carlos García de León, 13 de noviembre de 1985; José González, 1 de agosto de 1987; Petra E. Alcañiz, 1 de agosto de 1987 y Lucrecia Valverde, 1 de agosto de 1987.

Teniendo en cuenta lo manifestado por el presidente de la Diputación, el equipo directivo del centro estará compuesto por José González Auñón, director; Julián Rodríguez Pedraza (maestro estatal), jefe de estudios, y Vicente

Almodóvar, secretario. Por primera vez, después de estos años de transición, resulta elegido director un maestro provincial.

Tras conocer la nueva situación del centro y su organización, vamos a seguir el *Documento Organizativo del Centro (DOC)* para realizar una serie de estadísticas sobre el colegio encaminadas a conocer su evolución en la década de 1990.

Tabla 21

PROFESORADO, ALUMNADO Y OTROS ASPECTOS DEL COLEGIO
SANTO TOMÁS DE VILLANUEVA, 1993-2000

PROFESORADO Y ALUMNOS	1993-1994	1994-1995	1995-1996	1996-1997	1997-1998	1998-1999	1999-2000
Número de maestros	26	33	33	30	33	33	33
Número de alumnos	627	600	644	546	574	597	611
Dan Religión	601	575	-	-	-	567	-
Número de comensales	240	190	196	155	167	160	203

Fuente: *DOC*. Elaboración propia.

El descenso de casi cien alumnos en el curso 1996-1997 se debe a que los alumnos de 7º y 8º de EGB ya no cursan estudios en los colegios de Primaria. A pesar de esta marcha, el alumnado va aumentando, y en el curso 1999-2000 es un colegio en base 3. El centro durante estos años se va normalizando y poco a poco se van incorporando maestros funcionarios del MEC. Este es el caso de Marisol Benito, que se encargará de impartir Pedagogía Terapéutica, y de Concepción Carmona, que dará Logopedia.

La normalización organizativa y de funciones ayuda a que el profesorado se vaya sintiendo mejor y esté dispuesto a participar y organizar múltiples actividades en el centro. Durante el curso 1996-1997 se realizan muchas excursiones con los niños, entre ellas están la visita a la fábrica de cervezas Calatrava, la fábrica del pegamento Imedio, la base de helicópteros de Almagro, etc. Esta nueva disposición hace que el profesorado solicite la participación en un Proyecto de Educación Ambiental y en el Proyecto Atenea. Sus inquietudes y ganas de hacer se manifiestan en llevar a cabo un huerto escolar y en el cuidado de los jardines y plantas del colegio; para ello se siembran plantas autóctonas, se imparten charlas sobre la naturaleza y se hace una Campaña de Educación Ambiental con todos los niños. Para la realización de todo lo anterior cuentan con una subvención de 80.000 pesetas, la ayuda del Servicio de Jardinería del Ayuntamiento y la compra de árboles y plantas, que correrá a cargo de la Diputación.

Las actividades que se realizan durante esta última década del siglo XX a lo largo de los cursos son la Fiesta de Navidad, Fiesta de Fin de Curso, Día de Santo Tomás de Villanueva, Día de la Constitución, Día de la Paz,

Día del Árbol, Día del Libro y Día de los Derechos Humanos. Una iniciativa pedagógica muy interesante fue la llevada a cabo por los maestros de 6º de EGB junto con sus alumnos creando el periódico escolar *El Tomaso*, cuya primera publicación fue el 22 de diciembre de 1998.

A finales de esta década empieza a germinar la idea de la jornada continua en los colegios y el claustro de profesores del 23 de junio de 1997 trata el tema y se acuerda llevar la propuesta al Consejo Escolar. Dentro de unos años se pondrá en todos los centros de Castilla-La Mancha.

Otro tema importante, por la labor educativa y social que realiza, es el comedor escolar, cumpliendo una labor asistencial durante dos horas más de la jornada lectiva. Esta atención permite que padre y madre puedan desarrollar su vida laboral de manera más adecuada. La asistencia al comedor está en torno a los 190 comensales diarios y los precios varían poco durante todos estos años, estando en torno a las 600 pesetas por niño y día. Las becas del MEC cubren las necesidades de las familias con menos recursos. Este servicio de comedor lo empezaron a dar varios maestros con la colaboración de la Asociación de Padres de Alumnos (APA). En el curso 1992-1993 se crea la Comisión del Comedor Escolar, formada por el director, una maestra, un padre o una madre, un alumno, la encargada del comedor y el secretario del centro. Tras este comienzo, se encargará de llevarlo la empresa Comarsa, C.B. desde el curso 1996-1997, la cual tendrá tres cocineras, dos cuidadoras y seis maestros que ayudarán durante la comida. El comedor se va quedando pequeño y en el curso 1997-1998 comienzan las obras de reforma y ampliación, estrenándolo en 1999.

La Asociación de Padres de Alumnos (APA) comienza a tener conexión con el centro y se implica bastante en todo lo que los maestros le solicitan. Su presidenta, Prado Gallego Serrano, cuenta ya en 1996 con 92 asociados y su labor la continuará Francisco Prado Moral, que la llevará a su plena participación e integración en la comunidad educativa del centro[46].

En el claustro de profesores del 8 de marzo de 1999 se presenta a debate y votación el nombre del colegio. Se efectúa una votación saliendo veintiún votos a favor de llamarse Santo Tomás de Villanueva, cinco votos para cambiar el nombre, un voto para dejarlo como está y siete abstenciones. Esta votación se produce porque el MEC les ha dado la posibilidad de poder cambiarlo, ya que ahora figura como número 16.

Dada la relevancia que tiene para completar la historia del centro, vamos a tomar del *Proyecto Educativo del Centro (PEC)* del curso 1996-1997 la breve historia que en él se expone: se hace referencia a la Orden Ministerial de 14 de julio de 1988 por la cual se unificaron los centros Virgen del Prado y Santo Tomás de Villanueva en uno solo de 16 unidades de EGB con el nombre de este último. También se explica que el alumnado de los dos colegios era de diversa procedencia:

1º Alumnos de los internados, que procedían de toda la provincia y que tenían graves problemas sociales, económicos y culturales en sus familias.

2º Alumnos becados por la Diputación y cuyas familias recibían ayudas para material escolar, ropa y comida. Su procedencia solía ser de los barrios marginales de la capital.

3º Alumnos del barrio donde se ubica en colegio, que eran una minoría.

Continúa indicando que en el curso 1988-1989 empieza a funcionar como centro único y en el curso 1989-1990 desaparecen los internados y se empiezan a remodelar las instalaciones. Será en el curso 1990-1991 cuando se estrenan las nuevas instalaciones, situadas en el que fue colegio Virgen del Prado e internado femenino, quedando el resto del edificio para hacer una residencia universitaria. Durante el curso 1991-1992 se firma el expediente entre el MEC y la Diputación por el cual se van a proceder paulatinamente a la cesión del colegio e instalaciones. El Real Decreto 669/1992 de 5 de junio establece la creación, por parte del MEC, del colegio público número 16, dependiente de la Diputación.

La situación jurídica en estos momentos ya la conocemos, es decir, la propiedad es de la Diputación hasta la cesión definitiva al MEC, de acuerdo al convenio firmado el 1 de abril de 1994.

Desde la desaparición de los internados, el alumnado del colegio ha cambiado significativamente, ya que en estos momentos la población escolar es mayoritariamente del entorno próximo, siendo los criterios de admisión los mismos que para cualquier centro público.

Dibujo de la fachada del colegio Santo Tomás de Villanueva realizado por Pepe Galán. Fuente: Archivo del centro.

Referido al edificio del colegio y sus dependencias, el *DOC* del curso 1996-1997 indica que el establecimiento consta de tres plantas distribuidas de la siguiente forma:

1. Planta baja: cuatro aulas de 56 m², una de 37,5 m², una de 39 m², una de 23 m² y un servicio para chicas y otro para chicos, un servicio para profesores, dos despachos, una salita de usos múltiples de 12 m², dos vestíbulos (uno de acceso a la calle y otro al patio de recreo), una cocina y un comedor con una superficie de 147 m² y una capacidad para 147 comensales por turno.

2. Planta 1ª: cuatro aulas de 56 m², dos aulas de 63 m², dos aulas de 75 m², una de 30 m², una de 35 m², un laboratorio de 100 m², un servicio de chicos, un servicio de chicas y otro de profesores.

3. Planta 2ª: cinco aulas de 56 m², una de 52 m², una de 49 m², una de 63 m², una de 66 m², una salita de usos múltiples de 25 m², un servicio de chicos, un servicio de chicas y otro de profesores.

En cuanto a los espacios al aire libre y deportivos, disponen de gimnasio, patio para Educación Infantil, patio para los alumnos de EGB y pista polideportiva.

El proceso de adquisición de material tecnológico fue lento y desde diciembre de 1985, en el que se tenía un Amstrad CP464, se han ido comprando algunos radiocassettes y televisores. En 1999 deciden instalar un fax, comprar un teléfono móvil, más vídeos y televisores, una multicopista y poner megafonía en el patio. Además de los recursos propios, en el curso 1996-1997, el MEC les envía 150.000 pesetas para que adquieran un nuevo ordenador.

La compra de material audiovisual, tecnológico e informático es importante para ir adaptando el Centro a los nuevos tiempos, pero también es esencial la formación del profesorado en su manejo y utilidades. Los maestros solicitan para el centro el Proyecto Atenea en 1996-1997 y empiezan a realizar cursos de formación en Informática e Inglés, junto a otras actualizaciones de carácter cultural y deportivo.

La Asociación de Madres y Padres de Alumnos (AMPA) del colegio participa en esta formación proporcionando actividades de Informática e Inglés junto con otras de carácter cultural y deportivo.

Nos parece importante reflejar el tipo de actividades que se van programando y realizando para darnos cuenta de que la escuela va de la mano con las necesidades de la sociedad de cada momento. Las actividades medioambientales se hacen patentes en todos los cursos, entre ellas destacamos el huerto escolar, el proyecto de plantación de árboles y plantas autóctonas, las jornadas medioambientales, Conocer Nuestros Parques y el Día del Árbol. Las anteriores actividades se complementaban con visitas al Valle de los Perales, el Valle de Alcudia, una excursión a Doñana, la visita al Parque de Gasset de Ciudad Real, a la Atalaya, a las Tablas de Daimiel, la Finca Galiana, la Exposición de Amazonia, etc.

Estas actividades de conocimiento y sensibilización de los alumnos con el medioambiente se complementaban con otras sobre el uso del agua o talleres sobre consumo y reciclado de basuras.

Ciudad Real va creciendo en población y el uso del coche y otros medios de locomoción han aumentado considerablemente, por ello es importante que los alumnos conozcan las principales normas de circulación vial. A través del Ayuntamiento se organizan unas jornadas sobre Educación Vial todos los cursos y se empieza a desarrollar el Proyecto «Conoce tu ciudad».

Un colegio como este no puede olvidarse de sus orígenes, por ello todos los cursos hacen campañas de solidaridad para recoger dinero, alimentos o ropa para las personas necesitadas. En Navidad realizan una recogida de alimentos y participan en las campañas de Cáritas y de Lucha contra el Cáncer.

Durante el paso de estos cursos, la Diputación sigue mejorando las infraestructuras del colegio. En 1996 hizo una pista polideportiva y arregló el patio de Educación Infantil, continuando en 1998 con la construcción de un porche y subvencionando la compra de las porterías de balonmano. Otra aportación significativa de la Diputación, por la parte emotiva que supone, fue la subvención de los gastos de tres niños para que fuesen a visitar los Juegos Olímpicos de Barcelona 92.

Monitor en las pistas de deportes con los niños del colegio Santo Tomás de Villanueva. Fuente: Archivo del centro.

El Ayuntamiento también colaboraba en mejorar las instalaciones y dependencias del colegio dotando al patio de Infantil con columpios, toboganes y laberintos en el curso 1996-1997, continuando el curso siguiente con el embaldosado del porche de Educación Infantil y con la puesta de bancos de piedra[47].

3
SIGLO XXI

3.1. EL COLEGIO PÚBLICO SANTO TOMÁS DE VILLANUEVA (2000-2010)

Empieza el nuevo milenio y, al igual que el resto de colegios públicos, con nuevos retos educativos propios de los tiempos. La jornada única, el uso de las nuevas tecnologías (ordenadores, aulas Althia, Internet, Programa Escuela 2.0, Programa Delphos y páginas web), aulas matinales, proyectos de Educación Ambiental, Educación Vial y Alimentación Saludable, serán, entre otros, los nuevos caminos que habrá que recorrer la enseñanza y la educación de los niños y niñas.

El curso 2000-2001 comienza con la elección de un nuevo equipo directivo, que estará compuesto por Julián Rodríguez Pedraza, director; José González Auñón, jefe de estudios, y Vicente Almodóvar Romero, secretario. La plantilla de profesorado continúa aumentando debido a la gran demanda de plazas que existe por parte de las familias. Según lo expresado en el *DOC* la plantilla está formada por los maestros que se relacionan en la tabla de la página siguiente.

El centro estaba compuesto por 26 unidades, distribuidas de la siguiente manera: 9 de Educación Infantil, 17 de Primaria. Lo anterior se completaba con un maestro de PT, una de AL compartida, 2,5 de Educación Física, una de apoyo a Educación Infantil, dos de Música (una de ellas compartida), una de Religión y 2,5 de Inglés.

En esta nueva andadura estrenan el emblema y logo de la Junta de Comunidades y el nuevo equipo directivo comienza a poner en marcha sus proyectos para el colegio. Una de las prioridades fue la puesta en marcha del nuevo comedor, recién estrenado, y hacer tres aulas en las instalaciones del antiguo comedor. La nueva sala de comedor tiene mejores instalaciones y su demanda por parte de las familias aumenta cada curso. El servicio de comedor está atendido por las cocineras y las auxiliares de sala, en total trece personas. Del total de alumnos comensales, quince de ellos tienen beca de la Junta de Comunidades. El nuevo director intenta poner en funcionamiento el aula matinal, pero no ha habido suficientes solicitudes presentadas para ponerla en marcha.

En la nueva legislación sobre comedores escolares se establece el nombramiento de un encargado de comedor, que debe ser un maestro con la supervisión del director. El Consejo Escolar acuerda nombra encargada de comedor a Agustina Serrano López.

Tabla 22

PROFESORADO DEL COLEGIO SANTO TOMÁS DE VILLANUEVA, 2000-2001

NIVEL/ESPECIALIDAD	MAESTROS/AS
Infantil de 3 años	Juana Merino, Prado Gallego Serrano y Ana R. Muñoz Aranda
Infantil de 4 años	Encarnación González Relucio, Ana María Casado García y Rosario Pardo Benítez
Infantil de 5 años	Cecilia Manzanares Peco, Edelmira García Gómez y María de los Desamparados González-Calero
1º Primaria	Julia Benítez González, Carmen Monescillo Aparicio y José Luis Muela Fernández
2º Primaria	Lucrecia Valverde Párraga, Magdalena del Rey y Petra E. Alcañiz
3º Primaria	Arcángela Moreno Díaz y Amada Sáez Rodríguez
4º Primaria	Alfonso Sánchez Jiménez, Agustina Serrano López y Vicente Almodóvar Romero.
5º Primaria	José González Auñón, Nieves Pérez Torres y Petra Sánchez Santos
6º Primaria	Aurelio Fernández Cortés, María Jesús Martín Martín y María del Carmen Ruiz Turrillo
Inglés	Concepción Roldán y Visitación Castellanos
Educación Física	Carlos García de León, Emilio Serrano Marín y Víctor M. Donoso.
Música	Antonio Velascoín Rodríguez y Mar Loro Rodríguez
Pedagogía Terapéutica	Teresa Navas Villajos
Audición y Lenguaje	Ana Rodríguez
Religión Católica	Almudena Rico
Apoyo a Educación Infantil	Isabel Muñoz.
Primaria y director	Julián Rodríguez Pedraza

Fuente: Actas de claustros. Elaboración propia.

En el mismo Consejo Escolar, del cual formaba parte el representante de la Diputación, Francisco Javier Alfaro, se toman acuerdos importantes de cara a seguir modernizando el centro, entre ellos están la compra de una cámara de video, poner un sistema de alarma, aprobar el Proyecto de Actividades Extraescolares presentado por el AMPA y debatir el tipo de Jornada Continua Escolar. En la sesión del 25 de junio del 2001 se debatió dicho tipo de jornada y se aprueba presentar el Proyecto de Tiempos Escolares con nueve votos a favor y cuatro en contra. Este proyecto de jornada suscitará muchas polémicas en la comunidad educativa.

El claustro de profesores será el encargado de elaborar un proyecto detallado para solicitar la jornada continua y también deciden continuar con el Proyecto de Educación Ambiental y el periódico escolar.

El director, Julián Rodríguez, presenta al claustro su proyecto para formar una buena biblioteca de centro, siendo su objetivo el uso de la misma por parte de todos los cursos. Para ello indica que van a recibir 327.000 pesetas con la finalidad de ponerla en marcha. Asimismo, manifiesta que quiere modernizar el centro con la puesta de una línea RSI e Internet, ya que en la actualidad dispone de seis ordenadores y de un aula de informática con veinte puestos (aula Althia).

La primera década del siglo XXI comienza con un colegio de 604 niños y grandes y novedosas expectativas por parte de toda la comunidad educativa en los diferentes ámbitos de la enseñanza y el aprendizaje.

El diario *Lanza* del 7 de junio del 2000 da la noticia del estreno de los karts por parte de los niños del colegio Santo Tomás de Villanueva en la actividad de Educación Vial que realiza todos los cursos la Policía Local con los niños. Esta actividad y enseñanza continúa en la actualidad, siendo muy apreciada y valorada tanto por los niños como por los maestros de todos los colegios de la ciudad. El mismo periódico informa el 29 de diciembre de la puesta en marcha de un coro infantil y orquesta para niños y niñas de 9 a 11 años, que presentarán sus trabajos en el Conservatorio por Navidad, habiendo obtenido premios en 1998 y 1999 en el concurso de villancicos.

Comienza el curso escolar 2001-2002 con gran polémica por el tema del referéndum que se va a celebrar para decidir si se solicita o no la modificación de tiempos escolares (Jornada Única). La división de posturas llevará a la dimisión de la Junta Directiva del AMPA, con su presidente Javier Bercebal Guerrero al frente, según la información que ofrece el diario *Lanza* del 17 de septiembre del 2001. El mismo periódico se hace eco, el día 19, de la mediación que va a realizar el delegado provincial de Educación, José Fuentes.

El Consejo Escolar había aprobado en junio del 2001 la realización de un referéndum para que los padres y madres se manifestaran en torno a la Jornada Continua. Este mismo referéndum se realizó tanto en el sector de las familias como en el de los maestros. Dicho referéndum se celebró el 24 de septiembre del 2001 y salió aprobado en ambos sectores de la comunidad educativa.

En el claustro de profesores los maestros manifiestan su compromiso de llevar a cabo actividades complementarias y talleres por las tardes de 16 a 18 horas de lunes a jueves, siendo el horario escolar obligatorio por las mañanas de 9 a 14 horas. El profesorado impartirá en el curso 2001-2002 los talleres de Animación a la Lectura, Dramatización, Salud y Consumo, Aguja y Dedal, Ajedrez, Manualidades, Plástica, Juegos Matemáticos, Canciones Populares y Biblioteca. Estos acuerdos junto con el Proyecto de Tiempos Escolares se enviarán, para su aprobación, a la Junta de Comunidades de Castilla-La Mancha.

El AMPA sale al frente para colaborar y su nuevo presidente, Vicente Pozuelo Rayuela, comunica en el Consejo Escolar que los talleres programados por ellos se van a llevar a cabo con la ayuda del profesorado y van a ser los de Baloncesto, Fútbol Sala, Gimnasia Rítmica, Inglés y Pintura.

Durante el curso 2002-2003 se va normalizando la nueva situación de tiempos escolares y los maestros continuarán con el Proyecto de Medioambiente y se refuerza la biblioteca con una dotación de 5.000 euros para la compra de libros y material informático.

Los comedores escolares siguen aumentando en toda la provincia como consecuencia de la progresiva incorporación de las mujeres al trabajo fuera de casa. El diario *Lanza* publica el 13 de octubre del 2002 un reportaje sobre el «Comedor escolar del colegio Santo Tomás de Villanueva», en el cual se informa de que los iniciadores fueron José Fuentes Pastrana y Aurora Martínez. Dicho comedor lleva veinte años funcionando y la empresa Comarsa, C.B. lo lleva gestionando más de trece años, siendo hoy su responsable Magdalena Salazar con la supervisión del director del centro. En la actualidad trabajan en él unas 16 personas entre cocineras y auxiliares. Según el *DOC* del centro comen habitualmente unos 180 alumnos, de los cuales doce son del colegio Carlos Vázquez. Su precio era de 3,55 euros por niño y día, habiendo 45 becados por la Junta de Comunidades.

La modernización del centro implica una formación del profesorado y la Consejería de Educación organiza unos cursos de formación básica en informática, participando el colegio en el programa «Iníciate» con motivo de tener el aula Althia de ordenadores. Otro aspecto nuevo, y promovido por la Consejería de Educación, es la puesta en marcha del Plan de Evacuación en los centros con la finalidad de prevenir y preparar a los alumnos y maestros ante un posible riesgo general.

Una actividad muy apreciada por niños y maestros era la organizada por la Policía Local de Ciudad Real, la cual realizaba las V Jornadas de Educación Vial en el colegio. Dicho acto fue recogido por el diario *Lanza* el 23 de febrero del 2003 y la periodista Belén Rodríguez informa sobre la realización de prácticas de Educación Vial en el patio del colegio, participando en ellas más de mil niños de la ciudad. Las actividades varían según la edad; los más pequeños suben en los coches patrullas y motos de la Policía Local acompañados por algún agente, mientras que los mayores trabajan la parte teórica y luego harán la parte práctica en los circuitos con las bicicletas y los karts. La Policía Local dirige y organiza estas actividades para fomentar actitudes cívicas, respeto a las señales y normas de circulación, para que los niños aprendan a conducir de forma segura sus bicicletas y sean buenos peatones.

Los cursos van pasando y la Jornada Continua seguía funcionando, pero necesitaba un referéndum para ratificarse. El resultado de dicho referéndum fue favorable según consta en el acta del Consejo Escolar del 17 de febrero del 2004. Los resultados fueron los que refleja la tabla 23.

Una novedad importante en el curso 2004-2005 es la puesta en funcionamiento del aula matinal en el comedor escolar. Este servicio del comedor no había empezado en cursos anteriores debido a que era necesario un número mínimo de niños para su puesta en marcha. Su funcionamiento era desde las 8 de la mañana hasta las 9, ya que en ese momento comenzaban las clases.

Tabla 23

RESULTADO DE LAS VOTACIONES PARA LA JORNADA ÚNICA EN EL COLEGIO
SANTO TOMÁS DE VILLANUEVA, 2004

VOTANTES	VOTOS A FAVOR	VOTOS EN CONTRA
Padres/madres	400	17
Maestros/as	37	1
Consejo Escolar	12	0

Fuente: Actas del Consejo Escolar. Elaboración propia.

En el comedor escolar se produce una novedad importante, cesa la empresa Comarsa, C.B., al acabar el curso 2004-2005, y para el curso siguiente lo llevará la empresa Servicios de Hostelería Magdalena, S.L. El Consejo Escolar acuerda darle las gracias a la primera empresa por sus esmerados servicios con los comensales y el centro, y también le agradecen los electrodomésticos y utensilios que ha donado para el comedor.

La Junta de Comunidades de Castilla-La Mancha pone en marcha en el curso 2005-2006 el Plan de Conectividad Integral y dota al centro de sesenta ordenadores portátiles, cinco pantallas y cinco proyectores, y pone en marcha el Programa Delphos para sustituir al Programa Escuela 2.0. del MEC de gestión del centro.

En este curso 2005-2006 la plantilla del profesorado es la que reflejamos en la tabla de la página siguiente.

La composición del centro estaba formada por nueve unidades de Educación Infantil y dieciocho de Primaria, junto a los diversos profesores especialistas y de apoyo. El total lo componen 41 maestros, aunque alguno comparte horario con otros centros.

El curso 2006-2007 traerá la formación de un nuevo equipo directivo, que estará compuesto por Julián Rodríguez, director; José González, jefe de estudios, y Emilio Serrano, secretario. Entre los proyectos que piensan realizar durante su mandato están el funcionamiento a pleno rendimiento de la biblioteca del centro, continuar con el Proyecto de Medioambiente, fomentar la formación del profesorado en Informática, mejorar los porches de Educación Infantil, instalar cámaras de seguridad, fomentar las actividades extraescolares y complementarias, estrechar las relaciones de cooperación con el AMPA y participar en actividades que fomenten una buena alimentación de todos los alumnos. En el desarrollo y actualización de las nuevas tecnologías tuvo un papel muy importante Emilio Serrano, fomentando los grupos de trabajo y seminarios entre los profesores del centro para que luego apliquen los conocimientos informáticos a temas educativos y de enseñanza. El diario *Lanza* del día 18 de mayo del 2009 da la noticia sobre la mejor web educativa de Castilla-La Mancha e indica que ha sido realizada por el colegio Santo Tomas de Villanueva, obteniendo el premio «Web master».

Tabla 24
PROFESORADO DEL COLEGIO SANTO TOMÁS DE VILLANUEVA, 2005-2006

NIVEL/ESPECIALIDAD	MAESTROS/AS
Infantil de 3 años	Juana Merino, Luisa Jiménez y Ana Rosa Muñoz
Infantil de 4 años	Encarnación González, María Luisa Morales Muñoz y Rosario Pardo Benítez
Infantil de 5 años	Matilde Sánchez, Magdalena Ballesteros y María del Pilar Guerra Cañadas
Primaria	Beatriz Jiménez Alhambra, Charo Plaza Díaz, Gabriela Martín Jiménez, Ana Belén Gil López, Lucrecia Valverde Párraga, Petra E. Alcañiz, Carmen Monescillo, Amada Sáez, Nieves Pérez, Agustina Serrano, María Jesús Martín, Magdalena del Rey, José González, Julia Benítez, José Luis Muela, Aurelio Fernández, Vicente Almodóvar y María del Carmen Ruiz Turrillo
Inglés	Alejandra Mayoralas y Consuelo Gómez-Limón.
Educación Física	Carlos García de León, Emilio Serrano Marín y Enrique Alabau Dotor.
Música	Jesús Pavón Chocano
Pedagogía Terapéutica	Rosa María Fernández
Audición y Lenguaje	Victoria Moraleda (compartida con otro colegio)
Religión Católica	Almudena Rico.
Apoyo a Educación Infantil	Carmen Ciudad González
Orientadora	María Fernández
Trabajadora Social (PTSC)	Irene León Galán
Auxiliar Técnico Educativo (ATE)	José García Minguillán
Equipo directivo	Julián Rodríguez Pedraza, director; José González, jefe de estudios, y Vicente Almodóvar, secretario

Fuente: Actas de claustros. Elaboración propia.

La regularización e integración plena de los maestros provinciales se produce con la Orden EDU/1123/2009, de 24 de abril, publicada en el *BOE* el 8 de mayo del 2009, poniendo fin a su trayectoria e integrándolos en el colegio público Santo Tomás de Villanueva como funcionarios del Cuerpo de Maestros. Estos nuevos funcionarios son Petra E. Alcañiz, Julia Benítez, Carlos A. García de León Hornero, José González Auñón, María Jesús Martín, Magdalena del Rey, María de la Concepción Roldán, María del Carmen Ruiz, Amada Sáez y Lucrecia Valverde.

Según me manifiesta Aurelio Fernández, hubo maestros provinciales que no quisieron pasar a formar parte del Cuerpo de Maestros funcionarios de la Junta, estos fueron Nieves Pérez, Carmen Monescillo, Agustina Serrano y él mismo.

Miembros de la Asociación de Madres y Padres del colegio Santo Tomás de Villanueva con alumnos, 2007. Fuente: Archivo del centro.

En esta primera década del nuevo milenio, el profesorado está muy implicado tanto en la realización de actividades complementarias como en las extraescolares. Son numerosas las excursiones por toda España, por diferentes pueblos de Castilla-La Mancha y por la provincia de Ciudad Real. Los lugares escogidos para realizarlas se caracterizan, en la mayoría de las ocasiones, por su valor ecológico y paisajístico. Según consta en el Plan General Anual del curso 2008-2009 se hicieron excursiones a:

1. Lugares arqueológicos e históricos: Alarcos, Cerro de las Cabezas, Toledo, Aranjuez, Minas de Almadén, Córdoba y Consuegra.
2. Industrias: Mazalmendra de Malagón y varias bodegas de Valdepeñas.
3. Lugares y centros de protección de la naturaleza: Centro Astacícola de El Chaparrillo, Lagunas de Ruidera, Zoológico de Madrid y Tablas de Daimiel.
4. Puntos de reciclaje: Almagro.

En la capital se visitan en numerosas ocasiones el Palacio Provincial, Museo Provincial, Museo López-Villaseñor, Parque de Gasset, diversas iglesias y monumentos.

Para hacernos una idea de la importancia de las actividades que se realizaban en el centro y de su relevancia vamos a seguir las noticias que,

Arriba, visita a las minas de Almadén de alumnos del colegio Santo Tomás de Villanueva, 2006. Abajo, alumnos del colegio en la "encina de las mil ovejas" durante una excursión a Brazatortas, 2008. Fuente: Archivo del centro.

sobre ello, nos proporciona el *diario Lanza*. El 10 de noviembre del 2003 participan los 600 niños del colegio en la III Carrera Escolar Contra la Droga.

La periodista Aurora Galisteo escribe un artículo el 4 de junio del 2004 sobre las prácticas de Nutrición y Cocina que se realizan en el colegio

Santo Tomás de Villanueva dentro del programa «Aprende a comer, aprende a cocinar», promovido por IEDAR y la editorial Everest.

El mismo diario publica el 9 de junio del 2004 que se va a realizar una Campaña de Desayunos Saludables, patrocinada por el Ayuntamiento de Ciudad Real, el Colegio Oficial de Farmacéuticos y otras empresas del sector de la alimentación, en la cual el colegio va a tener una significativa participación de alumnos y de implicación.

En la participación en actividades deportivas, también destaca el colegio tanto en la cantidad de niños participantes como en los triunfos deportivos. Se celebró la XXXIII Carrera del Pavo, organizada por el Patronato de Deportes de la capital y la Federación de Atletismo el 31 de diciembre del 2006, y obtuvieron premios los alumnos Carlos Vera Hervás, Gabriel Barahona Molina y Elena Romero Flores.

Las actividades que promovía el Ayuntamiento a través de sus concejalías eran muchas y variadas a lo largo de estos años; por ello vamos a destacar algunas de ellas: Conoce tu Ciudad, Concurso de Belenes, Concurso de Marcapáginas, Carrera del Pavo, Carrera Escolar (Fomento del Atletismo) y Educación Vial, llevada a cabo por los policías locales Fernando González y Sara Expósito.

Maestros y maestras del colegio Santo Tomás de Villanueva cantando villancicos en el patio, 2008. Fuente: Archivo del centro.

A nivel interno del colegio se han ido realizando todos los cursos actividades para Navidad (Adorna el Centro, concurso de villancicos, chocolatadas, belenes), Día del Árbol, Día de la Paz, Día del Libro, Día de la Constitución, Carnaval, Semana Cultural, campañas solidarias de recogida de alimentos, campañas medioambientales de siembra de plantas y árboles en el colegio, etc.

Una actividad nueva, iniciada en el cuso 2009-2010, fue la Campaña sobre el Consumo de Fruta en las Escuelas, financiada por la Unión Europea y cuyo objetivo era promocionar unos hábitos saludables en la alimentación, disminuir la obesidad y las enfermedades asociadas. En ella se distribuía durante varios meses frutas en la hora del recreo a todos los niños y niñas, y se realizaban en las aulas actividades referidas a dicha campaña.

Arriba, la Policía Local de Ciudad Real impartiendo Educación Vial a alumnos del colegio Santo Tomás de Villanueva, 2008. Abajo, maestras del colegio durante el Carnaval, 2008. Fuente: Archivo del centro.

En el curso 2009-2010 aparece la llamada gripe A y el Ministerio de Sanidad y la Junta de Castilla-La Mancha inician en los colegios una campaña de prevención y utilización de medidas higiénicas para evitar posibles contagios. Un año después la Organización Mundial de la Salud dará por finalizada la citada gripe. En los colegios se toman medidas preventivas en la limpieza de los servicios y aulas, se lleva a cabo una concienciación sobre las medidas que todos debemos realizar en el colegio (lavado de manos con jabón, forma adecuada de toser, no compartir objetos, ventilar aulas, etc.). Según las instrucciones recibidas se constituyó una Comisión de Seguimiento, constituida por el equipo directivo, algunos maestros, padres o madres y el inspector de Educación del colegio. La Junta de Castilla-La Mancha envía a los colegios un folleto informativo llamado *Criterios generales de actuación frente a la Gripe pandémica A(H1N1) en el ámbito escolar*, realizados con la colaboración del Ministerio de Sanidad y el Ministerio de Educación. En ella se especifican las características de la gripe A, las medidas de prevención, medidas de protección y actuación, planificación, coordinación y control. Esta información se completó con el envío de la *Guía sobre la nueva gripe para las familias*. En esta ocasión la gripe A pasó de largo, pero en el año 2020 será diferente.

Para finalizar el estudio de esta primera década vamos a realizar unos cuadros estadísticos que nos van a permitir conocer el alumnado del centro y el comedor escolar.

Tabla 25

ALUMNADO DEL COLEGIO SANTO TOMÁS DE VILLANUEVA, 2004-2010

ALUMNOS	2004-2005	2006-2006	2006-2007	2007-2008	2008-2009	2009-2010
Número de alumnos	665	636	627	606	618	616
Procedencia extranjera	14	21	25	30	32	29

Fuente: Programa Delphos. Elaboración propia.

Como podemos observar, el número de alumnos del centro pasa de los 600, aunque va disminuyendo ligeramente a lo largo de la década.

Los datos que tenemos del comedor escolar son los que se expresan en la tabla de la página siguiente. El uso del comedor ha ido aumentando a lo largo de estos años debido a la sucesiva incorporación de la mujer al trabajo y a la conciliación laboral de las familias. Las becas pueden ser al 100% del coste en su mayoría y al 50% del coste un 5% de ellas. La mayoría de estas becas son otorgadas por la Junta de Castilla-La Mancha y una pequeña parte por el Ayuntamiento de Ciudad Real. El aula matinal ha ido creciendo desde su creación en el curso 2004-2005, dando un servicio alimenticio, educativo y social a las familias que lo necesitan para que sus progenitores puedan compaginar sus trabajos y situaciones personales y familiares.

Tabla 26

COMEDOR Y AULA MATINAL DEL COLEGIO SANTO TOMÁS DE VILLANUEVA, 2001-2010

CONCEPTOS	2001-2002	2002-2003	2003-2004	2004-2005	2005-2006	2006-2007	2007-2008	2008-2009	2009-2010
Comensales	218	180	-	-	-	-	280	286	273
Becas	24	45	-	-	-	78	80	94	93
Precio/día (€)	-	3,55	-	-	-	-	-	4,29	4,29
Aula matinal	-	-	-	empieza	-	-	-	27	53
Precio/día (€)	-	-	-	-	-	-	-	2,22	2,22
Empresa	Comarsa, C.B.			Magdalena, S.L.					

Fuente: *DOC*, Programa Delphos. Elaboración propia.

Personal del comedor escolar del colegio Santo Tomás de Villanueva. Premio Castilla-La Mancha, 2007. Fuente: Archivo del centro.

En lo que respecta a las reformas y obras necesarias para el centro, se han ido realizando según las necesidades de cada momento. La Diputación sigue colaborando en varias obras, y en el curso 2002-2003 llevó a cabo la reforma de las aulas de Educación Infantil para ampliarlas y también puso varios radiadores en la galería de la planta baja. Al curso siguiente construirá un despacho para el equipo psicopedagógico y otro para la maestra de Audición y Lenguaje.

La Consejería de Educación lleva a cabo la puesta en funcionamiento de una caldera en el comedor en el curso 2001-2002, ya que hasta ese momento se

Maestras del colegio Santo Tomás de Villanueva, 2009. Fuente: Archivo del centro.

calentaba con la calefacción proveniente del IES Alarcos, el aire acondicionado en el comedor y la reforma de los porches en el curso 2005-2006. También colaboró la editorial SM con la donación del aire acondicionado para el aula Althia en el curso 2005-2006 y para la biblioteca de centro en el 2006-2007.

Durante todos estos años el Ayuntamiento de Ciudad Real organizaba, durante el verano, en las instalaciones del colegio la Escuela de Verano.

3.2. EL CEIP SANTO TOMÁS DE VILLANUEVA (2010-2020)

El colegio es uno de los más demandados por parte de las familias y continuará creciendo tanto en el número de alumnos como en profesorado y servicios educativos. Para conocer el devenir del colegio a lo largo de esta década vamos a utilizar la *Programación General Anual (PGA)*, memorias del centro, actas del claustro, actas del Consejo Escolar, periódicos y entrevistas personales.

El claustro de profesores está formado durante el curso 2010-2011 por los maestros y maestras que se reflejan en la tabla de la página siguiente.

El número total del profesorado asciende a 46 personas, de las cuales solo quedan diez de los antiguos maestros provinciales. Otro dato interesante es la composición de la plantilla, que está formada por 35 maestras y 11 maestros. En la distribución del profesorado por etapas y niveles podemos decir que en Educación Infantil todas son maestras y de 1º de Primaria a 4º también. En los niveles de

Tabla 27
PROFESORADO DEL COLEGIO SANTO TOMÁS DE VILLANUEVA, 2010-2011

NIVEL/ESPECIALIDAD	MAESTROS/AS
Infantil de 3 años	Isabel Castillo Solano, Matilde Sánchez Vaquero y Pilar Guerra Cañadas.
Infantil de 4 años	Carmen Toledano, Luisa Jiménez y Eva María Castillo
Infantil de 5 años	Charo Pardo Benítez, María Luisa Morales Muñoz y María José Olivares.
Primaria	De 1º a 4º: Pilar Centellas, Gabriela Martín, Charo Plaza, Lucrecia Valverde, Ángela Rodríguez-Rey, Petra E. Alcañiz, Amada Sáez, Carmen Monescillo, Nieves Pérez, Carlos García de León, Magdalena del Rey y Agustina Serrano. De 5º y 6º: José Luis Núñez, Eduardo Quintana, José Luis Muela, María Jesús Martín, Jesús Pavón y Aurelio Fernández
Inglés	Alejandra Mayoralas, Consuelo Gómez Limón, Julio Díaz Coello y María Jesús García Rivera
Educación Física	Emilio Serrano, Enrique Alabau, Cesar González y María del Mar Díaz Sanz
Música	Sin asignar
Pedagogía Terapéutica	Rosa María Fernández e Irene García Almodóvar
Audición y Lenguaje	Victoria Moraleda
Religión Católica	Almudena Rico
Apoyo a Educación Infantil	Carmen Ciudad y Magdalena Ballesteros
Orientadora	Sonia Camacho González
Trabajadora Social (PTSC)	Irene León Galán
Auxiliar Técnico Educativo (ATE)	Manoli Nieto Muñoz
Equipo directivo	Julián Rodríguez Pedraza, director; Julia Benítez, jefa de estudios, y Emilio Serrano, secretario

Fuente: Acta del claustro de 7 de septiembre de 2010. Elaboración propia.

5º y 6º de Primaria el 83,33% son maestros y el 16,67% son maestras. En lo que respecta a los especialistas, el 66,66% son maestras y el 33,33% son maestros.

Al equipo directivo se incorpora Julia Benítez como jefa de estudios y estará en el cargo hasta el curso 2014-2015 inclusive. En el curso 2015-2016 se elige nuevo equipo directivo que está formado por Enrique Alabau Dotor, director; César González, jefe de estudios, y Emilio Serrano, secretario. Este equipo permanecerá en el cargo hasta el curso 2021-2022 inclusive.

Un aspecto importante en la organización y dinámica del centro educativo es la incorporación en el curso 2013-2014 de un aula TEA (Trastornos de Espectro Autista). Dicha aula estaba dotada de una maestra de Audición y Lenguaje (AL), de una maestra de Pedagogía Terapéutica (PT)

Claustro de profesores del colegio Santo Tomás de Villanueva, 2011. Fuente: Archivo del centro.

y de una auxiliar técnico educativo (ATE). Estos puestos fueron ejercidos por Milagros Sánchez González (PT), Edilia Ávila (AL) y Jacoba Gómez (ATE). Para el curso 2014-2015 se incorpora como fisioterapeuta Joaquín Casas, a tiempo parcial.

La formación del profesorado del centro es completamente necesaria para ir afrontando los nuevos retos que se plantean en la enseñanza del alumnado y para ello se realizarán varios cursos de formación en Inglés, Informática, uso del programa Delphos, pizarras digitales y Programa Carmenta (2019-2020). También es necesario que el profesorado esté preparado en el tratamiento y prevención sobre diabetes, dislexia, alergias alimentarias y primeros auxilios. Para ello se organizan unos cursos en colaboración con el AMPA del colegio.

El nuevo director, Enrique Alabau, se encarga de promover una serie de iniciativas, apoyadas por el profesorado, como son:

- Funcionamiento operativo de la biblioteca del centro.
- Continuar desarrollando el Proyecto de Medioambiente.
- Fomentar la Semana Cultural.
- Colaborar con el AMPA en el desarrollo de actividades.
- Publicar el periódico *El Tomaso* de forma trimestral.
- Promover el huerto escolar.
- Fomentar las actividades culturales y deportivas.

Arriba, aula Althia del colegio Santo Tomás de Villanueva, 2016. Abajo, visita de los Reyes Magos a un aula del colegio, 2016. Fuente: Archivo del centro.

- Desarrollar los proyectos: «Patio», «Alumno ayudante», «Tutoría compartida», «Escuela de padres y madres» y «Jornadas sobre el acoso escolar».
- Fiestas de graduación de Infantil de 5 años y de 6º de Primaria.

La colaboración del AMPA ha sido muy importante y fundamental a lo largo de estos años, primero con su presidente José Barahona y luego con sus sucesores David Guirao y Conchi Moraleda. Las actividades desarrolladas han estado en conexión con los problemas y necesidades de la vida real de estos tiempos.

De espectaculares podríamos calificar las semanas culturales por su temática, trascendencia, grandiosidad e implicación de toda la comunidad educativa. A lo largo de los cursos se han realizado de las siguientes temáticas: «La tumba de Tutankamón», 2013-2014; «Los íberos», 2014-2015; «Roma a través de su ejército», 2015-2016; «La Edad Media», 2016-2017; «El Renacimiento», 2017-2018; «El cine», 2018-2019 y «Los Juegos Olímpicos», 2019-2020.

Su espectacularidad se reflejó no solo en el centro ante padres, madres y familiares, sino en los reportajes que los periódicos *Lanza* y *La Tribuna* emitían cada año dando información de las mismas.

Entre las actividades realizadas con la colaboración del profesorado y el AMPA en el último quinquenio vamos a destacar las que siguen: «Semana de la Ciencia», «Visita de los Reyes Magos», «Día de la Música», «Día sobre la Violencia de Género»; y los siguientes talleres y charlas: «Alimentos kilométricos», «Con la comida no se juega», «Cuaderno de Campo», «Semilleros», «El agua, alimento vital», «Transgénicos y biodiversidad», «Primeros Auxilios», «Huerto Escolar» y «Alergias alimentarias».

Estas actividades y talleres se complementaban, junto a las siguientes iniciativas realizadas por el profesorado: «Día Internacional del Niño», «Día de la Diabetes», «Día de la Mujer», «Día del Medioambiente», «Día de la Paz», «Día del Libro», «Día de los Museos», «Día de la Constitución», «Día Internacional de las Personas con Discapacidad», «Día Mundial del Autismo», «Día de la Mujer Trabajadora», «Día del Padre», «Día de la Madre», «Carnaval», «Halloween» y «Actividades de Navidad».

Alumnos del colegio Santo Tomás de Villanueva durante Carnaval, 2012. Fuente: Archivo del centro.

En colaboración con el Ayuntamiento capitalino se realizaron: «Circuito Urbano en Bicicleta», «Semana Europea del Deporte», «Actividad Multideporte», «Carrera del Pavo», «Conoce tu Ciudad», «Conciertos Didácticos» y «Educación Vial». También se participó en la celebración del primer centenario de la creación del Parque de Gasset junto al resto de los colegios de la ciudad. Dicho parque, ideado por Miguel Pérez Molina y llevado a efecto por José Cruz Prado, es hoy el principal pulmón de la ciudad.

Actividades de Educación Vial en 2012 (arriba) y 2016 (abajo). Fuente: Archivo del centro.

Con el IES Alarcos se realizó un taller de Cocina durante varios cursos, siendo una actividad muy motivadora para los niños y niñas.

La empresa RSU ha realizado actividades sobre reciclado y cuidado de la naturaleza durante varios años en el colegio, resultando muy atractiva y práctica para los alumnos.

El Museo Provincial ha venido desarrollando unos talleres sobre Arqueología e Historia Natural en las dependencias del centro de forma muy práctica y que ha suscitado mucho interés y curiosidad para los niños de todas las edades.

La Policía Nacional y la Guardia Civil también han colaborado con el colegio, la primera con unas charlas sobre el uso adecuado de internet y las redes sociales, y la segunda ha desarrollado actividades con sus perros y motos en el patio del colegio, colaborando también el Seprona.

Se realizaban actividades con un carácter solidario como la «Chocolatada navideña», cuya recaudación se entregaba a las Hermanitas de los Pobres, «Campaña de recogida de tapones» en favor de Autrade, «El belén solidario» en el cual se recogían alimentos para las familias necesitadas y la «Campaña de recogida de material escolar» para el pueblo saharaui.

Entrega de productos al Banco de Alimentos por alumnos del colegio Santo Tomás de Villanueva, 2016. Fuente: Archivo del centro.

En cuanto a las actividades de carácter ecológico y medioambiental se continuó desarrollando el «Proyecto de Educación Ambiental», y en el curso 2015-2016 se realizaron «Decálogo ecológico», «El rincón del reciclado», «Patrullas ecológicas» y una exposición de juguetes confeccionados con materiales reciclados. Durante el curso 2016-2017 y posteriores se llevó a cabo el proyecto «Espantapájaros del huerto». En dicho proyecto colaboraron el AMPA, el Ayuntamiento de Ciu-

Huerto escolar del colegio Santo Tomás de Villanueva, 2016. Fuente: Archivo del centro.

dad Real y la Diputación. Esta actividad conllevó el acondicionamiento de una zona en el patio para poner un pequeño huerto, la implicación del profesorado y numerosas actividades y charlas sobre plantas, semillas, alimentos, agua, etc.

El proyecto anterior, tan ambicioso en materia medioambiental, se complementaba con innumerables excursiones y visitas a lugares relacionados con la naturaleza. A lo largo de los cursos se visitaron el Parque Nacional de Cabañeros, el de las Tablas de Daimiel, las Lagunas de Ruidera, Luciana, el centro ambiental El Brazuelo, San Pablo de los Montes, casas forestales de Urda, Valle del Jerte, Parque Forestal de La Atalaya, Sierra Nevada, Granja Orea y Zoológico de Madrid.

Las excursiones de tipo cultural e histórico se realizaron a Córdoba, Consuegra, Museo Naval de Viso del Marqués, Motilla del Azuer, Almadén, Castillo de Calatrava, Corral de Comedias, Museo del Quijote, monumentos de Ciudad Real, etc.

Famosas fueron las excursiones de final de curso de los alumnos de sexto de Primaria con carácter fundamentalmente lúdico, entre ellas están las que se realizaron a Micrópolis, Parque Warner, Parque de Atracciones, Faunia, el Oceanográfico de Valencia y la Ciudad de las Artes y las Ciencias.

El deporte escolar es otra de las actividades que se fomentaban en el centro y su reconocimiento se puso de manifiesto en la quinta edición de Premios del Deporte Escolar, en la cual se otorga un premio al maestro del colegio José Antonio Antona[48].

Un acto muy entrañable, que se sigue realizando año tras año, es la graduación de los niños de 5 años y los de 6º de Primaria. A él asisten padres, madres y familiares y se realiza en el salón de actos de la Residencia Universitaria de la Diputación.

Excursión de alumnos del colegio Santo Tomás de Villanueva a Doñana en 2012 (arriba), y a Viso del Marqués en 2011 (abajo). Fuente: Archivo del centro.

Ante los tiempos actuales, que requieren actuaciones diversas para ayudar a los niños y a sus familias, se establecen unos "protocolos de actuación" ante el acoso escolar, la violencia de género, las intolerancias alimentarias, las enfermedades crónicas, el absentismo, la diabetes, la incorporación de niños extranjeros con desconocimiento del idioma castellano y la evacuación del centro ante una posible urgencia.

El comedor escolar y el aula matinal prestan un papel fundamental en la conciliación laboral además de ayudar en la educación alimentaria de los niños. Hemos realizado con la ayuda del director del centro, Enrique Alabau, la siguiente tabla estadística que nos va a permitir conocer mejor este servicio que el centro da a la comunidad educativa.

Visita al Palacio de la Diputación de alumnos del colegio Santo Tomás de Villanueva, 2017. Fuente: Archivo del centro.

La empresa del comedor, Servicios de Hostelería Magdalena, S.L., estaba dirigida por Magdalena Salazar Cano desde hacía veinte años y su labor desde el comienzo ha sido magnífica, sin embargo, se ve obligada a dejar el comedor escolar como consecuencia de las normas puestas por la Consejería de Educación en el año 2014.

Tabla 28

COMEDOR Y AULA MATINAL DEL COLEGIO SANTO TOMÁS DE VILLANUEVA, 2010-2020

CONCEPTOS	2010-2011	2011-2012	2012-2013	2013-2014	2014-2015	2015-2016	2016-2017	2017-2018	2018-2019	2019-2020
Comensales	264	262	191	175	167	210	197	194	200	205
Becas	77	96	87	32	36	37	41	37	40	65
Precio/día (€)	4,33	4,49	4,66	4,77	4,65	4,65	4,65	4,65	4,65	4,65
Aula matinal	67	64	37	39	57	62	58	60	55	60
Precio/día (€)	2,25	2,33	2,33	2,48	2,48	2,48	2,48	2,48	2,48	2,48
Empresa	Magdalena, S.L.				Prado			Franja Quality		

Fuente: Programa Delphos, memorias y actas. Elaboración propia.

José María Velázquez, padre de un alumno del centro, escribe una carta a la directora del periódico *Lanza*, publicada el 13 de septiembre del 2014, en la cual manifiesta su impecable labor a lo largo de los años y lamenta que la Consejería no le haya adjudicado el servicio de comedor, siendo una persona que fue premiada por la propia Consejería de Educación en marzo del 2008 por sus méritos y buen hacer al frente de dicho comedor escolar.

Las becas del comedor son, en su mayoría, otorgadas por la Junta de Castilla-La Mancha, complementadas por las concedidas por el Ayuntamiento y en alguna ocasión por la Diputación. Las cuantías de las mismas son del 100% del coste y otras del 50%.

Tabla 29

PROFESORADO DEL COLEGIO SANTO TOMÁS DE VILLANUEVA, 2015-2016

NIVEL/ESPECIALIDAD	MAESTROS/AS
Infantil de 3 años	María Isabel Castillo, María Luisa Jiménez y María José Olivares
Infantil de 4 años	Araceli Fernández, Charo Pardo y María Luisa Morales
Infantil de 5 años	María José Alcaide, Matilde Sánchez y María del Pilar Guerra
Primaria	Antonia Lozano, Ángeles Rodríguez-Rey, Charo Plaza, Carmen Toledano, Eva Castillo, María Fernández, Lucrecia Valverde, Petra E. Alcañiz, Laura Díaz, Consuelo Gómez-Limón, Evelia Manzanares, Carlos García de León, Julia Benítez, María Jesús Martín, Julián Rodríguez, Leopoldo Vila, Julio Díaz y otra por asignar
Inglés	Alejandra Mayoralas, Consuelo Gómez-Limón, Julio Díaz y María Jesús García
Educación Física	Emilio Serrano, Enrique Alabau, César González y Ciriaco Sánche
Música	Juan José Lladó
Pedagogía Terapéutica	Rosa María Fernández
Audición y Lenguaje	María José Martínez
Religión Católica	Almudena Rico y Felipe Pulla
Equipo TEA	Milagros Sánchez (PT), Edilia Ávila (AL) y Jacoba Sánchez (ATE)
Orientadora	Sonia Camacho González
Trabajadora Social (PTSC)	Irene León Galán (compartida con otro centro)
Auxiliar Técnico Educativo (ATE)	Manuela Nieto
Fisioterapeuta	Joaquín Casas (a tiempo parcial).
Equipo directivo	Enrique Alabau Dotor, director; César González, jefe de estudios, y Emilio Serrano Marín, secretario

Fuente: Acta del claustro de 8 de septiembre de 2015. Elaboración propia.

El horario del aula matinal es de 7,30 horas hasta las 9 de la mañana y el del comedor es de 14 a 16 horas de octubre a mayo.

Los menús del comedor se establecen mensualmente y se entregan a las familias para su conocimiento, haciendo excepciones con los niños que tienen alguna intolerancia alimentaria o alergia a algún tipo de alimento. Dichos menús son revisados por la Consejería de Sanidad y aprobados en el Consejo Escolar.

Los objetivos que se plantean en el comedor escolar del centro son: 1º) Conseguir unos hábitos alimenticios saludables, 2º) Garantizar una dieta equilibrada, 3º) Favorecer el compañerismo, el respeto y la tolerancia, 4º) Establecer un entorno físico y social saludable y 5º) Favorecer la adquisición de hábitos higiénicos. La cooperación de la empresa del comedor con el colegio fue buena en las campañas de «Desayuno saludable» y la de «Consumo de frutas».

Tras conocer el servicio tan importante que proporciona el comedor del centro, vemos en la tabla de la página anterior la evolución de la plantilla del profesorado con los datos del curso 2015-2016.

La plantilla del profesorado no varía sustancialmente con respecto a la del 2010, exceptuando la supresión del puesto de apoyo a Educación Infantil.

Para estudiar la evolución del alumnado hemos realizado, junto a Emilio Serrano, la siguiente tabla estadística.

Tabla 30

ALUMNADO DEL COLEGIO SANTO TOMÁS DE VILLANUEVA, 2010-2020

ALUMNADO	2010-2011	2011-2012	2012-2013	2013-2014	2014-2015	2015-2016	2016-2017	2017-2018	2018-2019	2019-2020
Alumnos	633	633	636	634	661	691	685	679	662	682
Dan Religión	-	491	487	494	502	537	527	502	465	465
Extranjeros	26	25	21	18	15	17	17	13	16	20

Fuente: Programa Delphos. Elaboración propia.

Al acabar la segunda década del siglo XXI, las aulas tienen una ratio media de 25 alumnos, siendo uno de los colegios más demandados de la capital a pesar del descenso paulatino de la natalidad, que se ha ido produciendo en estos años.

3.3. LA PANDEMIA COVID-19 Y EL PROCESO DE DIGITALIZACIÓN

Llegó el curso 2019-2020, que no olvidaremos nunca por la pandemia del Covid-19. Se comienza con ilusión y ganas de trabajar, pero el 14 de marzo del 2020 la Junta de Comunidades de Castilla-La Mancha suspende las clases y se cierran los colegios de manera indefinida. Se pusieron en marcha, dadas las circunstancias, todos los medios posibles para estar en comunicación con los alumnos y sus familias, y así poder seguir ayudándoles en los

Visita al Museo de Ciudad Real de alumnos del colegio Santo Tomás de Villanueva, 2019. Fotografía de Lucrecia Valverde.

aprendizajes escolares. Las dificultades son grandes en los primeros momentos porque el profesorado carece, en su mayoría, de la formación adecuada y de las herramientas más convenientes para comunicarse con los alumnos y sus familias. El equipo directivo hace un gran esfuerzo para que el alumnado disponga de los medios tecnológicos mínimamente necesarios para establecer la comunicación con los maestros. Era un objetivo evitar la brecha digital; para ello se ponen en contacto con todas las familias y así poder detectar las carencias y necesidades particulares. Se distribuyen todos los miniordenadores que había de cursos anteriores y se intenta que todos tengan las herramientas mínimas para establecer comunicación con sus maestros y maestras.

Los alumnos de 5º y 6º disponen de herramientas y medios suficientes, ya que poseen libros digitales, tabletas propias y de la Junta, y están más acostumbrados a usar los medios de comunicación modernos, debido al uso y manejo del Programa Carmenta. El alumnado de Educación Infantil y de los primeros cursos de Primaria tiene que ser ayudado por sus familiares y el resto con supervisión de los mismos. Todos ellos disponen de sus libros de texto en papel y para los que tienen brecha digital el centro resuelve la situación en cada caso.

El profesorado usa los antiguos ordenadores Toshiba, algunos más modernos que ha proporcionado la Junta y los ordenadores de su propiedad particular. Las formas de comunicarse son Papas 2.0, Google Drive, correo electrónico, classroom, videoconferencia (plataforma Meet) y el teléfono particular de cada maestro. El profesorado hace un esfuerzo sin precedentes a nivel humano, tecnológico, educativo y de enseñanza, empleando muchísimas horas para poder atender las necesidades de las familias y de sus alumnos. Este curso acabará con la promoción de todos los alumnos.

El curso se había iniciado con muchas ganas de trabajar por parte de toda la comunidad educativa y al acabar el primer trimestre publican el número 50 de *El Tomaso* en formato digital, tras muchos años sin haberse editado. Toda una novedad donde se da cabida a la expresión de padres, madres, alumnos, profesorado y AMPA.

Arriba, doña Lucrecia con sus alumnos a la entrada del colegio Santo Tomás de Villanueva, 2020. Abajo, alumnos del colegio premiados en la unidad didáctica sobre Juan II de Castilla, 2021. Fuente: Archivo del centro.

Tras la pandemia provocada por el Covid-19 y la crisis económica y energética del 2022 la natalidad presenta unos parámetros muy bajos y ello va a provocar en la capital un descenso en los niños matriculados en los colegios. Si observamos la tabla 31 del profesorado podemos comprobar que los cursos de Educación Infantil y 1º de Primaria son dos por nivel y no tres como eran desde hacía muchos años.

El curso 2021-2022 se inicia con muchas dificultades, pero con muchas ganas y fuerzas. Se participa en el programa del Ayuntamiento sobre unidades de trabajo referidas a temas de «Patrimonio local de Ciudad Real» y obtienen el primer premio con la unidad didáctica «Juan II en Ciudad Real. VI Centenario de nuestra Real Ciudad».

Las actividades comienzan a tener presencia en este nuevo curso y se dedica un día muy especial al tema del autismo.

El Día de la Paz, que se celebraba desde tiempos inmemoriales, también tuvo sus actividades realizadas por todos los componentes del centro.

El curso 2022-2023 se inicia sin las restricciones sanitarias que han tenido los colegios durante los dos últimos cursos y con un equipo directivo nuevo formado por Emilio Serrano, director; María de los Ángeles Morena, jefa de estudios, y Noelia Ruiz, secretaria.

La plantilla del profesorado queda como se indica en la tabla de la página siguiente.

Celebración del Día de la Paz en el colegio Santo Tomás de Villanueva, 2022. Fuente: Archivo del centro.

Claustro de profesores del colegio Santo Tomás de Villanueva, curso 2021-2022. Fuente: Archivo del centro.

Tabla 31

CLAUSTRO DEL CEIP SANTO TOMÁS DE VILLANUEVA, 2022-2023

NIVEL/ESPECIALIDAD	MAESTROS/AS
Infantil de 3 años	Raquel Pecharromán y Paloma Pérez.
Infantil de 4 años	María José Olivares y Araceli Fernández
Infantil de 5 años	Soledad Cortés y María José Delgado
Primaria	1º Carmen Toledano, Eva María Castillo; 2º Juan José Lledó, Noelia Ruiz y Maribel Castillo; 3º Consuelo Gómez-Limón, Belén Márquez y Rodrigo Plaza; 4º Lucrecia Valverde, María Fernández y Ascensión de los Ángeles; 5º Julia Benítez, Rafael Rodríguez y Petra Elena Alcañiz y 6º María de los Ángeles Morena, María José Díaz, Sara Benito y Francisco Sánchez
Inglés	María Jesús García, Alejandra Mayoralas y Julio Díaz
Educación Física	César González Madrid, Ciriaco Sánchez y Emilio Serrano
Música	María de la Paz Segundo
Pedagogía Terapéutica	Rosa Fernández Yáñez
Audición y Lenguaje	María Edilia Ávila
Religión católica	Felipe Pulla y Almudena Rico
Apoyo Infantil	Josefina Morales
Equipo TEA	Julia Conchán (PT), Marta Moraleda (AL) y Jacoba Gómez (ATE)

Tabla 31 (continuación)
Claustro del CEIP Santo Tomás de Villanueva, 2022-2023

Nivel/especialidad	Maestros/as
Orientador Trabajadora Social (PTSC) Auxiliar Técnico Educativo (ATE) Equipo Directivo	Domingo Díaz Sonia Barrionuevo (compartida con otro centro) Manuela Nieto Emilio Serrano, director; María de los Ángeles Morena Naranjo, jefa de estudios, y Noelia Ruiz López del Prado, secretaria.

Fuente: Página web del centro. Elaboración propia.

3.4. AYER Y HOY. DE HOSPICIO PROVINCIAL A CEIP SANTO TOMÁS DE VILLANUEVA

El antiguo convento de los Franciscos Observantes, desamortizado en el siglo XIX, ha sufrido a lo largo de los 200 años transcurridos muchas transformaciones materiales, funcionales y de tipo vivencial.

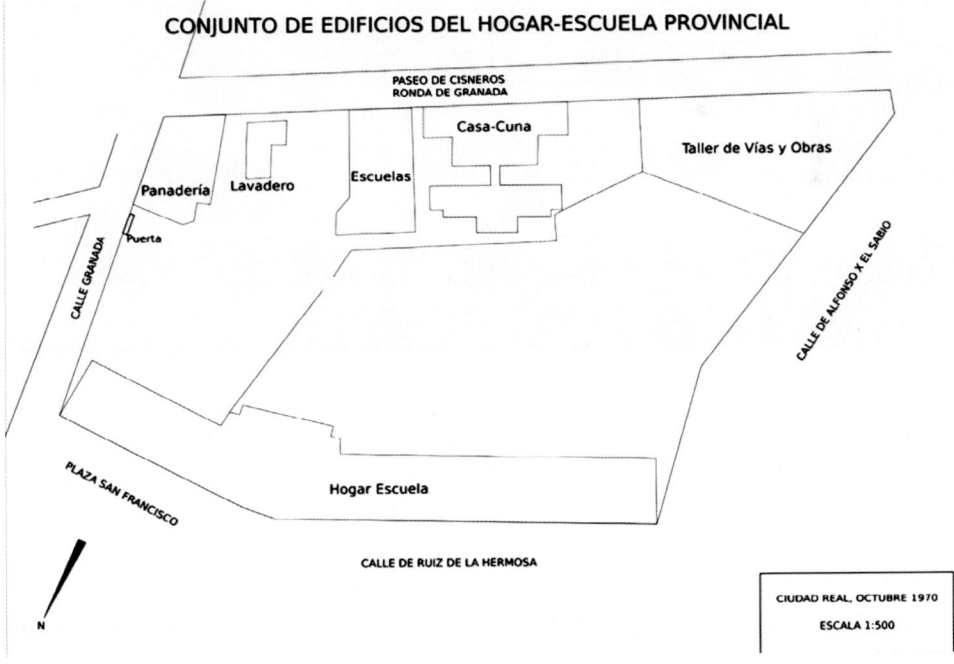

Plano de edificios y terrenos del Hogar Provincial, 1970. Fuente: Archivo General de la Diputación, caja 542.

La Diputación instaló los establecimientos de Beneficencia, que a lo largo de muchos años se han ido transformando y dando lugar en la actualidad, gracias a la desaparición de la antigua Ley de Beneficencia y a los cambios sociales, a unos edificios, espacios y funciones totalmente diferentes.

Desde 1995, en el espacio que ocupó el Hospicio Provincial, se sitúan el colegio Santo Tomás de Villanueva, la Residencia Universitaria Santo Tomás de Villanueva, el IES Santa María de Alarcos con su pabellón deportivo, el Centro de Exposiciones (CEX) y el Servicio de Gestión Tributaria y Recaudación de la Diputación. ¡Qué lejos quedan las pretensiones de asistencia benéfica!, donde comer, vestir y subsistir era casi un milagro.

Gracias a los esfuerzos de todas las personas se modifican espacios, maneras de hacer y de pensar, y por ello la sociedad progresa en beneficio de la humanidad. Las personas que han dirigido la Diputación y sus trabajadores han conseguido un espacio abierto y para todos, que todos debemos valorar y mejorar con nuestras aportaciones.

Vista aérea de los edificios actuales que ocupan el espacio del antiguo Hospicio Provincial. Fuente: Google Earth, 2022.

3.5. LA DIPUTACIÓN, EDUCACIÓN Y CULTURA EN EL II MILENIO

En las décadas anteriores al nuevo milenio eran frecuentes y amplios los convenios de colaboración con el MEC y ahora van a ser con la Junta de Comunidades de Castilla-La Mancha puesto que tiene transferidas las competencias en materia de Educación.

La Diputación de Ciudad Real, en los primeros años, llega a un acuerdo con la Junta para acabar los institutos cuyas obras estaban sin finalizar y ampliar las instalaciones de otros. También establece una estrecha colaboración para acabar el Conservatorio de Música de Ciudad Real. Las universidades populares se extienden, con el apoyo de la Diputación, a toda la provincia, llegando a ser 49 en el año 2000 y teniendo un apoyo económico de 26 millones de pesetas.

En lo referido a la promoción de la cultura en los pueblos se da otro impulso económico a las bibliotecas municipales. En la capital consolida el Centro de Exposiciones (CEX) como referente en el arte, exposiciones y eventos culturales. Otra gran consecución es la promoción de la Feria del Libro y la consolidación de la Biblioteca de Autores Manchegos (BAM).

Universidad y Diputación han ido de la mano desde sus comienzos con numerosas ayudas, becas de investigación, becas universitarias, ayudas para alojamientos universitarios, etc.

En lo referido al deporte ha sostenido numerosas ayudas al deporte profesional, escolar y de personas discapacitadas. Las subvenciones para instalaciones deportivas con destino a los ayuntamientos provinciales y clubs son numerosas y constantes en el tiempo.

La Corporación Provincial sigue en contacto con los colegios y otorga a las AMPAS ayudas para su funcionamiento y realización de actividades en sus respectivos colegios. Ante las dificultades económicas surgidas al finalizar la primera década, la Diputación convocó ayudas para libros de texto, material escolar y comedor destinadas a los niños de los colegios.

En 2018, con motivo de cumplirse el 125 aniversario de la inauguración del Palacio Provincial, la Diputación programa unas visitas guiadas y teatralizadas para los colegios, que tuvieron una gran acogida por los niños y profesorado.

Ante la emergencia sanitaria provocada por el Covid-19, la Diputación convoca el 19 de septiembre de 2020 un plan especial para el refuerzo de la limpieza en los colegios llamado «Colegio Seguro». Se envían, según el tamaño del centro, una o varias personas para reforzar la limpieza diaria de las instalaciones de los colegios durante el curso escolar. El diario *La Tribuna* publica el 27 de agosto de 2021 la información del plan «Colegio Seguro» indicando que va a continuar y, según manifiesta José Manuel Caballero, el año anterior se invirtieron en él 1.150.000 euros y se dio trabajo a 235 personas y para el curso 2021-2022 se van a destinar 1.692.000 euros y va a dar empleo a unas 500 personas. Estas personas van a dedicarse fundamentalmente a la limpieza y desinfección, a lo largo de la jornada escolar, de los lugares y objetos donde tocan los escolares con más asiduidad.

Para finalizar, vamos a indicar que en el año 2021 la Corporación Provincial ha facilitado los terrenos del antiguo colegio Ciudad Jardín de Ciudad Real para que en el edificio y en sus instalaciones se cree una nueva universidad popular, contribuyendo con 100.000 euros para las obras de adaptación de los terrenos y locales.

3.5.1. La Residencia Universitaria Santo Tomás de Villanueva

La Diputación inicia en la década de 1980 un proceso de transformación del solar donde se ubicaron todos los edificios y patios del antiguo Hospicio Provincial. Los colegios femenino y masculino se unificaron y se sitúa el colegio resultante donde estaba el antiguo Virgen del Prado, dando a la Plaza de San Francisco. El lugar donde estaba el Hogar y Formación Profesional se va a reformar y se instalará allí la Residencia Universitaria. La antigua Casa-Cuna se reforma y se instala allí el Centro de Exposiciones y el Servicio de Recaudación.

El Instituto de Educación Secundaria IES Santa María de Alarcos se creará en 1995 y se ubica en la calle Granada esquina con Ronda de Granada, 2. Dichos terrenos estaban antes ocupados por la lavandería y la panadería del Hogar.

En la sesión provincial del 22 de marzo de 1991 se aprueba un convenio de colaboración entre la Junta de Comunidades de Castilla-La Mancha y la Diputación para llevar a cabo la reforma del edificio de los antiguos hogares provinciales con la finalidad de hacer una residencia universitaria. En dicho acuerdo la Junta pone diez millones de pesetas y la Diputación aporta 57 millones de pesetas. En la misma sesión se designan los miembros responsables que compondrán el patronato de la citada residencia universitaria. El nombre de la residencia se acuerda en la sesión del 9 de noviembre de 1991, llamándola «Santo Tomás de Villanueva».

El diario *Lanza* informa sobre las obras de adaptación de los antiguos hogares para hacer dicha residencia el 23 de febrero de 1991. Será en noviembre de 1991 cuando la residencia empiece a funcionar, aunque su inauguración oficial se producirá el 31 de enero de 1992. De dicha inauguración se hace eco el diario *Lanza* e informa de que va a tener una capacidad para albergar a 90 estudiantes de ambos sexos. La directora va a ser Pilar Gómez Ramírez, la cual manifiesta que van a comenzar con 41 chicos y 39 chicas, siendo requisitos estar empadronado en la provincia y matriculados en la universidad. También comunica que han abierto un poco la mano y van a ser sesenta estudiantes de la provincia y Toledo, cuatro de Madrid y uno de Zaragoza. Al acto de inauguración asistieron el presidente de la Diputación, Francisco Ureña; el alcalde de Ciudad Real, Lorenzo Selas, y el director provincial de Educación, Hilario Caballero.

En octubre de 1992 decide la Corporación Provincial ampliar la residencia, establecer unas ordenanzas para regular los precios y extinguir el patronato.

En la sesión provincial del 26 de marzo de 1993 aprueban la ampliación y se establece el presupuesto correspondiente. La Comunidad Europea aportará 28.134.000 pesetas; el Estado, 15.630.000 y la Diputación, 18.756.000.

Las reformas de ampliación para poder albergar a 223 jóvenes se llevan a cabo y son inauguradas, según las informaciones dadas al diario *Lanza*, el 27 de enero de 1994 por el presidente de la Diputación, Francisco Ureña.

En el citado periódico se publica un artículo el 12 de mayo de 1995 en el cual se indica que:

> «La residencia desde sus orígenes se ha regido por los principios de libertad, responsabilidad y autoorganización, en un clima de estudio y convivencia entre ambos sexos».

En dicho artículo se especifica que a la hora de obtener plaza en ella se tienen en cuenta el expediente académico, la renta familiar y la residencia en la provincia de Ciudad Real. En esos momentos costaba 35.000 pesetas al mes si no se disponía de beca.

La información se complementa con los servicios que se dan en la Residencia:

> «Alojamiento en habitaciones dobles, triples o individuales, manutención en régimen de autoservicio, dos salas de televisión y juegos, una sala de estar, cinco salas de estudio, una sala de visitas, una sala de ping-pong, una biblioteca y un salón de actos».

También dispone de un servicio de lavandería y de atención médica, realizando a lo largo del curso académico diversas y abundantes actividades culturales y deportivas.

Al mismo tiempo que la universidad va creciendo, la Residencia va aumentando sus prestaciones a los residentes. El diario *Lanza* publica el 23 de junio del 2002 una entrevista realizada a la diputada responsable de la Residencia, Carmen Montes, y a la directora, Pilar Gómez. En ella manifiesta doña Carmen que el origen de los residentes es diverso, perteneciendo a muchos pueblos de la provincia. Los pueblos que más estudiantes aportan son Valdepeñas, Puertollano, Manzanares, La Solana, Alcázar de San Juan, Almodóvar del Campo y Daimiel. Continúa diciendo que la vida en la Residencia es muy dinámica, puesto que diez becarios colaboradores se encargan de ayudar a los nuevos y de servir de puente entre las demandas de los estudiantes y la dirección del centro. También destaca la importancia de la Asociación de Estudiantes y la reserva de cuatro plazas que se hace a alumnos con minusvalías.

La directora, Pilar Gómez, comenta que disponen de una buena biblioteca, un salón de actos con capacidad para 208 personas y una sala de conferencias que puede albergar 142. Continúa informando sobre las instalaciones y destaca el aula de Informática, la cual dispone de ocho ordenadores, una impresora láser y otra en color. También se hace eco de las competiciones deportivas, el certamen literario de prosa y verso, cine y talleres de teatro, excursiones, presentaciones de libros de la BAM y una larga lista de actividades culturales que se realizan a lo largo del curso.

Residencia Universitaria Santo Tomás de Villanueva. Fuente: *Lanza Digital*, 9 de julio de 2020.

En el año 2016 se celebra el 25 aniversario de la fundación de la Residencia Universitaria y la directora, Pilar Gómez, organiza a lo largo del año una gran cantidad y variedad de actos conmemorativos. La periodista del diario *Lanza*, Belén Rodríguez, entrevista a la directora y se publica el 2 de mayo del 2016, expresando en ella la incertidumbre de los primeros momentos y la evolución tan positiva que ha tenido. Pilar indica que:

> «Es una residencia con una oferta de 180 plazas anuales, con habitaciones triples, dobles o individuales, costando 288 euros mensuales por alojamiento, desayuno, comida, cena y todo tipo de servicios y actividades, incluidas salas de estudios y ordenadores, que ha resistido los meses más duros de la crisis económica sin alterar los precios».

Agradece el esfuerzo de la Diputación, puesto que sin su financiación no sería posible sostenerla económicamente, dado que con las cuotas de los alumnos no es suficiente para mantenerla. Continúa diciendo que las actividades comenzaron con un ciclo de conferencias tituladas «Frailes, aprendices y estudiantes» y van a acabar con una comida el 7 de mayo.

En el año 2018 se jubila Pilar Gómez, y en julio de 2020 toma posesión como nuevo director Miguel Taboada Calatayud.

II
DE GRUPO DE PÁRVULOS A
CEIP PÉREZ MOLINA

1
EL CONVENTO DE SAN JUAN DE DIOS

Los terrenos donde se sitúa el colegio Pérez Molina proceden del antiguo convento de San Juan de Dios. Dicho convento tenía entrada por la calle Dorada (hoy Ruiz Morote) y extendía sus dependencias (patio, huerto y cementerio) hacia el sur entre las calles Mejora (hoy Ramón y Cajal) y Jaspe (hoy Hernán Pérez del Pulgar). En la actualidad (2024) se accede al colegio por la calle Ramón y Cajal número 8 como puerta principal y por la calle Hernán Pérez del Pulgar como puerta de acceso de los niños.

Los orígenes del convento se remontan a 1643 cuando fue fundado por Diego López Tufiño y Antonio Torres Treviño, siendo comisario, el primero, y receptor, el segundo, del Santo Oficio en Potosí, quienes deciden poner un hospital en su ciudad natal, Ciudad Real. Muere don Diego y don Antonio hereda y regresa a España con la decisión tomada. Decide poner dicho hospital en la casa de Gerónimo Muñoz Triviño de Loaysa, en la cual hace dos salas para instalar treinta camas para enfermos, dejando a su cuidado a ocho frailes[1].

Antonio Torres murió en 1646 y fue enterrado en la iglesia de San Pedro. Sin embargo, desavenencias entre los frailes y los religiosos de la iglesia dieron lugar a un pleito que duró desde 1719 hasta 1729. Luis Delgado Merchán lo describe con estas palabras:

> «Cinco años después trasladan los frailes de San Juan de Dios los restos mortales de D. Antonio Torres Treviño al cementerio de su Convento, y en uno de los salones que hoy ocupa la Escuela graduada de niños en la Normal de maestros puede ver el curioso una lápida sepulcral, colocada sobre el pavimento con la inscripción, que da testimonio de dicho traslado en el año 1734»[2].

La expulsión de las órdenes religiosas obligó a los frailes a abandonar el hospital en 1822, haciéndose cargo de los enfermos el Ayuntamiento. Al poco tiempo, exceptúan de la expulsión a la Orden de San Juan de Dios y vuelven al convento para hacerse cargo de los enfermos hasta 1836 en el que se ven obligados a dejar definitivamente el hospital, volviendo a hacerse cargo de los enfermos el Ayuntamiento[3].

En dicho convento se estableció la Escuela Normal de Maestros en 1851 y la de Maestras en 1860, haciéndose cargo de las obras y reparaciones la Diputación. Desde ese momento habrá desacuerdos y disputas entre el Ayuntamiento y la Diputación sobre la propiedad del inmueble y terrenos.

El antiguo convento no se había cuidado desde que los frailes lo abandonaron y el alcalde de Ciudad Real, en el pleno del 18 de julio de 1840, manifiesta que ha recibido quejas del estado ruinoso en que se encuentra el tejado de la iglesia, la enfermería y sacristía:

> «introduciéndose los niños en el patio y sacando huesos de cadáveres que allí están sepultados».

El vecino lindero con la huerta del exconvento, Francisco Rodríguez, comunicó al Ayuntamiento las humedades que le producen la noria y el pozo y ruega que lo solucionen pronto. El alcalde le remite a la Diputación que es la encargada del mantenimiento de las Normales. Esta queja del vecino llega al director de la Normal en 1866 y la remite al gobernador civil para que dictamine sobre la propiedad del exconvento.

En el pleno municipal del 6 de junio de 1876 se lee un comunicado del gobernador civil en el cual indica que ni el Ayuntamiento ni la Diputación tienen inscrito el título de propiedad del exconvento. También manifiesta que el Ayuntamiento se hizo cargo del hospital que allí había hasta que se instauraron las Escuelas Normales, siendo la Diputación la que ha costeado siempre los gastos de los edificios y solar. Por tanto, deduce que la propiedad es de la Diputación.

Detalle del Plano-Censo de Ciudad Real, Martín Sofí, 1925, con la ubicación del grupo escolar Pérez Molina. Fuente: Centro de Estudios de Castilla-La Mancha.

En 1907 el Ayuntamiento solicitó a la Diputación la cesión de los terrenos del jardín de la Escuela Normal de Maestras para abrir una calle que comunicase la de Jaspe con la calle Mejora. El ministro de la Gobernación en la Real Orden de 27 de agosto de 1907 acuerda ceder dichos terrenos al

Ayuntamiento. La Corporación Municipal enviará un escrito a la Diputación dando las gracias por la cesión.

El 14 de septiembre de 1907 acuerda la Corporación Municipal poner el nombre de «Glorieta Hernán Pérez del Pulgar» a la calle abierta.

Volverán las disputas y desacuerdos ente la Diputación y el Ayuntamiento cuando el alcalde Miguel Pérez Molina pretende hacer una escuela en estos terrenos cedidos. En noviembre de 1918 la Corporación Provincial acuerda solicitar al ministro de Instrucción Pública que no autorice la construcción en el solar conocido por los «Cerros de Úbeda» para las escuelas que tiene proyectadas el Ayuntamiento, dado que el solar es propiedad de la Diputación y en él están instaladas las Escuelas Normales de Maestros, privando a sus alumnos de patio para el recreo. Además, informan al ministro que le cedieron el solar al municipio:

> «Para abrir una calle o plaza que pusiese en comunicación las calles Mejora y Jaspe, por ello, según él, de imperiosa urgencia y gran utilidad»[4].

La pretensión de la Diputación no llega a buen puerto y se hará la escuela de Párvulos Pérez Molina, inaugurada en 1924. Por tanto, los terrenos del ex convento quedan divididos en dos partes, una de la Diputación y otra municipal para la escuela. La Diputación se quedó con los edificios donde estaban las Normales y patio de recreo en la parte norte dando a la calle Dorada y con esquina y parte de calle Jaspe. La parte sur, donde estaban la huerta y cementerio, que posteriormente fue plazuela Hernán Pérez del Pulgar, se queda en propiedad del Ayuntamiento y allí se hará la escuela de

Escuea Normal de Maestras en la calle Dorada de Ciudad Real. Fuente: *Vida Manchega*, 5 de diciembre de 1919.

Párvulos. Un pequeño trocito, donde estaba la ermita, es decir la esquina de la calle Dorada con Jaspe, se vendió a un particular.

En los terrenos de la Diputación se harán viviendas para empleados y familias necesitadas en la década de 1950, y estos bloques de pisos se derribarían en la década de 2010 para hacer pisos nuevos que se venden a particulares.

2
LOS ORÍGENES DEL GRUPO
DE PÁRVULOS

El germen del colegio público Pérez Molina se encuentra, al igual que el resto de los colegios públicos del primer tercio del siglo XX de la capital, en el tesón y empeño de Miguel Pérez Molina para hacer escuelas públicas en propiedad. A su llegada a la Alcaldía en enero de 1912 no existían en el término de Ciudad Real ninguna escuela pública con local propio. Todas estaban instaladas en locales de alquiler, mal iluminados, insanos, llenos de humedad, antihigiénicos y sin reunir las condiciones necesarias para impartir la labor pedagógica.

Los locales-escuelas en esos momentos estaban distribuidos por barrios: en el barrio de Santiago se ubicaban en las calles Luz y Altagracia, en el barrio de San Pedro estaban en las escuelas anejas a las Normales de Maestros y Maestras en la calle Dorada y en el barrio de Santa María los locales estaban en la calle Azucena.

Las escuelas públicas estaban asistidas por maestros y maestras estatales y por maestras contratadas por el Ayuntamiento. Uno de los principales problemas con que se encuentra Pérez Molina es la irregular asistencia de los niños, según la estación del año, y el otro la falta de locales para escolarizar a todos los alumnos.

Sus principales proyectos al entrar de alcalde fueron, desde el primer instante, hacer escuelas públi-

Miguel Pérez Molina. Fuente: Galería de alcaldes de Ciudad Real. Ayuntamiento de Ciudad Real.

cas con edificio propio y traer el agua potable a la ciudad, realizando las arterias principales de distribución. Llevaba transcurridos treinta días de su mandato como alcalde y en la sesión municipal del 30 de enero de 1912 informa de las gestiones que ha realizado sobre la construcción de grupos escolares. En el Ministerio de Instrucción Pública le han confirmado que no hay presupuesto para ello hasta 1914.

A pesar de la respuesta, Pérez Molina sigue en su empeño y viaja a Madrid para entrevistarse con el ministro de Instrucción Pública. En la sesión municipal del 25 de enero de 1913 informa de las gestiones realizadas en Madrid. Durante la visita estuvo acompañado de su paisano y amigo José Castillejo, el cual le llevó a hablar con Bartolomé Cossío sobre su proyecto de construir escuelas. A continuación, fueron los dos a visitar al ministro y al director general de Primera Enseñanza, ambos les informaron favorablemente sobre la construcción de una escuela de Párvulos y otra del modelo número tres de doce grados (seis de niños y seis de niñas).

El alcalde, Pérez Molina, presenta una moción sobre la construcción de escuelas en la sesión municipal celebrada el 30 de enero de 1913 en la cual expone su proyecto. En sus primeras palabras indica:

> «Es indudable que la escuela es la esperanza de la Patria pues en ella se encuentran sus futuros defensores y los que pueden llevarla a la prosperidad o decadencia, ya enalteciéndola con el trabajo y la virtud o deshonrándola con su conducta y falta de instrucción».

En su exposición aporta los datos que en ese momento gastaba el Ayuntamiento en Instrucción Pública.

Tabla 32

GASTOS DEL AYUNTAMIENTO DE CIUDAD REAL EN LOCALES-ESCUELAS, 1913

LOCALES	PESETAS/AÑO
Local para la escuela de Párvulos	1.135
Local para escuela de niñas (Barrio de Santa María)	455
Local para escuela de niños (Barrio de Santa María)	780
Local para escuela de niños (Barrio de Santiago)	730
Local para escuela de niñas (Barrio de Santiago)	1.045,62
Incompleta de niños de Valverde	100
Incompleta de niñas de Valverde	100
Incompleta mixta de La Poblachuela	125
TOTAL	4.470,62

Fuente: Actas municipales. Elaboración propia.

Continúa su explicación indicando que el capital de las láminas de propios son 132.000 pesetas y sus intereses 4.231 pesetas y, siendo los alquileres de los locales 4.470, queda un beneficio de 239 pesetas, ya que el Ayuntamiento no tendría que pagar alquileres. Por ello propone construir una escuela de Párvulos y un grupo escolar tipo tres frente a los terrenos de la Granja Agrícola, en el cual se instalarían la Escuela Práctica Graduada de Niños Aneja al Instituto, la

Graduada de Niños del barrio de Santiago, la Unitaria de Niños del barrio de San Pedro, la Graduada de Niños Aneja a la Normal de Maestros y las otras tres unitarias de niñas que existían en la ciudad. La escuela de Párvulos se instalará dentro del casco urbano de la población, pues los niños que asistan a ella serán de 4 a 6 años, y su ubicación será en la plaza de Hernán Pérez del Pulgar, con arreglo a los planos del arquitecto municipal Florián Calvo.

Termina la moción con estas palabras:

«Todos debemos procurar el engrandecimiento de nuestras escuelas, pero nosotros estamos más obligados, puesto que de ello nos han dado ejemplo pueblos de nuestra misma provincia, así que no dudamos que el Ayuntamiento acogerá con entusiasmo esta moción, que solo tiende a elevar el nivel de cultura en nuestra capital».

Pérez Molina se refiere a que había pueblos de la provincia mucho más pequeños que tenían escuelas públicas en propiedad, como es el caso de Carrión de Calatrava que las construyó en 1909.

El tema de la construcción de escuelas es tan importante que en la sesión municipal del 6 de febrero del 1913 continuó exponiendo sus proyectos. El edificio de doce secciones será para 252 niños y 252 niñas y llevará un coste de 115.000 pesetas, a pagar entre el Ayuntamiento y el Estado, ubicándolo en un terreno particular de 12.415 m². La escuela de Párvulos se instalaría en un solar de propiedad municipal con tres clases de sesenta niños cada una y teniendo entradas por la calle Mejora y por la calle Jaspe, con un coste de realización de 50.000 pesetas.

El concejal José Alcázar Oliver manifiesta su acuerdo en lo referido y expuesto a la escuela de Párvulos y en cuanto al proyecto de construir la escuela de doce secciones pone un voto particular porque estima que es contrario a los intereses municipales puesto que su coste es excesivo a las fuerzas económicas del municipio. Por ello propone que se hagan graduadas en los tres barrios de la población, con menor coste. Continúa explicando que las prioridades de la población son: 1º) Construcción de dos escuelas graduadas para cuatro o seis secciones cada una, situándolas en los barrios de Santa María y Santiago. 2º) Ampliar el Mercado Público y 3º) Construir los Juzgados, Casa de Socorro y oficinas de Fiel contraste. En su argumento expone que está de acuerdo con la construcción de la escuela de Párvulos, pero no en que lleve cantina puesto que eso es más propio de las grandes ciudades en donde el padre y la madre son obreros, y aquí las mujeres no trabajan.

Tras su intervención, el concejal Alberto García Serrano indica que, si el tema es económico, resulta más caro hacer dos grupos escolares que uno solo. Explica que un grupo de doce secciones costará 115.000 pesetas y dos grupos de seis secciones costarán 182.000 pesetas. A continuación, se realiza la votación sobre el voto particular del señor Alcázar, quedando rechazado por diecisiete votos a favor y dos en contra.

El proyecto sigue adelante y en la sesión municipal del 25 de agosto de 1913 acuerdan hacer las gestiones para adquirir los terrenos de la graduada y publicar las condiciones en el *Boletín Oficial de la Provincia*.

El plano de la escuela de Párvulos lo hizo el arquitecto municipal Florián Calvo. En dicho proyecto figuran tres aulas con una capacidad de sesenta niños cada una, servicios, lavabos, retretes, despacho para la directora, sala para museo y proyecciones, salita para enfermería, cocina, comedor con despensa, galería cubierta, patio de escuela y vivienda para el conserje. La entrada a la escuela sería por la calle Mejora, hoy Ramón y Cajal, a través de un pequeño jardín. En su aspecto global era un edificio de planta baja y muy modesto.

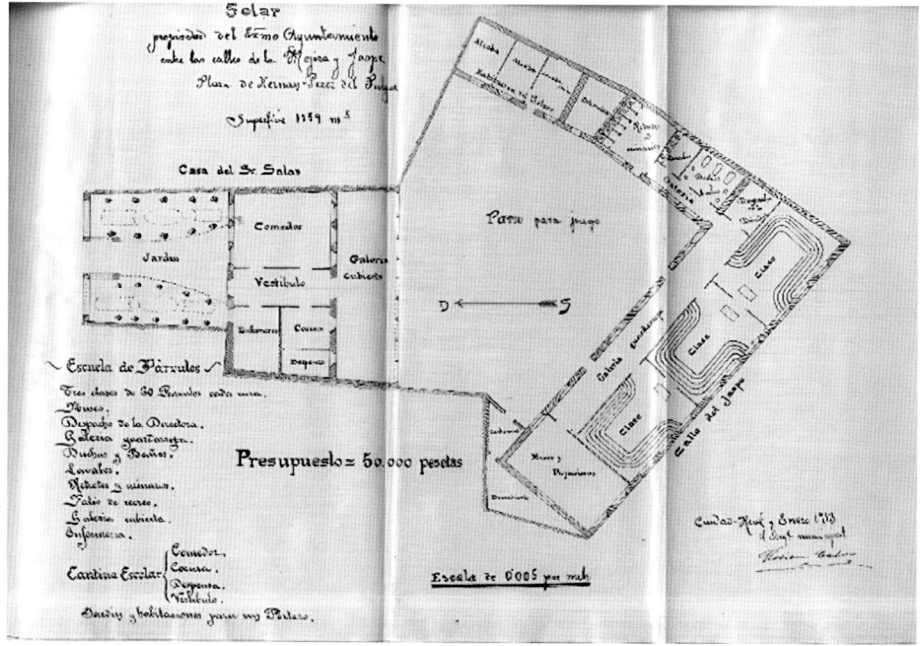

Plano de la escuela de Párvulos realizado por el arquitecto Florián Calvo, 1913. Fuente: Archivo Histórico Municipal López-Villaseñor.

Pérez Molina, teniendo presente la problemática escolar de esos tiempos, quería una escuela de Párvulos con cantina por varias razones:

1ª) Fomentar la asistencia de los niños a la escuela con el incentivo de darles la comida gratis.

2ª) Acabar con el analfabetismo. Para ello pretendía que los padres trajesen a los niños y así se instruyeran.

3ª) Acabar con la mendicidad de niños por las calles de la ciudad.

4ª) Conseguir que los niños tuvieran una alimentación adecuada.

5ª) Fomentar en los niños los hábitos de higiene.

6ª) Evitar que los niños se utilizasen como mano de obra.

Pérez Molina partía de las experiencias de las primeras cantinas escolares en Madrid y Barcelona a comienzos del siglo y de la influencia de los postulados de la Institución Libre de Enseñanza (ILE). José Castillejo, miembro de la ILE y amigo suyo, el profesor suizo Amadeo Poisat Leverriere, la situación de los niños de la localidad y sus visitas a las escuelas de Suiza, le llevaron a ser un gran defensor de las cantinas escolares.

Don Miguel deja la alcaldía el 31 de diciembre de 1913 y el proyecto de construir escuelas no se retomará hasta que José Cruz Prado llegue a la Alcaldía en 1916. En la sesión municipal del 8 de septiembre de 1916 propone que se haga un expediente para realizar tres escuelas, una en la plazuela de San Antón, otra en el barrio de Santa María y la de Párvulos en la plaza Hernán Pérez del Pulgar.

Cruz Prado presenta el 6 de junio de 1917 una moción sobre escuelas, que se aprobó por unanimidad, y que dice así:

«Al Excmo. Ayuntamiento. El decidido interés que la Corporación Municipal está demostrando por la construcción de edificios para Escuelas en esta capital, como medio necesario para elevar el instrucción y cultura de la población, porque convencida está de que sin locales adecuados se hace difícil, o mejor dicho, imposible la enseñanza, me induce a remover el expediente municipal formado hace algún tiempo para construir en la Plaza Hernán Pérez del Pulgar un edificio con destino a escuela de Párvulos.

Todos conocéis, Sres. concejales, el local que hace mucho se habilita para dicho objeto y que el Excmo. Ayuntamiento lleva en arriendo por la cantidad de 1.500 pesetas anuales; situado en piso alto, insuficiente, mal orientado, dominado por un gran edificio y sin campo escolar, en él forzosamente el niño ha de estar sometido a un régimen inadecuado

José Cruz Prado. Fuente: Galería de alcaldes de Ciudad Real. Ayuntamiento de Ciudad Real.

y pernicioso que, en vez de excitar sus fuerzas y alegrar su espíritu, dañará su tierna complexión.

Es necesario y urgente, por tanto, construir un edificio para escuela de Párvulos, en la solar propiedad del Ayuntamiento que éste tiene designado y con sujeción a los planos formados por el Sr. Arquitecto municipal.

Para realizar la obra, cuenta el Ayuntamiento con parte de los fondos procedentes del 80% de sus propios enajenados, para lo que está autorizado por el Ministerio de la Gobernación; pero no siendo suficientes estos recursos, ni pudiendo el Excmo. Ayuntamiento obtener por otros medios los que faltan, dada la situación de agotamiento económico porque atraviesa el vecindario, se hace preciso absolutamente acudir al Estado en la fundada esperanza de que éste subvencionará la obra de referencia».

En 1918 entra de alcalde Fernando Palacios y continuó de concejal José Cruz Prado. Será cuando Rafael Gasset les comunica que ha recibido una carta del ministro de Instrucción Pública en la cual le informa de que han concedido la subvención para dos grupos escolares (plaza de San Antón y plaza Hernán Pérez del Pulgar).

El procedimiento iniciado parece ir por buen camino y en la sesión municipal del 25 de octubre de 1918 se informa de que en la Real Orden del 23 de junio de 1918 se comunica que el Estado subvencionará con 28.013 pesetas la escuela de Párvulos y con 35.091 la escuela graduada.

En 1918 los problemas crecen, la gripe está causando muchas muertes, el paro obrero aumenta, hay escasez de alimentos y muy caros, los problemas de escasez de agua crecen y el expediente de las escuelas causan la dimisión del alcalde el 28 de octubre. José Cruz Prado vuelve a tomar posesión de la Alcaldía.

El año 1919 va pasando y los trámites van despacio. Será en la sesión municipal del 4 de octubre donde el alcalde lea una carta que ha recibido del ministro de Instrucción Pública en la cual le informa de que ha firmado el expediente de subvención de las escuelas y a continuación acuerdan dar las gracias al general Aguilera por el interés que está poniendo en la realización de los trámites.

Juan Medrano Rosales entra de alcalde el 8 de abril de 1920, y el 29 de dicho mes los concejales Juan Suero y Manuel Sánchez Gijón piden al Ayuntamiento la inmediata clausura de la escuela graduada de niños aneja a la Normal de Maestros por carecer en absoluto de condiciones higiénicas, y que se proceda al traslado de los niños a otro local más adecuado.

La situación era verdaderamente alarmante en todos los locales-escuelas de la localidad y, mientras tanto, pasarán sin escuelas decentes y capaces hasta 1924. El concejal Juan Suero informa que ha realizado una visita general, junto con el inspector de Primera Enseñanza, a las escuelas públicas de la capital y la situación real es la siguiente:

«He sacado una impresión muy deplorable respecto a los locales; pero ésta fue peor en cuanto al que está instalada la Graduada de niños aneja a la Normal; que este local es incapaz, lóbrego, está mal orientado y no tiene ventilación, y sobre todo, el piso es de ladrillo que con el uso produce tanto polvo, que da la sensación de estar lleno de humo: la estancia en él es tan peligrosa que, según informes, se ha dado el caso repetido de que algunos niños han tenido que retirarse enfermos de la garganta por consecuencia del polvo; que según está acordado, tiene un jardín anejo, pero por lo visto éste es solamente decorativo, pues no se les permite salir a él. Que por estas razones se propone la clausura de la mencionada Escuela, que también tiene el propósito de pedir el Inspector de Primera Enseñanza, pues en tales condiciones de instrucción tiene que ser deficiente, y lo que es más grave, se tiene constante peligro de tuberculosis a los niños que a ella concurren»[5].

Resulta interesante indicar que este local de alquiler estaba situado en la calle Azucena y era propiedad de Pablo Vidal Carrero (secretario de la Junta Provincial de Instrucción Primaria).

El 17 de julio de 1920 se lee en la sesión municipal el pliego de condiciones para sacar a subasta las obras de construcción de las escuelas. Posteriormente se realizarán las subastas, pero solo hubo un pliego, entregado por Justo Barrera, ofertando 74.800 pesetas para realizar la escuela de Párvulos, el cual no fue aceptado puesto que el máximo era de 65.000 pesetas.

El arquitecto municipal Florián Calvo se encarga de revisar el presupuesto y lo sube a 75.460 pesetas para la escuela de Párvulos. La Corporación Municipal se reúne el 18 de febrero de 1921 para comunicar que las obras de esta escuela se han adjudicado en 72.360 pesetas a Justo Barrera Arias. Las obras comienzan pronto y a buen ritmo, pero en mayo de 1922 el contratista solicita que le concedan seis o siete meses más para acabarlas. El alcalde Alfredo Ballester visita las obras de la escuela de Párvulos y deciden cambiar el emplazamiento de los retretes, urinarios y lavabos, también acuerdan cambiar los baldosines del suelo por los de mosaico hidráulico.

El recién nombrado delegado regio de Primera Enseñanza en 1923, Pérez Molina, acompañado del gobernador civil, visita la escuela en construcción e informa al Ayuntamiento de que el patio debe estar empedrado y enarenado. Asimismo, comunica que se soliciten mesas, bancos y menaje al director general de Primera Enseñanza.

En la sesión municipal del 17 de octubre de 1923 se dio lectura al acta de reconocimiento de los edificios construidos para escuelas en la plaza Hernán Pérez del Pulgar y en la plaza de San Antón. El acta la firmaron el arquitecto escolar del Ministerio de Instrucción Pública y el arquitecto municipal Florián Calvo, y en ella se hace constar que cumplen todas las condiciones exigidas e incluso se han realizado modificaciones que mejoran el proyecto inicial.

El alcalde Bernardo Peñuela propone en la sesión municipal del 21 de noviembre de 1923 que se denomine Miguel Pérez Molina al colegio de Párvulos y José Cruz Prado al construido en la plaza de San Antón. Se aprobó la propuesta por unanimidad. Acto seguido hacen un acta de recepción que se acompaña al expediente de obras, en la cual firman el alcalde, teniente alcalde, arquitecto municipal y contratista.

Vida Manchega publica el 26 de diciembre, con el título «Ofrecimientos generosos», la noticia de que Miguel Pérez Molina ha prometido pagar la primera comida a todos los niños y además todo lo que sea preciso tanto en el orden material como moral. La inspectora Manolita Aznar y la directora Elisa de la Torre están preparando todo lo necesario para la apertura de la cantina escolar.

Manolita Aznar, inspectora de Primera Enseñanza. Fuente: *Vida Manchega*, 1912.

3
INAUGURACIÓN Y PRIMEROS AÑOS DE LA ESCUELA DE PÁRVULOS PÉREZ MOLINA

Los actos de inauguración de las escuelas se preparan para el día 6 de enero de 1924 a las tres de la tarde. Los periódicos *Vida Manchega* y *El Pueblo Manchego* darán la información de los actos de inauguración el día siguiente.

A dicha inauguración asistieron el alcalde, Bernardo Peñuela; el gobernador militar, José Rivera; el inspector de Primera Enseñanza, Gaspar Sánchez; el director de la Escuela Normal de Maestros, Gonzalo Muñoz; el obispo prior, Narciso Estenaga; la Corporación Municipal y demás autoridades.

Inauguración de las escuelas de Párvulos, 6 de enero 1924. Fuente: *ABC*.

Pasados unos días surgen las primeras dificultades de tipo arquitectónico en la aneja a la Escuela Normal de Maestras y las niñas tienen que ser trasladadas a la escuela Cruz Prado y a la escuela de Párvulos Pérez Molina, y por tanto vienen las primeras dificultades sobre masificación escolar.

El alcalde informa el 12 de enero de 1924 que la obra de liquidación de la escuela de Párvulos ha ascendido a un total de 99.045,21 pesetas.

En septiembre de 1924 surgen los primeros problemas arquitectónicos en los edificios construidos. En la escuela de Párvulos Pérez Molina está a punto de caerse uno de los techos de una clase y en la graduada Cruz Prado hay problemas con los muros. A partir de estos momentos entramos en un proceso calamitoso sobre el derrumbamiento de los grupos escolares recién construidos que llegará a tener eco en la prensa nacional.

Un artículo titulado «Alcaldadas, no», publicado por *Vida Manchega*, el 14 de enero de 1924, denunciaba que la escuela de Párvulos era solo para párvulos, ya que en la capital había más de 200 niños esperando para ingresar. En el plano aprobado por el Ministerio iban tres aulas y lo modificaron e hicieron cuatro. Estos hechos fueron denunciados al alcalde señor Lázaro hacía un año, sin embargo, el arquitecto los ratifica. La pretensión era meter la Regencia de niñas en el grupo de Párvulos a costa de restar dependencias. Nadie se explica por qué el Estado recibió la obra así terminada, ya que el edificio no responde al plano aprobado.

Llevaban bastantes años en estado ruinoso las dependencias de la Escuela Normal de Maestras, sita en la calle Dorada, y su escuela aneja. La solución ante los derribos de techos que sucedían fue trasladar una sección de niñas al grupo escolar Cruz Prado y otras dos al grupo Pérez Molina.

Ponciano Montero (Pepe Patacón) escribe un artículo en *El Pueblo Manchego* sobre lo estéril que resulta en Ciudad Real decir que se tiene que hacer un nuevo edificio para la Normal y los refiere así:

> «Silbar en el Valle de Alcudia y exponer ideas en Ciudad Real, bien a ser lo mismo de baldío e inútil».

El nuevo grupo escolar de Párvulos empieza su andadura con una directora joven, Elisa de la Torre, esposa de Juan Antonio de Cea, auxiliar de la Sección Administrativa de Primera Enseñanza. Doña Elisa organiza, desde el comienzo, la Mutualidad Escolar de Párvulos «Hernán Pérez del Pulgar», según informa el periódico *Vida Manchega* el 7 de julio de 1924. El funcionamiento de la mutualidad consistía en que cada niño entrega todos los lunes diez céntimos, de los cuales, cinco son para la sección de socorros por enfermedad o defunción, y cinco para la dote. Los padres y madres administran los fondos, junto con algún vocal nombrado por los niños. La sección de ahorro funciona de acuerdo al Instituto Nacional de Previsión y cada niño tiene su cartilla de la Caja Postal de Ahorro, que se le entrega con un donativo de una peseta. Esta experiencia venía realizándola doña Elisa desde el 11 de mayo de 1920 con otros niños, obteniendo muy buenos resultados. La idea era fomentar el ahorro entre los niños, que tuvieran un respaldo económico en caso de algún tipo de desgracia o enfermedad y tener un dinero la familia al acabar la escuela para que pudiera continuar sus estudios o necesidades familiares. La directora, doña Elisa, recibió por esta labor a lo largo de los años un premio de 200 pesetas y una medalla, concedida por el Ministerio de Instrucción Pública.

Los periódicos *Vida Manchega* y *El Pueblo Manchego* dan las primeras noticias de los problemas arquitectónicos de las escuelas durante el mes de septiembre de 1924. A lo largo de 1925 darán varias noticias sobre el grave deterioro que se está produciendo en la escuela de La Poblachuela, también inaugurada en 1924. *Vida Manchega* anuncia el 18 de diciembre de 1925 el derrumbamiento de dicho grupo escolar y el 26 de diciembre de 1925 publica un extenso artículo sobre el tema, en el cual informa sobre la visita realizada por el arquitecto municipal José Arias, en la cual ha encontrado grandes grietas en los cielos rasos del Cruz Prado, que ha mandado reparar. A pesar de esto la Corporación Municipal hace el 28 de marzo de 1925 la recepción definitiva de las obras de los grupos escolares Cruz Prado y Pérez Molina. Dicha recepción la firman el contratista Justo Barrera y el arquitecto José Arias, y acto seguido se procede a la devolución de la fianza.

La cantina escolar del grupo Pérez Molina se sostenía de fondos del Estado, municipales y en su mayor parte de donaciones particulares, entre ellas de Miguel Pérez Molina. *El Pueblo Manchego* informa el 17 de febrero de 1925 que la Comisión Provincial ha concedido, a petición de la inspectora de Enseñanza Manolita Aznar, una cantidad de dinero a la cantina escolar. *Vida Manchega* publicará el 22 de mayo un artículo firmado por «Juan del Pueblo» en el cual se alaba al Ayuntamiento por destinar dinero a la cantina y así completar la labor del Estado.

El derrumbamiento de la escuela de La Poblachuela lo anuncia *El Pueblo Manchego* el 23 de diciembre, que también informa de las amenazas de hundimiento de los grupos escolares Pérez Molina y Cruz Prado. Continúa la noticia al día siguiente, en la cual los alcaldes Cruz Prado y Bernardo Peñuela manifiestan que no son responsables de lo sucedido. El señor Cruz indica que tramitó el expediente de acuerdo con las normas exigidas y el señor Peñuela expone que solo se ha limitado a la recepción de las obras. El periodista informa que la etapa constructiva ha correspondido a los alcaldes Manuel Lázaro y Alfredo Ballester.

El día 26 se emite un comunicado oficioso por parte del Ayuntamiento en el que se indica que se depurarán las responsabilidades con toda severidad y rapidez.

Vida Manchega publica el 4 de enero de 1926 unas declaraciones del alcalde Gonzalo Muñoz, en las cuales dice:

> «Es animal envilecedor y repugnante llevar la sórdida aridez de la avaricia a la cimentación de las Escuelas Nacionales y preparar la máxima catástrofe que puede sobrevenirle a un pueblo, que a eso equivaldría el quedar los niños colectivamente asesinados en la sala de clase, porque una mano infame, digna de ser cortada en la plaza pública, sustrajo en beneficio propio lo que el pueblo, siempre generoso, dio para acrecentar valores espirituales en la Escuela».

La indignación en la ciudad y en los medios informativos va en aumento cada día viendo lo que sucede en las escuelas. La inspectora de Enseñanza Manolita Aznar visita el grupo escolar Pérez Molina y emite un informe en el cual indica que dicha escuela está en ruinas, existiendo gran peligro para los niños. En ello difiere el arquitecto municipal, comunicando que no es tanto el peligro. Ambos informes se enviarán a la Dirección General de Instrucción Pública, según informó *Vida Manchega* el 6 de noviembre de 1926.

Mientras se caen las escuelas, el constructor Justo Barrera solicita al Ayuntamiento que le paguen la liquidación de intereses de demora por el retraso en los pagos. La Corporación acuerda denegarle los pagos dado el estado en que se encuentran los grupos escolares.

En la sesión municipal del 21 de marzo de 1927 leen una nueva solicitud del constructor, reclamando 10.644 pesetas de intereses por la demora en el pago. El alcalde, Antonio Prado Cejuela, indica que no se le va a realizar ningún pago debido a que están haciendo continuas reparaciones en las escuelas y hay peligro de hundimiento.

El Pueblo Manchego informa el día 9 de agosto de 1927 que el gobernador civil, Gonzalo del Castillo, se propone intervenir en el derrumbe de la escuela de La Poblachuela, en los hundimientos de los techos del grupo Pérez Molina y en el cuarteado de muros del grupo Cruz Prado. Este mismo periódico emite el 10 de agosto un extenso artículo titulado: «Grotesco y bochornoso hundimiento de los Grupos Escolares».

La situación escolar es angustiosa, puesto que se tienen que clausurar las clases en el grupo Pérez Molina, y en el acta municipal del 19 se octubre, el alcalde informa de que está haciendo las gestiones necesarias para ubicar temporalmente a los niños del citado grupo escolar.

El periódico *Vida Manchega* publica el 7 de noviembre una entrevista al alcalde en la cual este comunica que los niños del grupo Cruz Prado se trasladan provisionalmente al antiguo edificio que ocupaba el colegio Alfonso XII en la calle Saúco Díez y los niños del Grupo Pérez Molina a la calle Estación, donde tenía casa el centro San Vicente de Paúl. Asimismo, indica que tienen previsto comenzar el curso escolar el próximo día 9 de noviembre. También manifiesta que va a solicitar ayuda a los huertanos de La Poblachuela para hacer un nuevo edificio escolar y le han comentado que están de acuerdo en colaborar y empezar la edificación.

El 6 de diciembre se publica una entrevista realizada al delegado gubernativo, Ramón Forgueres, en la cual manifiesta que ha visitado los grupos escolares y ha realizado un informe para depurar responsabilidades, y tras ello el gobernador civil lo enviará a Madrid[6].

La noticia del derrumbamiento de los grupos escolares salta a la prensa nacional y el diario *El Sol* la publica el 11 de agosto, el *Heraldo de Madrid* el 3 de septiembre y el 5 de noviembre y el *Avisador Numantino* de Soria da el siguiente titular: «En Soria no tenemos grupos escolares, pero en Ciudad Real están en ruinas».

Comienza 1928 y en el pleno municipal del 28 de enero acuerdan ampliar el dinero presupuestado para las obras que se están realizando en el grupo Cruz Prado. Dichas obras acabarán en marzo y se reanudarán las clases en el edificio.

En el pleno municipal del 8 de marzo, el concejal señor Romero manifiesta que se hagan las gestiones necesarias para pedir responsabilidades sobre el hundimiento de los grupos escolares. El alcalde le contestó que el expediente instruido ha pasado a manos de los tribunales de Justicia.

Vida Manchega informa el 21 de julio que el concejal Gaspar Sánchez intervino en el pleno del día 7 para indicar que es urgente arreglar los locales de la escuela de Párvulos puesto que llevan derrumbados un año y los niños están en un local alquilado por el Ayuntamiento que no reúne las condiciones de capacidad, ni pedagógicas ni de higiene. A estas manifestaciones del concejal, el alcalde Cristóbal Caballero le responde que no se han acometido las obras porque el expediente está en manos de los tribunales.

Será en noviembre de 1928 cuando se inicie un proyecto de reparación del grupo escolar Pérez Molina. Al revisar el estado del edificio encuentran graves desperfectos en un muro, el cual debe ser derribado y hecho de nuevo. El importe de las obras ascenderá a 16.776 pesetas y se adjudicarán a Ramón Arjona Ramos.

En el acta municipal del 12 de diciembre, el alcalde informa de que tiene noticias de haberse dictado auto de sobreseimiento por no encontrarse responsabilidad criminal en los derrumbamientos de los grupos escolares. Las noticias del derrumbamiento de las escuelas siguen siendo un tema candente tanto a nivel local como nacional. *El Heraldo de Madrid* y *El Magisterio* se hacen eco del hecho y del proceso y lamentan lo sucedido, esperando justicia.

En el pleno municipal del 1 de enero de 1929 se leen el acta notarial del día 28 de diciembre pasado en la cual se indican los defectos de construcción y el informe del arquitecto. Ante tales acontecimientos el concejal señor Sánchez Mohíno propone suspender las obras, exigir responsabilidades y nombrar letrados a Bernardo Peñuela y a Cirilo del Río, aprobándose por unanimidad.

Los letrados citados anteriormente emitirán un informe y se leerá en la sesión municipal del 5 de abril. En dicho informe se indica, en primer lugar, que el contratista Justo Barrera está arruinado, pero está obligado civilmente a indemnizar al Ayuntamiento; en segundo lugar, el arquitecto también tiene obligaciones civiles de indemnización con el Ayuntamiento y, en tercer lugar, indican que el Ayuntamiento tiene derecho a exigir a ambas personas las indemnizaciones y perjuicios, que serán los que al Ayuntamiento le cuesten las reparaciones. Estas las debe ejercitar el Ayuntamiento ante el Juzgado de Primera Instancia de la capital. Por último, indican que, ante la urgencia de la reconstrucción, se debe levantar acta notarial del estado general de ruina que tiene el edificio.

La Corporación acuerda tomar acciones legales contra el contratista Justo Barrera Arias y los herederos del arquitecto Florián Calvo Rodríguez.

El concejal Gaspar Sánchez, inspector de Enseñanza, manifiesta que «es una verdadera vergüenza lo que pasa en Ciudad Real con la enseñanza».

El Pueblo Manchego publica un artículo, titulado: «La apertura de las escuelas de Primera Enseñanza», el día 15 de septiembre de 1930, del cual trascribimos este ilustrativo texto:

«Todos los años la apertura de curso en las escuelas públicas de Ciudad Real pone de relieve la falta de locales adecuados, hecho vergonzoso que priva de instrucción a centenares de niños pertenecientes a las clases más humildes».

Este amargo camino de los grupos escolares ve una luz en septiembre al abrirse de nuevo el grupo Cruz Prado. Mientras tanto están gestionando la construcción de un nuevo grupo escolar en el barrio de Santa María, que será el futuro grupo Pablo Iglesias.

Las obras continúan en el grupo Pérez Molina y los niños de dicha escuela asisten a clase en el local de la calle Estación, pero las condiciones del mismo son deplorables, y *El Pueblo Manchego* informa el 23 de mayo de 1930 que se ha derrumbado un muro del local que estuvo a punto de caer encima del niño Manuel López.

Vida Manchega publica un artículo el 4 de junio de 1930, titulado «La escuela de Párvulos», del que entresaco el siguiente párrafo:

«El asunto de los Grupos Escolares de Ciudad Real va picando en historia, por el abandono inaudito en que se tiene el problema de la cultura por parte del Ayuntamiento. El Grupo de Párvulos, integrado por unos 170 alumnos de ambos sexos, después de vueltas y revueltas, se instaló con carácter provisional, para un mes o algo así, se dijo, en un local de la calle Estación, 'incapaz', sin luz ni ventilación suficiente, el techo a teja vana, y un corralito, con un pozo, un basurero y un retrete detestables, como único respiradero y sitio de recreo de los hombres del mañana. ¡Bonito lugar para hacer raza y patria!».

Unos días después saca el periódico otro artículo sobre el tema, del que extraemos las siguientes líneas:

«Lo verdaderamente triste es que no se pueda esclarecer el asunto. Sería un ejemplo utilísimo para el porvenir averiguar quiénes fueron los culpables del desaguisado. Porque consentir la impunidad y autorizar con la indiferencia el derrumbamiento de aquellas Escuelas, antes de su inauguración, clama al cielo».

Por fin, se acaban las obras en el grupo Pérez Molina en agosto y se empezarán las clases en diciembre con la asistencia de tres secciones.

Vida Manchega publica el día 6 de junio de 1930 la visita de Rogerio Sánchez, director general de Primera Enseñanza, que viene a Ciudad Real el 1 de octubre a inaugurar el curso académico en el Instituto. Los periódicos *Vida Manchega* y *El Pueblo Manchego* dan la noticia e informan de su visita al grupo Cruz Prado, al grupo escolar Pérez Molina y a las obras, ahora

En el centro de la imagen, Rogerio Sánchez junto a Miguel Pérez Molina. Fuente: *Vida Manchega*, 1 de octubre de 1930,

paralizadas, del grupo escolar del barrio de Santa María. Durante su estancia estuvo acompañado del concejal de Primera Enseñanza, Miguel Pérez Molina.

En el pleno municipal del 11 de noviembre interviene Pérez Molina para comunicar las concesiones que Rogerio Sánchez ha otorgado al municipio: 3.000 pesetas para la cantina escolar, 1.000 para el ropero, un piano para el grupo Cruz Prado y 1.000 pesetas para cada una de las Normales y lo más importante han sido las facilidades de pago que ha dado al Ayuntamiento para la construcción del grupo escolar del barrio de Santa María.

Pérez Molina, siempre interesado por la educación de los niños y por el funcionamiento de la cantina, propone en la sesión municipal del 17 de diciembre que se eleve de 3.000 a 6.000 pesetas el dinero destinado a la misma y que se presupuesten 250 pesetas para premios a los niños. Se aprueban sus propuestas por unanimidad. Interviene Bernardo Peñuela para explicar la diferencia entre la construcción del grupo escolar del barrio de Santa María y anteriores. El primero lo costea casi íntegramente el Estado, con arquitecto dependiente de él y toda la obra bajo su dirección e inspección, mientras que el Ayuntamiento solo ha cedido los terrenos y pone una parte del dinero. Los anteriores grupos escolares fueron costeados casi en su totalidad por el Ayuntamiento y la dirección e inspección de obra la llevó el arquitecto municipal.

El problema de la deficiente construcción de los edificios escolares era un mal que se extendía por toda España. *Vida Manchega* informa de la visita del ministro de Instrucción Pública, Elías Tormo, a San Esteban de Gormaz (Soria) para inspeccionar un grupo escolar recién construido y que ya está en ruinas.

LA CANTINA DEL GRUPO DE PÁRVULOS PÉREZ MOLINA

El grupo de Párvulos Pérez Molina está funcionando, pero tienen en proyecto abrir la cantina del colegio. En la sesión municipal del 21 de octubre de 1931 tratan el tema y el alcalde José Maestro informa que el material de la cantina ha desaparecido mientras se han hecho las obras y por tanto tiene que hacerse una investigación en la Comisión de Enseñanza para averiguar su paradero. El alcalde insiste en que este tema debe aclararse rápido porque quiere que se abra la cantina al comenzar el invierno.

El concejal que preside la Comisión de Enseñanza informa en el pleno municipal del 13 de diciembre que disponen de 6.000 pesetas del Estado y otras 6.000 del Ayuntamiento para que empiece a funcionar la cantina. Con este dinero puede dar servicio durante 129 días para que coman 60 niños diariamente. A toda la Corporación les parece bien y el alcalde indica que la cantina debe funcionar después de Pascuas.

En el pleno municipal del 30 de diciembre el concejal Justino Espadas expone que en la escuela de Párvulos hay dos maestras auxiliares municipales y dada la cantidad de niños sería conveniente que hubiese dos maestras más. Aprueban su proposición y se acuerda que las dos maestras auxiliares cobren 1.750 pesetas anuales cada una y las llamadas auxiliares escolares cobrarán 1.500 pesetas cada una al año. José Maestro, hombre muy preocupado por los temas de la enseñanza y de los niños, propone la subida del presupuesto para la cantina escolar de las 6.000 pesetas a 12.000 anuales, aprobándose por unanimidad.

El tema escolar será prioritario en el mandato del alcalde José Maestro. En la sesión municipal del 8 de enero de 1932 se lee un escrito de Florencia Mohedano Castillo, maestra auxiliar de la escuela de Párvulos, en el que solicita una gratificación por la cantidad de niños que tiene y acuerdan concederle 500 pesetas. A continuación, se lee una solicitud de María Naranjo García, en la cual solicita que se la nombre cocinera en la cantina escolar, aceptándose su propuesta.

La escuela de Párvulos tiene que ir completándose y en el pleno del 27 de enero se acuerda sacar a concurso las vacantes de maestras, sabiendo que Juana Roldán Martín de Lucía está ocupando una plaza de maestra auxiliar. Natividad Sánchez-Rey Badillo, maestra auxiliar en la escuela de Párvulos, solicita que se la nombre en propiedad, pero desestiman su petición en la sesión municipal del 15 de febrero.

Por fin, consiguen poner la cantina escolar en funcionamiento, a modo de prueba, en marzo, aunque no pueden asistir a ella todos los niños.

Van completando la plantilla de maestras del grupo Pérez Molina y el 4 de abril nombran auxiliar escolar a Adriana María de África Ruiz Coello y acuerdan buscar el local más adecuado para que la cantina funcione con todos los niños. Para ello tendrán que hacer las gestiones necesarias ante la Dirección General de Instrucción Pública.

Vida Manchega informa el 15 de abril de 1932 sobre los actos celebrados en Ciudad Real el día 14 con motivo de la Fiesta de la República. Entre ellos estuvo la inauguración de la cantina escolar, que se realizó a las 12 de la mañana y dará servicio a unos cien niños pobres de la localidad. Sirvieron la comida las señoritas María Luisa Morales Herrera, María y Adela de Cea, Maruja Pérez, Pepita Valle, Lolita Martínez, Conchita Muñoz, Margarita Rolán, Olalla García, Caridad Arévalo, Consuelo y Carmen Hornero y Manolita Pinilla. Al acabar la comida hablaron el concejal, Justino Espadas; el director de la Escuela Normal masculina, Gonzalo Muñoz; el alcalde, José Maestro; el gobernador civil, Ramón Fernández Mato, y la directora del grupo escolar Pérez Molina, Elisa de la Torre Saboné.

En el pleno municipal celebrado el 25 de abril, la Comisión de Primera Enseñanza propone que se establezcan roperos escolares en todas las escuelas y que su administración y funcionamiento la lleve el Patronato de Cantinas Escolares. También propone la creación de una cantina en el grupo escolar Cruz Prado. Interviene Gonzalo Muñoz Ruiz, vocal de dicho Patronato, pre-

Inauguración de la cantina escolar del grupo Pérez Molina, 14 de abril de 1932. *Vida Manchega*, 15 de abril de 1932..

sentando el proyecto de reglamento para dicho Patronato. Acuerdan aprobarlo y solicitar a la Diputación la impresión gratuita de mil ejemplares, así como solicitar al Estado una subvención mayor para la cantina.

El sostenimiento de la cantina dependía de las subvenciones del Ayuntamiento y del Estado, pero eso no era suficiente y solicitarán la colaboración de la Diputación y la ayuda de particulares. Otra forma de conseguir dinero para la cantina era la realización de actividades culturales, festivales y otros actos de carácter benéfico. *Vida Manchega* informa el 19 de mayo del festival realizado el día anterior en el teatro Cervantes a beneficio de la cantina escolar.

En primera fila, el alcalde José Maestro con un niño, acompañado por Elisa de la Torre y el gobernador civil. Fuente: *Vida Manchega*, 15 de abril de 1932.

Una persona comprometida con la enseñanza y las cantinas escolares fue Miguel Pérez Molina que, según informa *El Pueblo Manchego* el 27 de mayo, dio una comida el día anterior a todos los niños del grupo escolar que llevaba su nombre, estando acompañado en el acto por los integrantes del Patronato de Cantinas y Roperos Escolares.

El empeño de José Maestro por mejorar las instalaciones escolares es constante y son continuas las reformas que se van realizando. En el grupo Pérez Molina se arregla la fuente y el empedrado del patio, mientras que se hacen las gestiones para poner otra cantina en el grupo Cruz Prado. A pesar de su interés las escuelas estaban, desde hace mucho tiempo, en el más completo abandono y los problemas se suceden. El médico inspector municipal de Sanidad realiza una inspección a todas las escuelas particulares de la localidad y emite un informe en el cual indica que en muchas de ellas están los niños hacinados, en malas condiciones higiénicas, ya que algunas hasta carecen de retretes y agua potable, e indica que deben cerrarse. Las escuelas privadas que ha visitado son:

1. Escuelas de niñas de Enriqueta Dorado, en la calle Mata; Soledad Campos, en la calle Pozo Dulce; Vicenta Rincón, en la calle Agustín Salido; Justa Franco, en la calle Canalejas; señorita Beberide, en las Casas Baratas, y el colegio San José, en la calle Calatrava.
2. Escuelas de niños de Ángel Rojas, en la calle General Rey; Tomás García, en la calle Mejora; Pedro García de Mora, en la calle Hernán Pérez del Pulgar;, señor Mata en la calle Estación, Escuela de los Ferroviarios, Academia General de Enseñanza y señores Marianistas[7].

El alcalde se encuentra desbordado ante el mal estado en que se ha encontrado las escuelas públicas y bastantes particulares. Se siguen sucediendo continuos arreglos y mejoras tanto en el grupo de Párvulos como en el Cruz Prado, teniendo que trasladar dos secciones del Cruz Prado al Pérez Molina mientras se hacen reformas de acondicionamiento en septiembre. El problema entra en vías de solución al inaugurar el 28 de noviembre de 1932 el grupo escolar del barrio de Santa María, al que se denominará Pablo Iglesias, acudiendo a dichos actos el director general de Instrucción Primaria, Rodolfo Llopis[8].

Vida Manchega informa el día 5 de diciembre de los buenos resultados de la cantina escolar del grupo Pérez Molina tanto en las comidas como en los desayunos. Asimismo, comunica que el Patronato ha formado la Sociedad de Amigos del Niño para proteger la infancia y que se empieza a repartir el Reglamento de Cantinas y Roperos Escolares para conocimiento público.

El Patronato de Cantinas Escolares se reúne el 20 de diciembre y acuerda poner una cantina en el grupo escolar Cruz Prado, para el cual donan 500 pesetas y la Junta de Asistencia Social contribuirá con 1.000. El Ayuntamiento apoya dicho proyecto y acuerda la compra de una cocina para la citada cantina.

Mientras se van solucionando los problemas en las escuelas, la Asociación Profesional del Magisterio ha organizado en Puertollano una Semana Pedagógica, que tendrá un gran impacto entre los maestros de la provincia durante el mes de diciembre.

En los primeros meses de 1933 el alcalde, José Maestro, intensifica su trabajo para agilizar los trámites para poner una cantina en los grupos escolares Cruz Prado y Pablo Iglesias, al mismo tiempo que el director del Campo Experimental Agrícola dona 1,5 fanegas de garbanzos para la cantina del grupo Pérez Molina[9].

Elisa de la Torre, directora del grupo escolar Pérez Molina, tuvo una participación muy activa en la Semana Pedagógica de Ciudad Real, celebrada en mayo de 1933. Presentó varios trabajos y obtuvo un premio con su artículo sobre «Las Colonias Escolares»[10].

El comienzo del curso escolar 1933-1934 puso de manifiesto la necesidad de más escuelas para poder escolarizar a todos los niños. Para solucionarlo el Ayuntamiento contrata dos maestros más, que darán sus clases en las galerías de los grupos escolares Cruz Prado y Pablo Iglesias.

El afán del señor Maestro San José por solucionar los problemas de escolarización, educación de adultos, absentismo escolar, higiene y alimentación de los niños le lleva a tomar continuas medidas para paliarlo. Contrata más maestros, habilita espacios, solicita a los maestros que controlen las faltas de asistencia y las comuniquen, proyecta colonias escolares, instruye procedimientos para crear otras dos escuelas, se dan clases de adultos en los grupos escolares Cruz Prado y Pablo Iglesias y a los funcionarios municipales se les ponen maestros para elevar su nivel de instrucción. También continúa con las interminables reformas en el grupo Pérez Molina y en esta ocasión reforma los retretes, lavabos y acometen las aguas sucias al alcantarillado.

En el mes de julio de 1934 se produce el relevo en la Alcaldía, dimiten José Maestro y varios concejales, ocupando el cargo Gaspar Sánchez. Este acusa a los dimisionarios de incompatibilidades para ocupar la Alcaldía y concejalías, y en varias actas municipales hace mención de la mala situación económica del Ayuntamiento y las deudas que tiene.

Las primeras actuaciones del nuevo alcalde en el grupo Pérez Molina son el cierre del recinto escolar y la puesta de rejas en el ropero para evitar los hurtos.

Durante el año 1935 la situación económica del Ayuntamiento es angustiosa y el problema escolar se agudiza. Se necesita la construcción de nuevas escuelas, puesto que las actuales están masificadas. El periódico *Vida Manchega* publica el 23 de diciembre un artículo titulado «Cantinas Escolares» en el cual se dice «que el Ayuntamiento no tiene crédito en las tiendas de Ciudad Real, hasta el punto de no haber quien le suministre fiado, lo más indispensable». Continúan informando que el alcalde ha disminuido el presupuesto para el cantina en 19.000 pesetas. El articulista hace una dura crítica a don Gaspar, indicándole que ha sido maestro e inspector de Primera Enseñanza y la medida anterior supone inhumanidad y causa para que los niños no vayan a la escuela.

En el acta municipal del 19 de diciembre se refleja la situación anterior, puesto que el Patronato de Cantinas Escolares ha tenido que abrir una cantina durante estos días para dar de comer a los niños pobres que no reciben ayuda del Ayuntamiento.

Vida Manchega informa el 23 de diciembre sobre la tradicional comida que dio Miguel Pérez Molina, el día anterior, a todos los niños del grupo escolar que lleva su nombre. El menú, elegido por la directora Elisa de la Torre, fue 173 huevos en salsa, 10,25 kg de merluza, 2 kg de arroz, 10 litros de leche, 159 pastas, 20 panes, 3 litros de aceite y 1 kg de harina. En total se repartieron 159 raciones.

Don Miguel, como siempre hizo, demuestra así su amor por la enseñanza y por la infancia. Fue el primero en donar dinero para el primer funcionamiento de la cantina escolar y todos los años pagaba la comida de Navidad a los niños del grupo de Párvulos, como así lo podemos constatar en la prensa de la época.

El periódico *Vida Manchega* da la noticia el día 6 de marzo de 1936 de la creación de una escuela graduada nueva. El grupo escolar de Párvulos Pérez Molina se transforma en una graduada, según la reunión que ha tenido el inspector de Primera Enseñanza con las maestras y la directora. En dicha graduada la directora va a ser Elisa de la Torre y la secretaria Joaquina Cebrián. Por tanto, la graduada estará compuesta por cinco maestras nacionales y dos municipales, y los grupos de niños serán dos de Párvulos, uno Inicial y cuatro de niñas.

5
LA ESCUELA DE PÁRVULOS
DURANTE LA GUERRA CIVIL

El 18 de julio de 1936 estalla la Guerra Civil y la situación de la enseñanza se vuelve caótica. El 5 de diciembre entra de alcalde Manuel Novés Santos y en la sesión municipal del 27 de diciembre acuerdan solicitar al Ministerio de Instrucción Pública que las maestras municipales de Párvulos pasen a depender del Estado.

En el pleno municipal celebrado del 31 de diciembre realizan una gran depuración de funcionarios por considerarlos desafectos al régimen. Entre ellas están las maestras Juana Roldán, Natividad Sánchez-Rey y Florencia Mohedano. Las tres quedan sin empleo y sueldo y con pérdida de todos los derechos. También se informa del grave deterioro que sufren los grupos escolares al haber estado ocupados por las milicias y la Brigada Mixta 114.

Según nos manifiesta Patrocinio García Vélez, alumna del grupo escolar Pérez Molina, durante la Guerra Civil fueron trasladadas a la Academia General de Enseñanza y allí iban a clase junto con otros niños del grupo escolar Cruz Prado.

Siendo alcalde Calixto Pintor, en enero de 1937, se revisa la depuración de funcionarios y se vuelven a admitir a muchos de ellos, como es el caso de Juana Roldán y Natividad, mientras que Florencia queda separada definitivamente de su cargo con pérdida de todos los derechos por desafecta al régimen[11].

Natividad solicita, en febrero, la excedencia como maestra auxiliar de Párvulos para irse como profesora de Dibujo a la Escuela Normal, y se le concederá. Su puesto lo ocupa la maestra África Ruiz Coello durante un año, puesto que Natividad regresa a su puesto de trabajo.

Natividad Sánchez-Rey. Fuente: *Vida Manchega*, 5 de julio de 1912.

Los problemas municipales son innumerables a lo largo de 1938, dada la situación de guerra, y a pesar de ello intentar poner en funcionamiento la cantina escolar para dar de comer a los niños más necesitados.

Terminada la Guerra Civil en abril de 1939, se nombra una Comisión Gestora Municipal presidida por el alcalde Bernardo Peñuela. En el pleno municipal del 27 de abril acuerdan realizar la depuración de funcionarios. En ella admiten en su puesto y se le pagan todos los haberes a Florencia Mohedano Castillo, Natividad Sánchez-Rey Badillo, África Ruiz Coello y Juana Roldán Martín de Lucía.

En el pleno municipal del 22 de junio se lee un informe del inspector jefe de Primera Enseñanza en el cual se indica que deben realizarse urgentemente obras en los grupos escolares puesto que están en un estado deplorable.

La inspectora de Enseñanza envía, en septiembre a la Corporación Municipal un escrito en el cual propone crear una escuela de niñas en el grupo Pérez Molina[12].

Elisa de la Torre solicita a la Corporación el abono de la casa-habitación que no percibió durante el tiempo que estuvo destituida. Tras la Guerra Civil sufre otra depuración y se incorporará al servicio activo hasta su jubilación en Madrid.

Ante el continuo movimiento del funcionariado por causas de las depuraciones anteriores y actuales, la Corporación Municipal hace una relación de funcionarios con su antigüedad y sueldo, resultando las siguientes maestras municipales:

Tabla 33

Antigüedad de las maestras municipales del grupo escolar Pérez Molina

Maestras	Antigüedad
Juana Roldán	13 de enero de 1908
Natividad Sánchez-Rey	8 de enero de 1932
Adriana África Ruiz	8 de enero de 1932
Florencia Mohedano	8 de enero de 1932

Fuente: Acta municipal, 30 de diciembre de 1939. Elaboración propia.

Todas ellas tienen la plaza en propiedad y un sueldo de 3.000 pesetas anuales.

6
LA ESCUELA GRADUADA DE NIÑAS PÉREZ MOLINA (1939-1970)

En nuestras investigaciones hemos encontrado, en el archivo del actual CEIP Pérez Molina, el primer Libro de Actas de la citada escuela, siendo la primera fechada el 23 de octubre de 1940. Dado que la inspectora de Primera Enseñanza solicitó que dicho grupo fuera de niñas en septiembre de 1939 y teniendo presente el Libro de Actas mencionado, cabe suponer que el curso 1940-1941 fuese el primero que funcionara como escuela de niñas. La andadura será larga, es decir, hasta la implantación de la Ley General de Educación de Villar Palasí en 1970.

En la primera acta se especifica que la directora es Rosa Giráldez y la secretaria Josefina Gil Calvo, el resto del claustro lo formaban las maestras estatales Ramona Ponce, María Josefa Fernández y Manolita Gómez. El grupo escolar estaba también formado por las maestras municipales África Ruiz, Florencia Mohedano y Juana Roldán, aunque no figuran en el libro de actas de los claustros.

Araceli Pérez, Juana Roldán y África Ruiz con un grupo de Párvulos del grupo Pérez Molina, años 40. Fotografía cedida por Patrocinio García Vélez.

Durante el largo periodo que abarca este capítulo se refleja, a través de las actas y de los testimonios de las que fueron alumnas, que la dinámica escolar es la típica de la época, es decir de la escuela nacional católica. Según nos relata Patrocinio García, alumna durante la Guerra Civil y algunos años de la posguerra, a la escuela se entraba haciendo filas en el patio y se cantaba el *Cara al Sol*, luego se pasaba a las clases y se rezaba antes de comenzar. A la hora de comer también se rezaba y por la tarde al ingresar. También nos cuenta que el protocolo para entrar a una clase era llamar a la puerta y decir: «Ave María Purísima, ¿se puede entrar?». A esto contestaba la maestra: «Sin pecado concebida» y permitía la entrada.

Eran momentos de gran escasez de comida y de ropa, por ello las niñas más necesitadas comían en Auxilio Social y recibían ropa del ropero. Patrocinio se ofreció voluntaria para abrir la escuela por las mañanas con la picardía de que antes de empezar las clases podía comer moras de las moreras del patio. También encendía el brasero de la maestra junto con otras niñas y de esa manera se calentaba antes de empezar. Nos cuenta que en las clases hacía mucho frio y humedad. Recuerda el orden y la disciplina que había en el colegio, pero a la vez siente nostalgia de lo mucho que le gustaba. Lo que menos le agradaba del colegio era la costura, pero se buscaba las mañas para que una compañera se la hiciese a cambio de ayudarla ella en matemáticas. Sus hermanos asistieron

Josefina Gil y Rosa Giráldez con un grupo de niñas de la escuela Pérez Molina, 1941. Fotografía cedida por Patrocinio García Vélez.

Grupo Escolar Pérez Molina
Directora: D.ª Rosa Giraldón
CIUDAD REAL.   CURSO 1943-44

La alumna del grupo escolar Pérez Molina, Patrocinio García Vélez, curso 1943-1944.

a la escuela con ella en Párvulos, pero cuando llegaron a primero de Primaria tuvieron que irse a otros colegios porque este era solo de niñas.

Para conocer la vida de esta escuela a lo largo de estos años vamos a seguir fundamentalmente las actas de los claustros. En junio de 1941 deciden realizar la entronización del Sagrado Corazón de Jesús e invitan a tres inspectores de Enseñanza y a los directores de las restantes escuelas graduadas de la capital. Este acto junto a la preparación de las primeras comuniones de las niñas y la exposición de trabajos de final de curso fueron el colofón del curso 1940-1941.

En los cursos sucesivos van a sucederse algunos cambios en las maestras, así en el curso 1941-1942 se incorpora Araceli Pérez Cañas en el puesto de Josefa Fernández. En el curso 1942-1943 se traslada Ramona Ponce al colegio Ferroviario y se incorpora al centro Prado Francés (antigua alumna de la Academia General de Enseñanza).

El 10 de enero de 1944 se reúnen con la inspectora de zona Josefa Ballester para tratar el tema de las bajas y altas del profesorado. Han cesado Josefina Gil, Manuela Gómez y Araceli Pérez, y en su lugar van a ocupar las plazas Concepción Coello Gallardo, Mercedes Martínez del Forcallo y

Esmeralda Abarca. La inspectora insistió a las maestras en el tema de la puntualidad de niñas y maestras para que la enseñanza lleve una buena marcha.

El horario de la escuela era de 9 a 12 por la mañana y de 14,30 a 17,30 por las tardes, teniendo la tarde del jueves libre y los sábados por la mañana Catequesis y Catecismo.

El claustro celebrado el 10 de marzo de 1944 estaba compuesto por maestras estatales y municipales, en total nueve. Siendo directora, Rosa Giráldez Fernández; secretaria, Esmeralda Abarca, y las maestras Carmen García, Prado Francés, Soledad Alcázar, Dolores Recena, África Ruiz, Florencia Mohedano y Juana Roldán. Los temas que se tratan son la puntualidad, la disciplina, el orden en las entradas y salidas de la escuela y la vigilancia de las maestras en los recreos. Por último, la directora dio lectura a una circular de la Inspección en la cual se indica que las maestras deben asistir a unos ejercicios espirituales que se van a realizar próximamente.

Maestras de la escuela Pérez Molina, años 40. De pie: desconocida, Prado Galán, Clotilde Vera, Prado Francés, Mercedes Martínez, Luisa Espadas, Soledad Alcázar, Florencia Mohedano. Sentadas: África Ruiz, Rosa Giráldez, Juana Roldán y desconocida. Fotografía cedida por familiares de Florencia Mohedano Castillo. Identificadas por Carmen y Pilar Cinca.

Se inicia el curso 1945-1946 con una plantilla de maestras compuesta por cinco maestras estatales de Primaria y tres municipales de Párvulos. En la escuela había muchas niñas necesitadas de alimentación y ropa. Para la primera se recurría al comedor de Auxilio Social y para la segunda se recibían ropas y material para confeccionarla del Ropero Provincial. En este curso les envía lana el Ropero para que las maestras y las niñas confeccionen jerséis y los repartan entre las niñas más desfavorecidas, en total realizan 24 jerséis.

El inspector jefe les envía una carta de felicitación porque en la visita realizada a la escuela por el obispo prior ha observado que las niñas se encuentran muy adelantadas en materia religiosa.

Se acerca el 31 de mayo, fecha para realizar la Primera Comunión y reciben una orden de la Inspección para que la realicen las niñas que estén preparadas. Como podemos observar el tema religioso era fundamental en toda la vida escolar y la Inspección así lo indicaba.

Maestras de la escuela Pérez Molina, años 40. De pie: Paula Hipólito, desconocida, desconocida, Rosa Giráldez, Florencia Mohedano, Juana Roldán, África Ruiz. Sentadas: Soledad Alcázar, Josefina Mendoza, Prado Francés, Hortensia Bermejo y Pepita Bermejo. Fotografía cedida por familiares de Florencia Mohedano. Identificadas por Carmen y Pilar Cinca.

La inspectora, Josefa Ballester, preside el claustro del día 4 de junio, el cual lo componen Rosa Giráldez, Carmen García, Soledad Alcázar, Prado Francés, Victoria Ruiz, Dolores Galán, África Ruiz, Florencia Mohedano y Juana Roldán. Lo primero que les dice la Inspectora es que todas las maestras están bajo la supervisión de doña Rosa y que la asistencia y puntualidad de niños y maestras es fundamental. A continuación, les informa de que este año se celebra el IV Centenario del nacimiento de Cervantes e invita a las maestras a la realización de actividades sobre dicho evento.

Interviene la directora para leer un oficio del Secretariado Catequístico Diocesano en el cual les invita a participar en los gastos de las misiones mediante un donativo. Doña Rosa insiste en que deben hacerse todas las actividades mencionadas y se debe intensificar la preparación de las niñas que van a realizar la Primera Comunión.

La cantina del grupo escolar es probable que funcionase desde 1941 o 1942, ya que tuvimos una entrevista, en compañía de Pilar y Carmen Cinca, con Félix Martínez Escobar, delegado provincial de Auxilio Social desde 1947, y nos contó que Rosa Giráldez le pidió ayuda para poder continuar con la cantina porque no disponía de suficiente dinero para dar de comer a todas las niñas necesitadas de la escuela. Según me informa don Félix, la cantina estuvo desde 1947 bajo la tutela de Auxilio Social y se daba de comer a unas ochenta niñas diariamente. Por Navidad se hacía un regalo y una comida extra a todas las niñas del colegio, a la cual asistían las autoridades. Esta cantina estaba regentada por la jefa de cocina, Manolita Galiano; la cocinera, Rosario Lázaro, y la pinche, Matilde Morales.

Maestras de la escuela Pérez Molina, hacia 1947. De pie: Prado Francés, Dolores Carpio, África Ruiz, Rosa Giráldez y Mariana Aguilera. Sentadas: Araceli Pérez, Teresa y Josefina Gil. En el suelo: Dolores Celis, desconocida y Josefina Mendoza. Fotografía cedida por familiares de Florencia Mohedano. Identificadas por Carmen y Pilar Cinca.

Por tanto, en esta década de 1940 se plasman todos los postulados del nacional-catolicismo como podemos ver en los temas que se tratan y las actividades que se realizan en la escuela. Estos son la puntualidad, el orden, la disciplina, obediencia a la directora, vigilancia, preparación en materia religiosa y para la Primera Comunión, participar en las campañas que indique la Diócesis, realizar los trabajos que indique el Ropero Provincial, realizar las actividades que indique la Inspección, que normalmente son de carácter político o religioso, asistencia a ejercicios espirituales por parte de las maestras, realizar la ficha de encuadramiento y los propios de su función como maestras.

El diario *Lanza* recoge algunos acontecimientos que se realizaron en esta década. La Obra Sindical de Educación y Descanso y el Instituto de Estudios Manchegos organizan el 15 de agosto de 1948 en un aula del grupo Pérez Molina una exposición de Pintura con motivo de las fiestas de Ciudad Real. El mismo periódico informa, el 16 de abril de 1949, sobre la «Comida a los Necesitados», organizada por la Cofradía del Silencio en sus ramas de señoras y caballeros, que se dio el Jueves Santo a 150 personas necesitadas de la ciudad en el comedor del colegio.

La década de 1950 se inicia con el traslado de Clotilde Vera y la llegada de la maestra Prado Galán. La plantilla de maestras del curso 1950-1951 estaba

Maestras de la escuela Pérez Molina, De pie: Mercedes Aranda, Soledad Alcázar, Misericordia Sánchez, Mercedes Martínez, Carmen Merino, Prado Francés. Sentadas: África Ruiz, Rosa Giráldez y Araceli Pérez. Fotografía cedida por familiares de Florencia Mohedano. Identificadas por Carmen y Pilar Cinca.

formada por la directora, Rosa Giráldez; la secretaria, Prado Francés, y las maestras Soledad Alcázar, Agustina Paredes, Prado Galán, Mariana Ruiz, Carmen Merino, Olvido Giménez, Florencia Mohedano, Juana Roldán y África Ruiz.

Durante estos años se producen dos hechos importantes en el grupo escolar, el primero será la desaparición de las maestras municipales y el segundo son los exámenes que se realizan a final de curso a todas las alumnas por un tribunal presidido por la inspectora Sara Pumbao.

En tiempos de la Segunda República ya quiso la Corporación Municipal que sus maestras pasasen a cargo del Estado. Llegó la Guerra Civil, se olvidó el tema y ahora se vuelve a retomar. En 1953 se hace cargo de la Alcaldía Antonio Ballester Fernández, siendo la situación económica del municipio muy deficitaria y pretende reducir gastos en el tema de la enseñanza. Primero quiere que se haga cargo el Estado del pago de la casa-habitación de los maestros y, en segundo lugar, acabar con el sostenimiento de las maestras municipales por parte del Ayuntamiento. En el pleno municipal del 30 de diciembre de 1953 propone la amortización de las tres plazas de maestras y declararlas excedentes forzosas con el haber del 80% de su sueldo regulador. Se aprueba su propuesta y quedan excedentes forzosas Juana Roldán, Florencia Mohedano y Adriana África Ruiz. Será en la sesión municipal del 7 de enero de 1954

Exposición final de trabajos y labores en la escuela Pérez Molina, 1952. De izquierda a derecha. Mercedes Martínez, Rosa Giráldez, Prado Francés, Mariana Ruiz, Beatriz Ocaña, África Ruiz, Juana Roldán y Florencia Mohedano. Fotografía cedida por familiares de Florencia Mohedano. Identificadas por Carmen y Pilar Cinca.

cuando se aprueban los pagos a realizar a las maestras municipales. A doña Juana le corresponden 16.291,27 pesetas, a doña África 12.239,87 pesetas y a doña Florencia 11.239,16 pesetas. A estas cantidades hay que añadir 6.609,70 pesetas para el pago de mensualidades extraordinarias.

Esta medida de ahorro supone que el Ayuntamiento tiene que seguir pagando el 80% del sueldo y las maestras no tienen que trabajar. No se entiende bien esta medida puesto que a las maestras les quedaba poco tiempo para jubilarse, y por otro lado observamos en los presupuestos municipales un gran aumento en los gastos de representación del alcalde, pues pasan de las 20.000 pesetas del ejercicio anterior a las 30.000 del ejercicio presente.

La inspectora Sara Pumbao se reúne en la escuela con las maestras el 20 de febrero de 1954 para reorganizar los grados en la escuela, puesto que ya no disponen de las tres maestras municipales. A partir de ese momento pasan a depender en todos los aspectos de la graduada las dos clases de Párvulos y una unitaria[13].

Ya hemos comentado la importancia que se le da en estos años a las pruebas finales de curso, por ello vamos a reflejar los procedimientos y las personas intervinientes en ellas. En el acta de claustro del 10 de julio de 1954 se describe de forma pormenorizada. Se formaba un tribunal, que estaba compuesto por la inspectora Sara Pumbao como presidenta, el señor cura párroco de San Pedro Apóstol, la delegada provincial de la Sección Femenina, la delegada local del Frente de Juventudes y la directora de la graduada.

Las pruebas comienzan en los tres cursos de Párvulos y las preguntas son individuales y colectivas, versando sobre Religión, Nacional-Sindicalismo, Geografía, Historia de España, Ciencias y Matemáticas. En el caso de las niñas de la graduada se les pregunta sobre Religión, Liturgia, Historia de España, Gramática, Geografía, Aritmética, Ciencias y Nacional-Sindicalismo.

Posteriormente el tribunal revisó la exposición de trabajos realizados por las niñas a lo largo del curso.

Tras la marcha forzosa de las maestras municipales, el claustro queda compuesto de la siguiente forma en el curso 1954-1955: Rosa Giráldez, directora; Prado Francés, secretaria; María González Alonso (sustituta de Beatriz Ocaña), Párvulos; Josefina Gil, Párvulos; María Josefa Mendoza, Párvulos; Mariana García, primero; Mercedes Martínez, segundo; Rosa Giráldez, tercero; Concepción Coello, cuarto, y María del Prado Francés, quinto curso.

Desde el 25 de abril de 1955 hasta el 16 de septiembre de 1963 solo figuran en las actas de claustros las maestras de la graduada, aunque sabemos que en ella seguían las clases de Párvulos.

A través de las actas de los claustros vamos a conocer los temas y actividades que se realizaban en la escuela durante esta década. Unos son de los propios de su función docente y otros son de temas políticos y religiosos. Los temas pedagógicos son la distribución de niñas en los diferentes grados, los horarios, los materiales didácticos, el control de faltas de asistencia, llevar el cuaderno de rotación, programación de las lecciones, trabajar conforme a los programas establecidos por el MEC para Instrucción Primaria, realizar las actividades de Navidad, preparar la exposición de trabajos de final de curso, llevar el ropero escolar, enseñar labores a las niñas mayores y la disciplina y puntualidad como valores fundamentales. También daban premios, como medio de evitar el absentismo, a las niñas que menos faltasen a la clase.

Entre las labores de apoyo solidario y de tipo religioso se realizaban las siguientes:

- Preparar a las niñas para la Primera Comunión.
- Asistencia obligatoria a la Santa Misa los domingos y días de precepto.
- Pago obligatorio de la cuota de la Santa Infancia todos los meses.
- Campaña del Domund.
- Realizar ejercicios espirituales.
- Recoger los donativos del Día del Seminario.
- Actividades de Navidad: villancicos, teatro, decoración, belenes, etc.
- Mes de María (mayo).
- Intensificar la enseñanza del Catecismo por las tardes.
- Participar en actos religiosos como el Congreso Eucarístico Internacional de 1952 y el Año Mariano en 1954.
- «Según costumbre y de modo especial por ser el Año Mariano, al dar la hora se cantará el Ave María».
- Entrada a las clases con el saludo «Ave María Purísima».
- Envío de ramilletes espirituales al señor obispo.
- En determinados momentos del curso se intensifica la explicación diaria del Catecismo, Historia Sagrada y Liturgia.
- Realizar las actividades propuestas del Secretariado Diocesano.

Las actividades típicas del tipo nacional-sindicalista que se realizaban eran: Izar y arriar banderas, enseñanza y actividades sobre el nacional-sindicalismo, Día del Caudillo, cantar el *Cara al Sol* y *Montañas Nevadas*, etc.

Las maestras del grupo escolar llevaban muy bien el ropero escolar. Recibían dinero, telas y lana del Ropero Provincial y con ello confeccionaban velos, jerséis, calcetines y uniformes para las niñas más necesitadas. También compraban alguna ropa y zapatillas cuando las niñas hacían la Primera Comunión. La mayoría de las prendas eran confeccionadas por las maestras y las niñas mayores en las clases de Labores que se daban por las tardes.

Según me informan Carmen y Pilar Cinca, antiguas maestras del centro, otra gran labor de las maestras y las niñas, dadas las circunstancias, era la realización de la limpieza y el mantenimiento de los medios para calentarse (braseros de piconcillo y carbón), puesto que el Ayuntamiento les enviaba para esos conceptos poco dinero y en muchas ocasiones llegaba tarde.

Las aulas tenían el típico material didáctico y mobiliario de la época, es decir, un cuadro de la Inmaculada, un crucifijo, un cuadro de Franco y otro

El obispo, Juan Hervás, en su visita al grupo escolar Pérez Molina, acompañado por las maestras Pura Coello, Rosa Giráldez, Mercedes Martínez, Beatriz Ocaña, Pepita Cuenca, Prado Francés y Mariana Aguilera, 1956. Fotografía cedida por Carmen y Pilar Cinca.

de José Antonio Primo de Rivera, mapas de España y mapamundi, mesa y sillón de maestra, pupitres bipersonales para las niñas, pizarra, globo terráqueo y un juego de escuadra, cartabón, semicírculo y regla.

El material escolar que usaban las niñas era un pizarrín de metal o pizarra natural, tiza, tinteros para pupitre, plumín, lapiceros, goma de borrar, sacapuntas, lápices de colores, cuadernos, cabás escolar y la braserrilla de chapa. Los libros eran las cartillas de leer, *El Catón*, *El Parvulito*, las enciclopedias y el *Catecismo* (en blanco y negro sus imágenes). En cuanto a su vestimenta, en esta escuela las niñas debían de tener dos uniformes (babis) cada una.

Siguiendo las noticias dadas por el diario *Lanza* durante la década de 1950 y referidas al grupo escolar Pérez Molina, encontramos varias noticias sobre exposiciones, cultura y arte organizadas por la Sección Femenina. El 6 de junio de 1952 se publicó una noticia sobre la Exposición Provincial de Trabajos Escolares y de la imposición de la medalla de Alfonso X el Sabio al inspector jefe de Enseñanza Primaria Baldomero Montoya en el grupo Pérez Molina. El 14 de agosto de 1956 se publica la noticia de la comida que se va a dar el día 15 en la cantina de la escuela a las personas necesitadas de la capital.

Bajo el título «Auxilio Social realiza una amplia labor benéfica», se publica el 11 de septiembre una nota del delegado provincial de Auxilio Social, Félix Martínez Escobar. En ella se da cuenta de la labor realizada por Auxilio Social en el grupo Pérez Molina, dando de comer a 83 niños diariamente con un coste mensual de 6.892 pesetas.

Entramos en la década de 1960 y se constituye orgánicamente la graduada con diez clases. En el curso 1963-1964 se incorporan orgánicamente las aulas de Párvulos, constituyéndose un centro con cuatro unidades de Párvulos y seis de Primaria.

La plantilla de maestras durante esta década estuvo formada por Rosa Giráldez (desde 1940 hasta 1972), directora; Mercedes Martínez (desde 1953 hasta 1969), Prado Francés (desde 1942 hasta 1967), secretaria (desde 1949 a 1967); Dolores Bravo (desde 1962 hasta 1968), Beatriz Ocaña (desde 1951 hasta 1969), Margarita Dehesa (desde 1962 hasta 1978), Sara Andújar(desde 1960 hasta 1978), María Martín (desde 1960 hasta 1983), Carmen Cinca (desde 1963 hasta 1993), Pilar Cinca (desde 1966 hasta 1993), Pilar Benítez (desde 1964 hasta 1972) y secretaria (de 1967 a 1971), Concepción Coello (desde 1952 hasta 1963), Mariana García (desde 1952 hasta 1963) y Josefa Mendoza (desde 1952 hasta 1964). La plantilla estaba formada por seis maestras de Primaria y cuatro de Preescolar. Siendo las maestras parvulistas Sara Andújar, Josefa Mendoza, María Martín, Carmen Cinca, Pilar Cinca y Concepción Coello.

En lo que respecta a la gestión económica del centro, se crea en 1964 la Junta Económica, que estaba compuesta por la directora, la secretaria y una maestra. Otra novedad importante fue la formación de Beatriz Ocaña para impartir Iniciación Profesional a las niñas mayores. La Inspección de Enseñanza envía a doña Beatriz a Madrid para que reciba la formación reglamentaria para el desempeño de ese cargo en 1965. A su regreso, la escuela recibió la dotación de una máquina de coser, telares y otros utensilios para preparar a las niñas mayores en el ámbito laboral más inmediato. Al final de cada curso se hacía una gran exposición donde se mostraban todas las labores realizadas.

Según me informan Pilar y Carmen Cinca, se hizo en el centro un aula de Economía Doméstica en la cual tenían un telar grande de pie, una máquina de tricotar, dos máquinas de coser Wertheim, junto con otros utensilios propios de las labores.

Se van dando pasos para dotar a las aulas de los materiales didácticos adecuados a los tiempos que corren. Se recibió en 1965 una dotación de una multicopista, tocadiscos, magnetófono y una máquina de escribir. Esto se complementó en 1969 con el envío de mapas, láminas de Fisiología y cajas de cuerpos sólidos.

El MEC empieza a dar carpetas escolares (becas de material) a través del Patronato de Igualdad de Oportunidades (PIO) para las niñas más necesitadas. Esta ayuda se complementaba con la que se realizaba por el ropero escolar de la escuela, que estaba muy bien organizado por las maestras y en el cual se confeccionaban diversas prendas de ropa que se distribuían a las niñas más pobres.

Las maestras seguían estando mal pagadas y una manera de compensarlas fue el establecimiento de las permanencias, de forma voluntaria, de 5 a 6 de la tarde y gracias a esa hora conseguir mejorar un poco su sueldo. Estas permanencias eran pagadas por las familias de las niñas que asistían a la maestra que se las daba.

En estos años se recibió la «Ayuda Americana» y cada escuela se encargaba de repartirla a sus alumnos. Primero fue leche en polvo y luego en forma de botellín. Las maestras eran gratificadas por encargarse del reparto, organización y buen funcionamiento.

En lo que respecta al mantenimiento del centro, las maestras recibían un dinero del Ayuntamiento para la limpieza y la calefacción. En 1964 el Ayuntamiento les pagó por ambos conceptos a las maestras de Párvulos la cantidad de 975 pesetas, correspondiendo al curso anterior. Según me cuentan Carmen y Pilar Cinca, maestras de la escuela en esos años, las maestras y los padres adelantaban el dinero en muchas ocasiones, se preocupaban de encender los braseros de picón o las estufas de carbón, retiraban las cenizas diariamente y encargaban al carbonero de la calle Cardenal Monescillo el material necesario.

El edificio de la escuela tenía problemas de humedad tanto en los suelos como en las paredes en todas las aulas, pero especialmente las que daban al patio del antiguo convento de San Juan de Dios. A este problema hay que añadir que la instalación eléctrica era muy antigua y deficiente, por lo que frecuentemente «saltaban los plomos» y la iluminación en las aulas era muy insuficiente, según me informan las maestras antes mencionadas. También me comentan que el número de alumnas por clase era entre cincuenta y sesenta. En Párvulos había dos aulas de 4 años y otras dos de 5 años, todas ellas con coeducación. Los niños varones abandonaban el centro al pasar a primero de Primaria, puesto que eran una escuela de niñas.

Me describen el patio de aquellos años, con varias moreras, un peral y todo empedrado. En la época de las moras maduras extendían unas sábanas para que cayesen en ellas y así se las daban de comer a las niñas y a la vez se evitaba que el patio se manchase.

La cantina (comedor escolar) seguía teniendo matices de Auxilio Social y estaba regentado por Rosario Lázaro, cocinera; Manolita Galiano, encargada, y Matilde Morales, que trabajaba de cocinera.

En esta década se siguen realizando las mismas actividades de tipo pedagógico, religioso y del nacional-sindicalismo que en la década anterior. Se añaden algunas celebraciones puntuales indicadas por la inspectora de Enseñanza, Delegación Diocesana y la Sección Femenina. El inspector de Enseñanza envía un escrito en 1962 en el cual se ordena que se explique una lección semanal sobre el Concilio Vaticano II y que se reduzcan a tres horas de Labores que se dan por las tardes a las niñas. El delegado de Cáritas les envía un escrito en el cual se indica que deben constituir una «Cáritas Escolar» y que debe hacerse responsable de ella una maestra. A modo de curiosidad vamos a reflejar la recaudación obtenida con motivo del Día de la Santa Infancia, la cual asciende a 3.541,25 pesetas entre bautizos, colecta y cuotas. El tema sanitario se refleja

Huchas para solicitar una ayuda para la Santa Infancia.

por primera vez en el acta del claustro del 30 de enero de 1964, indicando que se tiene que realizar una Campaña sobre la Caries Dental.

El diario *Lanza* informa el 19 de mayo de 1965 sobre la clausura y los actos celebrados por el Centro de Colaboración Pedagógica número 1, sito en la graduada Pérez Molina. Se realizó una gran exposición de trabajos de Párvulos de toda la provincia y se dieron conferencias por parte de María Martín Chocano, parvulista del grupo Pérez Molina, y por Josefa Jiménez Díaz, parvulista del grupo escolar Cruz Prado. Este mismo periódico informa el día 16 de octubre sobre la Campaña de Alfabetización de Adultos que se va a desarrollar en esta escuela tanto para hombres como para mujeres. Continúa la noticia diciendo que ya se sabe sobre las clases de iniciación profesional dadas a las niñas mayores en el grupo Pérez Molina y ahora la Delegación de Enseñanza organiza unas «clases para empleadas de hogar» que se van a realizar en los grupos Carlos Eraña, Pérez Molina y el colegio María Inmaculada (Servicio Doméstico) para mujeres que hayan acabado los estudios primarios.

Las niñas de la escuela procedían, en su mayoría, de familias con pocos recursos económicos, y su participación en los Centros de Vacaciones Escolares no hemos podido encontrarla en ningún documento del centro durante estos años.

El material escolar que usaban las niñas era plumier, lapiceros, bolígrafo, goma de borrar, sacapuntas, caja de colores «Alpino», cuadernos, cartera, braserilla de chapa. Los libros eran la cartilla de lectura, *El Parvulito*, las enciclopedias y el *Catecismo* (imágenes en color). En cuanto a su vestimenta, en esta escuela las niñas debían de tener dos uniformes (babis) cada una.

Las aulas tenían el típico material didáctico y mobiliario de la época, es decir, un cuadro de la Inmaculada, un crucifijo, un cuadro de Franco y otro de José Antonio Primo de Rivera, mapas de España y mapamundi, mesa y sillón de maestra, campanilla de maestra, pupitres bipersonales para las niñas, pizarra, globo terráqueo, juego de medidas de capacidad, caja de cuerpos geométricos, huchas del Domund y un juego de escuadra, cartabón, semicírculo y regla.

DE GRADUADA DE NIÑAS A
COLEGIO PÚBLICO DE EGB (1970-1980)

La década de 1970 comienza con la promulgación de la Ley General de Educación, que dará un giro radical al ámbito de la enseñanza. Se establece la coeducación en todos los niveles de enseñanza, aunque se va realizando a lo largo de la década. La escolarización era obligatoria desde los 6 a los 14 años y va a realizarse un mayor control sobre el absentismo escolar. Esta ley introduce las especialidades en la Segunda Etapa de la Educación General Básica (EGB) y por tanto marca un nuevo rumbo en la especialización de los maestros y en la intensificación con que se estudiará cada materia del currículo. El Catecismo y las Labores van a ir dando paso a los Idiomas, la Educación Física, la Pretecnología y la Educación Musical. Esta Ley de Villar Palasí va a acabar, poco a poco, con la antigua escuela del nacional-catolicismo.

El MEC dota al centro con mucho material, que todavía se conserva, para las especialidades de Sociales, Matemáticas, Ciencias Naturales, Pretecnología e Idiomas. En el centro se recibieron, para Física y Química, una estación meteorológica, equipo de electricidad, equipo de física, probetas, microscopios, brújulas, vasos comunicantes, matraces, poleas, equipos de descomposición de la luz, tubos de ensayo, dinamómetros, sustancias químicas, balanzas de precisión, termómetros, amperímetros, imanes, etc. También encontramos gran cantidad de material enviado para Ciencias Naturales como son las grandes colecciones de minerales, fósiles, rocas, insectos y moluscos, láminas de animales, plantas, flores, anatomía humana, etc.

En el área de Pretecnología se hace una gran inversión, como medio de acercar la escuela y el mundo laboral próximo. Se enviaron dos grandes armarios metálicos con seis cajas de herramientas cada uno. En dichas cajas hay alicates, tenazas, martillos, destornilladores, sierras, serruchos, limas, tijeras normales y de chapa, punzones, sargentos, llaves inglesas, llaves fijas, soldadores de estaño, sierras de marquetería, etc.

Para el área de Matemáticas se enviaron cajas de cuerpos geométricos, juegos de compás, regla, cartabón, semicírculo y escuadra, juegos de pesas y medidas, balanzas, etc. El área de Ciencias Sociales también se ve muy surtida de material didáctico con el envío de mapas de España, Europa, Asia, África, América y Oceanía y mapas mundi, tanto físicos como políticos. El área de Lenguaje se vio dotada de numerosos libros de lectura y cuentos.

En lo que se refiere a los recursos tecnológicos de estos años, el centro fue dotado con tocadiscos, magnetófono, proyector de vistas fijas, adiscopio (proyectos de diapositivas), multicopista, fotocopiadora y máquina de escribir.

Esta nueva ley de Educación trae consigo un cambio de metodologías, de organización y funcionamiento de las escuelas. Siguiendo las actas de los claustros podemos observar los siguientes cambios:

1. El último curso donde se incluye en el acta la obligación de las niñas de pagar mensualmente la cuota mensual de la Santa Infancia es en el curso 1971-1972.
2. El curso 1976-1977 es el último donde se pone la obligación de rezar en las filas del patio antes de entrar a las clases.
3. Van desapareciendo en las actas los temas de carácter religioso y político.
4. Se incluyen más temas pedagógicos: coordinación entre los maestros, evaluaciones, contacto con los padres, programaciones, libros de texto, especialidades, etc.
5. Se mantienen los temas de disciplina, orden, vigilancia y puntualidad.
6. Se incluye a la Junta Económica como medio para justificar y dar a conocer las cuentas de administración del centro.
7. Las clases de los sábados por la mañana desaparecen en el curso 1973-1974 y hay clases los jueves por la tarde.

Conviene aclarar que desaparecen en las actas de los claustros muchas de las actividades políticas, religiosas y solidarias, pero algunas se continuaban haciendo con carácter voluntario.

Alumnos de Preescolar del colegio Pérez Molina disfrazados para Carnaval. Fotografía cedida por Carmen y Pilar Cinca.

En el aspecto pedagógico se producen hechos muy significativos en el colegio. En el curso 1973-1974 se inicia la coeducación en la EGB y por tanto el centro deja de ser una escuela de niñas. La entrada de 7º y 8º de EGB se completa en el curso 1974-1975, lo que supone acabar un año antes con la cantina escolar, suprimiendo la cocina y el comedor para hacer dos aulas. Otro cambio importante en la escuela es la jubilación de Rosa Giráldez en el curso 1971-1972, tras 31 años ejerciendo el cargo de directora accidental, dejando al colegio con un saldo económico positivo de 17.896 pesetas y con el teléfono ya instalado.

Fiesta escolar (arriba) y representación de *El ratón y el gato* en el patio del colegio Pérez Molina, 1978.

En lo que se refiere al alumnado, esta década va a aumentar considerablemente, puesto que va a tener dos cursos más (7º y 8ª de EGB) y la
coeducación. La casita (escuela) con sus soportales al patio se queda muy
pequeña, anticuada, con una instalación eléctrica obsoleta, calefacción con
estufas de gas butano, escasa iluminación natural, humedades y deficiencias
arquitectónicas pretéritas. Dionisia Martín Ormeño, alumna en prácticas de
Magisterio en el curso 1975-1976, lo describe así en su Memoria de Prácticas:

> «La primera impresión que produce es la de una casita antigua, fría y
> oscura». También relata que «las clases están muy mal iluminadas porque
> las ventanas dan a una galería y los techos son muy altos (3,5 metros), por
> lo que con una estufa de gas butano es imposible calentar la clase. Como
> consecuencia de no recibir luz natural directamente en las clases, es necesario
> tener siempre encendida la luz eléctrica».

De dicha Memoria extraemos que hay un total de 346 alumnos, correspondiendo 144 a preescolar, siendo una ratio media de unos 35 niños por aula. Según
explica doña Dioni en su Memoria, la asistencia de los niños a clase era muy
irregular en invierno, dado el frío y la humedad que había en las aulas de Preescolar. Solían faltar por la mañana y por la tarde acudían, ya que hacía menos frío.
Recogiendo las noticias que el diario *Lanza* publica en esta década nos
encontramos el 12 de abril de 1972 con la participación del colegio en la Cam-

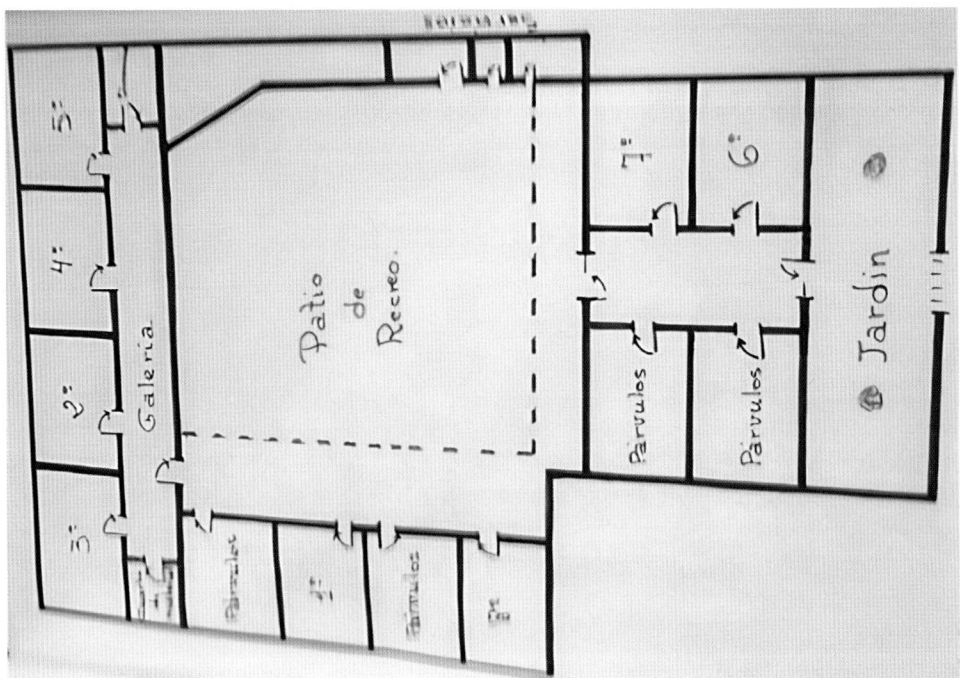

Plano de la escuela Pérez Molina hecho por Dionisia Martín, 1974.

paña contra el Hambre, llevada a cabo por la Delegación Diocesana, con una contribución de 1.100 pesetas. El día 2 de julio de 1978 publica una noticia titulada «Fin de curso en el Colegio Pérez Molina», en la cual se narra que el día 27 de junio se celebró una brillante fiesta escolar en la que participaron los colegios José María de la Fuente de Pozuelo de Calatrava y el Santísimo Cristo de Miguelturra. El acto estuvo presidido por el inspector Álvaro Martín y los directores de los citados centros, asistiendo los maestros y numeroso público. El programa fue muy variado, primero intervinieron los parvulitos del Pérez Molina y a continuación las niñas de Primaria, que representaron el *Paso de las aceitunas* de Lope de Rueda. Los niños del colegio José María de la Fuente interpretaron varias canciones populares con gran armonía entre las voces e instrumentos musicales. Las niñas de segundo y tercero de EGB intervinieron con una tabla de gimnasia rítmica y dieron paso a una rondalla del colegio.

Alumnas de la escuela Pérez Molina haciendo gimnasia rítmica. Fotografía cedida por Carmen y Pilar Cinca.

La segunda parte del acto la abrió el colegio Santísimo Cristo con una actuación musical sobre canciones hispanoamericanas. Acabando los actos con la interpretación del *Himno de la Mancha*.

La plantilla de maestras durante esta década de 1970 se compone como aparece en la tabla de la página siguiente.

El claustro de 1970 estaba formado por diez maestras, en el curso 1973-1974 se aumenta una y en el curso 1976-1977 se compone de doce (cuatro de Preescolar y ocho de EGB). Este aumento es debido a la incorporación de los niveles de 7º y 8º de EGB.

Grupo de niñas mayores del colegio Pérez Molina. Fuente: Archivo del centro.

Tabla 34

PROFESORADO DEL COLEGIO PÉREZ MOLINA, 1970

MAESTRAS	PUESTO	TIEMPO DE ESTANCIA
Rosa Giráldez	Maestra y directora 1940-1971	1940-1971
Margarita Dehesa Santos	Maestra/EGB	1962-1978*
Mercedes Martínez del Forcallo	Maestra/EGB	1953-1978*
María Martín Chocano	Maestra de Preescolar y directora 1971-1988	1960-1988
Sara Andújar Romero	Maestra de Preescolar	1960-1978
Carmen Cinca López	Maestra de Preescolar	1963-1993
Pilar Cinca López	Maestra de Preescolar y secretaria 1971-1978	1966-1993
Pilar Benítez	Maestra/EGB y secretaria 1967-1971	1964-1971
Teresa Haro Ballesteros	Maestra/EGB	1971-1978
Paula Plaza Selas	Maestra/EGB	1971-1989
Pilar Sánchez Berdián	Maestra/EGB	1972-1978
Gertrudis Ciudad Fontecha	Maestra/EGB	1973-1982
Pilar Almoguera Mora	Maestra/EGB	1975-1992
Angela Sosa Ávila	Maestra/EGB	1975-1982

* No hay actas desde 1979 a 1982.
Fuente: Actas de claustros. Elaboración propia.

Arriba, María Martín Chocano, maestra de Preescolar y directora del colegio Pérez Molina de 1971 a 1988. Abajo, Paula Plaza con sus alumnos en el Zoo de Madrid. Fuente: Archivo del centro.

Arriba, Puri Gascón López-Pastor posa con el mapa. Abajo, grupo de niñas en el patio del colegio Pérez Molina. Fotografías cedidas por Puri Gascón.

8
EL COLEGIO PÚBLICO PÉREZ MOLINA
(1980-2000)

La década de 1980 va a suponer una gran transformación de la escuela, que pasa de ser una pequeña casita de planta baja a ser dos edificios robustos y modernos con sótano, planta baja y tres alturas. A uno se accede por la calle Hernán Pérez del Pulgar y al otro por la calle Ramón y Cajal.

El edificio de la calle Hernán Pérez del Pulgar tiene, según se accede a él, a la izquierda el comedor, cocina y un pequeño patio interior; a su derecha hay unos soportales para que los niños se protejan de la lluvia y del frío, y a través de él se accede al patio. A las tres plantas se accede por la una amplia escalera, teniendo todas ellas la misma estructura arquitectónica. Se componen de una amplia galería, bien iluminada que da al patio y de dos clases a la derecha y otras dos a la izquierda. Todas las aulas son amplias, aproximadamente unos 57 m^2 y bien iluminadas, dando a la calle Hernán Pérez del Pulgar. Al fondo de la galería, en su margen izquierdo, están los servicios y lavabos de niños, niñas, de profesores y un pequeño cuarto para el material de limpieza. En el margen derecho y al fondo hay una tutoría para uso compartido.

El nuevo colegio se construyó entre 1979 y 1984. Primero se hizo el edificio de la calle Ramón y Cajal y luego el de la calle Hernán Pérez del Pulgar. Esto explica que no haya actas de claustros durante esos años, puesto que algunas maestras y niños se tuvieron que trasladar a otros colegios de forma provisional. En las excavaciones que se realizaron para construir el edifico de la calle Hernán Pérez del Pulgar se encontraron huesos humanos, es decir donde actualmente está situado el comedor escolar. Algunas personas atribuyen esos restos humanos a enterramientos que se realizaron en el siglo XIX como consecuencia de la gran mortandad producida por el cólera, pero en realidad corresponden al antiguo cementerio del barrio de San Pedro o del convento de San Juan de Dios[14].

El edificio que da a la calle Ramón y Cajal se hizo en primer lugar y consta de sótano, en el cual hay en la actualidad una sala de psicomotricidad, un gimnasio, cuarto de la caldera de gasoil, un cuarto para el servicio de limpieza, servicios de niños y niñas, un trastero y un amplio hall de distribución. En la planta baja están, en la actualidad, el despacho de dirección, la secretaria, la jefatura de estudios, dos patios interiores, servicios de profesores, servicios de niños y niñas, cuarto de contadores de luz y dos aulas de Educación Infantil. Este edificio tiene también salida directa al patio de recreo. En la primera planta están dos aulas, un despacho para Orientación, un gabinete de apoyo para el maestro de PT, un gabinete para la maestra de AL, la sala de profesores, los servicios y lavabos de profesores y los servicios de chicos y chicas con sus respectivos lavabos y pilas. En la segunda planta hay dos aulas, una tutoría, aula de Música, gabinete de Educación Física, servicios de profesores y servicios para niños y niñas. La tercera planta está compuesta por dos aulas, despacho del AMPA, gabinete para los maestros de Inglés, aula de usos múltiples (anterior laboratorio), servicios de profesores y servicios para chicos y chicas. Hasta 2019 las dos aulas estaban ocupadas, una como aula Althia y la otra como biblioteca de centro.

En el patio de recreo están los servicios y lavabos para chicos y chicas, un porche, un cuarto para guardar todo el material de Educación Física y varias acacias.

El diario *Lanza* informa el 24 de abril de 1980 que el gobernador civil, señor Bello Barrios, y el alcalde, Lorenzo Selas, visitan varios centros educativos, entre ellos el CP Carlos Eraña, donde se alojan parte de los alumnos del colegio Pérez Molina mientras duran las obras del este último. A continuación, visitan las obras del nuevo centro, las cuales van a suponer una inversión de 14.349.000 pesetas.

La inauguración del nuevo colegio se realizó el 29 de octubre de 1983, según las informaciones del diario *Lanza* del día 15 de noviembre. A dicho acto asistieron el director provincial de Educación, Francisco Ureña; el inspector jefe, señor Rodrigo; el inspector de zona; el arquitecto, José María Romero Cárdenas; el concejal de Educación, Javier Naharro Arteche; la directiva del AMPA; la directora del centro, María Martín Chocano, y todos los maestros. Se celebró una misa oficiada por el párroco de San Pedro y tras ella intervino

Rondalla del colegio Inmaculada de Puertollano durante la inauguración del nuevo edificio del colegio Pérez Molina. Fotografía cedida por Pilar y Carmen Cinca.

la rondalla del colegio Inmaculada (ENPETROL) de Puertollano, bajo la dirección de su profesor don Mateo, interpretando obras de Schubert y Mozart.

A continuación se sirvió un vino español e intervino el inspector de Educación, Álvaro Rodríguez, indicando que:

> «la educación no es la obra de un edificio y por ello felicito al profesorado de este centro porque constituye un verdadero equipo, bien estructurado y dirigido, que han hecho del centro su propia casa».

Completó sus palabras indicando que el colegio ha pasado de 12 a 21 maestros y falta el de Educación Física que está solicitado, por lo que su futuro será grande al igual que su crecimiento.

El acto finalizó con unas palabras del director provincial de Educación, Francisco Ureña, en las cuales dijo que el centro tiene una capacidad para 800 alumnos y por tanto la obra realizada dará enseñanza y escolarización a gran parte de los niños de la capital.

Francisco Ureña, Javier Naharro, don Rodrigo, José María Romero y maestras del colegio Pérez Molina durante la inauguración del nuevo centro. Fotografía cedida por Carmen y Pilar Cinca.

Estas nuevas instalaciones van a servir para atender la demanda de las familias y para iniciar una nueva andadura como colegio, pero también van a socorrer al Conservatorio Marcos Redondo. Dicho Conservatorio de Música empieza su andadura en el curso 1981-1982 en el colegio Pérez Molina, ubicándose en la segunda planta del edificio de la calle Ramón y Cajal, permaneciendo allí varios cursos hasta que se finalizan las obras en el antiguo Casino de Ciudad Real en 1985. Volverán en 1989 por un año, como consecuencia de un hundimiento que se produce en la cubierta del citado casino. Al marcharse del colegio dejan un piano vertical negro de la marca Young Chang como regalo y recuerdo de los cursos que pasaron allí. Dicho piano forma parte del aula de Música del colegio y sigue escuchándose actualmente gracias a la maestra de Música Esperanza Ruiz Delgado. El diario *Lanza* informa de los problemas arquitectónicos surgidos en el antiguo Casino en 1991 y comunica que las dependencias del Conservatorio se han distribuido ente los centros Pérez Molina, Carlos Eraña y el Instituto Santa María de Alarcos hasta que finalicen las obras de reparación.

Acabadas las obras del nuevo colegio, se van organizando todas las dependencias para el buen funcionamiento pedagógico. En esta nueva etapa se cuenta con los padres y madres, que se constituyen en una asociación en febrero de 1982.La Comisión Gestora de la elaboración de los estatutos estuvo compuesta por José María Pastor Cortés, Emilio Guzmán Calero, Juan Tirado Ortiz, Francisco Fernández Medina y Lucia G. Muñoz Díaz.

El nuevo edificio junto a las nuevas leyes educativas va a hacer que el colegio entre en lo que se ha llamado «la democratización de los centros». La primera acta del Consejo de Dirección del Centro data del 24 de febrero de 1982, quedando constituido por la directora, María Martín Chocano; la secretaria, Margarita Ruiz; representantes de los profesores, representante del municipio, representantes de los padres y representantes de los alumnos. Será en el acta de este Consejo del día 6 de abril de 1987, donde se trate el tema del comedor escolar a instancias de Ernesto Aldana, representante del sector de padres. La directora anuncia que ha hecho las gestiones oportunas y el comedor comenzará en octubre. El tema del comedor escolar es muy importante para las familias y en este colegio, que se conoce popularmente como «La Cantina».

El comedor comenzó a funcionar en octubre de 1988, tras quince años desaparecido por la necesidad de poner las clases de 7º y 8º de EGB, siendo su encargado y administrador el maestro Reyes López. En el curso 1989-1990 le ayudarán en la organización y gestión Carmen Arévalo y Tomás García Palomares. En estos primeros años de funcionamiento del comedor, el número de alumnos que utilizan este servicio escolar fue creciendo de curso en curso.

La gestión del comedor era realizada por maestros y su administrador daba cuentas todos los cursos de la gestión económica y administrativa tanto al claustro de profesores como al Consejo de Dirección. La Junta de Gestión del Comedor estaba compuesta en el curso 1989-1990 por Justo Callejas, director del centro; Reyes López, encargado del comedor, y Carmen Arévalo y Tomás García, como vocales.

En esta década aumenta considerablemente el número de profesores del centro. Hay que tener en cuenta que el número de aulas es mucho mayor, la demanda de este colegio por parte de las familias es muy grande y se han instalado las especialidades del profesorado (Educación Física, Música, Idiomas). El colegio pasa de las doce unidades a las veintiuna en pocos años y se convierte en un centro en base dos, es decir tiene dos unidades por cada nivel. Distribuyéndose en cuatro unidades de Preescolar (dos de 4 años y otras dos de 5 años) y dieciséis de EGB. La ratio media de alumnos por aula supera en todos los casos los 35 alumnos. Un dato curioso es el primer maestro varón que se incorpora al centro, se trata de Víctor Morales Rodríguez.

María Martín, directora desde el curso 1971-1972, se jubila en 1988 y asume la dirección del centro Reyes López de forma accidental hasta final de curso. Don Reyes es el primer director masculino que tiene el colegio. La Dirección Provincial de Educación nombra director interino a Justo Callejas Rodríguez para el curso 1989-1990.

El centro, al igual que todos, entra en la fase que se denomina por algunos autores la «democratización de la Enseñanza» y en ella los directores son elegidos, hay juntas económicas que controlan y aprueban los gastos, se establecen los consejos de Dirección (consejos escolares, posteriormente) que estaban compuestos por profesores, padres y madres, representante municipal y representantes de los alumnos. A la vez que se van estableciendo estos órganos en los centros, también se van creando las asociaciones de padres de alumnos (APA). En definitiva, los colegios pasan a ser entidades educativas donde tienen voz y voto todos los miembros de la comunidad educativa que lo forman.

La plantilla del profesorado durante esta década es la que se indica en la tabla de la página siguiente.

El gran aumento de maestros, alumnos, especialidades, órganos del centro, relaciones con padres y madres, hacen que el profesorado tenga que dar nuevas respuestas a estas demandas de la sociedad y de la comunidad educativa. Se establecen, por primera vez, con horario fijo de 17 a 18 horas una hora de atención a las familias.

Los documentos organizativos del centro, que pretender dar soluciones y respuestas a estas necesidades, son variados: numerosas actas de claustros, actas del Consejo Escolar, Junta Económica del Comedor, Plan de Centro, Memoria de Centro, Reglamento de Régimen Interior, actas de las evaluaciones y otros documentos de coordinación pedagógica.

El profesorado ve necesaria la coordinación y se establecen las reuniones de ciclos y de departamentos en la 2ª etapa de la EGB, creándose los de Ciencias Sociales, Matemáticas y Ciencias Naturales, Lengua, Orientación, Idiomas, Religión y el de Actividades Extraescolares. En estos momentos la Religión la imparten el párroco de San Pedro y las maestras que voluntariamente quieren.

Las relaciones del profesorado con los padres y madres aumentan considerablemente. La Asociación de Padres de Alumnos (APA) forma parte efectiva del colegio y participa con numerosas propuestas y actividades que organiza a lo largo del curso, de acuerdo con los maestros. También es canalizadora de sugerencias, quejas y propuestas de mejora entre familias y maestros. Al tener alumnos de catorce y algunos de quince años surgen algunos problemas de convivencia que dificultan la labor del profesorado. En ocasiones se tiene que recurrir al Reglamento de Régimen Interior (RRI) y al diálogo con los padres para solucionar los conflictos o temas de tipo conductual.

Tabla 35

PROFESORADO DEL COLEGIO PÉREZ MOLINA, 1970-1980

MAESTRAS	PUESTO	TIEMPO DE ESTANCIA
Rosa Giráldez	Maestra y directora 1940-1971	1940-1971
María Martín Chocano	Maestra de Preescolar y directora 1971-1988	1960-1988
Pilar Almoguera Mora	Maestra/EGB	1975-1992
Carmen Cinca López	Maestra de Preescolar y secretaria 1988-1989	1963-1993
Pilar Cinca López	Maestra de Preescolar y secretaria 1971-1978	1966-1993
Paula Plaza Selas	Maestra/EGB	1971-1989
Margarita Ruiz Gornes	Maestra/EGB y secretaria 1982	1981-2003
Gertrudis Ciudad Fontecha	Maestra/EGB	1973-1982
Iluninada Ricote	Maestra de Preescolar	1981-1987
Rosario Rosa García	Maestra/EGB	1981-2002
Magdalena García-Donas	Maestra/EGB	1981-1988
M.ª Carmen Sendarrubias	Maestra/EGB	1981-1993
Ángela Sosa Ávila	Maestra/EGB	1975-1982
Pilar Sánchez Berdián	Maestra/EGB	1981-1986
Felicidad Hernández Sánchez	Maestra/EGB	1982-1994
Víctor Morales Rodríguez	Maestro de Educación Física	1982-1988 Primer maestro varón
Carmen Arévalo Ruiz	EGB Jefa de estudios 1989-1991 y directora 1991-2000	1983-2000
Blesilda Romero Fernández	Maestra/EGB y jefa de estudios 1988-1989	1983-1997
Luisa Pozo Crespo	Maestra/EGB	1983-1992
Rocío Porras Cabañero	Maestra/EGB	1983-1993
Justo Callejas Rodríguez	EGB y director 1988-1990	1983-1991
Reyes López Cerdá	EGB y director accidental (1988). Anterior jefe de estudios desde 1986	1983-2000
Licinio Moreno Ruiz	EGB y secretario 1983-1988	1983-1991
Sagrario López López	Maestra de Preescolar	1984-1988
Araceli Romero Serrano	EGB y secretaria 1989-1991	1986-1997
Micaela Gormaz Navas	Maestra/EGB	1987-1996
Carmen Llop	Maestra/EGB	1988-1990
Antonia Miranda Vicente	Maestra de Preescolar	1983-1987

Fuente: Actas de claustros. Elaboración propia.

En las actas de los claustros es frecuente encontrar manifestaciones del profesorado solicitando el contacto, colaboración y diálogo con los padres para solucionar los problemas de conducta de algunos alumnos.

En lo que se refiere al tema de las actividades extraescolares, el profesorado sigue participando en innumerables actividades locales y provinciales. El periódico *Lanza* informa el 24 de marzo de 1981 sobre la participación del colegio en el Día Forestal Mundial y con este motivo se colocaron, en el Parque Forestal de la Atalaya, 50 nidos artificiales para pájaros. En esta actividad participaron los colegios Pérez Molina, Cervantes y Jorge Manrique. A estos actos asistieron el presidente de la Diputación, Eloy Sancho; el alcalde, Lorenzo Selas; el gobernador civil, señor Jerez, y el ingeniero jefe de ICONA.

El citado periódico informa durante los años 1984, 1985 y 1986 sobre la participación del colegio en los campeonatos escolares de natación, obteniendo en ellos numerosas medallas.

La Diputación y el Ayuntamiento concedían numerosas ayudas económicas a los colegios para ayudar a las familias más necesitadas, actividades deportivas y culturales. El diario *Lanza* publica el día 4 de octubre de 1986 las ayudas concedidas a diferentes colegios, en ellas se tenía en cuenta el número de alumnos y se añadía un complemento si el colegio estaba situado en una zona económicamente menos favorecida. En la tabla 36 exponemos las ayudas concedidas por el Ayuntamiento a estos centros.

Tabla 36

AYUDAS DEL AYUNTAMIENTO A ALUMNOS DE COLEGIOS DE CIUDAD REAL, 1986

COLEGIO	NÚMERO DE ALUMNOS	CUANTÍA EN PESETAS
Pérez Molina	727	96.400
Cruz Prado	673	180.585
Carlos Eraña	360	47.736
Ferroviario	340	45.084
Hogar Provincial Virgen del Prado	273	36.199
Hogar Provincial Santo Tomás de Villanueva	270	35.082

Fuente: *Lanza*, 4 de octubre de 1986. Elaboración propia.

La directora del colegio formó una comisión para distribuir las ayudas entre las familias más necesitadas, teniendo en cuenta si el padre estaba en paro, si son familia numerosa, tenían pocos recursos, etc. El dinero de las ayudas era para comprar libros y material escolar para los niños.

La participación del colegio en actividades deportivas durante estos años fue considerable y como consecuencia de ello y de los buenos resultados que obtenían los alumnos en los diferentes deportes de los Juegos Escolares organizados por la Diputación, consiguieron la cantidad de 29.000 pesetas en 1986 para la compra de material deportivo[15]. Los niños del colegio asistían durante estos años a las colonias escolares promovidas por el MEC, recibiendo beca de la Diputación aquellos cuyas familias no podían pagar la cuantía establecida, que en 1989 era de 16.000 pesetas, según se especifica en el acta del Consejo Escolar del 25 de septiembre de 1989.

Una actividad realizada por el centro y organizada por el Ayuntamiento, y que tuvo una gran repercusión local fueron las representaciones escénicas de un «Ajedrez para la escenificación» en la Plaza Mayor el 27 de mayo de 1984, con motivo del VII centenario de la muerte de Alfonso X El Sabio. Dicha interpretación la recogió y publicó el diario *Lanza*. En ella se da cuenta de lo brillante que resultó y del numerosísimo público que asistió. Se describe la magnífica dirección de los niños y niñas a cargo de los maestros Justo Calleja, Reyes López y Rosario Rosa. El tablero formado llevaba un hermoso colorido de trajes medievales, unos de cristianos y otros de moros. Al acabar la representación, los niños y maestros subieron al balcón del Ayuntamiento y fueron recibidos por al alcalde Lorenzo Selas, el cual les felicitó y obsequió con un viaje de un día para visitar el castillo de Calatrava la Vieja[16].

Las actuaciones tuvieron dos partes, una en el castillo de Alarcos y otra en la Plaza Mayor. En Alarcos ganaron las fichas que representaban a los árabes y en la Plaza Mayor ganaron las cristianas.

Hay que felicitar también a las madres y las maestras, que fueron las encargadas de confeccionar los trajes de los alumnos al acabar la jornada escolar.

Ajedrez viviente en Alarcos, 29 de mayo de 1984. Fuente: Archivo del centro.

Ajedrez viviente en la Plaza Mayor de Ciudad Real, 27 de mayo de 1984. Fuente: Archivo del centro.

Los maestros, niños y familias seguían realizando campañas de solidaridad, ahora de forma voluntaria. En Navidad se recogen gran cantidad de alimentos para familias necesitadas de la capital, se siguen realizando las campañas del Domund y de la Santa Infancia. En 1989 se recogieron para la Santa Infancia 82.455 pesetas, gracias al interés de los niños y de los maestros en dicha campaña.

La necesidad de formación del profesorado hace que nazcan los centros de profesores (CEP) en 1984. A través de ellos se organizan numerosos cursos de especialización y perfeccionamientos en Música, Plástica, Psicomotricidad, Educación Física, etc. El cauce de participación de los maestros en los CEP era a través del representante de Formación, que elegía el claustro cada curso escolar.

Estas nuevas necesidades en los centros y el desahogo económico harán que el colegio compre un ordenador en 1988, se suscriba al diario *Lanza* y a la Biblioteca de Autores Manchegos, y se gestione la implantación en el centro del idioma inglés como idioma extranjero para enseñar a los niños. Hasta ese momento se enseñaba el idioma francés a los alumnos y Magdalena García-Donas les llevaba todos los cursos a Francia para hacer un intercambio con un colegio de ese país. El curso 1987-1988 será el primero en que se establezca la enseñanza del inglés como lengua extranjera obligatoria en la segunda etapa de EGB, que vendrá acompañado del estreno del Laboratorio de Idiomas instalado por el MEC.

Arriba, Pilar Cinca con sus alumnos de Preescolar del colegio Pérez Molina. Fotografía cedida por Manoli Sánchez. Abajo, Carmen Cinca con sus alumnos de Preescolar.

El MEC continúa dotando al centro de mobiliario nuevo tanto para uso de los alumnos como de los maestros y también envía un proyector de cine super 8 en el curso 1988-1989.

El material escolar que usaban los niños y niñas era plumier, estuche, lapiceros, bolígrafos, rotuladores, goma de borrar, sacapuntas, tijeras, compás, regla, semicírculo, ceras duras y blandas, caja de colores «Alpino», pegamento «Imedio», libretas y cartera. Los libros eran la Cartilla de lectura, libros para las diferentes áreas curriculares, pequeño diccionario y libros de lectura suyos y del centro.

Las aulas tenían el típico material didáctico y mobiliario de estos años, es decir, un crucifijo, un cuadro del rey Juan Carlos, mapas físicos y políticos de España, Europa, Asia, África, América, Oceanía y mapamundi, mesa y sillón de profesor, campanilla de maestra, mesas individuales para los alumnos, pizarra, tableros expositores de corcho, armarios, estanterías, globo terráqueo, juego de medidas de capacidad, caja de cuerpos geométricos, huchas del Domund y un juego de escuadra, cartabón, semicírculo y regla.

El centro disponía de un material para uso común de todos los profesores, como eran un proyector de diapositivas, proyector de cuerpos opacos, multicopista, radiocasetes, tocadiscos, etc.

Entramos en la última década del siglo XX, que podríamos denominarla, en cierto modo, como «la burocratización de la Enseñanza». Se acabó la escuela donde hacían los maestros pocos «papeles», ahora hay que escribir todo lo que se hace y dejar constancia de ello en múltiples documentos pedagógicos y organizativos. Las actas de los claustros y las programaciones siempre se habían realizado, pero ahora se llevarán actas del Consejo Escolar, Comisión Pedagógica, Junta Económica, coordinaciones de Ciclo y coordinaciones Interciclo. También se realizan el Plan de Centro, Memoria final de curso, Reglamento de Régimen Interior, Proyecto Curricular de Centro, Documentos de la Evaluaciones, Comisión de Escolarización, etc.

En esta nueva década siguen creciendo tanto el número de alumnos como de maestros del centro. Sin embargo, se producen algunos cambios significativos referidos al alumnado. En el curso 1994-1995 se incorporan al colegio, por primera vez, los niños de tres años, lo que trae como consecuencia la eliminación del Laboratorio de Idiomas y el de Ciencias Naturales para tener dos aulas en las que acoger a los nuevos niños. Esta incorporación conlleva algunas quejas por parte del profesorado porque hay pocos espacios en los centros y el diario *Lanza* publica el 27 de septiembre de 1994 una entrevista, que realiza a varios directores de colegios de Ciudad Real para que den su opinión. Esta situación de falta de espacios en los centros se va a resolver pronto porque en el curso 1995-1996 los alumnos de 7º y 8º de EGB dejan de estudiar en los centros de EGB para continuar su formación en los institutos de Educación Secundaria Obligatoria (ESO).

La incorporación de dos aulas de niños y niñas de 3 años hace que el colegio sea de doble línea en la totalidad de los cursos, a la vez que se instaura la figura del profesor de apoyo en Educación Infantil.

Las dificultades ante los problemas de comportamiento se siguen sucediendo y se tiene que poner en funcionamiento el Reglamento de Régimen Interior en varias ocasiones. Estos temas tratan de atajarlos con diversas soluciones, una sería la disminución de las ratios, pero no es posible, por lo que deciden abordarlo con numerosas reuniones con las familias tanto grupales como individuales a lo largo del curso. Las relaciones del Claustro con los padres también se llevan a cabo a través del Consejo Escolar y la APA.

Desde la instauración de la Ley de Integración de 1985, los equipos psicopedagógicos de la zona atendían, una vez a la semana, a las necesidades educativas especiales y a la orientación escolar de los niños que estudiaban el último curso del colegio. El tema conductual será uno de los que se trabajen conjuntamente con los maestros y las familias.

El profesorado y la Asociación de Padres de Alumnos colaboran estrechamente en la realización de actividades culturales, deportivas y en las excursiones de fin de curso. El alumnado del colegio realiza numerosas excursiones por todas las partes de España acompañado por sus profesores. También se realizan visitas culturales a diferentes museos, edificios históricos, plazas y otros lugares de interés sitos en la localidad.

La participación del alumnado en los Centros de Vacaciones Escolares va siendo cada vez menor y en 1996 es el último año del que hay constancia de ello.

El profesorado del centro se muestra participativo y con ganas de formarse ante los nuevos retos de la educación y de la enseñanza. Su deseo de formarse se puede constatar en su participación en diferentes cursos de especialización y perfeccionamiento que realizan en el Centro de Profesores, a la vez que solicitan los proyectos Atenea y Mercurio. Empiezan a realizar los primeros cursos de Informática.

Las ganas de innovar y de dinamizar el centro se plasman en la realización de la Semana Cultural, Fiestas Fin de Curso, Día del Libro, Día de la Paz, Día de la Constitución, Fiestas de Navidad, dinamización de la biblioteca del centro, creación del Departamento de Orientación, etc.

En lo que respecta a la plantilla del profesorado durante esta década, podemos afirmar que se mantiene en unos 23 maestros. El hecho más significativo es la incorporación de Florentino Garrido, maestro de Educación Infantil, en el curso 1995-1996 como primer maestro varón en esta etapa en la historia del colegio.

La directora, Carmen Arévalo, y el secretario, Jesús Díaz, permanecerán en el equipo directivo a lo largo de esta década. La jefatura de estudios pasará de Tomás García Palomares a Milagros Robredo.

Un servicio importante que ofrece este centro a las familias es el comedor escolar, que cada curso es más demandado por las familias. Empezó a funcionar en 1988 y se creó la Junta de Gestión del Comedor que será la encargada de gestionarlo adecuadamente e informar mensualmente de las cuentas. También acuerdan que las familias pagarán del 1 al 5 del mes siguiente y si hay superávit se darán plazas gratuitas a las familias más necesitadas.

En el curso 1990-1991 las madres de alumnos Aurora Alique Rojo y Lucía Sánchez Sánchez comunican en la reunión del Consejo Escolar que ellas trabajan en el comedor escolar al igual que algunos maestros y solicitan

Tabla 37
PROFESORADO DEL COLEGIO PÉREZ MOLINA, 1980-2000

MAESTRAS	PUESTO	TIEMPO DE ESTANCIA
Justo Callejas Rodríguez	Primaria y director 1988-1990	1983-1991
Carmen Cinca López	Educación Infantil y secretaria 1988-1989	1963-1993
Pilar Cinca López	Educación Infantil y secretaria 1971-1978	1966-1993
Prado Ortega Sierra	Primaria	1990-2007
Pilar Almoguera Mora	Primaria	1975-1992
Blesilda Romero Fernández	Primaria y jefa de estudios 1988-1989	1983-1997
Luisa Pozo Crespo	Primaria	1983-1992
Carmen Arévalo Ruiz	Primaria, jefa de estudios 1989-1991 y directora 1991-2000	1983-2000
Margarita Ruiz Gornes	Primaria y secretaria 1982	1981-2003
M.ª Carmen Sendarrubias	Primaria	1981-1993
Rocío Porras Cabañero	Primaria	1983-1993
Felicidad Hernández Sánchez	Primaria	1982-1994
Rosario Rosa García	Primaria	1981-2002
Araceli Romero Serrano	Primaria y secretaria 1989-1991	1986-1997
Tomás García Palomares	Primaria y jefe de estudios 1991-1996	1989-2001
Licinio Moreno Ruiz	Primaria y secretario 1983-1988	1983-1991
Reyes López Cerdá	Primaria y director accidental (1988). Anterior jefe de estudios desde 1986	1983-2000
Juana Cañas	Primaria	1991-2000
Jesús Díaz Tercero	Educación Física y secretario 1991-2000	1991-2003
Mercedes Roncero Llopis	Primaria	1991-1997
Pura Sánchez		1992-1996
Francisco C. Arévalo Campos	Primaria	1992-2015
Prado Velarde	Primaria	1993-1999
Micaela Gormaz Navas	Primaria	1987-1996
Laureana Gutiérrez García	Educación Infantil	1993-2010
Virginia Pérez García	Música	1993-2006
Milagros Robredo Calahorra	Inglés y jefa de estudios 1997-2015	1994-2018
María del Carmen Roldán	Religión	1994 / continúa
Carlos Carrasco Muñoz	Educación Física	1994-2015
Prado Ribera	Educación Infantil	1995-2006

Tabla 37 (continuación)
PROFESORADO DEL COLEGIO PÉREZ MOLINA, 1980-2000

MAESTRAS	PUESTO	TIEMPO DE ESTANCIA
Pilar Centellas Aceituno	Educación Infantil	1995-2008
Mercedes Gabriel		1995-2000
Josefa Ruiz	Educación Infantil	1995-1999
Esperanza López Ayllón	Educación Infantil	1995-2010
Florentino Garrido	Educación Infantil	1995-2012
Pilar Rojas Gil	Jefa de estudios 1996-1997	1995-1999
Enrique Márquez	Primaria	1995-2010
Manuel Villegas Vaquero	Primaria	1998-2010
Dionisia Martín Ormeño	Educación Infantil	1999-2015
Pilar Asensio	Primaria	1999-2006

Fuente: Actas de claustros y Consejo Escolar. Elaboración propia.

que deben cobrar lo mismo que ellos. El director les contesta que hará las gestiones oportunas para averiguar lo que proceda en este caso.

La Asociación de Padres de Alumnos (APA) presenta un escrito en 1991 a la Dirección Provincial de Educación en el que preguntan sobre la gestión del comedor escolar. Mientras tanto, forman la nueva Junta del Comedor Escolar, la cual está compuesta por el director del colegio, el maestro encargado del comedor, dos maestros vocales, dos padres o madres de niños comensales y un niño o niña que sea usuario. En la reunión del Consejo Escolar del 10 de abril de 1991 presenta su dimisión el encargado del comedor, Reyes López.

El diario *Lanza* publica el 17 de junio de 1993 un artículo titulado «Los comedores escolares de la capital» en el cual se informa que los llevan los directores de los colegios, maestros que cuidan durante la comida y que reciben por ello 750 pesetas al mes y madres de alumnos. Con estas premisas, la solución para su continuidad pasa porque las asociaciones de padres de alumnos se hagan cargo de ellos.

Ante la incertidumbre que hay sobre el comedor del colegio, el Consejo Escolar se reúne el día 21 de junio de 1993 y acuerda conceder el servicio del comedor a una empresa del sector. Se reúne, de nuevo, el 23 de septiembre y la directora presenta las propuestas de dos empresas aspirantes a llevar el comedor. Se realiza una votación y sale elegida LAR, que recibe doce votos favorables. La empresa LAR está compuesta por tres madres de alumnos que son usuarios del comedor del colegio cuyos nombres son Lucía Sánchez, Aurora Alique y Rosa del Hoyo. La supervisión del comedor se llevará por el director del centro y la revisión de los menús, admisión de comensales, gestión económica y otras funciones, que se pudieran encomendar, las realizará el Consejo Escolar.

Haciendo un recorrido por las noticias del diario *Lanza* y referidas al Colegio en esta década, nos encontramos una información el día 30 de marzo de 1990 sobre la consecución del primer premio de murales sobre los donantes de sangre otorgado por la Hermandad de Donantes de Sangre de Ciudad Real. El premio fue entregado por Braulio Campos, presidente de dicha Hermandad, en compañía del director provincial de Educación, Santiago Moreno, y del director del colegio, Justo Callejas. El mismo periódico informa el 19 de mayo sobre el VII Concurso Nacional de Educación Vial, en el cual los alumnos del Ciclo Medio obtienen el segundo y tercer premio en la fase provincial. El segundo premio fue recogido por la maestra María del Carmen Sendarrubias en compañía de los alumnos Beatriz Álvarez García, Jorge Castillo Rubio, Emilio Hidalgo Aguirre, Marta Llerena Gutiérrez, Ana Patón Merino, Alfonso Tercero y Joaquín Díez. Acto seguido, la maestra Rocío Porras recoge el tercer premio en compañía de los alumnos Nuria Martínez Merino, Eva Peñalva, Carmen María Víctor, Carmen Díaz Molinero, José E. Rodrigo, Miguel Ángel Reyero y Javier Pérez Colado.

El alumno Alberto Molina de 8º de EGB obtiene el primer premio, en la fase provincial, del prestigioso Concurso de Redacción y Reportaje Gráfico organizado por la empresa Coca Cola.

El material escolar que usaban los niños y niñas era el plumier de dos pisos, estuche, lapiceros, bolígrafos, rotuladores, goma de borrar, sacapuntas, tijeras, compás, regla, semicírculo, ceras duras y blandas, caja de colores «Alpino», pegamento «Imedio», libretas y cartera. Los libros eran la cartilla de lectura, libros para las diferentes áreas curriculares, pequeño diccionario y libros de lectura suyos y del centro.

Las aulas tenían el típico material didáctico y mobiliario de estos años, es decir, un crucifijo, un cuadro del rey Juan Carlos, mapas físicos y políticos de España, Castilla-La Mancha, Europa, Asia, África, América, Oceanía y mapamundi, mapas en relieve, mesa y sillón de profesor, mesas individuales para los alumnos, pizarra, tableros expositores de corcho, armarios, estanterías, globo terráqueo, juego de medidas de capacidad, caja de cuerpos geométricos, huchas del Domund y un juego de escuadra, cartabón, semicírculo y regla.

El centro disponía de un material para uso común de todos los profesores, como eran un proyector de diapositivas, proyector de cuerpos opacos, multicopista, radiocasetes, tocadiscos, televisor, los primeros ordenadores, fotocopiadora, proyector de cine super 8, material de Psicomotricidad, material de Educación Física, material de Música, piano, biblioteca de centro, etc.

9
EL CEIP PÉREZ MOLINA
EN EL SIGLO XXI

9.1. LA MODERNIZACIÓN DEL CENTRO (2000-2015)

Para conocer la evolución del centro a lo largo de este periodo vamos a utilizar las actas de claustros, actas del Consejo Escolar, planes de centro, memorias de Fin de Curso y nuestras propias vivencias como maestro y secretario del colegio.

La primera década de este nuevo siglo trae al colegio nuevas situaciones en el comedor, obras de reestructuración para adaptarse a las nuevas necesidades, una manera distinta de entender la jornada escolar, informatización del centro y toma de medidas para dar una respuesta adecuadas a la diversidad. Todo ello bajo el prisma de la Consejería de Educación de Castilla-La Mancha, que se ha hecho cargo de las competencias en materia educativa. Esta nueva andadura, que durará quince años, se va a realizar de la mano del nuevo director, Carlos Carrasco Muñoz. Comienza su labor confeccionando el nuevo equipo directivo, que estará formado por la jefa de estudios, Milagros Robredo, y como secretario actuará Enrique Márquez hasta el curso 2003-2004, en el que cesa y se incorporará a dicho cargo Vicente Palomares.

Los comienzos fueron difíciles debido a un pequeño accidente que ocurrió en una visita de los niños a una granja y que dio como resultado la denuncia de un padre a los maestros que acompañaban a dichos niños. Este fortuito suceso traerá malestar entre el profesorado del centro, los padres, el resto de los centros de la localidad e incluso de la provincia. Muchos claustros decidieron no hacer excursiones con los niños durante bastantes años y las muestras de solidaridad con los maestros del colegio fueron muy numerosas. Esta amarga situación se fue superando con el esfuerzo de todos y poco a poco se fue olvidando.

Otro reto de gran importancia, para el nuevo equipo directivo, fue la implantación de la Jornada Continua. El horario de los colegios era de 10 a 13 horas por la mañana y de 15 a 17 por la tarde y se va a pretender modificar este horario por una jornada única matinal. Las nuevas necesidades de las familias, donde suelen trabajar ambos cónyuges, la formación de los niños en idiomas (inglés), la formación musical e informática, la asistencia da las escuelas deportivas y clubs y realización de tareas escolares, hacen difícil poderlas llevar a cabo, por el poco tiempo de que disponen después de la jornada escolar de mañana y tarde. El profesorado lleva una propuesta a las familias para realizar una jornada única, que consistía en una docencia directa con los niños de 9 a 14 horas, existiendo la posibilidad, para la familia que quiera, de realizar actividades o talleres en la escuela por las tardes, realizadas por los maestros, el AMPA y el Ayuntamiento. Teniendo presente que estas actividades por la tarde serían a partir de las 16 horas, puesto que los niños usuarios del comedor escolar tienen un horario de 14 a 16 horas. Los maestros atenderían por las tardes en las actividades complementarias que se organizarían con horas de docencia no directa y con parte de las que deben realizar en sus casas.

La puesta en marcha de este Proyecto de Tiempos Escolares duraría varios años, renovándose cada curso escolar. En el curso 2003-2004 votan en referéndum los padres y madres del centro, luego el claustro de profesores y por último el Consejo Escolar. Al tener resultados favorables en todos los sectores, se implanta la nueva jornada escolar. Para regularizar la nueva situación, la Consejería de Educación publicará una normativa sobre los nuevos horarios y organización de los tiempos escolares en todos los centros. Los talleres y actividades complementarias por las tardes de 16 a 18, de lunes a jueves, los realizarían los maestros, los monitores que contrataba el AMPA y el Ayuntamiento. Este modelo duró varios años y terminó con la realización de actividades solo por parte del AMPA, puesto que muchos niños iban a actividades fuera del colegio.

El horario de docencia no directa por parte de los maestros fue, en este centro, la realización de tres horas la tarde del lunes (de 16 a 19 horas) y una hora (de 14 a 15 horas) los martes. La distribución de trabajos durante estas horas era: de 16 a 17 se atendía a las familias, de 17 a 18 se realizaban las coordinaciones de Ciclo, Comisión de Coordinación Pedagógica y Formación del Profesorado y de 18 a 19 horas se dedicaba a claustros, consejos escolares y a trabajo personal.

La Consejería de Educación de Castilla-La Mancha decidió dar un impulso al tema informático en los centros educativos. En el curso 2000-2001 envía un ordenador para cada una de las aulas de Educación Infantil. Esta dotación estaba compuesta por un ordenador, un escáner y una impresora para cada aula. Para el resto del centro se puso un aula Althia con doce puestos de ordenadores para los alumnos y un ordenador tutorial para el profesor, que se situó en la tercera planta del edificio que da a la calle Ramón y Cajal. Fue un proyecto muy ambicioso, aunque no tuvo toda la rentabilidad que se presuponía porque el profesorado no estaba preparado y porque el funcionamiento del aula Althia no era el adecuado y generaba continuas interrupciones por varios motivos. Aun así, sirvió de motivación para que el profesorado empezase a formarse y sintiese la curiosidad y motivación sobre unos medios nuevos para usarlos en la enseñanza-aprendizaje de los niños. En nuestro caso, empezaron a funcionar en el curso 2002-2003 tanto los ordenadores en las clases de Educación Infantil como los del aula Althia. Anteriormente el centro ya disponía de una modesta sala de ordenadores que se repartieron por las aulas cuando entró en funcionamiento el nuevo material enviado por la Junta de Comunidades. La primera maestra que se encargó del aula Althia fue Rosario Rosa, y al jubilarse se hizo cargo de su funcionamiento el director del centro.

La apuesta de la Junta de Castilla-La Mancha por la informática se puso de manifiesto nuevamente en el año 2008 entregando a cada maestro un portátil Toshiba. Estas dotaciones materiales se acompañan de la modernización del sistema de gestión de los centros, instaurando el Programa Delphos. Se completa la dotación con el envío a los colegios en el curso 2009-2010 de unos miniordenadores para los niños de 5º de Primaria del Proyecto Escuela 2.0. Con este proyecto se dota al centro en el nivel de 5º de Primaria de 20 miniordenadores o netbooks marca HP 5101, dos armarios con sistema de carga, dos proyectores Epson y dos pizarras digitales Smart.

El proceso para el uso de los recursos informáticos continúa por parte de la Junta y en el año 2010 se pone en marcha el Programa Delphos-Papás para que las familias y los maestros lo vayan conociendo y usando. Será en la escolarización de niños del año 2013 donde se podrá hacer, por primera vez, la solicitud por vía telemática.

La Consejería de Educación puso en marcha el Programa de Gratuidad de Materiales Curriculares con la finalidad de proporcionar una ayuda económica a las familias y a la vez reutilizar los materiales curriculares. Dicho programa consistía en la aportación de los libros por parte de la Junta para todos los niños, de forma gratuita, con la condición de conservarlos y reutilizarlos durante cuatro cursos. Se comenzó en los niveles de 3º y 4º de Primaria en el curso 2002-2003 y en los cursos siguientes se extendió a 5º y 6º, para finalizar con 1º y 2º. En el colegio se constituyó la Comisión de Gratuidad de Materiales Curriculares, formada por el secretario por delegación del director, dos maestros que estuviesen en el Consejo Escolar y dos padres o madres que perteneciesen al Consejo Escolar. Sus tareas eran controlar el número de libros, estado en que se devuelven, vigilar su conservación y tomar las medidas oportunas en los casos de mala conservación, gran deterioro o pérdida. Al revisar los miembros de la Comisión los libros de los alumnos, emitían un informe en el cual se detallaban el número, curso, estado de conservación y, en su caso, se indicaban las familias a las que había que comunicar alguna incidencia. Este programa dio buenos resultados durante bastantes años, pero hubo alguna vez que los libros no se cambiaron a los cuatro años, como era lo dispuesto, y su estado no era el adecuado.

El director, tras observar las necesidades de mejora y ampliación, pone en marcha varias reformas arquitectónicas del colegio. La primera se llevó a cabo en el curso 2001-2002 y consistió en resolver los problemas de acceso al centro tanto por la calle Ramón y Cajal como por la de Hernán Pérez del Pulgar. En esta última se pone una puerta de acceso de más amplitud, se hace un hall distribuidor al porche y a la escalera del edificio, al mismo tiempo se aprovecha un pequeño espacio para obtener un cuarto, que da al recreo, donde guardar los materiales de Educación Física. En la puerta de la calle Ramón y Cajal se acometen unos cerramientos de espacios para hacer el despacho de Dirección, Secretaría y Jefatura de Estudios, que anteriormente estaban en la primera planta, y facilitando, de esta manera, la atención a las familias y a las personas que fueran a gestionar cualquier asunto al colegio. La segunda obra, que se hizo a la vez que la anterior, consistió en la reforma de la sala de profesores y de los antiguos despachos de dirección, obteniendo una sala de profesores más amplia, un gabinete para el maestro de Pedagogía Terapéutica y otro para la maestra de Audición y Lenguaje.

Estas reformas tan importantes para el centro son dadas a conocer al público por el diario *Lanza* el 17 de septiembre del 2003.

La tercera obra importante desde la inauguración de los edificios escolares fue la reforma en profundidad de los servicios del patio de recreo en el curso 2003-2004. Hay que tener en cuenta que los niños de 13, 14 y 15 años ya no asisten al centro desde hace años y que se incorporaron los niños de 3 años, por lo que son necesarias estas adaptaciones de urinarios, servicios y lavabos.

Don Carlos sigue con su plan de mejoras en el centro y decide poner en el curso 2005-2006 el suelo cálido en las cuatro aulas de Infantil situadas en la primera planta del edificio B (calle Hernán Pérez del Pulgar). A continuación, acomete la retirada de varias botellas de butano muy grandes que estaban situadas al lado de los servicios del patio y sustituirlas por el suministro de gas natural a través de la calle Hernán Pérez del Pulgar para que den servicio a la cocina, evitando la peligrosidad que podrían tener.

El director, en su continuo empeño por mejorar las infraestructuras del centro, acomete en el verano de 2008 unas reformas para mejorar el aislamiento térmico del colegio con la puesta de doble ventana de aluminio, y en el verano siguiente se ponen las persianas de aluminio.

La mayoría de estas obras las financió la Junta de Comunidades y otras con el saldo del propio centro, contando con las autorizaciones oportunas.

La crisis económica deja su huella en los colegios y en la sociedad. En el mes de octubre del 2007 el Ayuntamiento comunica a los colegios que a partir de ese momento se va a limitar a atender las tareas de mantenimiento exclusivamente. Esto supone un grave problema porque los colegios se ven obligados a arreglar cualquier desperfecto del mobiliario, poner pizarras o cualquier otra cosa, a contratar a personas o empresas que lo realicen y se tienen que pagar de los gastos de funcionamiento del centro. Detraer dinero para esos arreglos supone un problema económico en la vida cotidiana de los colegios[17].

Don Carlos, incansable en su idea de tener un colegio con mejores infraestructuras, consigue que en el curso 2008-2009 se instale aire acondicionado y calefacción en el comedor, sala de profesores, aula Althia y en el laboratorio. Este mismo curso se ponen todas las luces de emergencia y las señalizaciones para una posible evacuación de emergencia. La Consejería de

Educación instaurará en 2010 la obligatoriedad a todo el profesorado, de la realización de un Curso sobre Riesgos Laborales y se creará en cada centro el cargo de coordinador de Riesgos Laborales. Dicho coordinador se encargará, junto con el director, de realizar un simulacro de evacuación de emergencia todos los cursos y analizar sus resultados, además de realizar una memoria anual sobre Riesgos Laborales.

El comedor escolar sigue creciendo en el número de comensales debido a que muchos alumnos tienen progenitores que trabajan ambos. Hay que tener en cuenta que la mayoría de los alumnos del centro no viven en el barrio de influencia, sino que sus padres trabajan en el centro de la ciudad. Hay alumnos de todos los barrios periféricos de la ciudad, incluso de pueblos cercanos a la capital (Carrión, Torralba, Caracuel, Miguelturra, Las Casas y Poblete). Al entrar el nuevo equipo directivo se pretende una mejor gestión y servicio del comedor y para ello se forma en el curso 2001-2002 una Comisión del Comedor, en el seno del Consejo Escolar, que está compuesta por el director, el secretario, el encargado del comedor y una madre (Elena Collado). Esta comisión estudia, previa petición de las familias, la venta en el recreo de bocadillos y zumos, acordando su realización a un precio módico.

La importancia de los comedores escolares en estos momentos es esencial en la ciudad y el diario *Lanza* publica el 12 de septiembre de 2004 un artículo sobre los mismos con el título «Comedores Escolares» en el cual se indica que los niños del colegio Carlos Vázquez van al comedor del colegio Santo Tomás de Villanueva, los del colegio Juan Alcaide y Dulcinea asisten al comedor del colegio Miguel de Cervantes y los del colegio Salesianos van al colegio Pérez Molina. Dando a entender la necesidad actual de que todos los centros dispongan de comedor escolar para atender las necesidades de las familias. A continuación, dan la relación de colegios con comedor: José Maestro, Ángel Andrade, Ciudad Jardín, Cristóbal Colón, Jorge Manrique, José María de la Fuente, María Pacheco, Pérez Molina, Pío XII, Santo Tomás de Villanueva y Quijote. Como podemos observar, atrás queda el año 1993 donde solo tenían comedor escolar los Centros Pérez Molina, Jorge Manrique, Dulcinea del Toboso, Pio XII y Santo Tomás de Villanueva.

El Consejo Escolar del centro es el encargado de aprobar los menús presentados por la empresa LAR con carácter mensual, de revisar las cuentas de gestión del comedor, de gestionar las doce becas que se concedieron en el curso 2002-2003 y de enviar un informe anual a la Delegación Provincial de Educación.

Tenemos información de los comensales del curso 2004-2005 a través del acta del Consejo Escolar del día 29 de junio, en la cual el director informa de la asistencia de 210 niños, de los cuales 160 son del colegio y el resto pertenecen al colegio Hermano Gárate y al IES Santa María de Alarcos. Esta gran cantidad de comensales trae como consecuencia la realización de turnos, problemas de espacio, dificultades para ayudar a los niños pequeños y de horarios. Este curso se han hecho dos turnos de comida, uno de los cuales estaba compuesto por 117 niños. Para solucionar el tema, el director propone que el próximo curso no asistan al comedor los alumnos de otros centros y de esta forma mejorar la atención a los propios.

Al comenzar el curso 2005-2006, don Carlos informa al Consejo Escolar que hay 230 niños que son usuarios del comedor, de los cuales 70 son de otros centros. Ante esta situación propone hacer un reglamento de comedor en el que todos debemos participar con nuestras propuestas. Será en el acta del Consejo Escolar del 15 de mayo de 2006 donde se apruebe el nuevo reglamento.

Comienza el curso 2006-2007 con 190 comensales, de los cuales 66 son del colegio Hermano Gárate. El director informa que el día 30 de octubre será el último día en que vendrán al comedor niños de otros centros. A continuación, comunica que el precio del comedor es de 4,50 euros por día y el de los bocadillos y zumos es de 50 céntimos. También informa que hay 35 becas de comedor al 100% y 5 al 50%.

En el curso 2007-2008 se oferta por primera vez un nuevo servicio, el aula Matinal, que comenzará a las ocho de la mañana y acabará a las nueve. Este servicio surge debido a la demanda por parte de las familias para conciliar el horario de trabajo con el del centro, comenzando su andadura con veinte usuarios. Al curso siguiente se aumenta la demanda del comedor y aula matinal. En el comedor se llega a los 170 comensales habituales y 28 ocasionales, mientras que al aula matinal asisten 36 usuarios. Los precios son 4,25 euros para el comensal habitual y 5,19 para los de tipo ocasional, mientras que el precio del aula matinal es de 2,22 euros por día y niño. En lo que respecta a las becas, se han concedido 33 al 100% y 9 al 50% para el comedor y 9 al 75% y 3 al 50% para el aula matinal. El precio de los zumos y bocadillos importa 0,55 euros cada uno.

El Consejo Escolar decide tomar medidas ante los diferentes casos de alergias e intolerancias alimentarias de algunos alumnos, previo informe médico aportado por las familias, estableciendo unos protocolos de actuación ante estos casos.

Será en el curso 2009-2010 cuando Sanidad envíe, por primera vez, a un inspector para supervisar las instalaciones del comedor, higiene, aparatos de refrigeración y control de temperaturas, revisión de los menús, etc.

La evolución de la plantilla del profesorado es otro tema interesante para conocer la vida pedagógica del centro. Nos encontramos que de 24 maestros en el año 2000 se ha pasado a 26 en el curso 2009-2010. Se crean orgánicamente las plazas de profesor de Pedagogía Terapéutica y de orientador de centro. También se refuerza la atención de los niños con necesidades especiales con la creación de una plaza de Logopedia, compartida con el colegio Carlos Vázquez. La atención a las familias de estos niños, de aquellas con algún tipo de dificultad y de aquellas con escasos recursos económicos, van a ser atendidas por una trabajadora social compartida con el colegio Santo Tomás de Villanueva.

Tabla 38

PROFESORADO DEL COLEGIO PÉREZ MOLINA, 2000-2022

MAESTRAS	PUESTO	TIEMPO DE ESTANCIA
Carlos Carrasco Muñoz	Educación Física y director 2000-2015	1994 a 2015
Milagros Robredo Calahorra	Inglés y jefa de estudios 1997-2015	1994 a 2018
Vicente Palomares García	PT y secretario 2004-2015	2003 a 2022
Enrique Márquez	Primaria y secretario 2000-2004	1995 a 2010
Laureana Gutiérrez García	Educación Infantil	1993 a 2010
Florentino Garrido	Educación Infantil	1995 a 2012
Amelia Crespo Bordonaba	Educación Infantil	2000 a 2015
Dionisia Martín Ormeño	Educación Infantil	1999 a 2015
Esperanza López Ayllón	Educación Infantil	1995 a 2010
Prado Ribera Hernández	Educación Infantil	1995 a 2006
Pilar Centellas Aceituno	Educación Infantil	1995-2008
Clemente Sánchez Barco	Primaria	2000-2006
Prado Ortega Sierra	Primaria	1990-2007
Tomás Herance Lázaro	Primaria	2000-2010
José Ramón Sánchez Duque	Primaria	2000-2013
Francisco C. Arévalo Campos	Primaria	1992-2015
Margarita Ruiz Gornes	Primaria y secretaria 1982	1981-2003
Manuel Villegas Vaquero	Primaria	1998-2010
Félix de la Morena	Primaria	2000-2010
Tomás García Palomares	Primaria y jefe de estudios 1991-1996	1989-2001
Rosario Rosa García	Primaria	1981-2002
Jesús Díaz Tercero	Educación Física y secretario 1991-2000	1991-2003
Virginia Pérez García	Música	1993-2006
Pilar Asensio Serrano	Primaria	1999-2006
M.ª Carmen Roldán Delgado	Religión	1994 / continúa
Pilar Ayllón Condés	Primaria	2002-2010
Remedios Iniesta Castellanos	Primaria y secretaria 2015-2019	2005-2019
Prado Gómez	Religión	2004-2009
Piedad Crespo Ramos	Inglés y secretaria 2019-2023	2004/ continúa
Blas Frutos Muñoz	Primaria	2004-2013
Carmen Rayos	Orientadora	2005-2007
Begoña Peral Angulo	Primaria	2007-2013
Adoración López Aranda	Educación Infantil	2007-2019

Tabla 38 (continuación)
PROFESORADO DEL COLEGIO PÉREZ MOLINA, 2000-2022

MAESTRAS	PUESTO	TIEMPO DE ESTANCIA
Soledad Palomino Tormo	Audición y Lenguaje (compartida con otro centro)	2007 / continúa
Esperanza Ruiz Delgado	Música	2007-2023
Fernando Sánchez Moraleda	Inglés	2006 / continúa
Pedro Moncalvillo Villafuerte	Educación Física, jefe de estudios (2015-2019) y director (2019-2023)	2008 / continúa
José B. Cobos Fuentes	Primaria	2008-2015
Javier Fernández Seco	Educación Física	2009 / continúa
Prado Talavera de la O	Educación Infantil	2008-2023
Purificación Jiménez Díaz	Primaria	2009-2020
Encarnación Nieto	Educación Infantil	2009 / continúa
Carmen Poblete Espinosa	Primaria	2009-2018
Francisco Vera Herrera	Primaria	2009-2016
Carmen Larrañeta Arévalo	Inglés	2009-2018
Irene León	Trabajadora social (compartida con otro centro)	2009-2022

Fuente: Actas de claustros y Consejo Escolar. Elaboración propia.

Tras conocer el profesorado, ahora vamos a ver la distribución de los diferentes órganos de gobierno y gestión del centro. El equipo directivo, el Consejo Escolar y el claustro son los cauces de organización pedagógica del colegio. El profesorado organiza su trabajo a través de la Comisión de Coordinación Pedagógica, las coordinaciones de Ciclo y las coordinaciones Interciclo. Todo ello se plasma en los diferentes documentos organizativos y de funcionamiento del centro, como son el Proyecto Educativo, la Programación General Anual, Memoria de Fin de Curso, Reglamento de Régimen Interior, programaciones de Nivel, programaciones de Aula, Plan de Acogida a Niños Inmigrantes, Plan de Atención a la Diversidad, Criterios de Promoción y Evaluación, Protocolo de Absentismo, Protocolo de actuación con los niños que tienen diabetes, alergias o intolerancias alimentarias y Plan de Emergencias.

Todos los cursos se nombraban los coordinadores de Formación del Profesorado, coordinador de Riesgos Laborales, encargado de biblioteca, Encargado del comedor y coordinador de las Nuevas Tecnologías (TIC).

Las aulas se van adaptando para poder atender adecuadamente a los niños con necesidades educativas especiales. En este caso se ponen pelotas usadas de tenis en las patas y sillas de las mesas para disminuir considerablemente los ruidos, en atención a las necesidades de los niños con dificultades de audición.

Claustro del colegio Pérez Molina, curso 2012-2013. Fuente: Archivo del centro. Integrantes: Carmen Roldán, Fernando Sánchez, Milagros Robredo, Vicente Palomares, Encarnación Nieto, Paco Vera, Puri Jiménez, Gregorio Fernández, Prado Talavera, Carmen Larrañeta, José Bautista Cobos, Remedios Iniesta, Begoña Peral, Ramón Sánchez, Dioni Martín Piedad Crespo, Carmen Poblete, Amelia Crespo, Javier Fernández, Francisco Arévalo. Sentados: Carlos Carrasco, Sol Palomino, Manuela Flores, Esperanza Ruiz, Blas Frutos, Adoración López y Pedro Moncalvillo.

La Asociación de Padres y Madres de Alumnos (AMPA) atravesó unos años difíciles porque había muy pocos socios y colaboradores, y Elena Collado, su presidenta, siempre estuvo ayudando al centro, pero necesitaba colaboración y no llegaba. María José Guillén informa en el Consejo Escolar el día 6 de noviembre del 2006 que, si no hay padres y madres dispuestos a colaborar, a hacerse socios y a coger el relevo en el AMPA, esta desaparecerá. En el curso 2008-2009 se hace cargo de la presidencia del AMPA Francisco Valbuena y, con la ayuda de los vocales, empezaron una nueva etapa, ya que el AMPA estuvo a punto de desaparecer. Pasado un curso el AMPA contaba con 150 socios y con personas dispuestas a echar una mano en las múltiples actividades que organiza o colaboraba con el colegio. Todos los años ponían un precioso belén en la planta baja del edificio A, organizaban actividades navideñas (visitas de Papá Noel y los Reyes Magos), realizaban actividades extraescolares por las tardes, gestionaban la excursión de fin de curso de los alumnos de 6º, hacían una cena de despedida y múltiples actividades lúdicas y culturales a lo largo del curso con la colaboración del centro. Francisco Valbuena deja la presidencia del AMPA en 2014 y le sucederá Paloma Cabanes, que continuará, con éxito, la labor realizada con la ayuda del resto de componentes, socios y voluntarios.

Acaba el curso 2014-2015 y, en la última acta del mismo, el secretario hace un resumen de lo que han supuesto estos quince años de mandato del director, Carlos Carrasco, enumerando todas las mejoras que en el centro se han hecho. Muchas de ellas están ya descritas anteriormente y ahora vamos a reflejar las de carácter tecnológico y de adecuación del colegio a las nuevas tecnologías:

- Todas las aulas y maestros especialistas disponen de radiocasete.
- En todas las aulas de Primaria e Infantil hay un ordenador fijo a disposición del maestro.
- Todos los maestros disponen de un ordenador portátil proporcionado por la Junta.
- Hay pizarras digitales en los seis cursos de Infantil y en todas las aulas de 1º a 3º inclusive.
- Se ha puesto un ordenador nuevo en la sala de profesores.
- En Dirección, Jefatura de Estudios y Secretaría se han puesto ordenadores e impresoras nuevos.
- Se ha comprado un cañón proyector para uso portátil.
- Se ha dotado de proyectores a todas las aulas, laboratorio y biblioteca.
- La Junta ha puesto la red wifi.
- Se han comprado a lo largo de estos años tres fotocopiadoras, distribuidas en secretaría, sala de profesores y en la tutoría del primer piso del edificio B.
- Creación del blog del centro en 2011 por doña Milagros y establecimiento del permiso para usar imágenes de los niños con fines pedagógicos y uso exclusivo del centro.

El secretario termina este apartado indicando el estado de cuentas en que deja este equipo directivo el centro: un saldo positivo de 20.392 euros, de los cuales 5.721 euros corresponden al centro para gastos ordinarios y el resto pertenece al comedor. Teniendo en cuenta que el presupuesto para este año es de 7.298 euros, y que resta la mitad del año para acabarlo, queda el 78,4% de presupuesto para finalizar el año[18].

Ahora vamos a analizar la evolución del alumnado a lo largo de estos quince años. Como podemos observar, en la tabla estadística que sigue, el número de alumnos va descendiendo poco a poco, aunque la natalidad estaba disminuyendo en mayor medida, es decir el colegio se va a seguir manteniendo en dos líneas.

Claustro del colegio Pérez Molina, curso 2015-2016. Fuente: Archivo del centro.

El porcentaje de alumnos que dan Religión católica es del 94,66% en el curso 2004-2005 y desciende al 86,8% en 2015, por tanto, una ligera disminución en este aspecto. En lo que respecta al alumnado de procedencia extranjera, podemos decir que al final hay un pequeño descenso debido a la crisis económica.

Tabla 39

ALUMNADO DEL CEIP PÉREZ MOLINA, 2004-2015

ALUMNADO	2004-2005	2005-2006	2006-2007	2007-2008	2008-2009	2009-2010	2010-2011	2011-2012	2012-2013	2013-2014	2014-2015
Alumnos	412	400	401	398	395	382	406	394	381	374	379
Dan Religión	390	379	374	372	374	357	374	354	338	329	329
Extranjeros	26	23	28	33	27	30	34	25	28	23	22

Fuente: Programa Delphos y actas de claustros. Elaboración propia.

El comedor y el aula matinal son dos servicios esenciales que se dan a las familias y que han ido en aumento. En ambos servicios hay que distinguir entre usuarios habituales y ocasionales, los datos que se exponen se refieren a usuarios habituales. El precio era un 10% mayor por día para los usuarios ocasionales. La Junta de Castilla-La Mancha y el Ayuntamiento daban becas de comedor y aula matinal, unas al 100% del coste y otras al 50%.

Tabla 40

COMEDOR Y AULA MATINAL DEL CEIP PÉREZ MOLINA, 2004-2015

CONCEPTOS	2004-2005	2005-2006	2006-2007	2007-2008	2008-2009	2009-2010	2010-2011	2011-2012	2012-2013	2013-2014	2014-2015
Comensales	160	168	191	194	180	169	185	187	102	114	115
Precio/día (€)	-	-	-	4,25	4,29	4,29	4,33	4,49	4,66	4,77	4,65
Aula matinal	-	-	-	20	33	46	37	35	28	25	26
Precio/día (€)	-	-	-	-	2,22	2,22	2,25	2,33	2,33	2,48	2,48
Empresa	LAR	LAR	LAR	LAR	LAR	LAR	LAR	LAR	LAR	LAR	LAR

Fuente: Programa Delphos y actas del Consejo Escolar. Elaboración propia.

Por último, vamos a tratar el tema de las actividades extraescolares y complementarias. El AMPA realiza por las tardes diversas actividades y pueden asistir tanto niños de padres socios como los que no lo son. Estas actividades son deportivas, culturales, recreativas, informáticas y de enseñanza lúdica de inglés. Durante el curso organiza multitud de actividades y variadas, siempre contando con las sugerencias del profesorado para que estén en el momento adecuado y con su horario correspondiente. En Navidad, algunos años se dio una chocolatada con churros de tipo solidario, y también se ponía un

El director provincial de Sanidad, Francisco J. García, visita el comedor escolar del colegio Pérez Molina. Fuente: *miciudadreal.es*, 16 de octubre de 2015.

magnifico belén, se hacía un concurso de christmas y la visita de Papá Noel y los Reyes Magos. En Carnaval organizaban un desfile de disfraces con la colaboración del profesorado y al final de curso se hacía por la tarde una gran fiesta para todos los alumnos y familias. Es de destacar la tarde cuando se graduaban los niños y niñas de Infantil y luego la graduación de los alumnos de sexto curso. Los primeros años se hacía en el patio del colegio, luego en el salón de actos de Unicaja y posteriormente en el salón de actos de la Residencia Universitaria Santo Tomás de Villanueva de la Diputación.

Las actividades que realiza el profesorado con los niños son las siguientes: navideñas, Día de la Constitución, Halloween, Día de la Paz, Día del Libro, Carnaval, Día del Padre, Día de la Madre, Fiesta de Graduación, campañas solidarias de recogidas de alimentos y de material escolar, campaña solidaria de recogida de tapones de plástico en favor de niños con deficiencias, Campaña sobre el Consumo de Frutas (Comunidad Europea), Desayunos Saludables, Proyecto «Conoce tu ciudad» (organizado por el Ayuntamiento), Conciertos Didácticos Musicales (Ayuntamiento), Concurso de Marcapáginas, Carrera del Pavo, Fomento de Atletismo y la Educación Vial llevada por la policía local de Ciudad Real, a través de sus agentes Fernando González y Sara Expósito, como más asiduos.

Una actividad clásica y de gran emoción, curiosidad, ejemplaridad, vistosidad y significado era la que se realizaba el Día de la Paz. En ella, salían todos los alumnos al patio y cada ciclo o nivel llevaba un motivo, un mensaje o una vestimenta que hiciera referencia a la paz, luego se cantaban algunas canciones, se hacía algún baile, y para finalizar se procedía a la suelta de globos blancos. El momento más emotivo y espectacular para los niños era la suelta de las palomas blancas que Dioni Martín traía todos los años, colaboración que mantiene en la actualidad.

9.2. NUEVOS RETOS: BAJADA DE LA NATALIDAD, COVID-19 Y DIGITALIZACIÓN (2015-2023)

El nuevo equipo directivo está formado por la directora, Manuela Flores; el jefe de estudios, Pedro Moncalvillo, y la secretaria Remedios Iniesta. Durante sus años de mandato, es decir desde 2015 a 2019, van a tener que afrontar nuevas dificultades y promover nuevos proyectos. Un reto importante es la continua y gran disminución de la natalidad, lo que va a conllevar la progresiva desaparición de cursos.

Tabla 41

ALUMNADO DEL CEIP PÉREZ MOLINA, 2015-2022

ALUMNADO	2015-2016	2016-2017	2017-2018	2018-2019	2019-2020	2020-2021	2021-2022
Alumnos	385	387	375	398	392	366	343
Dan Religión	341	323	298	303	297	254	238
Extranjeros	20	23	30	43	48	47	

Fuente: Programa Delphos. Elaboración propia.

El descenso de natalidad a nivel nacional, provincial y local va a suponer la desaparición de los colegios Juan Alcaide en 2016 y Ciudad Jardín en 2017, otros tienen poca matrícula y varios han descendido en el número de alumnos. El periódico digital *miciudadreal.es* publica esta información el 13 de febrero de 2017:

Claustro del colegio Pérez Molina, curso 2016-2017. Integrantes: Claustro, 2016/17. Javier Fernández, Pedro Moncalvillo, Manuela Flores, Esperanza Ruiz, Milagros Robredo, Carmen Roldán, Joaquín Sánchez, Sol Palomino, Dioni Martín, ¿?, Encarni Nieto, Isabel Barrena, Puri Jiménez, Rafael, Piedad Crespo, ¿?,Prado. Sentados: Vicente Palomares, Fernando Sánchez, Tomi Burgos, Prado Talavera, Remedios Iniesta, Isabel Ramírez, M.ª José Novalbos, Carmen Poblete y Amelia Crespo.

«El centro más afectado es el CEIP Ciudad Jardín, que pierde 5, pasando de 8 a 3 unidades (de 3 a 1 en Infantil y de 5 a 2 en Primaria). Le sigue el Alcalde José Cruz Prado, que se ha visto reducido en 2 unidades de Primaria. También pierden una el Jorge Manrique y el Juan Alcaide, cuyo cierre «temporal» se avanzó el curso pasado. El Pío XII pierde 2 unidades, una de Infantil y otra de Primaria. Por último, el CEIP Nuestra Señora del Rosario, en la pedanía de Las Casas, se queda sin una unidad de Infantil».

La noticia es claramente explicativa de lo que está sucediendo en los diferentes colegios. En el curso 2017-2018 el colegio Pérez Molina tendrá por primera vez solo una unidad de Infantil de 3 años y en el curso siguiente perderá otra. Esta tendencia va a ir continuando los restantes cursos como iremos viendo.

El AMPA, con su presidenta al frente, Paloma Cabanes, sigue programando actividades por las tardes y de tipo complementario por las mañanas con la colaboración del profesorado.

Entre las novedades importantes durante estos años está la incorporación de una auxiliar técnico educativo (ATE), Diana Moreno, en el curso 2018-2019 para atender a los niños de necesidades especiales que lo necesiten. En el ámbito de las tecnologías aplicadas a la enseñanza, vamos a destacar el Plan Meta promovido por la Junta de Comunidades y consistente en dotar a los centros de material informático nuevo y operativo para los nuevos retos y necesidades, y se compran portátiles y pantallas. A la vez se realizó el Programa Escuelas Conectadas para dotar de una nueva red wifi a los centros, junto con la conexión a Internet por fibra óptica.

El colegio se adhiere al Programa Carmenta promovido por la Consejería de Educación en el curso 2018-2019, siendo uno de los 77 Centros en Castilla-La Mancha que comienzan este proyecto innovador. Este programa consistía en usar la tecnología digital en los cursos de 5º y 6º de Primaria, para ello se van a utilizar libros digitales, es decir los libros en soporte de papel desaparecen de estas aulas. Por tanto, el alumnado y el profesorado van a disponer de tabletas en las que se van a instalar las licencias digitales de las áreas de Lenguaje, Matemáticas, Sociales y Naturales, teniendo en cuenta la editorial que cada centro haya elegido y la compatibilidad. Dentro de la dotación específica para el Programa Carmenta, se adquieren nuevas pantallas interactivas con una resolución extraordinaria de las imágenes junto con nuevas tabletas para los alumnos de gratuidad.

El consejero de Educación, Ángel Felpeto; la delegada de la Junta, Carmen Teresa Olmedo; la alcaldesa de Ciudad Real, Pilar Zamora, y el jefe de Inspección, Inocente Blanco, visitan el colegio Pérez Molina el 9 de noviembre del 2018 para conocer la marcha del Programa Carmenta en uno de los primeros colegios que lo ha implantado.

Una actividad que se realizó con la colaboración de toda la comunidad educativa y que tuvo una trascendencia importante a nivel de la localidad fue la celebración, en el 2015, del 120 aniversario de la fundación de la Academia

Ángel Felpeto, María José Mesas, Manuela Flores, Pilar Zamora, Carmen Olmedo, Francisco Navarro e. Inocente Blanco con un grupo de niños y niñas del Programa Carmenta e el colegio Pérez Molina. Fuente: *Lanza Digital*, 9 de octubre de 2018.

General de Enseñanza por Miguel Pérez Molina. El equipo directivo y todos los profesores del centro se pusieron en marcha para realizar muchas y diversas actividades sobre don Miguel y el significado que tuvo, dentro del ámbito de la enseñanza, la Academia que fundó en 1895 en la calle Caballeros.

Puerta del colegio Pérez Molina a la calle Ramón y Cajal con cartel anunciador del 120 aniversario de la Academia General de Enseñanza de Miguel Pérez Molina. Fuente: Archivo del centro.

Vicente Palomares, con el apoyo y colaboración del equipo directivo, impartió, el 25 de noviembre del 2015, una conferencia titulada «La Academia General de Enseñanza, la educación y la sociedad ciudadrealeña de la época» en el antiguo Casino de Ciudad Real, a la que asistió el delegado provincial de Educación, Francisco Navarro; la concejala de Educación, Nohemí Gómez-Pimpollo; los sobrino-nietos de don Miguel, José Pérez González Juan Pérez Serrano; la directora del centro, Manuela Flores; los maestros y maestras del colegio y de otros centros de la localidad, padres, madres, alumnado y numeroso público de la capital.

Los actos y actividades que se realizaron en el colegio fueron múltiples y variados, participando en ellos todos los alumnos del colegio. Se realizaron durante los meses de noviembre y diciembre, estando expuestos a toda la comunidad educativa e incluso hubo unos días de puertas abiertas a todos los ciudadanos de la capital para que pudieran visitarla. En las fachadas del centro, tanto en la calle Ramón y Cajal como en la de Hernán Pérez del Pulgar se pusieron unas grandes pancartas para que todo el mundo supiese lo que se estaba celebrando.

Se realizó una exposición que abarcaba diversos aspectos: didácticos, pedagógicos, históricos, lúdicos y culturales. Consistió en una exposición de materiales escolares antiguos originales, una de objetos de juego de niños y niñas, se recreó una clase de los años 40, se hizo una exposición de libros antiguos, se decoró una galería con fotos de Miguel Pérez Molina a lo largo de su vida, se exhibió una exposición de fotografías con el Ciudad Real de hoy y el de ayer.

Todas las galerías, clases y pasillos del colegio ofrecían un aspecto diferente al resto de los cursos, pues estaban decoradas con diferentes dibujos, murales, objetos, retratos, redacciones sobre el evento que se celebraba. La tecnología no podía estar fuera del evento y se realizó una presentación en power point para que los niños y niñas del colegio la pudiesen ver en sus aulas.

Esta exposición fue visitada por la inspección educativa, los concejales Nohemí Gómez-Pimpollo y Alberto Lillo, Patrocinio García Vélez (la alumna más antigua del colegio que conocemos), las antiguas maestras Carmen y Pilar Cinca, maestros de la localidad y numeroso público.

Recogieron y dieron información de la celebración y exposición numerosos medios informativos como el diario *Lanza*, *La Tribuna*, CR Televisión, Cadena Ser, Onda Cero, los periódicos digitales *El Crisol de Ciudad Real*, *miciudadreal.es*, *eldiadigital.es* y *lacerca.com*, así como la página web del Ayuntamiento. No podemos olvidarnos del blog de colegio, el cual la sigue albergando en la actualidad.

Recogiendo todas las actividades programadas y realizadas se elaboró una unidad didáctica, que se presentó al Concurso sobre Unidades Didácticas organizado por la Concejalía de Educación, obteniendo el segundo premio.

La celebración por parte del colegio del 120 aniversario de la fundación de la Academia General de Enseñanza se verá complementada con la publicación del libro *Miguel Pérez Molina (1968-1939) y la Academia General de Enseñanza de Ciudad Real* por parte de la Biblioteca de Autores Manchegos de la Diputación, cuyo autor es Vicente Palomares, maestro del centro. A los actos de presentación, el día 15 de marzo de 2018, acudieron los maestros y maestras del centro, padres, madres, familiares y alumnos. A lo largo del curso, el autor fue presentando en todas las aulas del colegio dicho libro con un power point.

Vicente Palomares, presentado el libro de Miguel Pérez Molina a un grupo de niños y niñas del colegio homónimo.

El deporte se sigue fomentando desde el colegio y el profesor de Educación Física, Pedro Moncalvillo, participa todos los años en el torneo navideño Jugando al Atletismo, que organiza el CEIP Ferroviario. También se fomenta la participación de los alumnos en la Carrera del Pavo que organiza el Ayuntamiento. Lo más novedoso, por lo que supone todavía en estos tiempos, es la organización de un equipo mixto de fútbol con niños y niñas del colegio. Consiguiendo ganar el campeonato del Torneo de Primavera organizado por el Patronato de Deportes del Ayuntamiento de Ciudad Real el día 5 de junio de 2019. Ese mismo año quedó cuarto clasificado en el Campeonato Regional del Deporte en Edad Escolar, en la categoría de Alevín masculina. Los niños y niñas que formaban de este equipo son los que aparecen en la siguiente fotografía.

Otra actividad novedosa que se realizó en el colegio durante el curso 2017-2018 y posteriores fue «El Huerto Escolar». Esta actividad partió de una iniciativa del Ayuntamiento para incentivar en los centros el contacto de los niños con la naturaleza. Los encargados de llevarla a cabo fueron los maestros Pedro Moncalvillo y Vicente Palomares, que contaron con la colaboración de todo el profesorado y del AMPA. Los niños se implicaron

Arriba, equipo mixto de fútbol del colegio Pérez Molina. De pie: Pedro Moncalvillo, Carlos Sacacia, Alejandro Martín, Hossam El Rhozlane, Manuel López, Aimar García, Juan Herrero, Alberto Martín y Pablo Martín. De rodillas: Reda El Rhozlane, Ángela Ruiz, Hugo Rodríguez, Jesús Clemente, Patricia Barba, Pedro Calderón y Lucía Lozano. Fuente: Blog del centro. Abajo, Natalia Solano, Patricia Barba, Paula Martínez, María Abad, Luna Ferreira y Eva Sendón, cuidando las plantas del huerto escolar del colegio Pérez Molina.

en su mantenimiento y cuidados, realizando al final de la temporada una comida con los diferentes frutos de la huerta (lechugas, habas, ajos y cebollas) y otros recogidos en la huerta de un familiar. Al final cocinaron y comieron productos sanos, ecológicos y producidos en nuestra tierra.

La presidenta del AMPA, Manoli Sánchez, se implicó mucho en el tema del huerto escolar y, gracias a la Asociación que dirige, se puso el cerramiento de dicho huerto en el patio.

Todos los cursos se venían realizando actividades de tipo solidario, pero en mayo del 2019 se llevó a cabo una actividad impresionante e impactante, fue «700 camisetas contra la leucemia». Dicha actividad vino al centro de la mano de Montserrat Broceño, madre de un alumno, y tuvo el apoyo del equipo directivo y de todo el profesorado. Las 700 camisetas las proporcionó la Diputación, los globos el centro y el material para elaborar las tartas solidarias y pastelitos el AMPA. La asociación gallega FranGil envió a David Gil a organizar dichas actividades y a solicitar la colaboración con la finalidad de concienciar a todos sobre la necesidad de que haya más donantes de médula ósea. Al acto asistieron el presidente de la Diputación, José Manuel Caballero; el delegado de Sanidad, Francisco J. García; el delegado de Educación, Francisco Navarro; la presidenta del AMPA, Manoli Sánchez García; algunos miembros del AMPA, profesorado del centro y alumnado.

El famoso pastelero de Corral de Calatrava, Valentín Ruiz, contribuyó de manera altruista y generosa elaborando pasteles, pastas y tartas con la colaboración de alumnos, y luego se repartieron entre todos los asistentes.

El presidente de la Diputación, José Manuel Caballero, saludando a los niños del colegio Pérez Molina con motivo de la actividad "700 camisetas contra la leucemia". Fuente: Blog del centro.

Montserrat Broceño, Fran Gil, Valentín Ruiz y alumnos tras hacer los pasteles y pastas Molina con motivo de la actividad "700 camisetas contra la leucemia". Fuente: Blog del centro.

Mientras se hacían estos actos se puso una bicicleta estática en el patio, donde todos montaban unos minutos para hacer un recorrido solidario con las personas con esta enfermedad[19]. Estos actos tan entrañables y solidarios tuvieron eco en el diario *La Tribuna*.

Valentín Ruiz, junto a madres de alumnos del colegio Pérez Molina, con el cartel anunciador de la actividad "700 camisetas contra la leucemia". Con los brazos sobre él mismo aparecen Manoli Sánchez y Fran Gil. Fuente: Blog del centro.

No podemos olvidar las excursiones de fin de curso con los alumnos que se van del centro para continuar la Educación Secundaria Obligatoria. Dichas excursiones las organiza el AMPA y los niños y niñas son acompañados por algunos miembros de la Asociación, padres o madres y, en algún caso, de algún maestro o miembro del equipo directivo. A lo largo de los cursos se hacían numerosas excursiones por la provincia y Castilla-La Mancha. Una de ellas se realizó a Consaburum (Consuegra) en mayo de 2017 con los niños y niñas del segundo ciclo de Primaria acompañados por Piedad Crespo, Remedios Iniesta, Carmen Poblete, María José Novalbos, Vicente Palomares y Pedro Moncalvillo. Allí pudieron contemplar y pasar un día alegre los niños viendo los molinos de viento, el castillo de Consuegra (donde murió el hijo del Cid en 1097, don Diego Rodríguez) y la presa romana.

María del Carmen Poblete y Remedios Iniesta con sus alumnos del colegio Pérez Molina en los molinos de Consuegra. Fuente: Archivo del centro.

Como hemos podido ir observando en este tiempo, se continúan realizando las actividades de Navidad, campañas solidarias, Día de la Paz, Día del Libro, Carnaval, Fiesta de Fin de Curso, graduaciones, Cena de Graduación, Educación Vial, Consumo de Frutas y todas aquellas que surgen a lo largo del curso y que se ven de interés para los niños.

Al acabar el curso 2019 cambia el equipo directivo, que estará formado por el director, Pedro Moncalvillo; la jefa de estudios, Encarnación Santos Laín, y la secretaria, Piedad Crespo. Este nuevo equipo tendrá dos retos importantes que afrontar durante su mandato, uno va a ser el Covid-19 y el otro será el inicio del proceso de digitalización en la enseñanza.

El curso 2019-2020 se inicia con ilusión y nuevos proyectos hasta que el 14 de marzo de 2020 la Junta de Comunidades de Castilla-La Mancha ordena el cierre de todos los centros educativos, hasta nueva orden, debido a la pandemia del Covid-19. La situación es incierta, angustiosa y de difícil solución a corto plazo La Junta va dando a los equipos directivos orientaciones e instrucciones para intentar solucionar la atención y enseñanza a los alumnos de todos los niveles. El equipo directivo, dentro de las restricciones sanitarias y de aislamiento que imponían las leyes de esos momentos, se encarga de hacer llegar a las familias los libros, material didáctico, tabletas y enseres necesarios para que puedan continuar en casa el aprendizaje escolar con la ayuda del profesorado a través del ordenador, teléfono, correo electrónico, videollamadas, etc. También el profesorado necesita los medios necesarios para tener la conectividad y comunicación necesaria con las familias y los alumnos. Algunos maestros disponen de los antiguos Toshiba, ya casi obsoletos, y otros disponen de portátiles más modernos de la Junta. El profesorado responde ante esta situación de forma abnegada, con gran esfuerzo y tesón para que sus alumnos puedan seguir sus explicaciones y orientaciones. Responden ante la situación con un trabajo sin precedentes, ponen sus ordenadores particulares, teléfonos móviles y fijos, correos electrónicos y todos los medios de que disponen a nivel particular para así poder atender a sus alumnos. El horario de trabajo es todo el día y las dificultades técnicas se van resolviendo a pesar de no contar con la formación adecuada para solventar esta inesperada pandemia. Los alumnos de 5º y 6º disponen de más medios y conocimientos, puesto que llevan el Programa Carmenta, mientras que los de Infantil y el resto de los cursos inferiores de Primaria necesitan la ayuda de los familiares para estar en contacto con las clases de los maestros por vía telemática. El curso acaba y las perspectivas del fin de la pandemia parecen inciertas.

En agosto se pone en marcha el Plan de Adecuación del Centro para poder abrir en septiembre siguiendo las instrucciones que va dando la Junta. A finales del mes, el equipo directivo con la colaboración de Vicente Palomares realizan el Plan de Contingencia, se van poniendo en marcha todas las medidas sanitarias, preventivas y se colocan por todo el colegio las señalizaciones que se indican en las normas recibidas, tras haber realizado un estudio de todas las dependencias del centro. La seguridad de niños y adultos es el principal objetivo de todas las medidas. El curso 2020-2021 comienza en septiembre con miedo, angustia, incertidumbre, pero con el deseo de enseñar y educar, de forma segura, a los alumnos. El Plan de Contingencia realizado se va completando con nuevas medidas para tener la mayor seguridad a lo largo del curso y vistas las experiencias que se van teniendo. En el primer contacto y claustro se mascaba la tensión y el miedo, había pocas palabras y el silencio rodeaba el ambiente, se realizó en el patio manteniendo las distancias, con mascarillas y con el aire corriendo en el entorno. Cuando el director pide voluntarios para ser coordinador del Covid, no se mueve ni el viento. Al final se prestan voluntariamente Pedro Moncalvillo y Vicente Palomares.

Se comienza el curso adecuando el número de alumnos de cada clase a la superficie del aula y teniendo en cuenta la separación que debe de haber entre alumnos. Por tanto, son necesarios más maestros, que envía la Junta, y más clases para dar respuesta a esta circunstancia. Se ocupan todas las aulas del centro y se convierten en aulas ordinarias los espacios de la biblioteca del

Maestros y maestras del colegio Pérez Molina en el curso 2020-2021. Detrás: José Luis Lara, Javier Fernández, Pilar Sánchez, Domingo de la Rubia, Carlos Calvo, Piedad Crespo, Purificación Jiménez, María José Mesas, Sagrario Rubio, Vicente Palomares, Carmen Ramos, María Carmen Roldán, Josefa Molina y Paqui García. Delante: Nuria Garrido, Encarni Nieto, Antonia Rubio, Pedro Moncalvillo, Esperanza Ruiz, María Jesús Sánchez, Prado Talavera, Gloria de la Peña y Encarnación Santos.

centro, la antigua aula Althia, el aula de Música, el aula se usos múltiples y las aulas de Infantil que estaban libres. Una situación extraordinaria requiere medidas extraordinarias y eficaces.

La limpieza e higiene del centro se refuerza considerablemente, además de los empleados de la empresa de limpieza, se envían por parte de la Diputación dos trabajadoras para que realicen estas tareas durante la jornada escolar, disponiendo en todas las dependencias del centro de jabón, gel hidroalcohólico, alcohol, papel de un solo uso, papeleras de pedal, cartelería de medidas de higiene, etc. El Ayuntamiento colabora con el envío de personal de apoyo educativo y dos conserjes.

El director don Pedro y el maestro don Vicente, responsables de la coordinación del Covid-19, aceptan el ofrecimiento del ingeniero doctor Eduardo Palomares Novalbos, para hacer un «Estudio de la ventilación natural en las aulas del CEIP Pérez Molina» de manera gratuita y con la pretensión de dar unas pautas sobre ventilación de las aulas e ir tomando en cada momento las medidas adecuadas para prevenir y evitar la propagación del Covid-19. Las conclusiones y recomendaciones que se hacían se trasladaban al claustro para llevarlas a cabo diariamente en las aulas. El resultado fue muy bueno y de eso dan fe los escasos contagios que se dieron.

La Junta de Comunidades dota de 21 ordenadores portátiles Lenovo al centro para uso del profesorado, dentro del Proyecto de Digitalización con Fondos Europeos. Además, envía dos paneles interactivos para los cursos del Proyecto Carmenta y once tabletas para los alumnos de gratuidad del citado proyecto.

Una novedad importante es la puesta en marcha de un aula TEA (Trastornos de Espectro Autista) en 2020, para niños con este tipo de necesidades especiales. Se dota de medios personales con una maestra de PT, una de AL y una ATE. También se la va dotando desde su inicio con un presupuesto especial y con dos tabletas.

Este curso tan diferente va a traer un modo distinto de atender las necesidades del comedor. A comer en el local-comedor no se pueden quedar todos los niños, dadas las medidas Covid-19 que se establecen y se soluciona dándoles a los niños la comida para que se la lleven a casa. Después se van tomando otras soluciones para poder atender la demanda de las familias y algunos niños, por necesidad imperiosa de sus padres y debidamente justificadas, se pueden quedar a comer, garantizando siempre las medidas Covid-19 establecidas por Sanidad. El alumnado usuario del comedor y aula matinal durante estos años tiene la evolución estadística:

Tabla 42

COMEDOR Y AULA MATINAL DEL CEIP PÉREZ MOLINA, 2015-2022

CONCEPTOS	2015-2016	2016-2017	2017-2018	2018-2019	2019-2020	2020-2021	2021-2022
Comensales	159	150	153	177	178	119	139
Precio/día (€)	4,65	4,65	4,65	5,50	5,50	5,50	4,65
Aula matinal	38	25	18	23	23	9	15
Precio/día (€)	2,48	2,48	2,48	2,90	2,90	2,90	2,48
Empresa	Franja Quality					Servinom	

Fuente: Programa Delphos. Elaboración propia.

Este curso, debido a la situación especial que se atravesaba no se hacen actividades extraescolares, ni fiestas, ni visitas por la localidad y no se reciben personas exteriores para que realicen actividades complementarias en horario escolar. La nueva presidenta del AMPA, Carmen Caballero Pérez, junto con su junta directiva, empiezan con muchas ganas de colaborar y organizar actividades, pero las circunstancias limitan sus deseos en estos momentos.

La organización del centro y de las reuniones pedagógicas se ven un poco afectadas y el devenir diario es muy difícil. Se divide el recreo en zonas de exclusividad, se acorta el horario de recreo a quince minutos y todos los días hay algún curso que no puede asistir ese rato al patio por falta de horario. La ventilación de las aulas, pasillos y todas las dependencias del centro es algo esencial y por ello se tendrán puertas y ventanas abiertas, incluso en pleno invierno.

El alumnado del centro va asumiendo la situación con sus mascarillas, manteniendo sus distancias entre ellos, respetando las normas sanitarias e higiénicas indicadas, soportando el frío y viendo restringido su recreo.

Ahora vamos a conocer la plantilla del centro en el curso 2021-2022.

Tabla 43

PROFESORADO DEL CEIP PÉREZ MOLINA, 2021-2022

MAESTRAS	PUESTO	TIEMPO DE ESTANCIA
Milagros Robredo Calahorra	Inglés y jefa de estudios 1997-2015	1994-2018
Vicente Palomares García	PT y secretario 2004-2015	2003-2022
Piedad Crespo Ramos	Inglés y secretaria 2019-2023	2004 / continúa
Javier Fernández Seco	Educación Física	2009 / continúa
Francisca García del Burgo	Primaria	2020 / continúa
Nuria Garrido Mendoza	Primaria/ Educación Física	2019 / continúa
José Luis Lara Olmedo	Primaria	2019 / continúa
María José Mesas Martino	Primaria	2021 / continúa
Josefa Molina Asensio	Primaria	2017-2021
Pedro Moncalvillo Villafuerte	Educación Física, jefe de estudios (2015-2019) y director (2019-2024)	2008 / continúa
M.ª Ángeles Muñoz Benito	Primaria	2021 / continúa
Encarnación Nieto Lorente	Educación Infantil	2009 / continúa
Soledad Palomino Tormo	Audición y Lenguaje (compartida con otro centro)	2007 / continúa
Gloria de la Peña Rodríguez	Primaria	2018 / continúa
Julia Prados Gimeno	Primaria	2021 / continúa
Carmen Ramos Díaz-Pabón	Primaria	2020 / continúa
M.ª Carmen Roldán Delgado	Religión	1994 / continúa
Domingo de la Rubia Calero	Primaria	2016-2022
Esperanza Ruiz Delgado	Música	2007-2023
Ana I. Sánchez de la Nieta	Religión	2013-2022
María Jesús Sánchez González	Infantil	2020 / continúa
Fernando Sánchez Moraleda	Inglés	2006 / continúa
Pilar Sánchez Rodríguez	Orientadora	2017 / continúa
Encarnación Santos Laín	Inglés y jefa de estudios (2019-2023)	2018 / continúa
Prado Talavera de la O	Educación Infantil	2008-2023
Irene León	Trabajadora social (compartida con otro centro)	2009-2022
Remedios Iniesta Castellanos	Primaria y secretaria 2015-2019	2005-2019

Tabla 38 (continuación)
PROFESORADO DEL CEIP PÉREZ MOLINA, 2021-2022

MAESTRAS	PUESTO	TIEMPO DE ESTANCIA
Purificación Jiménez Díaz	Primaria	2009-2020
Carmen Poblete Espinosa	Primaria	2009-2018
Carmen Larrañeta Arévalo	Inglés	2009-2018
Adoración López Aranda	Educación Infantil	2007-2019
Francisco Vera Herrera	Primaria	2009-2016
María del Prado García Hurtado	Equipo TEA/AL	2021 / continúa
M.ª Ángeles Rufilanchas	Equipo TEA/PT	2021 / continúa
Diana Moreno	Auxiliar técnico educativo (ATE)	2018 / continúa
Pilar Menchero	Auxiliar técnico educativo (ATE). Equipo TEA	2020- 2023

Fuente: Programa Delphos. Elaboración propia.

Durante el curso 2021-2022 la situación de la pandemia va mejorando y las medidas organizativas no son tan estrictas, se empiezan a realizar algunas actividades complementarias en las clases, se hacen algunas visitas culturales por la ciudad, se realiza la graduación de los niños y niñas del curso anterior, asó como la graduación de los alumnos de sexto al final de curso y se pudo tener la clásica cena con las familias, se realizó la excursión final de curso con los alumnos que acaban Primaria, el huerto escolar se puso en marcha, se celebró el Día de la Paz, etc. Para llevar a cabo todas las medidas y actuaciones de apoyo, refuerzo y organización del centro, se cuenta con el envío de dos conserjes y seis maestros de apoyo por parte del Ayuntamiento, y dos mujeres para reforzar la limpieza en las horas de estancia de los niños aportadas por la Diputación en su Plan de Empleo a las Mujeres Mayores de 45 años.

La situación económica es difícil tras la pandemia y a las familias se les ayuda con las becas de libros, becas de comedor y aula matinal por parte de la Junta de Comunidades. El Ayuntamiento se suma a colaborar en materia económica a las familias y concede becas de comedor y material escolar.

En lo que respecta a los programas institucionales y de modernización se continúa llevando el Plan Carmenta, se inicia el Plan de Igualdad con una dotación de 2.000 euros y se comienza el Plan de Digitalización promovido por la Junta de Comunidades.

Las inquietudes del profesorado de acuerdo a los nuevos tiempos se hacen patentes en la participación en el concurso «Descubre mujeres científicas en Ciudad Real», promovido por el IMPEFE y la Concejalía de Igualdad. Se presentaron varios trabajos sobre «Antonia Roldán Fernández» y dos de ellos obtuvieron un accésit.

El curso termina y comienzan las obras de reforma de los aseos y servicios del edificio B con un presupuesto de 50.000 euros pagados por la Junta de Comunidades.

Homenaje a Patro García Vélez, alumna más antigua del centro (90 años). Vicente Palomares, Patro García, Paqui García, Pedro Moncalvillo y un grupo de niños y niñas de colegio Pérez Molina, 2022.

En el curso 2022-2023 se va a volver a la situación anterior a la pandemia en cuanto a las restricciones que se tuvieron que hacer, aunque se va a tener especial cuidado con las medidas higiénicas y de ventilación de las aulas y dependencias del centro. Van a continuar el Programa Carmenta, el Plan de Digitalización, la formación del profesorado y el Plan de Igualdad para hacer frente a los nuevos retos que se plantean en materia de enseñanza y educación.

El curso 2023-2024 se inicia con cambios en el equipo directivo, Pedro Moncalvillo continúa de director, Virginia Ruiz se incorpora como jefa de estudios y José Luis Lara se hace cargo de la Secretaría. Este nuevo equipo tendrá que tomar las riendas de la celebración del Centenario del colegio.

La Tribuna de Ciudad Real publica el día 28 de junio de 2023 una noticia con este titular: «Solo 3 colegios tienen más peticiones de nuevo ingreso que plazas en la capital». En ella se ofrece un cuadro estadístico, facilitado por la Delegación de Educación, con las vacantes ofertadas y las solicitudes recibidas. La baja natalidad lleva a una situación preocupante donde para 704 plazas vacantes de Primaria en la capital solo hay 509 solicitudes. Esta situación conllevará el posible cierre de unidades en muchos colegios.

Días antes, el 21 de junio de 2023, este mismo diario publica la noticia del posible cierre del colegio Pío XII por falta de alumnos.

Esta situación no desanima al equipo directivo ni al resto del profesorado y se continúa con el mismo empeño en la enseñanza y educación de todos los niños y niñas. La planificación de actividades curriculares, complementarias y extraescolares se siguen realizando y se proyectan otras nuevas.

El colegio y otros muchos de Ciudad Real continúan afrontando el descenso de natalidad con la perspectiva de quedarse en una línea a medida que avanzan los cursos.

Arriba, María José Escobedo, Pedro Moncalvillo y José Caro en "reapertura" de la Cantina 100 años después. Abajo, chocolatada del centenario en el comedor del colegio Pérez Molina. Fuente: *La Trbuna*, 20 de diciembre de 2023. Fotografías de Rueda Villaverde.

III
DE GRADUADA MIXTA A
CEIP ALCALDE JOSÉ CRUZ PRADO

1
EL CONVENTO-HOSPITAL DE LA ORDEN HOSPITALARIA DE CANÓNIGOS REGULARES AGUSTINOS DE SAN ANTONIO ABAD

En el lugar donde hoy está el CEIP Alcalde José Cruz Prado había un convento-hospital fundado por los Antonianos, que así se les llamaba a los monjes anteriores. Esta orden se estableció en Ciudad Real en 1262, edificando una iglesia y un hospital para hombres que tuviesen enfermedades contagiosas como la peste, la sarna, la lepra, enfermedades venéreas y el ergotismo, también llamado fuego sagrado o fuego de San Antonio.

El convento de los Antonianos constaba de iglesia, hospital, gran huerto y claustros. Los ciudadrealeños frey Sancho Sánchez Dávila (caballero del hábito de Calatrava y comendador de Benavente) y frey Pedro González de Finestrosa (caballero de Calatrava y comendador de Almadén) fueron las personas que sufragaron los gastos. Ambos serían enterrados, a su muerte, en la iglesia.

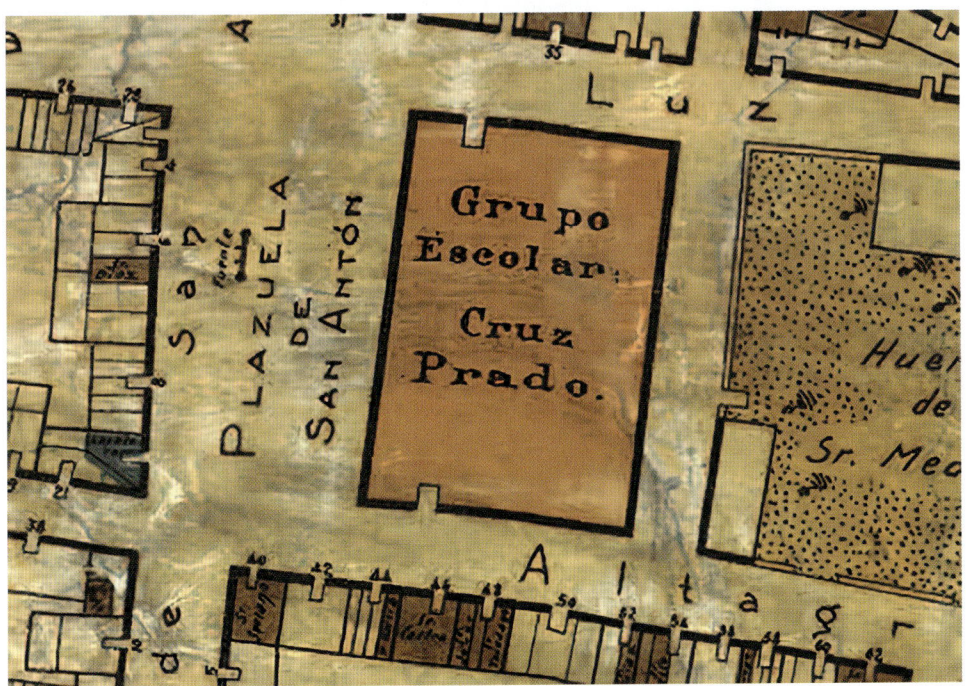

Detalle del Plano-Censo de Ciudad Real, Martín Sofí, 1925, con la ubicación del grupo escolar Cruz Prado. Fuente: Centro de Estudios de Castilla-La Mancha.

La Orden Antoniana fue suprimida en España por Pío VI, a petición del rey Carlos III, el 24 de agosto de 1787, pero no se hizo efectiva hasta 1891, expropiando el convento-hospital. Los frailes se tuvieron que marchar y el convento quedó en el más completo abandono hasta que desapareció[1].

Dicho convento-hospital y sus terrenos estaban rodeados por las actuales calles de San Antón, Altagracia, Luz y Quijote, ocupando un espacio aproximado de unos 7.000 m^2.

San Antón en procesión. Fuente: *Vida Manchega*, 1917.

2
LAS ESCUELAS DEL BARRIO
DE SANTIAGO

La atención a la instrucción de niños y niñas durante el siglo XIX era muy deficiente en la localidad y anejos. El Ayuntamiento no disponía de edificios propios para escuelas y para solucionarlo alquilaba locales, a personas particulares, en los cuales instalaba las escuelas unitarias. Dichos locales carecían de las mínimas condiciones pedagógicas, higiénicas, sanitarias, de iluminación y ventilación. Estos aspectos eran denunciados por los maestros y maestras, la Junta Local de Instrucción Pública y los propios concejales en las reuniones municipales. De todos era sabido las pésimas condiciones en que los niños y niñas asistían a las escuelas.

El Ayuntamiento distribuía las escuelas por los tres barrios en que se dividía la localidad, es decir, barrio de Santa María, barrio de San Pedro y barrio de Santiago. En el barrio de San Pedro se situaban las escuelas del Hospicio y las anejas a ambas Normales, en el de Santa María se situaron las escuelas en la calle Azucena en una casa propiedad de Pablo J. Vidal, mientras que las del barrio de Santiago se establecieron en las calles Calatrava, Altagracia y Luz. El local de la calle Calatrava era propiedad de Rafael Boada, el dueño del local de la calle Altagracia era Gaspar Capilla y el de la calle Luz era Genaro Capilla.

Postal del barrio de San Antón.

Arriba, escuela de Amalio Moreno Díaz en la calle Calatrava. El niño que sostiene es su nieto, Amalio Mora Moreno. Abajo, Amalio Moreno Díaz y su maestro auxiliar en la escuela de la calle Altagracia. Fotografías cedidas por Jesús Mora López-Almodóvar.

El primer maestro que hemos localizado en la actas municipales ha sido José Antonio Ruiz Serrano, que fue maestro de la escuela de niños sita en la calle Altagracia. Sus quejas a la Corporación fueron frecuentes y se referían al excesivo número de niños, a la humedad, escasa luz y ventilación del local y al poco material didáctico que tenía en la escuela. En 1884 escribe una carta a la Corporación en la cual indica que tiene 150 niños matriculados, teniendo un local de 53 m² y otro de 27 m² y por tanto necesita la ayuda de un maestro auxiliar. En esta ocasión atendieron su petición y enviaron a Amalio Moreno Díaz, pero lo normal era hacer oídos sordos, indicar que no era obligación del Ayuntamiento enviar ninguno, dar una pequeña gratificación o indicar que ayudasen los alumnos más aventajados.

Tenemos que indicar que en 1888 todavía no había escuela de niñas en el barrio de Santiago, pero al año siguiente enviarán a Gabriela Pascual del Valle, aunque tendrán que desplazarse las niñas al local del barrio de Santa María en la calle Azucena. Por fin, en 1896 se establece una escuela de niñas en el barrio, situándola en la calle de la Luz, siendo su maestra Mónica Fraile.

Los problemas con los locales-escuela eran cotidianos porque tenían dificultades arquitectónicas, arreglos que hacer para adaptarlos a una escuela, blanquear paredes, arreglar tejados, quitar humedades, etc. Había continuas disputas entre el Ayuntamiento y los propietarios sobre quién se tenía que hacer cargo de todos esos arreglos, además de los continuos retrasos del Ayuntamiento en los pagos a los dueños. Mientras esto sucedía los maestros vieron sus sueldos disminuidos, con retrasos en los cobros de hasta casi un año y con un trabajo muy precario.

Las condiciones de los locales continuaron igual hasta 1924 en el que se inauguran las escuelas con edificio propio, aunque estas se hundirán a los dos años casi en su totalidad.

Los maestros y maestras pasaron a cobrar del Estado en 1902, aunque siguieron con la penuria económica que arrastraban. En las escuelas de niños del barrio de Santiago ejercieron durante estos años Amalio Moreno Díaz, Manuel Lázaro y Antonio Aguilera. Se fueron estableciendo poco a poco las escuelas de niñas y sus maestras fueron Manuela Latorre, María Cinta Miguélez y Ana Ruiz Caro.

Al inaugurarse el grupo escolar Cruz Prado se incorporan a la plantilla de dicho centro los maestros y maestras indicados anteriormente.

3
ORÍGENES DE LA ESCUELA
GRADUADA MIXTA

Enclavada en el corazón del barrio de Santiago de Ciudad Real se sitúa la escuela graduada mixta Cruz Prado y actualmente denominada CEIP Alcalde José Cruz Prado. En aquellos momentos tenía dos puertas de entrada, una daba a la calle Altagracia, para las niñas, y otra a la calle de la Luz, para los niños. Actualmente solo hay una puerta principal, por donde acceden todos, sita en la calle de la Luz.

En el barrio de Santiago había escuelas públicas desde el siglo XIX, que se movían según el alquiler del propietario del local o bien según la forma de pagar del Ayuntamiento capitalino.

Miguel Pérez Molina, hombre ilustre y amante de la educación del pueblo, entra de alcalde en 1912 y se propone hacer escuelas públicas en propiedad. Proyecta una escuela de Párvulos y una graduada, la primera será el futuro colegio Pérez Molina y la segunda iba ubicada frente a la Granja Agrícola. De ambas se hacen planos y presupuestos, presentándose a Madrid para su aprobación antes de acabar su mandato. La graduada mixta que se pretendía hacer frente a la Granja Escuela no se llegaría a realizar por la elevada cantidad de dinero que suponía. La solución posterior fue proyectar una más económica en el barrio de Santiago, que será la graduada mixta Cruz Prado. Ambas escuelas se inaugurarían el 6 de enero de 1924.

José Cruz Prado, alcalde de Ciudad Real. Fuente: *Vida Manchega*, 25 de enero de 1916.

Después de tener todo planificado, don Miguel deja la Alcaldía el 31 de diciembre de 1913, y el tema escolar queda en el olvido hasta que José Cruz Prado entra de alcalde en 1916. En el pleno municipal del día 15 de junio de 1916 se acuerda solicitar al ministro de Instrucción Pública la realización de tres edificios-escuelas en los tres distritos de la población (Diputación, Catedral y Audiencia). Para ello el Ayuntamiento ofrece un solar en la plazuela de San Antón y una colaboración de 25.000

pesetas, mientras que para los otros dos ofrecen el solar y contribuir con el 50% del dinero que importe la obra.

La Corporación Municipal vuelve a retomar el tema en septiembre de 1916 y en el pleno del día 9 acuerdan formar el expediente de tres escuelas, una en la plazuela de San Antón, otra en la plazuela de Hernán Pérez del Pulgar y la tercera en el barrio de Santa María. La justificación de esta propuesta la explica el alcalde José Cruz:

> «Las razones de este expediente son que este Municipio tenga en propiedad edificios escolares que reúnan condiciones pedagógicas y de salubridad e higiene, pues es sabido de todos que ningún local escuela de los existentes en la actualidad reúne las más elementales condiciones para tal destino, y además la utilidad de evitarse los crecidos alquileres, que se pagan para dichos locales».

En el pleno de septiembre, uno de los concejales se dirige a la Corporación con estas palabras:

> «Todos los ministros de Instrucción Pública también desde hace muchos años se han interesado en que los locales escuelas reúnan las condiciones higiénicas y pedagógicas más elementales, sabiendo que en la mayoría de los municipios de España se utilizaban y se utilizan reducidos y mal sanos locales donde se aglomeraba y se aglomera un excesivo número de niños para recibir la primera enseñanza por la que se abogan sin descanso todos los hombres cultos y países civilizados.
>
> Esas circunstancias, concurren en todos las locales-escuelas de esta capital, reducidos y mal sanos con todas sus funestas consecuencias, y a remediar estos males se han dictado leyes determinando los requisitos que deben reunir en lo sucesivo, imponiendo grandes sacrificios pecuniarios al Estado para alentar y ayudar a los pueblos a conseguir tal fin por medios de las llamadas subvenciones.
>
> Si consideramos preceptivo y obligatorio lo que siempre quedó en una buena voluntad, no debe ponerse obstáculos a la primera obra que nuestro Alcalde Presidente proyecta».

Tras esta disertación, se exponen los proyectos. El edificio escolar a realizar en la plazuela de San Antón es de solar propio del Ayuntamiento con una superficie de 4.210 m² de los que se edificarán 2.724 y el resto será jardín. En este edificio irán dos graduadas, una para niños y otra para niñas, con sus respectivos conserjes y siendo su presupuesto de 65.450 pesetas. También se pretendía hacer otras dos escuelas, una en el barrio de San Pedro y otra en el de Santa María, ambas con un presupuesto menor de 25.000 pesetas cada una. Terminado el debate, aprueban el expediente de construcción de escuelas[2]. En abril de 1917 informará favorablemente el gobernador civil del proyecto de presupuesto para las construcciones escolares y anuncia que en la Real Orden del Ministerio de la Gobernación de 21 de marzo se autoriza emplear el 80% de propios para la construcción de las escuelas, autorizándose convertir las láminas necesarias del 80% en la parte necesaria para producir las 65.450 pesetas que cuesta la escuela.

En el pleno del día 5 de mayo acuerdan solicitar al Ministerio de Instrucción Pública la subvención para construir el edificio escolar de la plazuela de San Antón, pero será el 12 de mayo cuando el alcalde José Cruz presente la siguiente moción:

«Al Excmo. Ayuntamiento: decidido este Ayuntamiento a dar principio a la resolución de uno de los problemas más importantes y de vital interés para el vecindario, cual es, la construcción de edificios escolares, como medio absolutamente necesario para que la instrucción pública sea un hecho y no una ficción, y en consecuencia, el expediente municipal para la construcción de un grupo escolar en la plaza de San Antón se tramite con la posible celeridad, pues al asunto le dedicamos todos, y particularmente esta alcaldía, nuestra preferente atención.

Con ello, Sres. Concejales, cumplimos un deber de conciencia, pues a la vista de todos los locales, que hoy se habilitan para la enseñanza, manifiestamente insuficientes y carentes en absoluto de condiciones higiénicas y pedagógicas, hay que reconocer y decir con el legislador, aplicándolo a nuestra ciudad, que «ningún sistema pedagógico puede encontrar atmósfera propicia para su desarrollo, ningún maestro estímulo de actividad, ningún discípulo atractivo y complacencia dentro de un medio en que la incomodidad, el abandono y la tristeza constituyen permanente y, hasta ahora, no evitado consorcio».

No estimo necesario exponer el estado económico del Municipio, porque conocido es de los Sres. Concejales el reducido presupuesto municipal no nos da medio de satisfacer el gasto total de las obras, ni sería justo ni prudente gravar con nuevos tributos al pueblo, que hallándose agotado, aunque quisiera, no podría sufragar.

Se impone, pues, la necesidad de acudir al Estado en demanda de la mayor subvención posible para la obra, acogiéndose a los beneficios otorgados en el Real Decreto de 28 de abril de 1905, y en la forma y con los requisitos prevenidos en el nº 8 de la Real Orden de igual fecha.

Si este Excmo. Ayuntamiento, con los recursos propios que son parte de los fondos procedentes del 80% de sus Propios enajenados, para lo que está autorizado, logra su deseo de ejecutar tan útil y hermosa obra, tendrá la gran satisfacción de dejar trazada una línea de partida para la regeneración y progreso material, moral e intelectual de nuestro pueblo, que mejor instruido y con mayor cultura, sabrá ejercitar sus derechos y cumplir sus deberes como ciudadanos».

A continuación, se aprueba la moción con arreglo al proyecto presentado por el arquitecto municipal[3].

El proyecto de escuela graduada para realizar en la plaza de San Antón lo realizó el arquitecto municipal Florián Calvo y lo firma el 31 de agosto de 1916. Esta graduada mixta va a tener cuatro aulas para niños y otras tantas para niñas. Será un edificio de planta baja, en el cual los niños tendrán acceso por la calle de la Luz y las niñas por la calle Altagracia. Ambas graduadas van a tener conserjes con sus respectivas viviendas y van a disponer de biblioteca, museo, salita de enfermería, servicios, despachos, vestíbulos y galería guardarropa cada una. Los patios de recreos están separados y en los dos casos habrá una galería cubierta, fuentes y servicios. En este proyecto iba un local destinado a comedor, que nunca llegó a ponerse en funcionamiento.

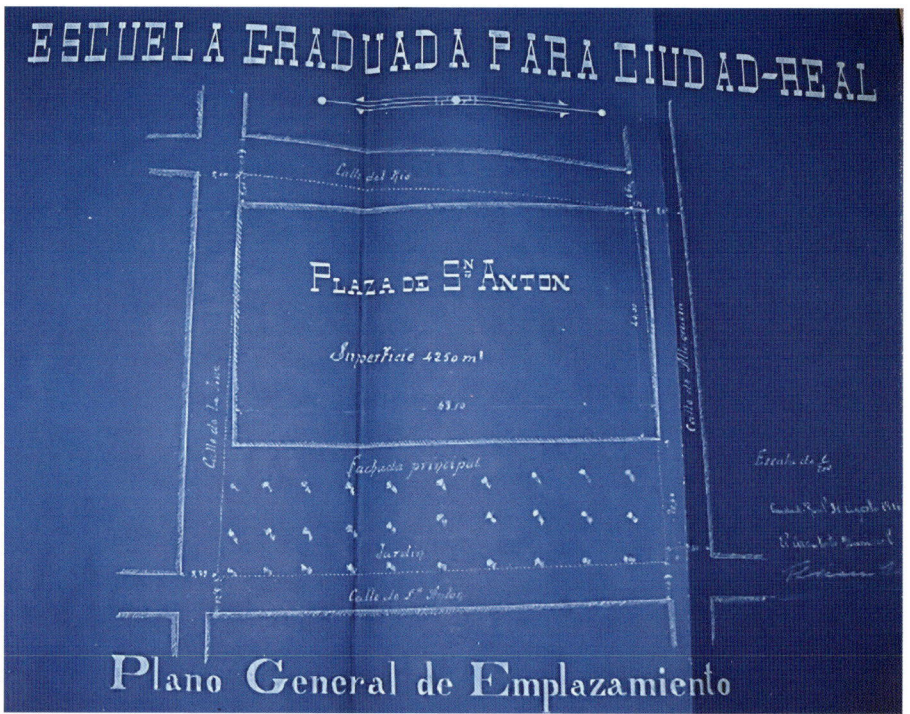

Proyecto de la escuela graduada en San Antón: plano general de emplazamiento (arriba) y fachada lateral de la escuela de niñas (abajo). Fuente: Archivo Histórico López-Villaseñor, Caja de Escuelas núm. 1. Ayuntamiento de Ciudad Real.

José Cruz, hombre tenaz y preocupado por la instrucción de todos los niños de Ciudad Real, presenta el día 11 de octubre una moción para construir otra escuela en La Poblachuela, en base al proyecto presentado por el arquitecto municipal, aprobándose por unanimidad.

En 1918 entra de alcalde Fernando Palacios y Cruz Prado continuará de concejal. En el acta del 24 de julio se lee una carta, enviada por el ministro de Instrucción Pública y dirigida a Rafael Gasset, en la cual se informa de la aprobación de la subvención para el grupo escolar por valor de 63.104 pesetas.

Recibida esta información, en mayo marchará el arquitecto municipal Florián Calvo, a Madrid para realizar las gestiones necesarias sobre los grupos escolares.

Rafael Cárdenas, concejal del Ayuntamiento, propone en la sesión municipal del 14 de julio de 1918 que se dé un voto de gracias al concejal José Cruz Prado porque su interés, celo y actividad ha motivado que el Estado conceda la subvención para construir los grupos escolares. Este voto se hizo extensivo a Rafael Gasset.

La gripe de 1918 causará muchos muertos en la población y, para evitar contagios, acuerdan cerrar las escuelas y ponerlas en cuarentena[4]. En plenos posteriores se adoptan las medidas sanitarias urgentes indicadas por el gobernador civil y el inspector de Sanidad.

Será en la sesión municipal del 25 de octubre donde se informa de la Real Orden de 23 de junio por la cual el Estado subvenciona con 35.091 pesetas a la escuela graduada y con 28.013 a la escuela de Párvulos. Los pagos se van a realizar desde 1918 al 1922, correspondiendo 3.104 pesetas a 1918 y el resto de los años serán de 15.000 pesetas cada uno.

El alcalde Fernando Palacios presenta su dimisión y se hace cargo de la Alcaldía José Cruz. Durante el resto del año no hay más novedades sobre las escuelas puesto que se está tramitando todo el proyecto en Madrid. En octubre de 1919 el general Aguilera les comunica que el expediente de subvención está aprobado y firmado.

Siendo alcalde Juan Medrano Rosales, los concejales Fernando Palacios e Ignacio López de Haro proponen que se recuperen las láminas municipales, ya que el Estado ha subvencionado con 63.104 pesetas, y 30.000 ya están en el presupuesto actual de 1920. Aprobada la propuesta, se leen los pliegos de condiciones económicas y facultativas que han de regir en las subastas de las obras de la escuela graduada de la plaza de San Antón, de la escuela de Párvulos de la plazuela de Hernán Pérez del Pulgar y de la escuela de La Poblachuela[5].

Las subastas de las obras se realizan y solamente hubo un pliego de Justo Barrera ofertando 74.800 pesetas para realizar la escuela de Párvulos, que se desestima puesto que no podía ser superior a 65.000 pesetas. La subasta de las obras de la plaza de San Antón y de La Poblachuela quedaron desiertas.

En la sesión municipal del 18 de diciembre se lee el presupuesto revisado por el arquitecto, fijando para la graduada de San Antón 120.790 pesetas, para la escuela de Párvulos de 75.460 y para la escuela de La Poblachuela de 34.430 pesetas.

Llega 1921 y en el pleno del 19 de febrero se informa de la adjudicación de las obras de la plaza de San Antón a Justo Barrera Arias en 120.500 pesetas y las de la escuela de Párvulos en 72.360 pesetas, mientras que las obras de La Poblachuela se han adjudicado a José Serrano Ayuso en 34.430 pesetas.

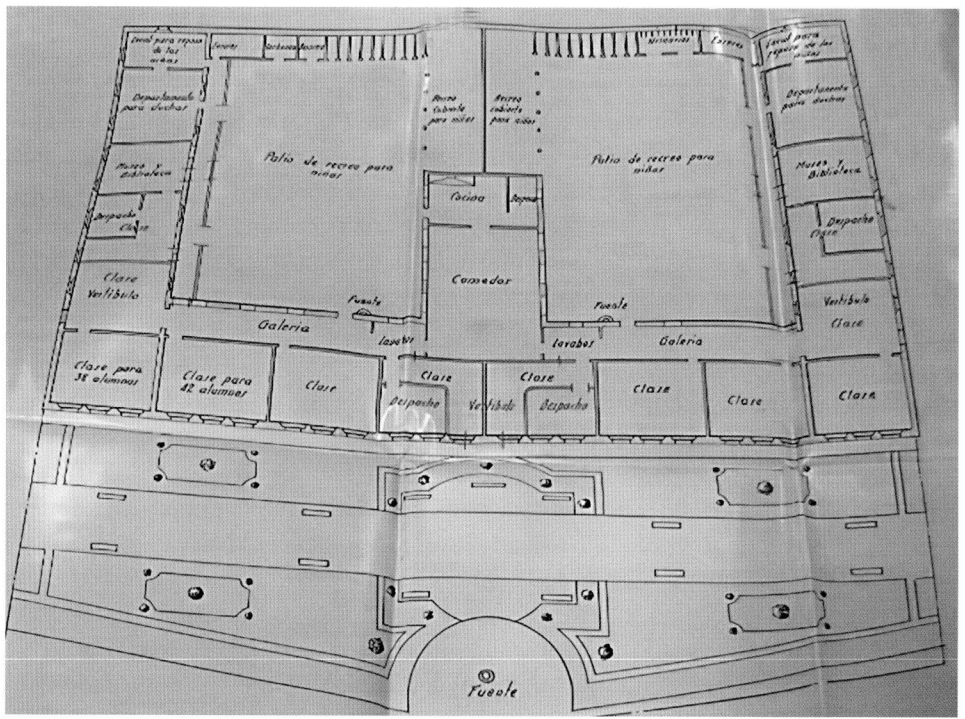

Plano de la escuela graduada mixta de San Antón. Fuente: Archivo Histórico López-Villaseñor, Caja de Escuelas núm. 1. Ayuntamiento de Ciudad Real.

El contratista de la obra de la escuela de La Poblachuela envía, dos meses después, un escrito al Ayuntamiento informando que las murallas de la escuela deberían ser de mampostería en lugar de tapiales, ya que esto daría más solidez y duración al edificio.

El arquitecto comunica la conveniencia de realizar la modificación que propone el contratista, aunque supone nuevos gastos. Esta mejora la llevarán a cabo también en la escuela de la plaza de San Antón.

Después de estos ajustes, las obras comienzan y van a buen ritmo, pero en diciembre de 1922 la Corporación decide poner un jardín delante de la escuela de la plaza de San Antón.

Miguel Pérez Molina es nombrado delegado regio de Primera Enseñanza en 1923 y realiza una visita a las obras de las escuelas que se están construyendo y a los locales-escuelas alquilados por el Ayuntamiento. Emite un informe en el cual indica que la escuela de Párvulos debe llevar el patio empedrado y enarenado al igual que el de la plaza de San Antón. También indica que el Ayuntamiento debe solicitar al director general de Primera Enseñanza las mesas, bancos y menaje para las escuelas.

En la sesión municipal del 7 de octubre de 1923 se realizó la lectura del acta del reconocimiento de los edificios construidos con destino a escuela de Párvulos en la plaza Hernán Pérez del Pulgar, y la de las escuelas graduadas en la plaza de San Antón, suscrita por el arquitecto escolar del Ministerio de Instrucción Pública, en la que hace constar que cumplen todas las condiciones exigidas, habiéndose realizado modificaciones que mejoran las del proyecto.

Será en el pleno del día 21 de noviembre de 1923 cuando el alcalde, Bernardo Peñuela, propone que el colegio de Párvulos se denomine Miguel Pérez Molina y al de la plaza de San Antón se le ponga el nombre de José Cruz Prado. La proposición fue aprobada por unanimidad. A continuación, hacen un acta para unirla al expediente de las obras de las dos escuelas en el cual firman el alcalde, el teniente alcalde, el arquitecto municipal y el contratista de las obras, y en el que se hace constar que se ha procedido a un detenido reconocimiento de los edificios y se encuentran con arreglo al pliego de condiciones establecido y las mejoras realizadas, por lo que se produce la recepción oficial de las obras.

Amalio Moreno (primero a la izquierda), director de la escuela de la calle Altagracia un curso antes de la inauguración de la graduada Cruz Prado. Fotografía cedida por Jesús Mora López-Almodóvar.

4
INAUGURACIÓN DEL GRUPO ESCOLAR CRUZ PRADO. PRIMEROS AÑOS Y DERRUMBAMIENTOS

El 26 de diciembre, el presidente de la Junta Local de Primera Enseñanza comunica a todos los concejales que, el próximo día 6 de enero de 1924, se inaugurarán los grupos escolares.

Según consta en el acta municipal del día 2 de enero de 1924 el alcalde, Bernardo Peñuela, informa a la Corporación que el domingo día 6 a las tres de la tarde se inaugurarán los grupos escolares. A los actos vendrán el señor obispo, el gobernador civil y demás autoridades. Asimismo, ruega a los concejales su asistencia, puesto que es la primera vez que el Ayuntamiento dispone de escuelas propias. También indica que entregará doscientas cartillas de ahorros para los niños con cinco pesetas cada una, siendo cien para los niños y otras cien para las niñas. A los niños y niñas elegidos se los proporcionarán los maestros teniendo en cuenta su necesidad y aplicación.

El día 7 de enero de 1924 los periódicos *El Pueblo Manchego* y *Vida Manchega* informan de los actos celebrados el día anterior en la inauguración de las escuelas. Dichos actos comenzaron con un discurso del alcalde Bernardo Peñuela, al que siguieron en el uso de la palabra Gaspar Sánchez, inspector jefe de Primera Enseñanza; Gonzalo Muñoz, director de la Escuela Normal de Maestros; Rodrigo Méndez, vicedirector del Instituto General y Técnico; José Rivera, gobernador militar, y Narciso Estenaga, obispo prior de la Órdenes Militares. Terminados los discursos, el señor obispo bendijo los edificios. Todo acabó con un lunch para todos los invitados.

El periódico almagreño *La Tierra Hidalga* dio la noticia de esta inauguración el día 12 de enero e hizo hincapié en el discurso del gobernador, el cual ensalza la labor realizada por Miguel Pérez Molina y Pepe Cruz para tener estas escuelas.

Pronto surgen las primeras incidencias de escolarización como consecuencia del estado ruinoso de la Escuela Normal de Maestras, sita en el exconvento de San Juan de Dios. Se tienen que trasladar las niñas de una clase al Cruz Prado y otras dos clases al Pérez Molina, según anuncia el periódico *Vida Manchega*[6].

En el pleno municipal del 22 de enero de 1924 se informa sobre la liquidación de las obras de las escuelas. La escuela de San Antón ha importado 138.948,15 pesetas y la de Párvulos ha supuesto 99.045,21 pesetas.

Pasados nueve meses, empieza el nuevo curso escolar y surgen los primeros problemas arquitectónicos. El arquitecto municipal y el jefe de Inspección de

Primera Enseñanza, Gaspar Sánchez, visitan los grupos escolares recién construidos y comprueban las reparaciones que deben efectuarse en el Cruz Prado
y en uno de los techos de las clases del Pérez Molina. Emiten un informe para
que se procedan a realizar las reparaciones.

El calamitoso proceso sobre los derrumbes en los tres grupos escolares
ya se trató en el apartado de la escuela de Párvulos Pérez Molina, situación
común en todos ellos y por ser una noticia que adquirió un matiz nacional.

Vida Manchega publica un reportaje el 23 de enero de 1925 sobre la
celebración del primer aniversario de la fundación de las escuelas, felicitando
al dueño del salón de cine Olympia que dio entradas para que los niños y
niñas pobres del grupo escolar Cruz Prado asistieran gratuitamente. Pasadas
las fiestas de Reyes, el teniente de alcalde, Federico Villar, visita esta escuela
y obsequia a todos los niños con caramelos.

El primer documento gráfico que tenemos, después de la inauguración,
es una fotografía, cedida por Jesús Mora, en la cual aparece su abuelo (don
Amalio) y otros dos maestros más con un grupo de niños en el grupo escolar.

La cría de gusanos de seda fue fomentada desde los Reyes Católicos por
los diversos gobiernos de España debido a los grandes beneficios económicos
que aportaba. La región de Murcia era la que más se dedicaba a la sericicultura
por su clima y por los beneficios que reportaba a sus agricultores.

El maestro joven es Amalio Moreno Bustos, junto con dos maestros del grupo Cruz
Prado y niños. Fotografía cedida por Jesús Mora López-Almodóvar.

La Diputación de Ciudad Real dedicaba una partida de dinero en sus presupuestos a fomentar la sericicultura y a la plantación de moreras en sus viveros, tanto en el siglo XIX como en el primer tercio del siglo XX. El periódico *Vida Manchega* dedica el día 9 de julio de 1928 un extenso artículo titulado «La Enseñanza de la sericicultura en Ciudad Real», en el cual hace una entrevista al maestro Francisco Aranda. Este maestro del grupo escolar Cruz Prado tiene implantada en la escuela una estación sericícola, en la cual se implica a los niños para que aprendan el manejo y cuidado de los gusanos de seda.

El general Primo de Rivera había creado la Comisaria Regia de la Seda, la cual se encargaba de fomentar la industria de la seda. Los ayuntamientos

Niño en el patio del colegio Cruz Prado tratando los capullos de seda. Fuente: *Vida Manchega*, 9 de julio de 1928.

y diputaciones facilitaban plantas de moreras de forma gratuita a las personas que se decidieran a emprender esta labor. El director general de Enseñanza Primaria se encargó de fomentar la enseñanza de las prácticas sericícolas en las escuelas creando unos cursillos de preparación para los maestros. Estos cursillos se celebraban en la Escuela Superior de Sericicultura e Industrias Zoógenas de Murcia, que estaba dirigida por el ingeniero agrónomo Felipe González Marín.

Francisco Aranda Molina inicia el proyecto con apoyo del Ayuntamiento, la Diputación y del director de la Granja Agrícola. Este apoyo va a consistir en hacer plantaciones de moreras en las carreteras de Puertollano y Miguelturra, en el jardín del grupo Cruz Prado y en los patios de otros colegios.

A pesar de sufrir interrupciones en la asistencia de los niños a la escuela como consecuencia de la mala construcción del edificio, los maestros y maestras continúan su labor pedagógica con los niños. El viernes 13 de julio de 1928 el periódico *Vida Manchega* dedica la primera página a la merienda que el gobernador civil, señor Marqués de Guerra, ha dado a todos los niños de las escuelas.

El acto se celebró en el patio de grupo escolar Cruz Prado, debidamente adornado con banderas, guirnaldas, flores, musgo y los tapices del Ayuntamiento. El motivo de la celebración era la clausura del curso escolar y los actos se realizaron a las seis de la tarde. La merienda fue servida por distinguidas señoritas de la capital: Angelita y María Salanava, Mercedes y Conchita Martín Moreno, María Gamboa, señoritas de Pizarro, Esperanza y Dolores Calero, Carmen Torrrepardo, Pilar y Teresa Lázaro, Conchita Acevedo Rico, Josefina

Francisco Aranda con sus alumnos del colegio Cruz Prado. Fuente: *Vida Manchega*, 9 de julio de 1928.

Barreda, Adela y Dolores Pérez Ayala, Ascensión Ayala, Carmen Maldonado, Carmen Cuevas, Rita y Josefina Maldonado, señoritas Ruiz de León, Poblador Messía, Sauco y Medrano, señoritas de Ochotorena y señorita Amunategui.

La merienda consistió en churros madrileños con chocolate, bocadillos y pastas, mientas la Banda Municipal amenizaba la fiesta.

Merienda en el patio de la escuela Cruz Prado. Fuente: *Vida Manchega*, 13 de julio de 1928.

Terminada la merienda, el inspector jefe de Primera Enseñanza, Gaspar Sánchez, pronunció un pequeño discurso. El acto finalizó con la intervención del gobernador civil, señor Marqués de Guerra, elogiando la importancia de la Enseñanza, la Patria y Dios en la vida universal, e inmediatamente se repartieron libros firmados por el gobernador para todos los niños y niñas.

El día anterior, el señor Marqués de Guerra envió dos espléndidas cajas de galletas a la directora de la escuela de Párvulos, Elisa de la Torre, para que las repartiese entre todos los niños.

En octubre de 1930 publica *Vida Manchega* la informa-

Gaspar, Sánchez, inspector de Primera Enseñanza. Fuente: *Vida Manchega*, 1913.

ción sobre la visita realizada por el director general de Primera Enseñanza, Rogerio Sánchez, a diferentes centros educativos de la localidad. En primer lugar, asistió al acto de inauguración del curso escolar en el Instituto y acto seguido le acompañó el concejal de Enseñanza, Miguel Pérez Molina, a las obras que se estaban realizando en la escuela de Párvulos. A continuación, se dirigieron en coche al solar donde se iba a edificar el grupo Santa María y desde allí iniciaron la marcha para ver el único grupo escolar que estaba entonces en funcionamiento, el grupo Cruz Prado.

5
PERIODO REPUBLICANO.
EL ALCALDE JOSÉ MAESTRO SAN JOSÉ

El 11 de julio de 1931 dimite Fernando Piñuela y le sustituye como alcalde José Maestro San José, que será el encargado de dar un nuevo impulso al tema escolar, poniendo en funcionamiento todos los grupos escolares. El verano se hace largo entre el calor y las prisas para arreglar todas las escuelas para septiembre, a lo que se añade la petición de material pedagógico y mobiliario para la nueva escuela del barrio de Santa María.

En el pleno municipal del 19 de agosto de 1931 se lee el informe del inspector Gaspar Sánchez en el cual indica que se deben llevar del grupo Cruz Prado tres unitarias de niños e instalarlas provisionalmente a un local del Ayuntamiento. Al quedar aulas vacantes en el Cruz Prado, acuerdan ocuparlas con niños de la Escuela Práctica de Maestros y cuando acabe de construirse el grupo del barrio Santa María todo volverá a sus respectivos lugares.

José Maestro tiene como proyectos urgentes en materia de enseñanza la apertura de todas las escuelas, la terminación de las obras de la escuela del barrio de Santa María, la apertura de la cantina del grupo Pérez Molina, la escolarización de todos los niños y niñas de la ciudad y el inicio de las colonias escolares. Su idea era establecer cantinas en todos los grupos escolares y en la sesión municipal el 25 de abril de 1932 se llega al acuerdo de establecer una en el grupo Cruz Prado, y para ello van a solicitar una ayuda al Estado. Será en la sesión del 30 de mayo cuando aprueben una partida de 4.418,32 pesetas para comprar una cocina con destino a esa escuela.

José Maestro San José, alcalde de Ciudad Real, 1931-1934.

Los grupos escolares están llenos de niños y en los locales

alquilados estos están hacinados y en malas condiciones higiénicas. En el grupo Cruz Prado hacen obras para tener más espacios y, mientras las obras, llevan tres secciones al grupo Pérez Molina. Ante esta urgente necesidad de escuelas, el alcalde propone a la Corporación Municipal hacer un nuevo colegio en el solar de la Audiencia con cuatro o cinco grados para niños y otros tantos para niñas. Mientras tanto la Junta de Asistencia Social ofrece un donativo de mil pesetas para contribuir a que se abra la cantina proyectada en el grupo Cruz Prado.

La inauguración del grupo escolar Pablo Iglesias en el barrio de Santa María el 28 de noviembre de 1932 da un respiro al problema de la escolarización. José Maestro no se conforma con esta mejora en la escolarización porque hay que escolarizar a todos los niños de la capital y también establecer clases de adultos para todos los funcionarios del Ayuntamiento con la idea de elevar su nivel de instrucción y cultura. *El Pueblo Manchego* informa el 4 de enero de 1933 de la apertura para toda la población de la matrícula para clases de adultos en los grupos escolares Pablo Iglesias y Cruz Prado.

En varios documentos de 1933, que encontramos en el Archivo Municipal, sobre temas de enseñanza, hemos podido recoger una información sobre el devenir escolar de ese año. El Consejo Escolar de Primera Enseñanza solicitó que se crearan dos secciones de Párvulos en el grupo Cruz Prado, ya que las anteriores se llevaron al Pablo Iglesias. La inspectora Soledad Cuadrillero apoya la idea e indica que se prepare lo antes posible el material didáctico y mobiliario necesario, mientras que el inspector Dámaso Miñón informa de la necesidad de crear otras dos secciones de Primaria en la misma escuela. El alcalde toma nota de estas peticiones y pide presupuestos para dotarlas, adjudicándose a la Casa Ruiz Morote las dotaciones para las dos de Párvulos por un valor de 1.974,60 pesetas, y para las dos de Primaria supone un total de 867,30 pesetas[7].

En las actas municipales de 1933 se recoge un hecho lamentable que llega hasta la Corporación Municipal. Se trata de una maestra del grupo escolar Cruz Prado que ha maltratado en varias ocasiones a una niña, por lo que muchas otras no quieren asistir a clase. Ante esta situación, acuerdan dar cuenta al Juzgado para que la resuelva.

De estos años tenemos pocos documentos para saber los nombres de maestros y maestras del grupo Cruz Prado. Sin embargo, hemos podido localizar a tres de ellos: Antonio Cinca Sevil, Manuel Cuña Cuña y María Moral Blanco. Esta graduada tenía hasta 1933 cinco secciones de niños y otras tantas de niñas. En 1934 habían aumentado las secciones y el alcalde solicita a la superioridad que se eleven a definitivas las dos de Párvulos llevadas.

En el pleno municipal del 27 de julio de 1934 se lee una carta de dimisión del alcalde José Maestro y de varios concejales, y en la sesión del 25 de agosto se nombra como nuevo alcalde al inspector de Primera Enseñanza, Gaspar Sánchez.

En el archivo del colegio Alcalde José Cruz Prado, y gracias a la genti-leza del equipo directivo formado por la directora, Fátima García Hurtado; la jefa de estudios, Isabel Moreno Gutiérrez, y el secretario, Antonio Cuchillero López, hemos podido localizar en el verano del 2019 un libro de actas que comienza en 1934 y en el cual está la relación de maestras que componían el claustro. La directora era Margarita García y la acompañaban las maestras Antonia Pinalia, María Morales, Felisa Jiménez y Sebastiana Pérez. En la primera acta, que data del comienzo del curso escolar 1934-1935, se tratan los deberes de la directora y de las maestras, así como del desacuerdo de varias maestras en que se admitan más de cincuenta niñas por clase. Por tanto, estamos ante el Libro de Actas de la graduada de niñas del grupo Cruz Prado. Continuamos examinando dichas actas y nos encontramos en diciembre con el cese de doña Sebastiana y doña Felisa, incorporándose para sustituirlas Rosa Giráldez y Pilar Matallana, que será la secretaria.

En enero de 1935 las maestras acuerdan en claustro enviar una carta de agradecimiento al alcalde por tener calefacción en las clases, suponemos que sería de piconcillo o carbón. La noticia más luctuosa este año va a ser la muerte del impulsor de esta escuela, José Cruz Prado el 11 de septiembre.

En las actas del claustro de maestras del 30 de abril y 16 de mayo de 1936 se tratan los siguientes temas: cese de Rosa Giráldez, las visitas realizadas al Museo Provincial, fábricas e imprentas de la capital, preparación de las actividades para la Feria del Libro y las reformas que debe hacer el Ayuntamiento en los retretes y lavabos por ser un foco de infección.

El 20 de mayo de 1936 se realizó un pleno municipal en el que se aprueba un proyecto de reforma del grupo Cruz Prado y el cerramiento del mismo. Se pretende agregar el terreno que tiene delante para campo escolar, restructurar las clases y pasillos para hacer dos clases más y reformar los retretes, con un presupuesto de 26.144 pesetas.

6
EL GRUPO ESCOLAR CRUZ PRADO DURANTE LA GUERRA CIVIL

En julio de 1936 estalla la Guerra Civil y las clases en las escuelas se interrumpen. Las maestras de la graduada se reúnen el día 12 de octubre y se nombra directora interina a María López Medina, estando formado el resto del claustro por Margarita García, María Morales, Antonia Pinalia, Elena Martín, Juana Roldán, Juana García y Pilar Matallana. Los grupos escolares son ocupados por las milicias, dejándolos al irse en un estado lamentable, según lo manifiesta el concejal Anselmo García Ruiz en el pleno municipal del 21 de enero de 1937:

> «Con motivo de haber sido albergados distintos batallones de milicias en los grupos escolares, se han ocasionado daños de consideración y cuantía en los inmuebles y enseres, que han de causar en el Ayuntamiento un desembolso grande y que por ahora no será fácil realizar; teniendo en cuenta que las clases que se daban en mencionados centros de enseñanza es preciso reanudarlas, propongo que se solicite una subvención de veinticinco mil pesetas al Excmo. Sr. Ministro de la Guerra, subvención ésta que ha de servir de ayuda a los innumerables gastos que este municipio tiene que realizar para la reparación de todos los grupos escolares donde se alojaron los diversos batallones de milicias que guarnecieron esta capital».

Tras esta intervención, el alcalde Calixto Pintor anuncia que muchos funcionarios vuelven a sus puestos de trabajo, una vez examinados los expedientes de depuración que se realizaron siendo alcalde Manuel Novés.

Retomando el libro de actas de la graduada de niñas Cruz Prado encontramos los siguientes datos que corresponden a una reunión que tuvieron las maestras y maestros con el inspector de Enseñanza, señor Gavilanes, en la Academia General de Enseñanza de Miguel Pérez Molina. Dicha reunión carece de fecha, pero debió celebrarse en 1937 o principios de 1938. El inspector reúne a todos los maestros y maestras del grupo Cruz Prado y les comunica que ha sido cesado de director José Benito González y en su puesto nombra a Juan Blanco. Continúa diciendo que se ha implantado la coeducación y a partir de ahora el claustro es único y estará formado por todos los maestros y maestras de ambos grupos. También indica que los grupos de niños y niñas serán dobles en los primeros cuatro grados y simples en 5º y 6º, y las clases complementarias serán de Labores, Idiomas, Canto y Gimnasia.

En esta reunión, el claustro estuvo formado por el director, Juan Blanco, y los maestros Antonia Pinalia, Juana Roldán, Agustina Blanco, María de Cea, Angelita Prado, Remedios Castro, Elena Martín, Antonio Cinca, Santiago Bermejo y Bernardo Arévalo.

Durante gran parte de 1937 y 1938 varias secciones de los grupos escolares Pérez Molina y Cruz Prado estuvieron dando clase en la Academia General de Enseñanza, gracias a la generosidad de Miguel Pérez Molina. Esto queda atestiguado en el acta anterior, en *El Pueblo Manchego* y por el testimonio de Patrocinio García Vélez, que era alumna de la escuela de Párvulos Pérez Molina y estuvo esos años asistiendo a las clases en dicha Academia, pero con las maestras que tenía en su escuela.

Postal de comienzos del siglo XX de la Academia General de Enseñanza de Ciudad Real.

7
LA ESCUELA GRADUADA MIXTA CRUZ PRADO DURANTE EL PERIODO NACIONAL-SINDICALISTA

Terminada la Guerra Civil en abril de 1939 y siendo alcalde Bernardo Peñuela se presenta en el pleno del día 4 de mayo la propuesta de depuración de expedientes y la admisión de funcionarios que fueron suspendidos de empleo y sueldo en 1936 y 1937. También resultaba urgente arreglar los múltiples desperfectos que tenían las escuelas y el inspector de Enseñanza informa de la situación en esos momentos. El arquitecto municipal valora los arreglos que han de hacerse en los grupos Cruz Prado y Pérez Molina, los cuales ascienden a 30.000 pesetas, mientras que los del grupo Carlos Eraña (antes Pablo Iglesias) son de 29.472 pesetas.

En el pleno del 23 de septiembre leen una proposición de la inspectora de Enseñanza para que la escuela Pérez Molina sea una graduada de niñas, para así poder escolarizar más. Se aceptará la propuesta y, por tanto, quedan como graduadas mixtas las escuelas Cruz Prado y Carlos Eraña.

Durante los años 1940 y 1941 había muchos niños sin escolarizar y la situación familiar y económica era desastrosa. Los inspectores de Enseñanza solicitan más escuelas, pero las dificultades económicas del Ayuntamiento y de la nación son grandes y no se puede solucionar.

Continuamos la historia de esta escuela gracias al libro de actas del claustro, pero será solo de la graduada de niñas, puesto que las actas de la graduada de niños se han perdido. Como podemos observar se vuelve a graduada mixta donde los niños y las niñas van separados, el propósito de coeducación duró poco tiempo. En el acta del 24 de junio de 1942 figura como directora Margarita García; como secretaria, Elena Martín, y las maestras son Antonia Pinalia, Pilar Matallana, Encarnación Miras, Dolores Gil, Marina Ruiz, Josefa Nogales y Silvina Roldán. El tema principal, propio de la época, fue la «entronización del

Sello de la graduada mixta Cruz Prado. Fuente: Archivo del centro.

Sagrado Corazón de Jesús», para ello compran la imagen y hacen estampas recordatorias. Al acto asistieron el inspector y la inspectora de Enseñanza, el representante de la Sección Administrativa de Enseñanza, maestros y maestras de la capital acompañados por los niños y el reverendo padre Vito Martín. El lema que se puso en la escuela fue: «Que el Divino Corazón de Jesús sea por siempre honrado y bendecido en esta escuela».

En los años de la posguerra se celebraban en las escuelas muchos actos religiosos y de carácter político, es lo que se ha llamado la escuela del nacional catolicismo por algunos autores. A los niños se les enseñaba a cantar el *Cara al Sol*, *Montañas Nevadas* y otros cánticos de tipo falangista. También se les preparaba para la Comunión, se les enseñaba el Catecismo, dedicaban el mes de mayo a la Virgen y tenían la obligación de ir a misa los domingos y fiestas de guardar.

Según consta en el acta del claustro de maestras del 25 de septiembre de 1943 la inspectora de Enseñanza, Josefa Ballester, estuvo en la escuela para dar la despedida a Margarita García y nombrar directora a Pilar Matallana. En estos momentos la escuela estaba formada por cuatro aulas de Párvulos y cinco de Primaria. Es preciso aclarar que en las aulas de Párvulos sí había coeducación.

El nuevo horario que va a regir en la escuela se acuerda el 4 de octubre de 1943 y será de 9 a 12 por la mañana y de 2,30 a 5,30 por las tardes. Otro punto del orden del día fue el reparto de lana a cada maestra para que hicieran cada una un jersey y se lo dieran a las niñas más necesitadas. Este claustro estaba formado por la directora, Pilar Matallana; la secretaria, Elena Martín, y las maestras Antonia Pinalia, María Valencia, Encarnación Miras, María de Cea, Adela de Cea, Pepita Nogales, Sagrario Sánchez y Dolores Gil.

El diario *Lanza* informa el día 21 de octubre de 1943 sobre la visita realizada por el delegado de Juventudes a los grupos escolares Carlos Eraña y Cruz Prado para dar directrices a seguir en la materia del Frente de Juventudes.

Las maestras celebran otro claustro el día 4 de noviembre y en el orden del día figuraban los siguientes puntos: 1) El presupuesto para la calefacción y limpieza asciende a 53 pesetas por grado, 2) Se debe hacer hincapié en la disciplina, orden y puntualidad, 3) Se debe poner celo en que las niñas vayan a misa dominical, 4) Se leyó el oficio de la Organización Juvenil de Falange en el cual se indica que debe encuadrarse a las niñas. Estos puntos nos dan una idea de lo que primaba en la escuela de aquellos momentos.

Gracias a una información del diario *Lanza* del 29 de diciembre de 1943 tenemos conocimiento de los maestros que formaban la graduada masculina. Dicha escuela estaba compuesta por Francisco Moreno Pulido, Antonio Alba Carballo, Isidoro Ruiz Beteta, Fabián Barco García y Julio Camarena García.

Durante el curso 1943-1944 reciben la visita de la inspectora jefe, Matilde Camacho, y de la inspectora de zona, Josefa Ballesteros, para informarles de la composición de la graduada de niñas y los cambios dispuestos. Dicha escuela va a estar formada por nueve secciones, de las cuales cuatro son de Párvulos, Pilar Matallana continuará de directora y la nueva secretaria será Asunción Acosta[8].

El 24 de enero volverán a tener claustro y la directora les comunica que, según las instrucciones recibidas de la inspectora, todas las maestras deben llevar un cuaderno propio personal de preparación de clases, un cuaderno personal de cada niña y un cuaderno rotatorio que se quedará en la escuela. Asimismo, se debe insistir en que las niñas acudan a misa dominical, en las prácticas piadosas en la escuela y en la buena educación. También comentan que la matrícula de niñas por aula pasa de cincuenta por falta de escuelas y debido al cierre de escuelas clandestinas que había en la capital.

Como ya indicamos anteriormente las prácticas religiosas en la escuela eran de máxima importancia, y al recibir como donativo una imagen de la Santísima Virgen le debían dedicar cantos, poesías y flores durante el mes de mayo. Otra actividad que realizaban durante este curso era la consagración de la escuela al Corazón Inmaculado de María; para ello las maestras debían intensificar la enseñanza del catecismo y preparar el acto con las niñas, ya que se invitaría al señor obispo y demás autoridades.

El diario *Lanza* informa el 20 de mayo de 1944 que en la iglesia de San Pedro han recibido la comunión 120 niños y niñas del colegio Cruz Prado acompañados de sus maestros y maestras. El acto estuvo presidido por el señor obispo. A continuación, las señoritas de Auxilio Social dieron un desayuno en la escuela a todos ellos. También se indica que las ropas empleadas en la Comunión por los niños fueron donadas por el Ropero Provincial.

Siguiendo el libro de actas de los claustros observamos que se emplea todo el mes de mayo a preparar actividades religiosas dedicadas a la Virgen María. Todas ellas culminaron con la visita del obispo y la bendición del Sagrado Corazón de Jesús. Al acto asistieron el director jubilado Federico Villar Bermejo; el director actual, Julián Herranz, y el inspector de Enseñanza, Baldomero Montoya. La jornada acabó con una demostración gimnástica y el reparto de estampas recordatorias.

El curso escolar 1944-1945 comienza con la incorporación de una portera para trabajar en la graduada y con una matrícula muy elevada, aunque en determinadas épocas del año las niñas faltan a clase para ir a ayudar en las tareas agrícolas a sus familias. Ante esta situación, que era común a todas las escuelas, el gobernador civil envía a todos los colegios una circular en la que se comunica la obligación de enviar mensualmente al Ayuntamiento las faltas a clase de los niños. La graduada masculina recibe la visita del inspector Baldomero Montoya, el cual inicia el *Libro de Visitas de la Inspección* con fecha del 20 de diciembre, felicitando al director Jesús Manuel Fernández Rodríguez por el trabajo realizado desde que ejerce el cargo[9].

Antonio Cinca Sevil se incorpora a la graduada masculina, tras sufrir la depuración y haber estado varios años en el destino forzoso en una escuela en Alcázar de San Juan, según me comentan sus hijas Carmen y Pilar Cinca.

La dinámica pedagógica es similar a la de cursos anteriores, pero reciben una circular de la inspectora en la cual les indica que las niñas de los dos últimos grados deben hacer ejercicios espirituales y además les indica la obligación de implantar la colaboración con la Santa Infancia. Como en cursos precedentes el mes de mayo lo dedican a la Virgen y a la preparación de las niñas para hacer la Primera Comunión. Como podemos observar, a través de la lectura del libro de actas, la mayoría de acuerdos o temas que tratan a lo largo de los cursos se refieren a temas religiosos y del nacional-sindicalismo.

El diario *Lanza* informa el día 19 de abril de 1945 sobre la reunión de la Comisión Asesora del Frente de Juventudes con el director de la escuela, Julio Hernández Marín. En ella se reciben instrucciones de lo que tienen que trabajar con los niños y niñas.

Durante el curso 1945-1946 se continúa con las mismas directrices, es decir, la enseñanza de la Religión debe ser diaria, asistencia a la misa dominical, controlar la asistencia a la escuela, mantener el orden, puntualidad y disciplina, obligación de llevar a las niñas a tomar la ceniza al comienzo de la Cuaresma, la obligación de explicar el significado de este periodo a diario mientras dure el mismo, llevar a cabo la Santa Infancia, rezar al entrar a clase, dedicar el mes de mayo a la Virgen María, preparar a los niños y niñas para la Primera Comunión y la enseñanza del Catecismo. En el aspecto político se deben de seguir las instrucciones y consignas del Frente de Juventudes, izar y arriar banderas, cánticos falangistas, Día del Caudillo y de José Antonio Primo de Rivera, etc.

El diario *Lanza* publica los resultados del concurso de belenes que organizó el Frente de Juventudes el día 23 de diciembre en la escuela Carlos Eraña y en el cual la graduada Cruz Prado obtiene el primer premio.

La composición del claustro de la graduada femenina durante el curso 1945-1946 estaba formada por la directora, Pilar Matallana; la secretaria, Asunción Acosta, y las maestras Antonia Pinalia, Dolores Bravo, Manuela Muñoz, Silvina Roldán, Concepción Castillo, Dolores Gil, Encarnación Miras y Tomasa Martínez.

En el curso 1946-1947 hay pocos cambios: causó baja por traslado al colegio Ferroviario Silvina Roldán y se incorporó Manolita Iruretagoyena. El presupuesto para calefacción (braseros de picón) y limpieza era de 83 pesetas por aula al año según las indicaciones del Ayuntamiento. La directora les comunica que, a partir de ahora, no deben dedicar más de una hora diaria por la tarde a realizar labores con las niñas. En este curso obsequian al obispo con un ramillete espiritual en su fiesta onomástica y preparan, por orden de la inspectora, unos trabajos sobre Cervantes para la Exposición Cervantina que se va a realizar con carácter provincial. Acaba el curso y comienzan diversas reformas en el verano debido al mal estado del edificio.

A lo largo del curso escolar de 1948-1949 continúan su colaboración con las campañas promovidas por la Iglesia y recaudan para la Santa Infancia 321,40 pesetas y 20 para dos bautizos, además de realizar una campaña para el Seminario. El gobernador civil tenía costumbre de invitar todos los años a un desayuno a los niños y niñas que hiciesen la Primera Comunión y así se hizo.

En esta década y posteriores los sueldos de los maestros y maestras eran pequeños, y para aumentarlos y así poder mantener a su familia daban permanencias, que consistían en impartir una hora más de clase a los alumnos cuyos padres voluntariamente aceptasen, a cambio de cobrarles una pequeña cantidad de dinero de forma mensual.

El horario de las escuelas durante esta década era de mañana y tarde, exceptuando la tarde de los jueves que no había clase mientras no hubiese un día festivo esa semana. Los sábados por la mañana eran lectivos y se dedicaban a temas del nacional-sindicalismo, religiosos, preparación de días especiales y celebraciones.

La graduada mixta Cruz Prado estaba situada en un barrio obrero y pobre, donde los niños no tenían una alimentación adecuada. La inspectora de Enseñanza se planteó, como proyecto y medio de solucionar ese problema, la puesta en marcha de una cantina escolar en el centro para el curso 1949-1950 con la finalidad de dar gratuitamente el desayuno y la comida a los niños y niñas pobres.

Las actividades de tipo religioso y del nacional-sindicalismo van íntimamente ligadas a las pedagógicas durante estos años. Todos los años el Frente de Juventudes organizaba en la ciudad un concurso de villancicos y los centros escolares tenían que participar, este curso volvieron a obtener el primer premio los niños y niñas de la graduada.

Román Sánchez Cruzado, José Quejigo, Ramón Aguilera, Ramón Pérez y Antonio Cinca, profesores de la graduada Cruz Prado. Fotografía cedida e identificados por Carmen y Pilar Cinca.

El diario *Lanza* se hace eco en junio de 1950 de la celebración, como todos los años, de la Primera Comunión de los niños y niñas de la graduada, a la cual asisten el gobernador civil, el obispo, el inspector de Enseñanza, los sacerdotes, las familias y los maestros y maestras. El gobernador paga el desayuno, y los trajes de Primera Comunión de los niños y niñas pobres son donados por la Delegación de Sindicatos. Este acto se celebró en la parroquia de Santiago, actuando como coro un grupo de niños y niñas de la graduada preparados por el maestro Ramón Selas.

Un hecho importante, que extraemos de las actas de claustros, es el impago, o tardanza en hacerlo, del piconcillo de los braseros de las escuelas por parte del Ayuntamiento. Ante este problema, las maestras se ven obligadas a comprarlo con su dinero particular, si querían calentarse ellas y las niñas.

En 1952 la directora de la escuela desde 1943, Pilar Matallana López, deja el Magisterio para ingresar en un convento. Se nombra nueva directora a Pilar Acosta y secretaria a Dolores Bravo.

Era costumbre, al finalizar los cursos escolares, hacer una exposición de trabajos y labores realizadas por los niños y niñas de la localidad a lo largo del curso. El diario *Lanza* del día 11 de julio de 1952 da una completa información sobre la clausura del curso escolar en las escuelas públicas de Primaria. Al acto asisten el gobernador civil, el alcalde, representantes del prelado, inspectores de Enseñanza, maestros y maestras de la capital y numeroso

Antonio Cinca, Felipe Menéndez, José Comas, hijo de Ricardo Benítez, Vicenta Mena, Ricardo Benítez, María Martín, Ramón Selas, el obispo Juan Hervás Benet, Baldomero Montoya (inspector), Isidoro Ruiz Beteta, Jesús Manuel Fernández (director), Bartolomé (ayudante del obispo), Julio Camarena, Javier María de Castro (párroco de Santiago) y Ramón Gallego, en la graduada Cruz Prado. Fotografía cedida e identificados por Pilar y Carmen Cinca.

público. El acto se realizó en el grupo escolar Cruz Prado, comenzando con una tabla de gimnasia rítmica realizada por las niñas del grupo Pérez Molina y dirigidas por la maestra Mercedes Martínez del Forcallo. A continuación, intervino el coro del grupo Cruz Prado, dirigido por el maestro Ramón Selas, y por último las autoridades civiles y eclesiásticas dieron sendos discursos.

La graduada mixta sigue aumentando la matrícula curso a curso y para solucionar el problema la Delegación Provincial autoriza la creación de un aula más de Párvulos y otras dos de Primaria, que se pondrán en funcionamiento en el curso 1954-1955.

En el *Boletín Oficial del Estado* del día 27 de julio de 1954 se publica la distribución de crédito para el sostenimiento de comedores escolares de esta provincia, por el cual se conceden 11.000 pesetas a la escuela graduada de niñas Cruz Prado. Esta información, junto con el acta del claustro del 3 de diciembre de 1956, en la cual la inspectora felicita a las maestras por la marcha del comedor y por la atención dada a los párvulos, nos permite saber que estaba funcionando un comedor en dicha graduada. En la graduada masculina no funcionaba el comedor porque usaban el espacio de almacén, es posible que usasen el mismo comedor para niños y niñas pequeños.

Las campañas provinciales contra el analfabetismo tenían la sede y el almacén de materiales en la graduada Cruz Prado. También disponía de ropero escolar, para el cual recibía subvenciones del Ministerio de Educación. En 1955

Ramón Pérez, Ramón Aguilera, Román Sánchez, José Quejigo, Antonio Cinca, Julio Camarena y Ramón Selas Bonales, en la graduada Cruz Prado. Fotografía cedida e identificados por Carmen y Pilar Cinca.

recibieron 1.955 pesetas, con las cuales compraban lana, tela y utensilios de costura para confeccionar jerséis y otras prendas que daban a los niños y niñas más pobres. Si se vendía alguna prenda confeccionada, el dinero recaudado se destinaba a comprar prendas para las niñas que hacían la Primera Comunión.

Durante el curso 1956-1957 se produce un cambio en el equipo directivo del centro, la nueva directora es Dolores Bravo y la secretaria Margarita Dehesa.

Según informaciones del diario *Lanza*, el Servicio Escolar de Alimentación tenía su sede en este grupo escolar y se encargaba de distribuir la leche en polvo, mantequilla y queso, procedentes de la Ayuda Americana, a todas las escuelas de la provincia. Los encargados de dicho servicio eran el director Manuel Fernández Rodríguez, Antonio Cinca y el señor Ros.

Antonio Cinca Sevil con sus alumnos de la graduada Cruz Prado. Fotografía cedida por sus hijas Pilar y Carmen.

El diario *Lanza* se hace eco de la jubilación de Asunción Acosta el día 6 de julio de 1956, tras cuarenta y ocho años dedicados a la enseñanza. El homenaje se hace coincidir con la exposición de trabajos escolares de fin de curso.

Vamos conociendo el devenir de esta escuela a través de los medios escritos del centro, de las publicaciones que en estos años se hacían y de las informaciones orales que nos proporcionan algunos familiares de los maestros y maestras que allí ejercieron. En aquellos años y algunos posteriores, la Inspección de Enseñanza concedía un «voto de gracias» a aquellos maestros o maestras que estimaban conveniente, de acuerdo a sus méritos profesionales. Estos «votos de gracias» servían a los maestros como puntos en los concursos de traslados. En la visita que realiza el inspector Baldomero Montoya, registrada en el *Libro de Visitas de la Inspección* en noviembre de 1957, concede «un voto de gracia» al director Jesús Manuel Fernández Rodríguez, explicándolo de la siguiente manera:

«Felicito a don Jesús Manuel porque desenvuelve su tareas con escasos medios materiales y suple con entusiasmo y celo profesional, que sabe contagiar a todos los maestros, todas las molestias y deficiencias de instalación y pobreza de medios de las familias de los niños.

Lleva desde su creación el desempeño de la Jefatura del Almacén del Servicio Escolar de Alimentación, cuya organización y puesta en marcha en todos los pueblos de la Provincia encontró en don Jesús Manuel Fernández Rodríguez el más desinteresado colaborador en esta Jefatura».

En un barrio como el de Santiago las carencias de los niños en ropa y alimentación eran constantes y por ello la necesidad de dotar al centro con un comedor escolar era imperiosa. El 20 de diciembre de 1958, según publicó el diario *Lanza* el día 24, se inauguró en el grupo escolar Cruz Prado una cantina para dar de comer a unos cuarenta niños de los más necesitados.

Los problemas arquitectónicos y constructivos del grupo escolar nunca se solucionaron de la manera adecuada desde su inauguración en 1924. Manuel Fernández comunica en 1958 al Ayuntamiento el peligro que hay para los niños y los maestros por el derrumbe de varios techos. El arquitecto municipal visita el centro y emite un informe sobre el mal estado de los techos en tres clases, galería, despacho del director y otros locales. Se procede a una reparación de urgencia con un coste de 30.348 pesetas[10].

Los problemas no acaban con esas reparaciones porque en la graduada de niñas se encuentran en mal estado las murallas y hay que hacer una reparación de urgencia en 1960, puesto que se han tenido que suspender las clases. El importe de las reparaciones supone 26.950 pesetas[11].

El tema del comedor escolar sigue candente y el 25 de agosto de 1960 se adjudican las obras a José Ruiz Sánchez, para hacer un comedor-piloto con cocina, siendo recepcionadas las obras finalizadas el 29 de diciembre de 1960, ascendiendo a 51.724 pesetas el importe de las mismas.

Por primera vez, en sentido estricto, encontramos un tema pedagógico de importancia para la Enseñanza. Valeriano Pastrana, inspector jefe de Enseñanza, convoca una reunión del Centro de Colaboración Pedagógica número 2, sito en este grupo escolar, según informa el diario *Lanza* el 19 de febrero de 1960. En esta reunión se invitó al maestro jubilado Pedro Valle Fisac para que expusiera a todos los maestros su método rápido para el aprendizaje de la lectura y escritura. Tras este acto, don Valeriano hace su visita de Inspección de Centro y escribe el siguiente informe en el *Libro de Visitas de la Inspección*:

«Don Jesús M. Fernández Rodríguez, director del centro, ha logrado una organización y rendimiento funcional muy elogiables, tanto más cuanto que lo inhóspito del local, viejo y mal acondicionado, no presta al trabajo demasiados alicientes».

En las líneas siguientes deja constancia de la función social de esta escuela con su comedor, ropero, mutualidad y colaboración con la Santa infancia, puesto que se trata de alumnos pertenecientes a una barriada obrera. A continuación, describe las distintas secciones de la graduada masculina: 1º A, Silvestre Lucas Díaz; 1ºB, unitaria de niños; 2º, Ricardo Benítez Navas; 3º, Felipe Menéndez Cabañas; 4º Isidoro Ruiz Beteta; 5º, Joaquín Bermúdez Ruiz y Retrasados, Ramón Selas Bonales.

La noticia de la inauguración del comedor-piloto en este grupo escolar la da el diario *Lanza* el 9 de junio de 1961 con una detallada información. A dicho acto asistieron el gobernador civil, el obispo prior, el presidente de la Diputación, inspectores de Educación, el jefe del Frente de Juventudes, miembros de Auxilio Social, Cáritas, los directores de otros centros y todos los maestros y maestras del grupo escolar Cruz Prado. Las obras supusieron un gasto de 53.000 pesetas que se financiaron con la ayuda de la Diputación y el Ayuntamiento. En él se daría de comer a sesenta niños pobres de la escuela y para su selección se tendría en cuenta la renta familiar, un dictamen médico y la distancia del centro a su domicilio. Los menús estarían visados por el Ministerio de Educación, y para ver su eficacia se debía controlar el desarrollo y crecimiento de los niños que asistían a él.

Siguen siendo años de continuas reformas y obras. Valeriano Pastrana visita la graduada en 1963 y emite un informe en el *Libro de Visitas de la Inspección,* describiendo la situación de la siguiente manera:

> «No se puede rendir en la enseñanza, en cantidad y en calidad, dentro de unas circunstancias de instalación deplorables, como lo está haciendo este magnífico plantel de maestros con su director al frente».

En esta década hay ciertas inquietudes por organizar y tratar temas pedagógicos para la formación de los maestros y maestras, aunque dentro de los límites que las autoridades aceptaban. El día 23 de febrero de 1963, publica el diario *Lanza* una información sobre la celebración de las II Jornadas Pedagógicas que se han celebrado en la graduada Cruz Prado. En ellas se trataron diversos temas educativos y se hicieron varias experiencias sobre temas históricos. Felipe Menéndez Cabañas, maestro del centro, expuso «Los fundamentos históricos y teológicos del Concilio Vaticano II».

Como hemos referido en múltiples ocasiones, se vuelven a producir durante 1963 problemas en la estructura del edificio y es necesario arreglar de manera urgente el muro de treinta metros que da a la plaza de San Antón. Esta obra causó muchas molestias y problemas para dar clase con un mínimo de silencio y orden. El importe de la obra ascendió a 29.700 pesetas[12]. A pesar de tantas inconveniencias, las clases de alfabetización de adultos para hombres continuaron realizándose por la noche.

Manuel Fernández Rodríguez, director durante muchos años y siempre muy bien valorado por la Inspección Educativa, va a recibir en 1963 la Cruz de Alfonso X como premio a su labor educativa[13].

La solución a tantos problemas arquitectónicos y durante tantos años pasa por edificar un nuevo colegio. La Junta Provincial de Construcciones Escolares proyecta la realización de uno nuevo con dieciséis secciones, dos salas complementarias, una sala de usos múltiples, despachos para el profesorado, servicios para alumnos y maestros y cerramiento del patio. El presupuesto ascendía a 3.394.800 pesetas y lo pagaría el MEC.

La situación es tan alarmante que, en la visita del inspector jefe en 1965, Valeriano Pastrana, deja de ello constancia por escrito en el *Libro de Visitas de Inspección* con las siguientes palabras:

Manuel Fernández Rodríguez. Fuente: *Lanza*, 11 de diciembre de 1963.

«Persisten los problemas de visitas anteriores. El problema de este grupo escolar va haciéndose crónico y agravando su situación de todo un sector de población si, ante las facilidades que indudablemente ha de proporcionar el Plan de Desarrollo en orden a las construcciones escolares, las autoridades municipales no se deciden a abordarlo. La escasez de aulas consiguiente al estado de ruina en que se encuentran numerosas dependencias del edificio escolar, determinan el anómalo funcionamiento de las clases.

Boceto del futuro colegio a construir Cruz Prado. Fuente: Archivo Histórico López-Villaseñor, Caja de Escuelas núm. 1. Ayuntamiento de Ciudad Real.

Valoramos aquí debidamente la labor que en general realizan los Sres. maestros y maestras con su director al frente, tanto más digna de elogio cuanto que tales condiciones de trabajo son propias a desanimar al espíritu más optimista y entusiasta.

Una vez más, desde este informe, urgimos a las autoridades competentes el pronto remedio no solo a la situación de este grupo sino a la de los centros de Enseñanza Primaria de la capital».

Queda así bien aclarada la situación de los edificios escolares de la ciudad y lo penoso que resultaba enseñar en estas circunstancias tan adversas.

A pesar de estas circunstancias en el trabajo y en la enseñanza, los maestros Silvestre Lucas Díaz y Francisco García Fernández, ambos maestros del grupo Cruz Prado, reciben en 1965 los premios al Magisterio otorgados por el Frente de Juventudes, teniendo una cuantía económica de mil pesetas cada uno.

La construcción del nuevo colegio se pone en marcha y se inaugurará en 1967, según informa el diario *Lanza* el 15 de enero. El acto de inauguración estuvo presidido por el director general de Enseñanza Primaria, Joaquín Tena Artiga; el obispo prior, Juan Hervás; el gobernador civil, señor Rico de Sanz; el delegado provincial de Educación; el alcalde; el director del centro, Ramón Selas, y todos los maestros y maestras.

El Centro de Colaboración Pedagógica número 1 de Párvulos estaba situado en el colegio Cruz Prado y allí tenían las reuniones correspondientes las maestras que pertenecían al mismo. El diario *Lanza* da la noticia el día 19 de mayo de 1968 de los actos realizados durante las Jornadas Pedagógicas

Nuevo colegio Cruz Prado, 1967. Fuente: Ayuntamiento de Ciudad Real.

que se han realizado en dicho centro. Durante los días 16, 17 y 18 se han hecho varias actividades: en el grupo Cruz Prado se hizo una exposición de materiales escolares, en la graduada de niñas Pérez Molina se llevaron a cabo unos ejercicios prácticos de Párvulos y en la Casa de Cultura se dieron varias conferencias. Las intervenciones de María Martín Chocano, parvulista del grupo Pérez Molina, y de Josefa Jiménez Díaz, parvulista del grupo Cruz Prado, resultaron muy brillantes para todos los asistentes. Estas jornadas fueron recogidas por las cámaras de TVE.

El claustro de la graduada de niñas en los años 60. Según nos informa María Ángeles Ciudad González, estaba formado por Dolores Bravo (directora) y las maestras Margarita Dehesa, Manolita Iruretagoyena, Carmen González Ossorio, doña María y tres maestras más.

El nuevo centro inicia su andadura y para ello va a necesitar una buena dotación de mobiliario y materiales didácticos. Las autoridades locales y nacionales van dotándolo poco a poco. El diario *Lanza* informa de la visita de un grupo de escolares, de los 600 que tiene el centro, al alcalde. El grupo de niños iba acompañado de su directora Juana Ramos Fanjul y de los maestros Eduardo Bernal y Paula Sánchez Bermejo. El alcalde, Luis Martínez Gutiérrez, y el concejal de Enseñanza, Daniel Céspedes Navas, les reciben gentilmente y les comunican que además del material recibido van a enviar un laboratorio escolar de Física y Química y un tocadiscos.

8
EL COLEGIO NACIONAL CRUZ PRADO. LA EDUCACIÓN GENERAL BÁSICA (EGB)

La Ley General de Educación, publicada en 1970, va a suponer un cambio importante en el tema educativo. El colegio nacional Cruz Prado tiene que integrar las escuelas unitarias que había en el cuartel de la Guardia Civil, otras dos del barrio del Padre Ayala, llamadas César Martín, y la unitaria de Nuestra Señora de los Remedios. El nuevo colegio crece muy rápidamente y las infraestructuras necesarias tienen que adaptarse y hacerse otras nuevas. Por ello, la Junta Provincial de Educación Física y Deportes concede 200.000 pesetas para hacer una pista deportiva en el colegio.

José Luis Jiménez con sus alumnos de la Comandancia de la Guardia Civil, curso 1967-1968.

Vuelve a visitar el colegio Valeriano Pastrana el día 11 de noviembre de 1971 y en la redacción de su informe manifiesta que el colegio cambia su denominación anterior y a partir de ahora se denominará colegio nacional mixto Cruz Prado.

A continuación, relaciona el organigrama del centro, que quedó constituido de la siguiente manera:

Directora: Juana Ramos Fanjul.

Párvulos: Milagros Aguilera Gabaldón, Ana González Osorio, Pilar Sánchez Berdián e Iluminada Ricote Cuenca.

Unidades masculinas: 1º A, Juan Rodríguez Rodríguez; 1º B, Gregorio Illescas Díaz; 2º A, Pedro González Gallego; 2º B, Honesto Sanz

Tabla 44
PROFESORADO DEL COLEGIO CRUZ PRADO, 1973-1975

MAESTRAS	CURSO 1973-1974	CURSO 1974-1975
Juana Ramos Fanjul	Primaria y directora	continúa
Eduardo Bernal Morales	Primaria y subdirector	continúa
Paula Sánchez Bermejo	Primaria	
Petra Gómez Gómez	Primaria	
María del Castillo Garrido	Primaria	continúa
Marta Polo Hervás	Primaria	continúa
Iluminada Ricote Cuenca	Párvulos	continúa
Emilia Rubio de la Iglesia	Párvulos	continúa
Carmen Rubio de la Iglesia	Párvulos	continúa
Ana González Osorio		continúa
Mercedes Arévalo Ramírez		continúa
Carmen Alcázar		continúa
Carmen Díaz Acedo	Primaria	Escuela de la Guardia Civil
Dolores Bolívar Puertas		
Luisa Calahorra Escobar		continúa
Carmen López del Hierro		
Rosa Alcalde Rojo		
Manuel Lázaro Bada	Primaria	continúa
Pedro González Gallego	Primaria	continúa
Cándido Isado Sereno	Primaria	continúa
Juan Rodríguez Rodríguez	Primaria	continúa
Miguel Muñoz Ramírez	Primaria	
Tomás Cano de Mateo	Primaria	
Pablo Chocano Sepúlveda	Primaria	continúa
José Antonio Iglesias Alonso	Primaria	Escuela de la Guardia Civil
Bernardo de Diego Miguel	Primaria	
José A. Desdentado Gómez	Primaria y secretario	continúa
Rosa Alcalde Rojo	Párvulos	Escuela de la Guardia Civil
Luciana Alcázar Mena	Recuperación	1974/75
Emilia González Muñoz	Recuperación	1974/75
Esperanza Berrocal	Primaria	1974/75

Fuente: Actas de claustros. Elaboración propia.

Pareja; 3°, Cándido Isado Sereno; 4°, Felipe Menéndez Cabañas, y 5°, Alejandro Rivero Nieto.

Unidades femeninas: 1° A, Marta Polo Hervás; 1° B, Esperanza Juan Moreno; 2°, María del Castillo Garrido Silva; 3°, Esperanza López Ballenato, 4° Paula Sánchez Bermejo, y 5°, Petra Gómez Gómez.

Unidades de Enseñanza Primaria (Plan 1965, a extinguir): Manuel Lázaro (6° curso) y Eduardo Bernal Morales (7° y 8° cursos).

Unidad de Educación Especial e Hipoacúsicos: Amparo Herranz García.

En este informe del inspector podemos observar el crecimiento espectacular del número de maestros y maestras. Esto responde a que en el curso 1970-1971 tienen una matrícula de 859 niños y va a empezar a extenderse la Educación General Básica poniendo dos nuevos cursos, 7° y 8° de EGB. Este gran aumento de alumnos y las exigencias de la LGE harán que sea posible la realización de las pistas polideportivas en 1972.

El colegio tiene que ir adaptándose a la nueva legislación en la cual se establece la coeducación en todos los niveles. Este proceso se completará con su implantación en el curso 1975-1976 en la EGB.

El claustro está formado por 23 personas, teniendo en cuenta a los maestros de las escuelas que pertenecían a este centro. En Párvulos había cuatro maestras y el resto son de Primaria. Conviene resaltar que disponían de dos maestras de Recuperación para los niños que tenían dificultades o necesidades especiales. También tenían una maestra para atender la Unidad de Hipoacúsicos que había en el centro.

Como podemos deducir, queda lejos aquella graduada mixta donde maestros y maestras estaban separados, los niños y las niñas tenían recreos en patios diferentes y entraban a la escuela por puertas separadas. La Ley General de Educación

Tabla 45

ALUMNADO DEL COLEGIO CRUZ PRADO, 1973-1974

NIVEL	N° DE ALUMNOS	NIVEL	N° DE ALUMNOS
1° niños	36	4° coeducación	24
1° coeducación	30 Escuela de la Guardia Civil	4° niñas	35
1° niñas	33	4° niños	36
1° y 2°	35 Escuela César Martín	5° coeducación	34
2° niñas	42	5° niños	35
2° niños	35	5° coeducación	35
2° niñas	13 Escuela de la Guardia Civil	6° niños	35
2° niños	9 Escuela de la Guardia Civil	6° niñas	36
3° niñas	40	7° niñas	20
3° niños	37	7° niños	28
3° coeducación	17	8°	42 (de la antigua Primaria)
3° coeducación	18 Escuela de la Guardia Civil		

Fuente: Actas de claustro. Elaboración propia.

Iluminada Ricote con su grupo de Párvulos del colegio Cruz Prado. Fuente: Archivo del centro.

establece la coeducación y la Educación General Básica y los maestros, maestras y alumnado disponen de un nuevo colegio e instalaciones deportivas. El número de profesores ha aumentado y el número de alumnos también, como podemos ver en la tabla de la página anterior, que corresponde al curso 1973-1974.

Según podemos observar en esta tabla, se va estableciendo paulatinamente la coeducación en todos los niveles y se va extinguiendo la antigua Educación Primaria en la medida que se va consolidando la EGB. Este centro nuevo cuenta en estos momentos con 719 alumnos de EGB, incluidos los de las escuelas que están adscritas a él. Si añadimos unos 120 más que corresponden a las aulas de Párvulos, tendría un total de 839.

El curso 1975-1976 va a traer cambios en el centro, pues comienza un nuevo equipo directivo formado por el director, Máximo Ciudad Fontecha, y el secretario, José Antonio Desdentado. Se va a crear la Asociación de Padres de Alumnos (APA) y el encargado del comedor va a ser Eduardo Bernal. El comedor escolar va a tener una duración corta porque a principio de los años 80 se suprimirá. La plantilla del profesorado sigue en aumento, llegando a componerse de 29 personas gracias al establecimiento de toda la EGB.

Sello de la escuela unitaria de niñas César Martín. Fuente: Archivo del centro.

Alumnos del colegio Cruz Prado jugando al tenis (arriba) y al voleibol (abajo) en las pistas. Fuente: Archivo del centro.

Las gestiones del nuevo equipo directivo dan sus frutos y en el curso 1977-1978 se sustituyen las estufas de butano por la calefacción central de fuel, el Ayuntamiento pondrá un conserje con casa dentro del recinto escolar y se integran en el colegio las unidades que había en la Comandancia de la Guardia Civil, las del Patronato de la Sección Femenina «César Martín», encuadradas en el barrio del Padre Ayala, y la unitaria de Nuestra Señora de los Remedios que estaba en la ermita del mismo nombre.

En esta nueva etapa se empiezan a realizar más actividades fuera del recinto escolar y en 1979 participan en el Día Forestal Mundial, organizado por ICONA en el Parque de la Atalaya. A esta actividad de conservación de la naturaleza asistieron muchos colegios de la ciudad y se plantaron pinos en las antiguas parcelas o cotos escolares que había en La Atalaya desde 1956.

Equipo de balonmano del colegio Cruz Prado. Fuente: Archivo del centro.

EL COLEGIO PÚBLICO ALCALDE JOSÉ CRUZ PRADO. ETAPA DEMOCRÁTICA Y DE APERTURA AL EXTERIOR (1980-2000)

Durante la década de 1980 el colegio participa en innumerables actividades extraescolares y complementarias, excursiones dentro de la ciudad, por la provincia y toda España, visitas a monumentos, fábricas, empresas e instituciones locales y provinciales. De todo ello hay sobrada información en el diario *Lanza*. Amparo Ramos y Adela Herencia visitan los talleres de este diario, junto con sus alumnos, el 7 de febrero de 1981.

En junio de 1984 se organiza, por parte del Ayuntamiento, un concurso de redacción conmemorando el VII centenario de la muerte del rey Alfonso X el Sabio y la niña del colegio María Jesús Gómez obtiene el primer premio.

El colegio se abre al exterior, al igual que el resto de los centros de la capital, y en noviembre de 1984 realizan una excursión a Daimiel, a la cual van setenta niños y niñas, para visitar la fábrica de Civinasa y el centro de Formación Profesional Agraria Virgen de las Cruces. Ya sabemos que el colegio está ubicado en un barrio obrero de la ciudad y donde algunas familias tienen un nivel cultural y económico desfavorable, pero el equipo directivo y el claustro están decididos a que su labor se proyecte en la ciudad y organizan una excelente exposición en junio de 1985 en el Museo Elisa Cendrero. La Exposición Plástica y de Manualidades fue realizada por todos los niños y niñas del centro y abarcó marquetería, arcilla, pintura, guiñoles y labores de punto. Tuvo un gran éxito y gran afluencia de público de la ciudad, así como un gran impacto en la ciudad y el diario *Lanza* hizo un extraordinario reportaje sobre la misma.

Eduardo Bernal lleva a un grupo de niños y niñas a realizar una entrevista al alcalde y al concejal de Tráfico sobre el tema de la circulación vial, asunto que están trabajando en el centro. La Dirección General de Tráfico (DGT) organizaba todos los años un Concurso Nacional de Dibujos sobre Educación Vial y en 1987 obtiene el centro el primer premio en su fase provincial, que recogieron su director, José Antonio Desdentado; el maestro director del proyecto, Eduardo Bernal, y el grupo de niños del Ciclo Superior que lo había realizado[14].

El diario *Lanza* se hace eco de las actividades organizadas por el centro en el salón de actos de la Escuela de Artes y Oficios con motivo de la Navidad de 1987. La rondalla del colegio, dirigida por Francisco Martínez, amenizó los actos navideños. Hubo cuentos navideños, poesías, actuaciones de gimnasia rítmica, villancicos, canciones y un exquisito belén viviente escenificado por los alumnos de Preescolar.

Las actividades deportivas que se realizaban eran innumerables, así como los éxitos conseguidos por los alumnos, pudiéndose ver en múltiples informaciones del diario *Lanza* a lo largo de estos años.

Dentro de la ciudad y sus alrededores, los alumnos en compañía de sus maestros y maestras visitan el Ayuntamiento, la Diputación, el Museo Provincial, el Instituto Politécnico, la Central Quesera, la Azucarera, la fábrica de cervezas Calatrava, La Atalaya, etc.

No podemos olvidar las excursiones de final de curso de los niños y niñas de EGB, que duraban varios días y los llevaban por toda España.

Un colegio que crece en todas las facetas y que está enclavado en un barrio obrero no puede olvidarse de los más necesitados y, por eso, organiza una extraordinaria recogida de alimentos en la Campaña de Navidad para entregarlos a las familias pobres.

Tabla 46

PROFESORADO DEL COLEGIO CRUZ PRADO, 1980-1981

MAESTRAS/OS	PUESTO DE TRABAJO	NÚMERO DE ALUMNOS
Máximo Ciudad	Director	-
Miguel Marín	Subdirector	-
José Antonio Desdentado	Secretario	-
Josefa Maestre Gutiérrez, Carmen Rubio, Emilia Rubio y Estrella Sánchez	Preescolar	159
Mercedes León	1º A	39
Mercedes Arévalo	1º B	39
Luisa Calahorra	2º A	39
Consolación Macías	2º B	38
Amparo Ramos	3º A	37
Marta Polo	3º B	37
Juan Rodríguez	4º A	30
Elena Muñoz	4º B	23
Adela Herencia	4º C	29
Manuel Lázaro	5º A	31
Valentina Puertas	5º B	30
Alberto Alcázar	5º C	30
Asunción Villena	6º A	39
Carmen Díaz	6º B	42
Eduardo Bernal	7º A	30
María Martínez	7º B	31
Miguel Marín	7º C	28
José Antonio Iglesias	8º	36
Leonor Casado y Elisea Caro	Unidad de Hipoacusia	Total del centro: 767

Fuente: Actas de claustro. Elaboración propia.

La década de 1980 empieza con la plantilla de profesorado para el curso 1980-1981, que refleja la tabla de la página anterior.

El claustro ha seguido creciendo como consecuencia de la implantación de la EGB, la cual conlleva la especialización del profesorado, y del gran aumento del número de alumnos. La plantilla está compuesta por 27 maestros, de los cuales 9 son varones y 18 mujeres. También podemos observar que las cuatro aulas de Preescolar están llevadas por maestras, pues todavía no se han incorporado a esta etapa educativa los maestros. Dato significativo es que tienen una ratio media de 34,8 alumnos por clase.

Al comenzar el curso 1985-1986 es elegido director José Antonio Desdentado, que nombrará subdirector a José Luis Vega y secretario a Enrique Muñoz Mendoza. Se produce también un cambio en la Unidad de Hipoacusia, que estará atendida por Leonor Casado y Enrique Muñoz, mientras que Audición y Lenguaje lo llevará Carmen Díaz. Será en el curso 1988-1989 cuando se incorporen los profesores de Apoyo a la Integración, Carmen Díez y Ángel Chico.

La Unidad de Hipoacusia de este centro adquirió gran prestigio a nivel provincial y se la fue dotando de material pedagógico y especializado. Este curso recibió 300.000 pesetas de la Diputación para la compra de material, gracias a las gestiones de la Asociación de Padres y Madres de niños sordos. Aunque la Unidad de Hipoacusia estaba en este centro, a ella asistían niños de diferentes pueblos de la provincia y del resto de colegios de la localidad.

Claustro del colegio Cruz Prado, curso 1985-1986. Fuente: Archivo del centro.

El inspector de Educación, Juan Molina, visita el colegio y realiza un pequeño escrito en el *Libro de Visitas de la Inspección*, en el cual felicita al director y a los maestros por los pasos que se están dando para informatizar el centro y el uso de técnicas avanzadas para los niños hipoacúsicos. También indica las necesidades que tiene el centro de espacios y de mobiliario nuevo.

Finaliza la década de 1980 con la retirada del surtidor de petróleo que había desde 1963 en el jardín adyacente al colegio, en la calle San Antón. Un suceso que merece la pena ser contado dado el peligro que suponía al estar tan próximo a los edificios del colegio.

Según nos comenta y aporta Julio Chocano Moreno, hijo de Pablo Chocano, en 1987 se hizo entre varios padres y maestros una rondalla, que estaba compuesta por alumnas y alumnos actuales y antiguos del colegio, de la mano de Francisco Martínez, que consiguió enseñarles a tocar la bandurria, el laúd y la guitarra. Su primera actuación en público fue en la Fiesta de Navidad del colegio que se celebró en la Escuela de Artes y Oficios. Continuaron tocando en las siguientes fiestas del colegio, carnavales de Miguelturra en 1989, Carrión de Calatrava y en diversas instituciones de la localidad. Sus componentes fueron Manuel V. Mejía Ramírez, David Fernández Merino, Máximo Ocaña Peco, Gloria Carabaño, Oscar Moreno Burgos, Rubén Martínez Sobrino, José D. García Núñez, Juan Carlos Moreno Merino, Sergio Moreno Burgos y Montserrat Fernández Carrero; asesorados por Santos López Sánchez.

Rondalla del colegio Cruz Prado. Fotografía cedida por Julio Chocano Moreno.

Durante la década de 1990 el colegio se mantiene con la doble línea, es decir, con cuatro unidades de Preescolar y dieciséis de EGB. El número de alumnos por aula y el total del centro siguen siendo importantes.

Tabla 47
ALUMNADO DEL CEIP ALCALDE JOSÉ CRUZ PRADO, 1990-2000

Curso	1990-1991	1991-1992	1992-1993	1993-1994	1994-1995	1995-1996	1996-1997	1997-1998	1998-1999	1999-2000
Nº DE ALUMNOS	601	541	520	592	532	520	431	435	427	402

Fuente: Actas de claustros y Plan de Centro. Elaboración propia.

Las novedades más importantes que se producen en la dinámica escolar del centro durante estos años son:

1º) En 1990 se incorpora como orientadora de centro (SAPOE) Leonor Casado.

2º) En el curso 1992-1993 les asigna la Delegación Provincial una asistente social.

3º) En el curso 1994-1995 se incorporan al centro los niños de tres años.

4º) El curso 1995-1996 es el último de la EGB, el número de alumnos disminuye al marcharse los alumnos de 7º y 8º de EGB.

5º) En 1995 acuerdan cambiar el nombre del centro, hasta ahora se llamaba «Cruz Prado» y solicitan como nuevo nombre «Alcalde José Cruz Prado».

6º) En el curso 1996-1997 el colegio tiene doble línea desde los tres años hasta 6º de Primaria.

El inspector de Educación Javier García Hidalgo visita el centro el 5 de febrero de 1990 y ve las necesidades del colegio, entre ellas una pista polideportiva, y en el informe que escribe en el *Libro de Visitas de la Inspección* así lo hace constar, junto a la falta de espacios para realizar diferentes tipos de actividades pedagógicas y complementarias. Continúa su escrito indicando que el 30% del mobiliario escolar es inadecuado y el mobiliario de uso del profesorado está en malas condiciones. Por tanto, manifiesta que es urgente y necesario remodelar las instalaciones deportivas para adecuarlas a las necesidades educativas y organizativas del centro y enviar mobiliario nuevo. Al año siguiente vuelve a realizar visita de Inspección don Luis Javier, el 16 de enero, y hace hincapié en la necesidad de que el colegio disponga de una pista polideportiva y de reponer el mobiliario en malas condiciones. A continuación, visitó la primera fase de las obras que se están realizando en el patio y felicitó al director por la buena marcha del Departamento de Orientación.

En lo que respecta a la participación de los alumnos en actividades culturales, deportivas, extraescolares, complementarias y solidarias, podemos considerar que eran abundantes y variadas, según está reflejado en las memorias de fin de curso, actas de claustros y planes de centro. Las visitas en el municipio se van diversificando y son frecuentes las que se realizan al Parque de Bomberos, la depuradora de aguas residuales, el Parque Forestal de la Atalaya, a Educación Vial y a varias industrias de Ciudad Real. No insistimos más porque son similares a las que hemos nombrado en los otros colegios.

La Semana Cultural se celebraba todos años al finalizar el curso escolar haciendo gran cantidad de actividades en colaboración con la Asociación de Madres y Padres de Alumnos (AMPA) y se hacía partícipes a toda la comunidad educativa. Era una manera de estar en contacto con las familias en un ambiente distendido, cordial y festivo.

El claustro de profesores de 1991 estaba constituido por José Luis Vega, Mercedes León, Mercedes Muñoz, Leonor Casado, Milagros Molina, Cristina

Balbuena, Emilio Serrano, Josefina Santos, Ángeles Zurita, María Teresa Sánchez, Rosa María Giménez, Luis Gallego, Sagrario Jabón, Ángel Chico, Mercedes Gómez, Alejandro López-Roso, Patricio Callejas, Justino S. Sierra, Elisa Lozano, Carmen Rubio, Emilia Rubio, Julia Casado, María Luisa Asensio, José A. Iglesias, José Antonio Desdentado, María de los Ángeles Villena y Lucía Roldán.

Rosa Buendía y sus alumnos del colegio Cruz Prado. Fuente: Archivo del centro.

10
EL CEIP ALCALDE JOSÉ CRUZ PRADO EN EL II MILENIO (2000-2020)

El colegio entra en el siglo XXI con tres unidades de Educación Infantil y doce de Primaria, es decir, mantiene la doble línea en la etapa de Primaria, aunque va perdiendo unidades en Infantil. Ya pudimos ver anteriormente que el número de alumnos iba disminuyendo a lo largo de la década de los años 90 y ahora continúa la tendencia a lo largo del esta primera década.

Tabla 48

ALUMNADO DEL CEIP ALCALDE JOSÉ CRUZ PRADO, 2000-2010

CURSO	2000-2001	2004-2005	2005-2006	2006-2007	2007-2008	2008-2009	2009-2010
Nº DE ALUMNOS	400	408	360	352	342	350	354

Fuente: Actas de claustros, Delphos y memorias. Elaboración propia.

Como podemos observar, en esta década se pierden unos 50 alumnos. Las causas de esta disminución del número de alumnos se deben a varias circunstancias como son la disminución de la natalidad, la crisis económica del 2008, la puesta en funcionamiento de nuevos colegios como el Ferroviario y el CEIP El Quijote (2006-2007), el envejecimiento de la población en el barrio donde se sitúa el centro y la falta de funcionamiento del comedor escolar.

La Junta de Comunidades y el profesorado lleva a cabo poco a poco la modernización del centro poniendo en marcha el aula Althia de ordenadores para los alumnos, se dota al profesorado de ordenadores portátiles Toshiba y en las aulas se van poniendo pantallas y videoproyectores, mientras tanto el profesorado va realizando cursos de formación para aprender el uso de estas nuevas tecnologías.

Son años de grandes cambios, entre ellos cabe destacar la implantación de la Jornada Única, que va a permitir la conciliación familiar y de los trabajos. El arreglo de la pista polideportiva en el año 2001 y el anuncio del presidente de Castilla-La Mancha, en su visita al nuevo colegio Ferroviario en 2007, de construir un nuevo colegio, van a marcar la marcha del centro a lo largo de estos años.

Vamos a conocer ahora la composición de la plantilla del profesorado en el curso 2000-2001 a través de la tabla estadística de la página siguiente.

Tabla 49

PROFESORADO DEL CEIP ALCALDE JOSÉ CRUZ PRADO, 2000-2001

MAESTRAS/OS	PUESTO DE TRABAJO
María Luisa Asensio Cejudo	Primaria
Josefa Caballero Gil	Infantil
Leonor Casado Martín	Audición y Lenguaje
José Antonio Desdentado Gómez	Primaria y director hasta 2006
Rosa María Giménez López	Primaria
José A. Iglesias Alonso	Primaria
María Milagrosa Molina Sánchez	Primaria
Diego Morales Garrido	Audición y Lenguaje
Guadalupe Muñoz Mínguez	Infantil
Mercedes Muñoz Ferris	Primaria
Amparo Orovio Garrido	Primaria
María Dolores Rodado Sánchez	Primaria
Emilia Rubio de la Iglesia	Primaria
Julia Salcedo Merino	Infantil
María de los Ángeles Talavera de la O	Infantil
Macarena Vargas Úbeda	Primaria
José Luis Vega Toledo	Primaria
María Asunción Villena Espinosa	Música

Fuente: Actas de claustros, Programa Delphos, Plan de Centro y memorias. Elaboración propia.

Como podemos observar la plantilla está formada por tres maestras de Infantil y doce de Primaria, contando con la maestra especialista de Música, la maestra de Religión, el especialista en Educación Física, especialista en Inglés, las maestras de Audición y Lenguaje de la Unidad de Hipoacúsicos y el maestro de Pedagogía Terapéutica. La Orientación Psicopedagógica la realizaban los equipos multiprofesionales que atendían a varios centros de su zona.

Entra un nuevo equipo directivo en el curso 2006-2007 formado por la directora, Gloria Sánchez Plaza; la jefa de estudios, Rosa Buendía, y la secretaria, Isabel Martín Jimeno. El nuevo equipo tendrá que hace frente a las obras y dificultades que va a traer la construcción del nuevo colegio.

Las obras de la primera fase comienzan el curso 2008-2009 y se debe realizar la mitad del aulario, la biblioteca y la sala de profesores, con un coste de un millón de euros. La segunda fase se tiene que realizar durante el curso 2009-2010 y comprende la construcción del resto del edificio que lleva el aulario y tienen un coste de 1.212.000 euros. La tercera fase se proyecta para el curso 2010-2011 y en ella se deberá hacer un comedor escolar, el gimnasio, la sala para el AMPA, pistas polideportivas y el cerramiento del patio, con un presupuesto de 4 millones de euros. Esta fase trajo muchísimas dificultades y problemas y tardará varios años en acabarse.

Este nuevo edificio se proyectó para disponer de un colegio de doble línea, es decir, con seis unidades de Educación Infantil y doce de Primaria.

El nuevo equipo directivo tiene otros retos importantes como son la modernización del aula Althia, implantar el Programa Escuela 2.0, enseñar a los alumnos de 5º a manejar los miniordenadores portátiles que ha enviado la Junta, seguir instalando las pizarras digitales y fomentar su uso, poner en buen funcionamiento la dotación de ordenadores para Educación Infantil y dinamizar el uso de la biblioteca de centro.

A pesar de todas las dificultades descritas y las continuas molestias por las inacabables obras, el profesorado del centro está inmerso en múltiples actividades culturales, deportivas y solidarias. A nivel interno, se celebran las fiestas de Navidad (decoración, belenes, villancicos y chocolatada), Día de la Paz, Día del Libro, Día de la Constitución, Día del Medioambiente, Día Universal de la Infancia y la extraordinaria Semana Cultural que se realizaba en mayo. Las excursiones que se realizaban con los niños a las Lagunas de Ruidera, las Tablas de Daimiel, Cabañeros, Toledo y otros lugares de la Comunidad eran frecuentes todos los cursos. Las excursiones con los niños y niñas de 6º curso dejaban huella entre los niños, el profesorado y las familias. Son de reseñar las campañas de ayuda solidaria que se realizaban en el centro: en Navidad se hacia una recogida de alimentos, Campaña contra el Cáncer, Campaña de Cáritas, Campaña del Domund y Campaña de recogida de juguetes y material escolar para los niños del Sahara.

En cuanto a las actividades complementarias y culturales realizadas dentro de la localidad, destacan los conciertos pedagógicos musicales y las obras de teatro en el teatro Quijano, las visitas al Museo Provincial y al Ayuntamiento, las visitas a fábricas, etc. Mención especial merecen las actividades de Educación Vial que todos los años realizaba la Policía Local con los niños, con sus charlas informativas e interactivas en las aulas y las prácticas con bicicletas y los karts en el Parque de Gasset.

Otra de las actividades que se venían celebrando todos los cursos era el Día del Libro, en el que se organizaban múltiples y diversas actuaciones tanto para los más pequeños como para los mayores.

Una actividad que merece destacarse por su originalidad fue la realizada en el año 2013 que consistió en una gran exposición filatélica en el centro en la que participaron cerca de 300 alumnos y que contaron con la colaboración de FESOFI y la oficina de Correos de Ciudad Real. Lo más curioso fue la elaboración de varios sellos por los alumnos y de ellos se seleccionaron tres para los respectivos premios. Los niños premiados fueron Miguel Ángel Calvo Lomas, Raúl Pardo y Guillermina Burgos.

El presidente de la Diputación, Nemesio de Lara, recibió al niño Miguel Calvo Lomas junto con sus compañeros Israel David Veloz e Iván Álvarez. A continuación, les dio la enhorabuena e indicó que para la Diputación es un honor figurar en un sello de curso legal y felicitó a los niños, maestros y maestras del colegio por su trabajo.

Israel, Iván, Miguel Calvo, Nemesio de Lara, Julia Lomas, Fátima García y Ángel Caballero en el Palacio de la Diputación Provincial. Fuente. *miciudadreal.es*, 18 de marzo de 2014.

Los nuevos tiempos y costumbres hacen que sea necesaria una educación en temas alimenticios y hábitos saludables, por ello se participa en las campañas de Desayunos saludables, Hábitos saludables y el Plan de consumo de fruta.

El equipo directivo y el profesorado van a realizar una serie de iniciativas para afrontar los retos educativos de trabajar en un barrio humilde, en el cual hay minorías étnicas, inmigración, algunas familias desfavorecidas y casos de absentismo escolar. Se ponen en marcha talleres de convivencia, se llevan a cabo las Aulas Temporales de Inmersión Lingüística (ATIL), el Ayuntamiento realiza un Plan de Apoyo al Inmigrante, se establecen unos Planes de Acogida y sobre el tema del absentismo, la trabajadora social (PTSC) interviene con las familias que tienen también una problemática social y económica. El equipo directivo no olvida la necesidad que tienen las familias y niños del centro de que se instale un comedor para ayudar a todas las personas y también evitar que los niños se vayan a otros colegios. Para ayudar a los niños con necesidades especiales, a las familias desfavorecidas e inmigrantes, realizan una serie de coordinaciones externas, entre las cuales caben destacar las de los equipos sociales del Ayuntamiento, Bienestar Social, Autrade, AMIHDA, Cáritas, Asociación Hispano-rumana, Centro SAC de Logopedia, ASPAS, el Centro de la Mujer y centros audiométricos.

El colegio no se queda al margen de los problemas ecológicos y del medioambiente que están de actualidad. El diario *Lanza* del 19 de marzo de

2009 recoge la participación de los niños del centro en el Día del Medioambiente. Al año siguiente, el 23 de marzo publica la información de la participación de los alumnos del colegio Cruz Prado en la plantación de árboles en la zona universitaria y de los talleres de reciclaje que está impartiendo en el centro la empresa de Residuos Sólidos Urbanos.

Con motivo del comienzo del curso escolar 2010-2011, el presidente de Castilla-La Mancha visita el colegio el 15 de septiembre, agradece el trabajo de todos los profesores y anuncia que la tercera fase de las obras se realizarán este curso, según informa el periódico digital *lacerca.com*.

José María Barreda y Rosa Romero visitan el colegio Cruz Prado. Fuente: *LaCerca.com*.

La década del 2010 podríamos denominarla «la agonía de una obra que nunca acaba». El grave retraso de las obras trae como consecuencia muchas molestias en la docencia, un patio lleno de suciedad y peligros y una pérdida de matrícula de alumnos. Esta disminución de alumnos trae como consecuencia la pérdida de unidades y, por tanto, menos profesorado.

La noticia de las interminables obras y de la situación del patio provocaron el malestar del profesorado y de los padres y madres, que llevarán a cabo diversas movilizaciones y manifestaciones. Esta situación es recogida, tratada y publicada por el diario *Lanza* en varias ocasiones como son, entre otras, el 12 de junio de 2012 y el 19 de febrero de 2013.

El Ayuntamiento arregló las pistas polideportivas en el verano del 2012 con un coste de 32.000 euros, según informaciones del diario *Lanza* del 4 de septiembre de 2012.

Patio del colegio Cruz Prado. Fuente: página web del centro.

La plantilla del profesorado en el curso 2010-2011 es la que aparece en la tabla de la página siguiente.

Comenzó el curso 2013-2014 con un nuevo equipo directivo, formado por la directora, Gloria Sánchez Plaza; la jefa de estudios, Fátima García Hurtado, y el secretario, Julián Serrano Rivero. Entran con fuerza y consiguen poner en marcha el deseado comedor escolar, aunque se van a enfrentar a los problemas de la posible desaparición de la doble línea del centro, de la falta de pizarras digitales en algunos cursos y al mal funcionamiento de la red wifi.

Claustro del colegio Cruz Prado, 2011.

Tabla 50

PROFESORADO DEL CEIP ALCALDE JOSÉ CRUZ PRADO, 2010-2011

MAESTRAS/OS	PUESTO DE TRABAJO
María Luisa Asensio Cejudo	Primaria
Leonor Casado Martín	Audición y Lenguaje
Rosa María Giménez López	Primaria
Mercedes Muñoz Ferris	Primaria
Amparo Orovio Garrido	Primaria
María Dolores Rodado Sánchez	Primaria
Julia Salcedo Merino	Infantil
María de los Ángeles Talavera de la O	Infantil
Macarena Vargas Úbeda	Primaria
José Luis Vega Toledo	Primaria
María Asunción Villena Espinosa	Música
María Jesús Arévalo Nieto	Pedagogía Terapéutica
Rosario Cabrera	Infantil
Rosa María Contreras Caballero	Primaria
Raúl Espinosa Gómez	Religión
Ángela Malagón Cabezas	Trabajadora social (PTSC)
Jesús Pardo Rodríguez	Educación Física
Francisca Patón	Religión
Nuria Perea Monje	Orientadora
Celestino Rubio López	Inglés
Gloria Sánchez Plaza	Inglés y directora 2006-2015
María Teresa Amador Rodríguez	Primaria
Félix Barba Ciudad	Primaria
Rosa María Buendía Ruedas	Primaria y jefa de estudios 2006-2013
María del Rosario Juan	Infantil
Isabel Martínez Jimeno	Primaria
Inocencia Aponte Nieto	

Fuente: Programa Delphos. Elaboración propia.

El diario *Lanza* del 23 de mayo de 2015 publica la noticia de los actos programados por el Ayuntamiento para celebrar el Primer Centenario de la creación del Parque de Gasset (2015) y la directora del centro, Gloria Sánchez, invita a la alcaldesa, Rosa Romero, para que vea las actividades que se están haciendo para la conmemoración del centenario y compruebe la terminación de las obras realizadas hasta ahora. La alcaldesa, tras felicitar a todos los maestros y maestras por su trabajo en favor del conocimiento de la historia de Ciudad Real, les comunica que, a pesar de haber realizado la Junta de Comunidades el cerramiento del patio por un valor de 50.000 euros, todavía falta por hacer el gimnasio, que espera se termine pronto.

Gloria Sánchez, la alcaldesa Rosa Romero, maestras y alumnos del colegio Cruz Prado. Fuente: Ayuntamiento de Ciudad Real.

El curso escolar 2015-2016 entra un nuevo equipo directivo formado por la directora, Fátima García Hurtado; la jefa de estudios, Isabel Moreno, y el secretario, Antonio Cuchillero López. Continúan con el mismo empeño que el equipo anterior, es decir, que se acaben definitivamente todas las obras y el funcionamiento del comedor sea eficaz y bueno. Al problema de la escasa natalidad, de las obras interminables en el colegio, de la falta durante muchos años del comedor y del envejecimiento de la población del barrio, se añade la concesión de la tercera línea en el curso 2014-2015 al colegio concertado próximo al colegio Cruz Prado.

El equipo directivo y todo el profesorado quieren hacer frente a este desafío y empiezan nuevos proyectos para intentar solucionarlo. Ponen en marcha el huerto escolar, se programan y organizan múltiples juegos en el patio, se compra un nuevo equipo informático para llevar el programa ABIES de la biblioteca del centro, se reparan los portátiles Toshiba de la Junta y la red wifi, se compra un teléfono móvil para el centro, se ponen protectores de pantallas a los ordenadores de Educación Infantil, se adquieren cinco equipos informáticos y se instalan algunas impresoras de color. Estas nuevas realizaciones e ideas no van a conseguir que siga disminuyendo la matrícula, pero sí que los alumnos estén en mejores condiciones de aprendizaje.

La crisis económica y el desempleo hacen mella en las familias más necesitadas, en las minorías étnicas y en los inmigrantes. Para intentar mejorar esta situación el equipo directivo pone en marcha un Programa de Intervención en el curso 2016-2017, en el cual detectan 43 familias del centro con riesgo de exclusión social, 19 desfavorecidas y 7 de riesgo familiar. También abordan la problemática del inmigrante y ponen en marcha un plan de acogida teniendo en cuenta si dominan el idioma castellano o lo desconocen.

El Ayuntamiento pone la Escuela de Verano en el colegio en 2016 y con funcionamiento del comedor, esto va a servir de ayuda a la asistencia de los niños y niñas del barrio a la vez que aporta una alimentación adecuada a sus hijos. Este tipo de alimentación e higiene son fundamentales para que los niños asistan a ella y tengan un rendimiento adecuado. Durante los cursos siguientes se continuarán, por parte del colegio, las campañas de consumo de frutas (Unión Europea), los Desayunos Saludables y el consumo de leche y lácteos (Unión Europea).

Vamos a conocer la evolución de la matrícula del alumnado a lo largo de esta década a través de la siguiente tabla estadística.

Tabla 51

ALUMNADO DEL CEIP ALCALDE JOSÉ CRUZ PRADO, 2010-2020

CURSO	2010-2011	2011-2012	2012-2013	2013-2014	2014-2015	2015-2016	2016-2017	2017-2018	2018-2019	2019-2020
N° DE ALUMNOS	330	346	307	293	266	261	266	250	247	255

Fuente: Delphos. Elaboración propia.

La pérdida de alumnos se manifiesta constante a lo largo de los años y esto acarreará la pérdida de la doble línea en el colegio. El equipo directivo busca soluciones, como son el buen funcionamiento del comedor escolar y la solicitud de ayudas para las familias necesitadas.

Desde la puesta en marcha del comedor escolar, su demanda ha sido constante y en aumento, por varias razones, una fue la terminación de las obras en el colegio y otra la concesión de numerosas becas por parte de la Junta y del Ayuntamiento, que facilitan a las familias el trabajo y a la vez les supone una ayuda económica. Si observamos la evolución de los usuarios en la siguiente tabla estadística, se puede decir que supuso claramente un avance importante en conciliación familiar y social.

Tabla 52

COMEDOR ESCOLAR DEL CEIP ALCALDE JOSÉ CRUZ PRADO, 2013-2020

CURSO	2013-2014	2014-2015	2015-2016	2016-2017	2017-2018	2018-2019	2019-2020
COMENSALES	52	39	69	90	92	109	110

Fuente: Delphos. Elaboración propia.

La idea de tener un comedor como el que se había proyectado en la tercera fase no se ha olvidado y el equipo directivo sigue empleando todos sus esfuerzos en mejorar el espacio, mobiliario y atención a los usuarios. Para ello se realizarán las actuaciones necesarias en el verano del 2019. El comedor se situó en el edificio principal en dos aulas, que se adecuaron, de forma provisional, y a las que se dotó del mobiliario correspondiente. Al no tener cocina propia, la comida es de tipo catering.

En lo que respecta a las actividades que se realizan en el centro, podemos decir que se continúan haciendo las de Navidad (decoraciones, villancicos, belenes, representaciones, visita de los pajes reales, chocolatada, etc.), Día de la Paz, Día del Libro, Carnaval, campañas solidarias, jornadas culturales en colaboración con el AMPA, excursiones, visitas culturales en la localidad, actividades deportivas, etc. Las campañas solidarias en favor de las familias más desfavorecidas pasaron a formar parte del Proyecto Educativo del Centro.

La formación de los padres y madres y su contacto con el centro es importante de cara a su colaboración en la educación y enseñanza de sus hijos, para ello se realiza la Escuela de Padres y Madres, en la cual se tratan temas como el uso del Internet, el acoso escolar, la igualdad entre hombres y mujeres, la diabetes, la alimentación, el sueño, los hábitos saludables, el estudio en casa, etc. Estas relaciones entre el profesorado y las familias se favorecían desde las clásicas chocolatadas de Navidad y las jornadas culturales que se realizaban al final de cada curso.

El claustro de profesores en el curso 2019-2020 estaba formado por los siguientes maestros y maestras.

Tabla 53

PROFESORADO DEL CEIP ALCALDE JOSÉ CRUZ PRADO, 2019-2020

MAESTRAS/OS	PUESTO DE TRABAJO
Rosa María Buendía Ruedas	Primaria y jefa de estudios de 2006 a 2013
Rosario Cabrera	Infantil
Rosa María Giménez López	Primaria
María del Rosario Juan	Infantil
Ángela Malagón Cabezas	Trabajadora Social (PTSC)
Isabel Martínez Jimeno	Primaria
Inocencia Montes Nieto	Primaria
Francisca Patón	Religión
Nuria Perea Monje	Orientadora
Gloria Sánchez Plaza	Inglés y directora de 2006 a 2015
Carmen Camarero Delgado	Primaria
Antonio Cuchillero López	Educación Física y secretario desde 2015
Fátima García Hurtado	Infantil y directora desde 2015
Millán Gómez Jiménez	Pedagogía Terapéutica
Elena Mesas Vera	Primaria
Isabel Moreno Gutiérrez	Primaria y jefa de estudios desde 2015
María Dolores Rodado Sánchez	Primaria
José Tomás Ortiz Toro	Infantil
Inmaculada Romero Rodríguez	Pedagogía Terapéutica
Rocío Navas Sánchez	Audición y Lenguaje

Fuente: Programa Delphos. Elaboración propia.

Como puede observarse la disminución de profesorado va acorde con la disminución del número de alumnos, que progresivamente se ha ido produciendo a lo largo de toda la década.

11
LA PANDEMIA DEL COVID-19 Y EL PROCESO DE DIGITALIZACIÓN DE LA ENSEÑANZA

Entramos en la década del 2020 y, al igual que en los otros centros de la localidad, se comienza con el Covid-19 y la suspensión de las clases desde el 14 de marzo del 2020 hasta que finaliza el curso. Los retos, las preocupaciones, las medidas higiénicas y organizativas se llevan a cabo al igual que en todos los centros educativos. El profesorado se vuelca con sus alumnos y las familias para tratar de ayudarles durante estos momentos y continuará haciendo sacrificios personales y profesionales durante el curso siguiente. A este problema hay que añadir la escasa natalidad, las dificultades de las familias en materia tecnológica y la grave crisis económica del año 2022 que aprieta más a las familias de este barrio.

Puerta de entrada principal al colegio Cruz Prado. Fuente: *Lanza Digital*, 16 de septiembre 2020. Fotografía de J. Jurado.

Como consecuencia del Covid-19 todos los centros de enseñanza tuvieron que tomar medidas preventivas de tipo higiénico, sanitario y organizativo, siguiendo las normas del Ministerio de Sanidad y el protocolo establecido. En alguna ocasión se tuvieron que suspender las clases de algún grupo de niños durante un corto periodo de tiempo. El periódico *Lanza Digital* se hace eco, el 16 de septiembre del 2020, de la suspensión que se ha tenido que llevar a cabo en dos aulas del colegio.

La Junta de Comunidades inicia en el curso 2021-2022 la digitalización de la enseñanza y la preparación con el envío de material informático del profesorado ante los nuevos retos.

Los proyectos o programas que se están llevando a cabo durante estos últimos años son:

1º) «Programa de Inteligencia Emocional», iniciado por una psicóloga de la Facultad de Educación, Gema Alhambra, y que se ha continuado y llevado a cabo a través de un seminario que se ha constituido en el colegio. Se pretende crear en los alumnos un apego y un cariño hacia el colegio y los demás compañeros como forma de evitar conflictos.

2º) Programa «Caminando hacia la Inclusión», promovido por la Consejería de Educación y llevado a cabo por el equipo directivo y Orientación con la colaboración de todo el profesorado. Tiene una duración de dos años y se realiza a través del Proa-Plus. Su objetivo principal es facilitar la inclusión de todas las personas que forman la comunidad educativa del centro.

3º) «Rutas Didácticas y saludables», este proyecto consiste en hacer rutas de senderismo con familias y niños con la finalidad de conocer plantas, animales y recursos medioambientales del entorno.

4º) «Encuentros interculturales», se realizan al final del curso y cada familia trae a la fiesta de fin de curso comidas propias de sus pueblos o naciones con la finalidad de compartirlas y de que se conozcan.

5º) Proyecto «Nosotros Proponemos», iniciado en el curso 2017-2018 y que consiste en realizar una serie de propuestas de mejora para la ciudad por parte de los alumnos, estando orientados por sus maestros. En dos ocasiones han sido premiados por las propuestas presentadas al Ayuntamiento.

6º) Programa de Accesibilidad Cognitiva, llevado a cabo por el equipo de Orientación y consistente en utilizar el lenguaje de signos tanto de forma gráfica como oral para facilitar el conocimiento de los distintos lugares o acciones a los niños TEA o con dificultades para la comunicación.

7º) Programa «Musiqueando», fue llevado a cabo en cursos anteriores por Encarni Alises Camacho con la colaboración de todo el centro. El proyecto consistió en llevar la música al centro, al barrio, a la ciudad y a Castilla-La Mancha, haciendo partícipes a todos los ciudadanos. Se han realizado varios actos en el colegio a los cuales ha podido asistir gente del barrio, uno se realizó en la placita de Santiago y otros en diversos lugares de Ciudad Real en el cual participaron otros centros.

La solidaridad es una de las características propias de este centro educativo y a lo largo de cursos y cursos se continúan haciendo actividades de este tipo. En 2020 organizan una «chocolatada solidaria» para recaudar fondos en beneficio de la investigación sobre el cáncer infantil que se está realizando en el Hospital San Joan de Deu en Barcelona. Se colaboraba con un donativo de un euro y se invitó a toda la comunidad educativa y a los vecinos del barrio. La periodista de *Lanza Digital*, Aurora Galisteo, se hace eco de este evento tan humano y realiza un pormenorizado y emotivo artículo.

Chocolatada solidaria en el colegio Cruz Prado. Fuente: *Lanza digital*, 17 de febrero de 2020. Fotografía de Elena Rosa.

El AMPA del colegio, siempre dispuesta a colaborar con el centro y más en estos tiempos tan difíciles, organizará el 22 de mayo de 2022 la I Ruta Senderista Cruz Prado. Dicha ruta se realizará a pie hasta el Parque de la Atalaya y allí se recogerá basura abandonada para fomentar entre todos los asistentes el cuidado por el medioambiente. Después se harán actividades lúdicas para los niños y niñas y se finalizará con un almuerzo. A dicha ruta asisten maestros y maestras, alumnado y familias. Un gran día para una noble causa[15].

El profesorado del centro sigue lleno de inquietudes y participa con los niños y niñas en el concurso «Descubre mujeres científicas en Ciudad Real», promovido por la Concejalía de Igualdad. En dicho concurso, la niña

Entrega en el Ayuntamiento de Ciudad Real del premio a la alumna del colegio Cruz Prado Nini Gabeslashvili, ganadora del concurso "Descubre mujeres científicas en Ciudad Real", 10 de marzo de 2022. Fuente. Concejalía de Igualdad del Ayuntamiento de Ciudad Real.

Nini Gabeslashvili del colegio Cruz Prado obtuvo el primer premio por su trabajo «Marie Curie, una vida dedicada a la Ciencia».

El Ayuntamiento de Ciudad Real apoya a los centros educativos de la ciudad con una campaña de entrega de 250 libros sobre temas de igualdad entre hombres y mujeres, con la ayuda financiera de la Diputación y conmemorando el Día del Libro[16].

El curso 2021-2022 va a terminar con una buena noticia, la Junta de Castilla-La Mancha va a construir un gimnasio, que se ha adjudicado en 395.000 euros a una empresa constructora. Va a tener una superficie de unos 330 m² y va a cumplir con todos los requisitos actuales de eficiencia energética, según una información publicada el 23 de mayo por *ab95fm.com*.

Al final, y tras muchos años de espera y de lucha, se va a conseguir que se terminen las obras proyectadas en el curso 2010-2011. El diario *La Tribuna* publicó en julio de 2021 un pormenorizado artículo sobre este tema, del cual extraemos unas imágenes[17].

El curso 2022-2023 comienza con un colegio compuesto por trece unidades, de las cuales tres son de Infantil y el resto de Primaria. El número de alumnos continúa bajando y en estos momentos son 225 en total, de los cuales 63 son de Educación Infantil. Esto supone una ratio media, en Primaria, de 16 alumnos por clase. Vamos a indicar que 1º y 2º de Primaria e Infantil están en base uno, es decir un solo curso por nivel. Los alumnos que asisten al comedor también han disminuido y son un total de 71, de los cuales hay 55 becados.

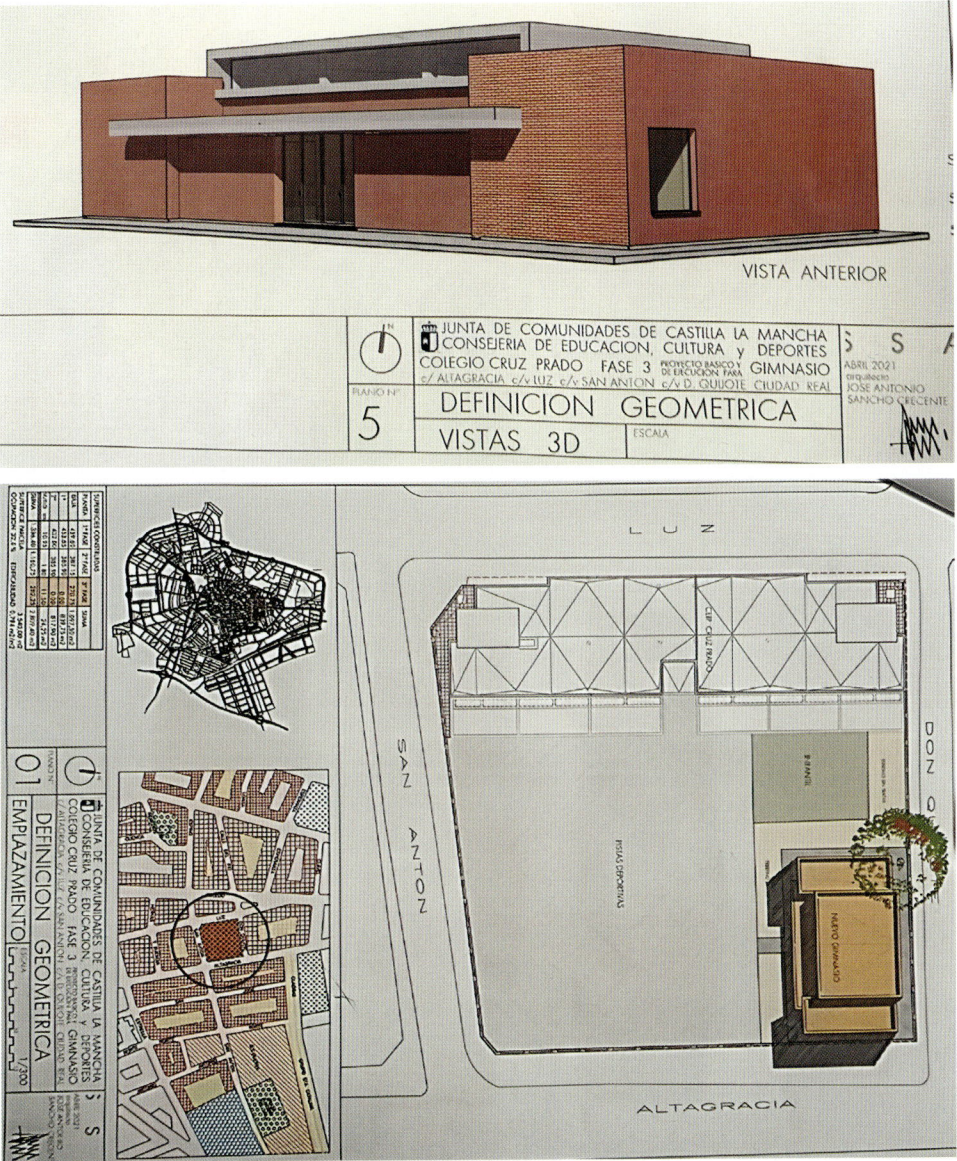

Partes del plano del gimnasio del colegio Cruz Prado proyectado por la Consejería de Educación. Fuente. *La Tribuna*, 4 de julio de 2021.

Ante las dificultades y retos de los nuevos momentos (descenso de la natalidad, crisis económica, multiculturalidad, digitalización de la enseñanza, igualdad entre hombres y mujeres, etc.), es más necesario que nunca estar todos los componentes de la comunidad educativa más cercanos y dispuestos a ayudar en todos los retos que se van planteando. El AMPA, el profesorado, el alumnado, las familias y el barrio van a tener que ir de la mano para buscar un futuro mejor para todos.

Claustro del colegio Cruz Prado, 2022.

El 1 de julio de 2023 toma el relevo un nuevo equipo directivo formado por Antonio Cuchillero, director; María Isabel Moreno, jefa de estudios, y Pilar Guijarro Panadero, que ejercerá de secretaria. Su primer reto será organizar el centenario del colegio que se celebrará en 2024.

Claustro del colegio Cruz Prado en su Centenario, 2024. Fuente: Archivo del centro.

IV
DE ACADEMIA DE LOS FERROVIARIOS A CEIP FERROVIARIO DE CIUDAD REAL

1

COMIENZOS Y PRIMERAS DÉCADAS DE LA ASOCIACIÓN GENERAL DE EMPLEADOS Y OBREROS DE LOS FERROCARRILES DE ESPAÑA

El actual colegio de Educación Infantil y Primaria Ferroviario se sitúa en el antiguo patio del colegio Ferroviario, teniendo su acceso principal desde el Parque de Gasset. Dicho centro, heredero de la Academia de los Ferroviarios, comenzó a funcionar el curso 2006-2007 y continúa en la actualidad.

Fachada del nuevo colegio Ferroviario. Fuente. http://ceip-ferroviario.centros.castillalamancha.es/

A finales del siglo XIX el ferrocarril se extiende poco a poco por toda España. Los obreros de los ferrocarriles se asocian en diversas sociedades mutualistas como medio de previsión, asistencia social y solidaridad entre ellos. La más importante y duradera será la Asociación General de Empleados y Obreros de los Ferrocarriles de España. En un primer momento está compuesta por trabajadores de la MZA y poco a poco se van uniendo trabajadores de otras empresas. Esta asociación nace para defender los intereses de los ferroviarios y luchar contra el impuesto de utilidades.

La Asociación se fundó el 16 de enero de 1888 bajo el lema «Todos para uno y uno para todos», a iniciativa de Rogerio Osorio Sánchez, siendo declarada como Institución Benéfica por la Real Orden de 24 de febredro de 1894 y situando su domicilio social en la calle Atocha número 23 de Madrid.

Se constituye y se realizan los estatutos por los cuales se van a regir en el futuro, teniendo presente que nace de la necesidad de prevenirse ante los infortunios que puedan venir y que dejaran a los familiares de los ferroviarios sin futuro. Comenzaron por conceder pensiones a la vejez, orfandad y a la invalidez, y más tarde se instauran los socorros y los anticipos. A medida que avanzan van creando filiales de la Asociación y dentro de la misma estructura incluyen:

- La Asociación Médico-farmacéutica que atiende a la salud de los ferroviarios mediante cuotas muy reducidas.
- La Caja de Ahorros, para prevenir las adversidades.
- El Socorro de Urgencia que se concede a las viudas o

Estatutos de la Hermandad Ferroviaria de Ciudad Real de Ntra. Sra. de Alarcos y San Rafael Arcángel.

a los hijos tras fallecer el socio.
- Ciudades Ferroviarias para acometer el problema de la vivienda en España, al amparo de la Ley de Casas Baratas.
- Escuelas para erradicar el analfabetismo y fomentar la cultura.

Las prestaciones eran de diferentes tipos:

a) A los socios: pensión por edad, pensiones por inutilidad, socorros en defecto de pensión, subsidios de nupcialidad, subsidios por jubilación, anticipos reglamentarios y socorros en casos de extrema necesidad.

b) A los familiares: pensiones por viudedad, pensiones por orfandad, subsidios por defunción y transmisiones de pensión.

c) A pensionistas directos y transmitidos: auxilios extraordinarios, socorros en caso de extrema necesidad y complemento de pensiones.

d) Para todos: periódico a domicilio, información y ayuda, fondo de ahorro de socios y pensionistas y edificios sociales en las veinticuatro zonas establecidas, que luego se amplían a veintiocho.

El número de asociados fue creciendo exponencialmente a lo largo de los años. Todos ellos pagaban una cuota y gracias a ello se van ampliando los servicios que se prestan:

«Un montepío (1894), un centro de formación para personal ferroviario (1897), una Caja de Ahorros (1901) y la gestión de centros de enseñanza en diversas ciudades destinados a atender a los hijos de los trabajadores (1905)»[1].

En los comienzos del siglo XX se van organizando las diferentes juntas locales según las distintas zonas ferroviarias.

El 11 de noviembre de 1922 quedó constituida la entidad del Colegio de Huérfanos Ferroviarios, con domicilio social en Madrid, bajo el patronato y como filial de la Asociación General de Empleados y Obreros de los Ferrocarriles de España (AGEOFE). El artífice fue Antonio Gistau Ferrando con la colaboración de Leocadio Martín Ruiz, Julio Domingo Rodríguez y Ángel Simón García.

El progreso y avance de la Asociación se extenderá a las diversas zonas, en las cuales se harán colegios, cooperativas de consumo y casas baratas, culminando con el magnífico edificio del Colegio de Huérfanos Ferroviarios

Emblema de la Asociación General de Empleados y Obreros de los Ferrocarriles de España (AGEOFE).

de Madrid en 1930. En un documento escrito realizado por el Consejo de Administración el 7 de julio de 1930, se describe así:

«El edificio, enclavado dentro y en lo más alto de la Ciudad Universitaria de Madrid, cercado con jardines amplios, con grandes explanadas, campos de tenis, piscinas y está rodeado por los magníficos pinares del más hermoso parque de Madrid; consta de dos cuerpos idénticos, capaces para albergar, con toda comodidad y confort a 500 alumnos internos de ambos sexos; se compone de cinco plantas y está reputado, por su feliz orientación, enclavamiento y distribución de dependencias y servicios, como uno de los mejores edificios de su clase y finalidad del mundo. Su coste, incluido el mobiliario y material de enseñanza, se eleva a cinco millones de pesetas, sin contar con los terrenos, que nos fueron donados por el Estado.

La idea fundamental que ha presidido su construcción, ornamentación y decorado, ha sido totalmente lograda, en el sentido de que en ningún detalle se asemeje a los establecimientos que sostiene la caridad oficial y privada, y por el contrario, dentro de las más puras normas de la moral, sea para nuestros huérfanos del Palacio-Escuela que soñaron para sus hijos los trabajadores ferroviarios.

Ya cuenta con 350 huérfanos de ambos sexos, a los que se les abona una peseta diaria en concepto de socorro hasta su ingreso en el Colegio, que será a principios de curso, o sea, a primeros de septiembre del año actual. En el colegio se facilitará desde la Enseñanza Primaria hasta la superior, preparación para carreras especiales y universitarias.

La edad de permanencia en el Colegio será de los siete a los dieciocho años, los niños y hasta veinte, las niñas».

La Asociación iba teniendo cada vez más fuerza a nivel estatal y a comienzo de la década de 1930 estaban bajo su tutela el Colegio de Huérfanos, la Asociación para la Residencias de Pensionistas Ferroviarios y las ciudades ferroviarias (cooperativas de casas baratas).

El soberbio colegio construido se hizo bajo la dirección del arquitecto Francisco Alonso Martos, al igual que muchos otros colegios ferroviarios de la geografía española. Las escuelas y academias que la Asociación había construido hasta 1930 son las de Valladolid, Irún, Bilbao, Santander, Alicante, Valencia, Alcázar de San Juan, Ciudad Real, Mérida y Aranjuez. En fechas posteriores se harán en Barcelona, Medina del Campo, Granada, Huelva y Monforte. La idea de crearlas es dar enseñanza Primaria, Secundaria y preparaciones especiales técnico-ferroviarias a unos 15.000 alumnos.

2
LA ASOCIACIÓN GENERAL DE EMPLEADOS Y OBREROS DE LOS FERROCARRILES DE ESPAÑA DE LA ZONA 18. CIUDAD REAL

España estaba dividida en veinticuatro zonas ferroviarias, correspondiendo la Zona número 18 a Ciudad Real. Cada zona tenía una junta local que se encargaba de administrar la sede social y de atender a los ferroviarios asociados. Tenían que rendir cuentas a la sede central de Madrid y llevar sus propuestas de mejoras.

Hay pocos datos sobre su comienzo y su sede en Ciudad Real en los primeros años del siglo XX. La primera Junta de la que tenemos referencia está compuesta por Ponciano Montero, presidente; Pedro Torres y Jesús Palacios, según informa el periódico *Vida Manchega* el día 13 de marzo de 1922. Don Ponciano ya había iniciado en años anteriores las gestiones para que se hiciese la Academia de los Ferroviarios en Ciudad Real, asimismo se encargó de hacer las gestiones de la organización para la colocación de la primera piedra del edificio que se iba a construir. La sede social de la Junta en 1922 estaba en la calle Toledo número 35 de la capital.

Este mismo año, don Ponciano informa al Ayuntamiento de que de que la AGEOFE va a construir en el futuro un Colegio de Huérfanos Ferroviarios

Ponciano Montero (arriba 3º), periodistas y otras personalidades. Fuente: *Vida Manchega*, 1917.

y que sería conveniente para la ciudad realizar ofrecimientos para que se instale en la capital por los beneficios que traería a la misma.

El día 17 de octubre de 1923, *Vida Manchega* informa de que hay nueva Junta Directiva de la Zona 18, resultando elegido presidente José Castro; secretario, Veremundo Rodríguez; y el resto de componentes son los señores García Ruiz, García Muñoz, Álvarez, Archidona, Martínez, Campos, Zúñiga, López y Sánchez. Dicha Junta será la encargada de gestionar la construcción del edificio para escuelas, cobrar las cuotas a los socios, organizar actos benéficos para recaudar dinero, administrar el economato, realizar gestiones administrativas, etc.

Junta Directiva de la AGEOFE en Ciudad Real. Abajo, izquierda: Antonio Rodero, Luis Salcedo y Ponciano Montero. Fuente: *La Asociación*, 30 de abril de 1922.

En marzo de 1924 organiza la primera verbena en la plaza de los niños del Hospicio, en honor a San José. En el acto se incluye engalanar la plaza, bailes, pólvora y un partido de fútbol en el Hospicio.

La Academia de los Ferroviarios se inauguró el 14 de septiembre de 1924, siendo presidente de la Zona 18 José Castro Gallego, que estuvo acompañado por Ponciano Montero Ramírez, el cual fue muy elogiado por haber sido el iniciador y propulsor de la obra realizada.

En 1924 trasladan la sede de la Junta a la calle Jacinto y allí permanecerá durante muchos años.

El 27 de mayo de 1927, el periódico *Vida Manchega* informa sobre el acto de bendición de la Bandera de los Ferroviarios, a la cual asisten las autoridades civiles y militares, representantes de la Asociación de Madrid y de otras zonas ferroviarias. Esta bendición fue realizada por el señor obispo y actuó de madrina Carmen Peinado, huérfana ferroviaria.

En 1928 el presidente de la Zona 18 era el señor Díaz Hondarza, que continuará la labor de los anteriores y que se dedica de manera fundamental a la organización y funcionamiento de la escuela. Entre sus labores principales destacamos la financiación del colegio y estructurar la plantilla de maestros y maestras.

La Academia de los Ferroviarios se va consolidando durante el paso de los años. En 1930 continúa la labor el presidente de la misma, Manuel Díaz García, que está dedicado de manera especial a su desarrollo interior y exterior. Los maestros hacen excursiones a diversos lugares de la ciudad y son acompañados por el presidente a dichas salidas culturales.

La Junta Local había constituido, años anteriores, la Cooperativa La Confianza para que los asociados pudieran disfrutar de precios más económicos en la compra de productos alimenticios, tejidos y muebles. Se estableció en un local propio y céntrico, destinándose los beneficios a pagar gastos de la escuela, de la administración y del Colegio de Huérfanos Ferroviarios. Dicha cooperativa estaba integrada por 1.197 socios, que poseen un capital social de 307.279 pesetas. En 1929 obtuvieron de la venta 700.415 pesetas, con un beneficio de 78.286 pesetas[2].

Según se recoge en el acta de la Diputación Provincial del día 5 de diciembre de 1931, el presidente de la Zona 18, Enrique Martín Escribano, solicita una subvención para las escuelas ferroviarias, ya que atienden a 400 niños de ambos sexos de la localidad. El pleno acuerda concederle una subvención de mil pesetas.

Cooperativa La Confianza, 1930. Fuente: *Boletín Extraordinario del Colegio de Huérfanos Ferroviarios.*

En el acta de 20 de marzo de 1933, el señor Martín vuelve a solicitar una nueva subvención para cubrir parte de los gastos que supone impartir Instrucción Primaria, Corte y Confección, Dibujo y clases especiales de Ajuste, tanto a hijos de ferroviarios como a particulares de la localidad. La Corporación Provincial le concede, como en años anteriores, dicha subvención.

El presidente de la Zona 18 solicita a la Diputación el 15 de marzo de 1945 una subvención para el colegio de los Ferroviarios, ya que en él se atienden escuelas primarias y especiales en las que reciben instrucción 360 alumnos de ambos sexos, atendidos por catorce profesores. Asimismo, informa que recientemente han inaugurado una capilla y organizado una rama de Acción Católica[3].

Según nos informa Emilio Martín Aguirre, una vez finalizada la Guerra Civil, la Hermandad Ferroviaria profesaba culto a san Rafael por ser protector especial de los caminantes. Desde su fundación el 10 de julio de 1944, en la antigua capilla de la Asociación sita en el colegio Ferroviario, había dos imágenes de culto, una del Sagrado Corazón de Jesús y la otra del arcángel san Rafael.

De la Hermandad Ferroviaria nacerá en 1945 la Hermandad del Encuentro. A partir de 1986 se hizo cargo de la bandera de la Hermandad Ferroviaria Francisco Gómez, el cual se la entrega a la Cofradía del Encuentro en el año 2017. Dicha bandera fue confeccionada por las religiosas Adoratrices de Ciudad Real, llevando en el centro de la misma la imagen de la Virgen de Alarcos y en la otra cara la imagen de san Rafael.

Cuando pasa el colegio a ser de titularidad pública en 1986, los ferroviarios se llevan los objetos de su propiedad a Madrid, sede central de la Asociación, pero dejan las citadas imágenes a personas particulares. El Sagrado Corazón de Jesús procesiona en la actualidad en la parroquia de Santo Tomás de Villanueva y es propiedad de Joaquina Gómez Campos, mientras que de la imagen del arcángel san Rafael se hizo cargo Francisco Gómez Campos, que era entonces el hermano mayor del Encuentro.

Un acto lúdico que desde la finalización de la Guerra Civil se celebraba todos los años era la famosa Verbena Ferroviaria, que se realizaba durante las fiestas de la Virgen del Prado. Dicha verbena organizada por la Asociación de los Ferroviarios en el patio del colegio adquirió gran prestigio entre la población de Ciudad Real hasta su desaparición en 1986. Se confeccionaba un programa detallado de todas las actuaciones y se repartía entre la población de la capital con la finalidad de que pudiesen asistir a ella; no olvidemos que los beneficios repercutían en la economía del colegio.

Clemente Díaz Murcia, antiguo ferroviario, nos cuenta que había un ambiente muy familiar y popular puesto que no se cobraba la entrada al recinto, mientras que en La Talaverana era obligatorio el pago. En ella había actuaciones musicales, concursos de baile, elección de Miss Zona 18 y damas, actividades deportivas, actos culturales, exposiciones de pintura y escultura, competiciones de baloncesto, cine y fuegos artificiales. Se llegaron a celebrar hasta veladas de boxeo, teniendo como principal protagonista al púgil local Moraga.

Fiesta de hermandad de los Ferroviarios. Fotografía cedida por Manoli y Juani (hijas de Arturo Díaz).

En el patio de la escuela se instalaba un bar y una churrería, mientras amenizaba la estancia una orquesta.

Uno de los días de la feria se hacía un homenaje a todos los pensionistas ferroviarios y se ofrecía una chocolatada con churros a las familias.

En la década de 1960 el presidente de la Asociación era el señor García-Donas y le acompañaban en la junta directiva los señores Archidona, Muñoz de Morales, Sánchez de la Gándara, Fernández, Vigara y García Román. A esta junta le sucedería la presidida por Luis Muñoz de Morales, siendo secretario Carmelo Abad. En estos años deciden alquilarle a Tomás Pérez González,

Celebración de la Zona 18. Fotografía cedida por Manoli y Juani Díaz.

Ángel Jara y a Olga Novoa parte de las instalaciones de la planta alta para instalar allí la academia Minerva, que estuvo desde 1961 a 1964.

La Junta de la Zona 18 en los años 70 estuvo presidida por Francisco Sánchez Donoso, siendo uno de los vocales Clemente Díaz Murcia. Durante un periodo de tiempo tuvo su sede en el colegio Ferroviario la Federación Provincial de Balonmano.

Era costumbre en la escuela Ferroviaria que los niños y niñas celebraran allí su Primera Comunión. La preparación corría a cargo de los maestros y maestras, el capellán José Gimeno y algunos seminaristas.

El día 1 de septiembre de 1986 la Asociación de Ferroviarios de la Zona 18 cesa su actividad en el colegio y el mobiliario de su propiedad se lleva a la sede central de Madrid.

El colegio Ferroviario de Ciudad Real será uno de los últimos en pasar a manos del Estado, junto con el de Monforte de Lemos, Valencia y Córdoba.

Para terminar este capítulo, vamos a informar sobre el símbolo del colegio Ferroviario, es decir la reproducción de la locomotora 1701, que estaba en el colegio antiguo y que ahora se encuentra expuesta en el hall de entrada del nuevo colegio. Clemente Díaz Murcia, antiguo ferroviario, nos informa que la locomotora 1701 presidió siempre la entrada a la escuela. Esta máquina es una imitación de la que se realizó en Barcelona por la compañía Maquinista Terrestre y Marítima en 1927 para la compañía ferroviaria MZA.

Reproducción de la locomotora 1701, símbolo del colegio Ferroviario, 2005. Fotografía cedida por Antonio García-Donas.

Esta empresa encargó cinco locomotoras de este tipo que se realizaron entre 1927 y 1931, eran las primeras Montañas de España, de simple expansión con solo dos cilindros, frente a los cuatro de las Montañas del Norte. Por ello resultaban unas locomotoras de gran sencillez y robustas, pasando de ser las máquinas más logradas de la MZA. Inicialmente prestaron sus servicios en la línea Madrid-Barcelona, recibiendo en Renfe la numeración 241.2001/2095.

Hoy la 1701, perfectamente restaurada por la Fundación de Ferrocarriles Españoles, se mantiene en servicio y alterna su presencia en el Museo Nacional Ferroviario de Madrid-Delicias con el remolque del Tren de la Fresa, que circula algunos días del verano entre Madrid y Aranjuez, rememorando una época ya pasada.

La reproducción que en la actualidad hay en el CEIP Ferroviario de Ciudad Real fue restaurada por el ferroviario Clemente Díaz y por Pilar Martínez Carrasco, miembro del AMPA de dicho colegio en los años de su inauguración.

Como homenaje a todos los ferroviarios que contribuyeron a que se hiciese el colegio y a que se mantuviese a lo largo de tantos años voy a trascribir el *Himno de la Bandera Social* que tenían a lo largo de ese tiempo.

HIMNO DE LA BANDERA SOCIAL

«Salve ¡oh! Bandera, símbolo divino,
trofeo glorioso que el amor nos trajo,
es la estrella guía, es nuestro camino,
trátanos bien en nuestro trabajo.
Escucha amorosa nuestro dulce canto,
que llenos de gozo, a ti dedicamos,
cubre cariños con tu regio manto
a aquellos que todo de ti lo esperamos.
¡Viva nuestra bandera! ¡Viva nuestra Unión!
¡Viva muchas veces, nuestra Asociación!

Ampara y alienta tu sombra querida,
al ferroviario, al obrero honrado,
que al cumplir deberes expone su vida,
y humilde la presta, en ti confiado.
Huérfanos, viudas, débiles ancianos
que bajo tus pliegues fueron acogidos,
les das tus consuelos, con pródigas manos,
que alegres reciben por ser merecidos.
¡Viva nuestra bandera! ¡Viva nuestra Unión!
¡Viva muchas veces, nuestra Asociación!

Oíd que la madre nos llama al regazo,
venid sin reparo, llegad sin temor,
llegad presurosos hijos del trabajo,

los brazos hermanos, os brindan amor.
Venid a nosotros los desconfiados,
¡Venid! Laboremos todos como uno,
bajo la bandera de lemas sagrados.
¡UNO PARA TODOS! ¡TODOS PARA UNO!
¡Viva nuestra bandera! ¡Viva nuestra Unión!
¡Viva muchas veces, nuestra Asociación!»[4].

3
LA ACADEMIA DE LOS FERROVIARIOS. ORIGEN Y ACTOS DE COLOCACIÓN DE LA PRIMERA PIEDRA

Los ferroviarios, desde su Asociación, pretendían mejorar la formación de todos los trabajadores y extender la enseñanza a todos los hijos de los empleados que pertenecían a ella. Las pretensiones de la Asociación eran, en primer lugar, tener un local social donde poder reunirse; en segundo lugar, querían hacer viviendas para los trabajadores y sus familias, y en tercer lugar pretendían la construcción de escuelas para erradicar el analfabetismo entre los hijos de los asociados y darles una preparación profesional.

En el periodo desde 1916 hasta 1936 construyen quince edificios para escuelas en toda España. La financiación era casi toda proveniente de las cuotas de los asociados y de cesiones de terrenos. En primer lugar, se hizo el de Madrid, luego en Valladolid, después en Alcázar de San Juan y en cuarto lugar el de Ciudad Real.

El 10 de enero de 1922 el periódico *Vida Manchega* publica un artículo titulado «La Sucursal de los Ferroviarios», en el cual se indica que en la revista *La Asociación* de los ferroviarios del anterior mes de diciembre, se anuncia que Eduardo Maristany, director general de la compañía MZA, ha cedido los terrenos de 544 m^2 para la construcción en Ciudad Real de un hermoso centro, que estará junto al Parque de Gasset. Los planos se expusieron en un comercio céntrico de la ciudad y el arquitecto será Francisco Alonso Martos[5].

El mismo periódico anuncia el 3 de febrero que el presidente de los ferroviarios de Ciudad Real ha recibido un telegrama de Madrid en el cual se le comunica que ha sido firmada la escritura del solar donde se va a edificar dicho centro.

El día 22 de febrero se publica en el mismo periódico el anuncio de la AGEOFE de una subasta para construir la sucursal de Ciudad Real. En dicho anuncio se hace referencia al pliego de condiciones, entre las cuales está una fianza del 10% del total de la obra, dos años de duración, estado de mediciones, etc. Las proposiciones de los contratistas deben enviarse a la calle Moratín 14 de Madrid o bien a la calle Toledo 15, que es la sede de la Asociación de Ciudad Real. Los pliegos deberían presentarse cerrados y antes del 10 de marzo.

El 12 de marzo Ponciano Montero[6], Pedro Torres y Jesús Palacios estuvieron en Madrid para hablar con la Junta de Gobierno de los Ferrocarriles para acordar lo que debía hacerse el día de la colocación de la primera piedra.

El 20 de marzo se comunica la noticia de que una comisión de ferroviarios acompañados por Manuel Messia de la Cerda van a Madrid para invitar al general Aguilera a la colocación de la primera piedra del edificio que se iba a construir en breve.

Vida Manchega continúa dando informaciones sobre el tema casi a diario y el 17 de abril se anuncia que se han adjudicado las obras al contratista de Ciudad Real Ramón Molina en 257.544 pesetas y que el comienzo de las obras sería el 23 de abril.

El 20 de abril se confirma la asistencia del general Aguilera, que vendría acompañado del ministro de Trabajo y del director de la compañía ferroviaria.

Será el día 22 de abril cuando el periódico *Vida Manchega* publique un extenso artículo titulado «Mas detalles de la inauguración del edificio de los ferroviarios», donde se especifica detalladamente el programa de actos que se iban a realizar el día 23. A continuación los enumeramos:

- El día 22 a las doce de la noche llegará el ministro de Trabajo, el general Aguilera y Domingo Muguruza (subdirector de MZA) en el tren.
- El día 23 a las 11 de la mañana el obispo, Javier Irastorza, junto a las autoridades locales y juntas de Gobierno de diferentes zonas de MZA, celebrará una misa. A la una se ofrecerá una comida a todos los invitados en el Grand Hotel, a las 3 de la tarde se realizarán unos espectáculos y a las 8 de la noche habrá una cena de los ferroviarios. Al acto asistieron también el arquitecto, Francisco Alonso Martos, y el vicepresidente de la Asociación, Antonio Gistau, que vinieron en coche desde Madrid.

El alcalde interino, señor López de Haro, recibió a las autoridades en la estación de ferrocarril con la Banda Municipal al frente.

La revista quincenal de la Asociación publica en el número 836, correspondiente al 30 de abril de 1922, una detallada relación de todo lo acontecido el día 23. En esta ocasión fue editada por la Casa Enrique Pérez de Ciudad Real, dado el carácter extraordinario. Comienza el artículo anunciando que las autoridades llegaron a la capital a las 24,30 horas en el tren correo de Madrid a Badajoz y continúa describiendo los actos de esta manera:

«De Madrid salieron el Excmo. Sr Ministro de Trabajo, D. Abilio Calderón, y el subsecretario, Sr. Conde de Altea; el General Aguilera, con sus ayudantes; los Diputados a Cortes, señores Marqués de Viesca, Marqués de Huétor y nuestro querido presidente, Sr. Eznarriaga; el Subdirector de la Compañía MZA., D. Domingo Muguruza; la Junta de Gobierno, representada por los Sres. Castaño y Carranza, por la Zona de Madrid, y el Director del periódico con el operador de la Casa Alfonso».

A la llegada a Ciudad Real se les recibe a los acordes de la *Marcha Real*, ofrecida por la Sociedad Obrero Benéfica; por comisiones militares de la Compañía de Ingenieros, el obispo; el gobernador; el alcalde interino, con una comisión del Ayuntamiento, y el pueblo de Ciudad Real.

Portada de la revista *La Asociación*, 30 de abril de 1922. Fotografía cedida por Antonio García-Donas.

El acto de la colocación de la primera piedra resultó muy brillante, actuando la Banda Municipal y estando todo muy bien engalanado. A dicho acto acudieron también el gobernador militar, el teniente coronel de la Zona, el director de la Escuela de Artes y Oficios, el coronel del Regimiento de Artillería,

Autoridades en el acto de colocación de la primera piedra de la Academia de los Ferroviarios. Fuente: *La Asociación*. 30 de abril de 1922.

sus jefes y oficiales, el presidente de la Audiencia, el delegado de Hacienda, el jefe de la Comandancia de la Guardia Civil, el alcalde, el presidente de la Diputación, Domingo Muguruza Ibarguren, Francisco Alonso Martos, el inspector jefe señor Salanava, los delegados de diferentes zonas del ferrocarril, etc.

El acto comenzó con la bendición de la primera piedra por parte del señor obispo, Javier Irastorza, la cual fue colocada por el ministro de Trabajo, Abilio Calderón, y a continuación se firmó al acta. Tras ello se dieron varios discursos, comenzando el señor obispo, y tras él intervinieron el presidente de la AGEOFE, el general Aguilera y el ministro de Trabajo.

Colocación de la primera piedra de la Academia de los Ferroviarios, 1922. Fuente: *ABC*.

Tras los discursos se celebró a la una de la tarde en el Grand Hotel de Ciudad Real, hoy Hotel Alfonso X, una comida con la que los miembros de la Asociación de Ferrocarriles de la Zona 18 obsequiaron al ministro de Trabajo, Abilio Calderón; a Francisco Aguilera, presidente del Consejo Supremo de Guerra y Marina; a Javier Irastorza, obispo prior de la Órdenes Militares; a Domingo Muguruza, subdirector de la MZA; a Félix Sánchez Eznarriaga, presidente de la Asociación de Ferroviarios; a Eusebio Cacho, gobernador civil; a Ignacio de Haro, alcalde accidental, y al subsecretario del Ministerio de Trabajo, señor Estrada. En total hubo cien invitados al banquete.

El menú que se ofreció estuvo compuesto por hors d'oeuvrenarié, omelette a la Chartreuse, crevette sauce mayonaise, files mignon a la Perigueux, poulet gras roti, salade des haricots, gateau glacée victoria, fromages et fruits. Todo esto acompañado por vinos de La Rioja, champagne, café y licores.

Acta

En Ciudad Real, a las doce del día 23 de abril de 1922, reunidos en el solar donado por la Compañía de los ferrocarriles de Madrid a Zaragoza y a Alicante para edificar el domicilio social de la 18.ª Zona de la Asociación General de Empleados y Obreros de los ferrocarriles de España, el Excmo. Sr. Ministro del Trabajo, D. Abilio Calderón; el Excelentísimo Sr. General D. Francisco Aguilera, Presidente del Consejo Supremo de Guerra y Marina; el Subdirector de la expresada Compañía de M. Z. A., Excmo. Sr. D. Rafael Coderch; el Excmo. Sr. Gobernador civil de la provincia, D. Eusebio Cacho; el ilustrísimo señor Obispo Prior de las Ordenes Militares, D. Javier Irastorza; el Presidente de la Diputación, D. Antonio Rubio; el Presidente de la citada Asociación, D. Félix S. Eznarriaga, y representantes del Clero, del Ejército, del Ayuntamiento y de la Magistratura, se procedió a la bendición del solar, colocándose la primera piedra en el sitio designado.

De todo lo cual se levanta la presente acta que, firmada por las personalidades antes mencionadas, se coloca en una caja debajo de la primera piedra.

Acta firmada de la colocación de la primera piedra de la Academia de los Ferroviarios. Fuente: *La Asociación*, 30 de abril de 1922.

Tras la comida al estilo francés, que era la moda en los años 20, se hicieron brindis con champagne y unas palabras de las principales autoridades que presidían el acto.

A las tres de la tarde comenzó en la plaza de toros un festival artístico taurino del que se hizo participe a todos los ferroviarios e invitados.

Para finalizar los actos del día se hizo una cena de confraternidad que se celebró a las ocho y media de la noche en el Grand Hotel. Ocuparon la mesa presidencial Luis Salcedo, vicepresidente de la Asociación; Ponciano Montero, presidente de la Zona 18, y Antonio Rodero, secretario general. En total participaron unos ciento diez invitados de la Asociación de Ferroviarios.

En los brindis, Ponciano Montero dijo sentirse muy satisfecho con todo lo programado y dirigió unas palabras a la mujer ferroviaria, a la cual admira, y recomienda que debe cooperar en la obra social, siendo ella el manantial de auxilio para nuestras viudas y huérfanos. A continuación, habló Antonio Rodero, comunicándoles que a partir de ahora hay que intentar que se establezca en Ciudad Real el futuro Colegio de Huérfanos Ferroviarios.

Ferroviarios de la Zona 18. Fuente: *La Asociación*, 30 de abril de 1922.

Terminó la cena con la lectura de cartas de adhesión, felicitaciones y telegramas recibidos.

El alcalde accidental de Ciudad Real, Ignacio López de Haro, manifiesta en el pleno municipal del 27 de abril que tuvo conocimiento en los actos de colocación de la primera piedra, que se quiere hacer un Colegio de Huérfanos Ferroviarios y propone que se ofrezcan terrenos para que se ubique en nuestra ciudad.

Las obras del edificio comienzan, siendo el arquitecto Francisco Alonso Martos y el constructor Ramón Molina.

Vida Manchega da la noticia el día 21 de noviembre de que se ha producido un derrumbamiento de parte del edificio en construcción. Este fue el motivo por el que vino de Madrid el arquitecto junto con el vicepresidente de los Ferroviarios, Antonio Gistau, y el secretario, señor Antonio Romero, que acompañados del presidente de la Zona 18, Ponciano Montero, visitan las obras. El asunto se soluciona y un año más tarde vuelven el presidente de los Ferroviarios, Luis Aza; el secretario, Antonio Gistau, y el arquitecto, Francisco Alonso, para comprobar la marcha de las obras.

La Corporación Municipal se mantiene a la expectativa de la ubicación del futuro Colegio de Huérfanos Ferroviarios, y en varias actas municipales del mes de diciembre se pone de manifiesto el interés municipal por traerlo a la capital, dado el impulso económico, social y cultural que esto puede suponer para la población. Acuerdan nombrar una comisión para ir a Madrid. Dicha comisión estaba compuesta por el alcalde, Manuel Lázaro; José Balcázar, Julián Lucendo, Luis Malaguilla (ferroviario) y Manuel González.

En Madrid van a visitar al general Aguilera, a Rafael Gasset, a la Asociación de Ferroviarios y al señor Goicoechea, para informarse de lo que es conveniente ofrecer para que el Colegio de Huérfanos recaiga en Ciudad Real.

Durante 1923 se tratará el tema en numerosos plenos municipales. Será en la sesión del 23 de octubre donde se manifiesta que la obra de dicho colegio será de unos dos millones de pesetas, que tendrá un número elevado de alumnos y que están disputando su ubicación las ciudades de Alcázar de San Juan, Humanes, Arévalo y Ávila. La Corporación acuerda ofrecer a la Asociación de Ferroviarios el terreno que precisen, agua, luz y el alcantarillado necesario.

Vida Manchega informa el día 21 de noviembre que la Comisión del Ayuntamiento visitará a Luis Aza, presidente de los Ferroviarios; Antonio Gistau, secretario, y al arquitecto Francisco Alonso, para exponerles el interés de la ciudad en que se instale allí el Colegio de Huérfanos y los ofrecimientos que la Corporación les hace.

A estos ofrecimientos municipales se añade el de Miguel Pérez Molina, el cual concederá seis plazas de enseñanza gratuita en cada una de las secciones que se cursan en la Academia General de Enseñanza. Siendo estas en ese momento: Bachillerato, carreras facultativas, militares y las especiales de Correos y Telégrafos. Dicho ofrecimiento lo publica el 26 de diciembre el periódico antes citado.

La Junta de la Zona 18 de Ciudad Real envía una información a todos los socios para su publicación en *Vida Manchega* el día 12 de diciembre; en ella se comunica que las obras están muy adelantadas y que el sostenimiento del centro tiene que hacerse con los recursos de la Zona 18. Asimismo, se indica que las enseñanzas proyectadas son Párvulos, Primera Enseñanza, Francés, Dibujo, Corte y Confección y preparación para alumnos de factores, fogoneros, mozos de tren, mozos autorizados, etc. A los gastos que supondrá todo lo anterior, hay que añadir los de profesores, personal subalterno, impuestos, menaje, luz, calefacción, agua e imprevistos. Sumando todo, supondrá un total de 18.500 pesetas.

Los ingresos vendrán dados por la matrícula de los niños que asistan a clase y cuyos precios anuales pueden ser: Párvulos, 30 pesetas; Primera Enseñanza, 48 pesetas; Francés, Dibujo, Corte y Confección, 60 pesetas cada una; preparación para factores, 180 pesetas. Dicho importe se pagará por mensualidades.

Debido a lo expuesto anteriormente, las cuotas de los socios pasarán de 0,10 a 0,50 pesetas al mes, y este aumento será para ayudar al sostenimiento del centro.

En los ingresos también se deben contar las ayudas del Ayuntamiento, el Gobierno Civil, la Instrucción Pública, la Compañía de Ferrocarriles, el Economato y los festivales que se organicen. Por tanto, el total de ingresos calculados suponen unas 23.700 pesetas y así el presupuesto queda nivelado.

La Junta también informa de sus pretensiones de que el centro cuente con un comedor para los niños de las estaciones de línea que vengan a las clases.

Por todo lo expuesto, se convoca a todos los socios a la Junta General que tendrá lugar el día 12 enero de 1924 a las 21 horas en el Salón Obrero, sito en la calle del Olivo.

El día 17 de enero *Vida Manchega* publica un informe, realizado por el arquitecto Francisco Alonso, comparando los ofrecimientos de Ciudad Real y Ávila para situar en ellas el futuro Colegio de Huérfanos Ferroviarios.

Vida Manchega sigue aportando informaciones continuas sobre el colegio de Ciudad Real y el día 4 de marzo da la noticia de la llegada a la capital de Francisco Alonso, Emilio Besteiro y Antonio Gistau. Su visita a la ciudad está motivada para hacerse cargo del edificio que está construyéndose en el Parque de Gasset. Asimismo, se comunica la adquisición de mobiliario y del escudo de Ciudad Real que han traído para el salón de actos del colegio.

La Junta de Gobierno de la AGEOFE, Zona 18 de Ciudad Real, publica en *El Pueblo Manchego* el día 29 de abril una nota en la cual se expresan las necesidades de profesorado que la academia va a tener. En ella se indican las plazas de profesorado necesarias, y el sueldo y los requisitos necesarios para poder solicitarlas. Para Instrucción Primaria se necesita una maestra para impartir Párvulos, un maestro para niños de Primaria y una maestra para las niñas. Estas plazas están dotadas con un sueldo de 2.000 pesetas anuales. El maestro de niños se encargará por las noches de impartir clases para adultos en las asignaturas de Gramática, Geografía, Aritmética y Caligrafía, percibiendo por ello el 60% del importe de las matrículas.

En cuanto a otras enseñanzas que se van a impartir en la academia, se hace referencia a un profesor para preparar a los factores, una profesora de Corte y Confección, un profesor de Francés y un profesor de Dibujo Lineal y Artístico. Este profesorado recibirá como remuneración el 80% de las matrículas que se tengan a lo largo del curso.

El diario *El Pueblo Manchego* informa el 12 de julio que la academia de los Ferroviarios está próxima a inaugurarse y que ya tienen maestros seleccionados; entre ellos están Demetria de Cea, Amparo Balcázar, Luis Relimpio y Diego Pizarroso. El día 17 comunican la incorporación de Ventura Capilla, para impartir Corte y Confección, y Manuel Medina, que enseñará Dibujo.

Las noticias son continuas a lo largo del verano y el 4 de agosto se comunica que el día anterior se hizo la entrega oficial a los ferroviarios de la Zona 18 y a la AGEOFE del edificio construido en el Parque de Gasset para escuelas.

El periódico mencionado dedica el día 13 de septiembre de 1924 un extenso artículo, titulado «La fiesta de mañana», sobre la inauguración de las escuelas graduadas de los Ferroviarios. En el mismo se informa de que va a regir la academia el presidente actual de los ferroviarios de la Zona 18, José Castro Gallego. A continuación, se hace una descripción del edificio de cuatro plantas, próximo a inaugurar. En el sótano estarán los cuartos de baño, gimnasio, caldera de calefacción, lavabos y WC, independientes para ambos sexos. La planta baja tiene la puerta principal que dará al parque y otra al Paseo de Cisneros. En ella hay una entrada amplia, galerías, hall cubierto donde se han instalado unos curiosos bebederos para niños, seis aulas espaciosas, sala de profesores, comedor para los alumnos que acudan de las estaciones y WC espaciosos.

La planta principal o primera tiene un gran salón de actos, despachos del presidente, secretario, delegados y vocales de la Asociación, sala de visitas, biblioteca y WC.

En la planta segunda hay dos viviendas para empleados subalternos y está compuesta cada una por un ropero, cocina, cuatro habitaciones, vestíbulo y terraza.

La parte ornamental la ha realizado el artista señor Santos, la calefacción la ha puesto una empresa de Madrid, la parte eléctrica el ingeniero Martín Abad, la carpintería y mobiliario los ha realizado Ramón Prado, el herraje un maestro herrero de la capital y el material se ha comprado casi todo en Ciudad Real. Los albañiles también han sido obreros de la ciudad.

En el mismo artículo se elogia la labor realizada por el arquitecto Francisco Alonso, el maestro de obras Ramón Molina, la Junta Local de la Asociación, Félix Sánchez Eznarriaga y al actual presidente Luis Aza.

La Junta Local está compuesta por José Castro Gallego, presidente; Veremundo Rodríguez, secretario; y los señores García Ruiz, García Núñez, Álvarez, Archidona, Martínez, Campos, Zúñiga, López y Sánchez.

La noticia de la inauguración de la Academia de los Ferroviarios la dan tanto *Vida Manchega* como *El Pueblo Manchego* el 15 de septiembre de 1924, con extensos reportajes de lo sucedido el día 14.

El día 13 empezaron a venir de Madrid las autoridades ferroviarias, siendo recibidas en la estación por la Junta Local de Ferroviarios.

A los actos de la inauguración del día 14 asistieron numerosas personalidades y autoridades, entre ellas estaban el obispo prior, Narciso Estenaga; el alcalde accidental, Gonzalo Muñoz; el gobernador militar interino, coronel Carlos Alonso; el presidente de la AGEOFE, Luis Aza; el presidente de la Diputación, Luis Barreda; el presidente de la Audiencia, Fernando Gamero; el delegado de Hacienda, José Alcoverro; el comandante de Artillería, Eustasio Ayerra; el inspector principal de la MZA, señor Conderec; el teniente coronel de la Guardia Civil, Carlos Ochotorena; el arquitecto, Francisco Alonso; el inspector de Primera Enseñanza, Gaspar Sánchez; médicos, directores de periódicos, marianistas, profesores, Emiliano Morales y numerosos ferroviarios.

El acto se desarrolló brillantemente a lo largo de la jornada. En primer lugar, el señor obispo prior, ayudado por Emiliano Morales, arcipreste de San Pedro, y los presbíteros Ramón Carriazo y José María Gómez, procedió a la bendición de las aulas y demás estancias del centro. Tras ello, las autoridades e invitados recorrieron todas las dependencias.

En segundo lugar, se procedió en el salón de actos del centro a dar los diferentes discursos de inauguración. La presidencia fue ocupada por Luis Aza, Narciso Estenaga, el gobernador civil, el presidente de la Diputación y el alcalde de la ciudad.

Una vez acabados los discursos, la comitiva, precedida por la bandera de los ferroviarios y la Banda Municipal de Música, dirigida por Cristóbal

Ruyra, recorrieron las calles Alarcos, plaza del Pilar, General Aguilera y finalizaron en la plaza del Ayuntamiento.

A la una de la tarde se celebró un banquete para las autoridades e invitados en el Grand Hotel. El menú ofrecido estuvo compuesto por entremeses, huevos de capuchino, langosta bella vista, medallones de vaca Grand Hotel, capones asados, ensalada, helado sultana, frutas, café, vinos Rioja y Barca Florida, champagne, licores y habanos.

La mesa presidencial del banquete estuvo ocupada por el señor obispo, el presidente de la Asociación de Ferroviarios, los gobernadores civil y militar, el presidente de la MZA, el presidente de la Diputación, el presidente de la Audiencia, el alcalde de la ciudad y el inspector jefe de Primera Enseñanza.

Postal de época del Grand Hotel de Ciudad Real.

En los brindis pronunciaron sendas palabras los señores Vicente Sol, Ponciano Montero, Carlos Alonso, Enrique Caudere, Gaspar Sánchez, Mariano Martínez, Luis Barreda, Luis Aza y el señor obispo, Narciso Estenaga.

Don Narciso, en su discurso, aprovechando que estaban las autoridades ferroviarias de Madrid, indicó lo beneficioso que sería traer a Ciudad Real el Colegio de Huérfanos Ferroviarios y hacer un grupo de casas baratas para los obreros de los ferrocarriles.

Tras ello, acordaron enviar un telegrama al rey, como presidente honorario de la Asociación de Ferroviarios.

El día acabó con una cena en el Grand Hotel a la cual asistieron la Junta Directiva de la Zona 18, representantes ferroviarios, asociados y directores de los periódicos.

4
LA ACADEMIA DE LOS FERROVIARIOS
DE 1924 A 1939

Según lo publicado por *El Pueblo Manchego* el día 12 de julio de 1924, el centro educativo empieza a funcionar con el siguiente profesorado:

- Director educativo y maestro de niños, Luis Relimpio; maestra de Párvulos, Amparo Balcázar; maestro de Francés, Diego Pizarroso; maestra de Corte y Confección, Ventura Capilla, y maestro de Dibujo, Manuel Medina.

El tema del Colegio de Huérfanos sigue candente por la importancia que supone para la localidad en la que se adjudique y el periódico *Vida Manchega* informa el 10 de enero de 1925 que hay varias ciudades candidatas, entre ellas, Madrid, Valladolid, Ávila y Ciudad Real. Continúa informando que el Ayuntamiento ha ofrecido un solar de las dimensiones que se solicitó y próximo a la población, luz, agua potable, servicio médico, capellán, becas en el Seminario y en la Academia General de Enseñanza y una subvención de 50.000 pesetas por parte de la Diputación. El 15 de julio se da la noticia de que en Madrid se ha producido una votación previa para designar el lugar y parece claro el triunfo de Madrid.

Vida Manchega publica el 22 de julio de 1926 una noticia referida a un acto cultural que se va a realizar en la Academia de los Ferroviarios. La Diputación va a organizar una exposición de pintura y escultura junto a la exposición de trabajos escolares de los alumnos de la Academia, actuando de jurado Carlos Vázquez y Ángel Andrade, entre otros. Dicha exposición se realizará durante la Feria de Ciudad Real.

La escuela va creciendo y aumentando el número de alumnos y por ello tienen que contratar a más maestros. *El Pueblo Manchego* informa el 7 de septiembre sobre la contratación de la maestra de niñas, Antonia Hernández García; de la maestra de Parvulos, Esidia Enríquez; para Corte y Confección, Consuelo Recuero Plaza; para Dibujo, Andrés Ruiz Arche, y maestros de niños, Cristóbal Noblejas y Ramón Villodre.

La escuela va abriéndose a la ciudad y, por información de los periódicos locales, sabemos que el 19 de septiembre visitan los talleres de máquinas de los trenes, acompañados por el director Justino Espadas y el maestro Cristóbal Noblejas. A continuación, llevaron a los niños a conocer el Hospicio, donde fueron guiados por Ponciano Montero.

La Asociación de Ferroviarios organiza una serie de actos con motivo del Día del Ferroviario, que se celebrará el 24 de mayo de 1927, según publica *Vida Man-*

chega el día 27. El acto se llevó a cabo en el Coliseo Cervantes con una velada teatral. El programa estuvo compuesto por una intervención de la Banda Provincial dirigida por el maestro Segura. A continuación, se representó el drama *Juan José*, de Joaquín Dicenta. En la tercera parte del acto se tocó una sinfonía y se realizó un pequeño acto cómico. Tras ello, los niños de la Academia de los Ferroviarios, acompañados por su director, don Justino, cantaron el *Himno a la Bandera Social*, con letra de Francisco Martínez Carrillo y música del maestro Segura.

El acto finalizó con la intervención de la orquesta de niños del Hospicio, interpretando las siguientes obras: *Tangolio*, pasodoble de la zarzuela *El sobre verde*, de Guerrero; *Andante de la Casación*, de Mozart; un tango y otras piezas.

La Junta Local de la Asociación hacía festejos para recaudar dinero con el que poder sufragar parte de los gastos de su academia.

El día 26 de mayo se bendijo la bandera social de los Ferroviarios de la Zona 18 en el edificio del Parque de Gasset. A las once de la mañana se hizo una misa de campaña en la que participaron la banda de cornetas y tambores del Regimiento de Artillería, con la asistencia de representaciones de la Asociación de Madrid, el gobernador civil, Gonzalo Castillo; el alcalde, Antonio Prado; el presidente de la Audiencia, Carlos Alonso; el coronel de Artillería, Domingo Marcide, y el Ayuntamiento en pleno. También vinieron representaciones de Alcázar de San Juan y de Mérida, que junto a una gran multitud de personas de la ciudad hicieron un acto muy brillante.

El acto religioso estuvo presidido por el señor obispo y la misa fue oficiada por el capellán del Hospicio, Antonio León Monescillo, ayudado por Emiliano Morales, párroco de la iglesia de San Pedro.

Los niños del colegio Ferroviario estuvieron acompañados por los niños del Hospicio y todos llevaron sus estandartes y banderas. La madrina del acto fue Carmen Peinado, huérfana ferroviaria. Todos estaban acompañados por la Banda de Música Municipal.

Terminados los actos se celebró un lunch en la academia, al cual asistieron las autoridades civiles, militares y religiosas, junto con las representaciones ferroviarias y la prensa. La mesa estuvo presidida por el señor obispo y el gobernador civil, entre otras personalidades.

La madrina, Carmen Peinado, entregó la bandera a los ferroviarios y pronunció unas palabras de agradecimiento. Después intervinieron las autoridades para emitir un pequeño discurso.

Por la tarde se celebró «la corrida del mantón» en beneficio de la academia. La presidencia de la corrida estuvo ocupada por las señoritas Pepita Vilches, Amalia Manjavacas, Coralito Pecero e Isabelita Carón. Los novillos fueron de la ganadería del señor Costi y fueron toreados por Ricardo González, Manuel González, Juan Flores (Cámara II) y Laurentino Carrascosa.

Los ferroviarios y los niños del colegio Ferroviario, acompañados de la Banda Municipal, ofrecieron el 12 de mayo a la Virgen del Prado su bandera en la Catedral, cantando el himno de los ferroviarios.

El nuevo curso comienza en septiembre y se anuncia en los periódicos que el 10 de octubre van a comenzar las clases de Corte y Confección en el colegio, siendo la profesora Ladislaa Madrid.

Será el 3 de febrero de 1928 cuando el periódico *Vida Manchega* dé información sobre la fiesta de los ferroviarios para celebrar el 40 aniversario de la fundación de la Asociación General de Empleados y Obreros del Ferrocarril de España. La fiesta se celebró en el restaurante Usero. La mesa presidencial estuvo ocupada por Manuel Díaz, Jesús Palacios, Manuel Francia, Rafael López, Valentín Delgado, Miguel Rodríguez, Enrique Fornell, Eduardo Díaz y Antonio Cerdán.

Al finalizar la comida intervino el presidente de la Asociación, señor Díaz Hondarza, y el director del colegio, Justino Espadas.

Manuel Arqués, periodista de *Vida Manchega*, publica un artículo el 16 de agosto en el cual informa de la visita que ha realizado a la exposición de trabajos, realizados por los niños, que hay en el colegio de los Ferroviarios. En su visita estuvo acompañado de los maestros Dolores Martínez, Ramón Granja, Agustina García y Emilio Granja, siendo la entrega de premios el día 20. En dicho acto estuvo el señor obispo prior, Narciso Estenaga; el gobernador interino, Francisco Giménez; el presidente de la Diputación, Bernardo Mulleras; el gobernador militar, el delegado de Hacienda, el inspector de Educación y otras personalidades civiles, militares y ferroviarias. Al acabar, se ofreció un lunch en el colegio.

El día 6 de noviembre de 1929 la Asociación de la Zona 18 publica un anuncio en *Vida Manchega* en el cual oferta plazas de profesores para su escuela. Dicha oferta constaba de una plaza de profesora de Párvulos, con un sueldo de 2.500 anuales, y otra plaza para primer grado de Primaria, con 2.250 pesetas. En segundo lugar, se oferta una plaza de maestro elemental para 2º grado, con 2.500 pesetas anuales; otra plaza para primer grado, 2.250 pesetas anuales de asignación; una de maestro de Párvulos, dotada con 2.000 pesetas al año, y por último una plaza de profesora de Corte y Confección que tendrá de sueldo el 80% de la matrícula mensual, siendo el precio de esta 7,50 pesetas por alumna.

El periódico *El Pueblo Manchego* publica el día 7 de diciembre la información de los maestros que han sido seleccionados: Casandra Arévalo, Francisco Pérez Fernández, Luis Sánchez Sánchez, Julián Suñé Delgado, Ladislaa Madrid para Corte y Confección, Manuel Archidona Tarazaga para el taller de Ajuste y Antonia Quintanilla Díaz para Taquigrafía y Mecanografía. Como podemos observar se han ampliado las plazas con respecto a la primera oferta y se va completando la oferta de enseñanzas de la academia de los Ferroviarios.

La Junta Local de los ferroviarios estuvo siempre muy activa para recaudar fondos para realizar numerosas actividades a lo largo de cada año. El 22 de enero de 1930, según publica *Vida Manchega*, realizan un banquete con motivo del XLII aniversario de la fundación de la AGEOFE. El acto tuvo lugar en la sede social, sita en la escuela del Parque de Gasset. A dicha Junta

Academia de los Ferroviarios. Fuente: *Revista del Colegio Huérfanos Ferroviarios*, 11 de mayo de 1930. Biblioteca Virtual de Castilla-La Mancha.

asistieron asociados y algunos miembros de Madrid. El menú fue, en esta ocasión, servido por el dueño del quiosco del Parque de Gasset. Al finalizar la comida, el presidente de la Asociación, señor Palacios, pronunció unas palabras de elogio y agradecimiento por la colaboración de todos.

Una de las actividades que se programaba todos los años era la organización de exposiciones de pintura y escultura de artistas ciudadrealeños. *Vida Manchega*, siempre muy ligada al devenir de la escuela, publica el 28 de enero la noticia de que el pintor Pepe Barahona realizó el año anterior una exposición en el colegio y ahora está pintando un cuadro titulado *En la playa* para la Diputación, y que será expuesto en la academia.

Las visitas de los alumnos para conocer la ciudad, sus industrias, talleres y centros de enseñanza fueron frecuentes. El periódico antes citado publica el 22 de julio un artículo sobre la visita de los alumnos ferroviarios al gabinete de Historia Natural del Instituto. En esta visita de los alumnos mayores, estuvieron acompañados por Manuel Díaz García, presidente de la Zona 18; Tomás Manjavacas, jefe de sección de Vías y Obras; Enrique Martín Escribano, ayudante de sección de la Compañía MZA, y el profesor director del colegio, Justino Espadas Sánchez.

Ángel Corrales, catedrático de Fisiología e Historia Natural, les recibió muy atentamente y les explicó varios minerales, en especial los que abundan en nuestra provincia, como el cinabrio, la galena y la hulla. En lo referido al área de Botánica les mostró las flores y luego contemplaron el polen con el microscopio. Del reino animal les estuvo explicando la lombriz solitaria y los insectos, deteniéndose en que mirasen por el microscopio el ojo de una mariposa.

Después de estar con ellos dos horas, se despidieron del director del Instituto, señor García Rúa y de don Ángel.

Esta visita se complementó con otras a talleres ferroviarios, museos, biblioteca, centros comerciales y fábricas.

Con el título «Los alumnos del Colegio de los Ferroviarios visitan nuestros talleres» publica *Vida Manchega* la noticia de dicha visita pedagógica el 28 de julio de 1930. Unos cuarenta niños del grado superior del colegio visitaron los talleres del periódico acompañados de Justino Espadas, Enrique Martín Escribano y Manuel Archidona. Fueron recibidos por Enrique Pérez, director gerente de los talleres de Artes Gráficas, y por el redactor jefe, Antón de Villarreal (Francisco Pérez Fernández), los cuales explicaron el funcionamiento del periódico. A continuación, los maestros del taller los acompañaron al patio de cajas, sala de máquinas, encuadernación y fotograbado. Por último, explicaron a los niños la historia de la imprenta.

Visita de los alumnos del colegio Ferroviario a los talleres de *Vida Manchega*, 28 de julio de 1930.

El deseado Colegio de Huérfanos Ferroviarios se inauguró en Madrid el 11 de mayo de 1930 y por tal motivo se publicó un *Boletín extraordinario* en el cual se hace una descripción de la historia de la AGEOFE y de todos los edificios construidos en las diferentes zonas. En dicho boletín hay numerosas fotos de los edificios y de los componentes de las diferentes juntas de zona, incluyendo la Zona 18 que corresponde a Ciudad Real.

En el año 1931 hay grandes cambios políticos a nivel estatal y local, no encontrando noticias del colegio, excepto que Justino Espadas, director del mismo, ha sido nombrado presidente local del Partido Republicano Radical Socialista[7].

Durante 1932, la noticias sobre enseñanza de la localidad se centran en la inauguración del colegio Pablo Iglesias (actual Carlos Eraña) y a la Semana Pedagógica de Puertollano.

La Asociación organizaba todos los años una verbena en el colegio, durante las fiestas de agosto, con el fin de recaudar dinero para el sostenimiento del Centro. *Vida Manchega* publica el 12 de agosto de 1935 el programa de los actos de dicha verbena, y en fechas posteriores da detenida información sobre lo sucedido día a día.

Programa de la Verbena del colegio Ferroviario, agosto de 1935. Fuente: Todocolección.

Comienza el programa con el concurso de mantones de Manila que se realizará el 15 de agosto, otorgándose un premio a la señorita que mejor sepa lucirlo, en este caso a Carmen Rodríguez. El día 16 será el «Concurso de Vestido de Cuatro Pesetas», que concederá un premio al mejor confeccionado.

La presentación y elección de señorita «Miss Zona 18» se realizará el día 17. La elección será popular y se impondrá una banda a la señorita ganadora. Se presentaron las señoritas Rosita Serrano Cantero, Paquita Garzás Díaz, Joaquina Martínez, Carmen López Ávila, Antonia López Romero, Adoración García López, Juana Campos Cuartero, Carmen Serrano Romero y Dolores García Delgado. Resultando elegida por votación pública Antonia López Romero. Las damas de honor fueron Paquita Garzás y Dolores García[8].

Elección de Mis Zona 18. Fuente: *Vida Manchega*, 28 de agosto de 1935.

El día 18 se hará el original baile «Los globos», y se dará un premio a la pareja que lo presente intacto.

El Día del Ferroviario fue el 19 de agosto, dando un homenaje a los jubilados y a continuación se celebrará la verbena en el patio del colegio.

Los días 20 y 21 se dedicarán a «El baile de las tarjetas» y al gran concurso de baile por parejas.

Finalizan los actos el día 22 de agosto con una verbena en honor de «Miss Zona 18», entregándole un premio de 200 pesetas.

Durante la Guerra Civil hay pocas noticias en la prensa local sobre el colegio de los Ferroviarios. *El Pueblo Manchego* informaba el 15 de septiembre de 1936 que se iba a celebrar un festival pro-milicias y una becerrada organizada por los ferroviarios. Para los niños se organizó en enero de 1937 la «Semana del Niño» en la cual se repartieron juguetes a los niños matriculados en el centro.

Según el testimonio que nos aporta Antonio Serrano García, recuerda que en 1934 estaba de director Justino Espadas y los maestros eran don Fabián, doña Sacramento y don Santos. Asimismo, indica que Síxto estaba de conserje, aunque no era ferroviario. También nos informa que durante la Guerra Civil no funcionaba el colegio de manera normal.

5
LA GRADUADA MIXTA DE LOS FERROVIARIOS (1939-1960)

Una vez acabada la Guerra Civil encontramos, en el acta municipal del 3 de agosto de 1939, una solicitud del presidente de la Asociación pidiendo permiso para realizar la verbena tradicional que hacían todos los años anteriores en el colegio del Parque de Gasset. En 1941 vuelven a celebrar la Verbena de los Ferroviarios a beneficio del Montepío y del Colegio de Huérfanos, editándose un programa en el cual se especifican los actos que se iban a celebrar. Así, se indicaba que todos los días comenzaba a las diez y media de la noche y estaba amenizada por la orquesta Casablanca de Madrid.

Los precios eran de 2,50 pesetas para los caballeros y de 0,50 pesetas para las señoras, y de 0,15 para los niños y 0,05 para las niñas.

El periódico *Lanza* informa el 31 de mayo de 1943 sobre la Confirmación de 300 niños del grupo escolar Ferroviario. La misa se celebró en la parroquia de San Pedro, iniciándola el sacerdote señor Lara. Al acto asistió la inspectora de Educación, Josefa Ballester, jefes de Renfe, Emiliano Morales, profesores del colegio y el señor Montaner. El coro estuvo dirigido por la maestra del centro Silvina Roldán. Terminada la misa el obispo prior administró el sacramento de la Confirmación, siendo padrinos la maestra Ramona Ponce y el tesorero de la Junta, señor Higueruela. A continuación, se sirvió un desayuno en el colegio de los Ferroviarios.

El día 18 de mayo de 1944 publica *Lanza* la noticia de la Comunión de los niños de la Asociación de Ferroviarios. La fiesta religiosa se celebró en el edificio del parque y fue oficiado por el sacerdote del Seminario Conciliar, Tomás Malagón. Asistieron el jefe provincial del Movimiento, señor Gutiérrez Ortega; el presidente de la Diputación, señor Richard; el alcalde, señor Bustamante; el presidente de la Asociación de Ferroviarios, Ponciano Montero, y otras personalidades. El salón de actos del colegio se habilitó como capilla y fue engalanado convenientemente. Durante la misa comulgaron más de 300 niños de ambos sexos, alumnos del colegio Ferroviario. El obispo, Emeterio Echevarría, se dirigió a los niños con unas palabras y luego los acompañó durante la chocolatada con bizcochos, que se hizo en la biblioteca.

Las verbenas, que los ferroviarios organizaban en el patio del colegio durante las fiestas de la Virgen del Prado, siguen su tónica general de actos. En 1946 fue proclamada «Miss Zona 18» la señorita Aurora Gallego; sin embargo, se incluye por primera vez un trofeo de baloncesto en el cual

Elvira, José y Antonia Mesas Pérez. Fotografía cedida por Elema Mesas Vera.

se enfrentaron los equipos masculinos de Malagón y Alcázar de San Juan, mientras que en la categoría femenina lo hicieron Malagón y Salamanca.

Durante los años 40 y 50 son pocos los documentos que se conservan en el colegio Ferroviario. Gracias a una foto, que exponemos, podemos saber el nombre de los maestros y maestras que allí ejercían. En total había quince, de los cuales ocho eran maestros y siete maestras. El primero en la foto es Francisco García-Donas (presidente de la Zona 18) y los maestros eran, según orden de aparición en la foto: Javier Alcázar, Salvador Encina Palomo, Luis Sánchez, Justino Espadas, Justo Espadas, don Rafael y desconocido.

Las maestras eran Lola Ballesteros Mohíno, Silvina Roldán Fernández, desconocida, desconocida, doña Rosario, Casandra Arévalo y Raimunda Martín Naranjo.

En un escrito de 1948 dirigido al alcalde de Ciudad Real, José Navas Aguirre, los maestros y maestras del colegio Ferroviario (Patronato) solicitan que se les pague el derecho de casa-habitación, ya que ellos son maestros estatales. Lo solicitan Dolores Ballesteros, Silvina Roldán, Salvador Encina, Raimunda Martín, Luis Sánchez y Justo Espadas. Su argumentación se basa en la Ley de Instrucción Pública del 1 de septiembre de 1857, artículo 191:

«Los maestros de las escuelas públicas, tienen derecho a disfrutar habitación decente y capaz, para él y su familia».

Francisco García-Donas y el claustro del grupo Ferroviario, años 50. Fuente: Archivo de F. Kirico.

El Estatuto del Magisterio del 18 de mayo de 1923 en su artículo 15 indica:

«Si el Ayuntamiento no pudiera suministrar la casa-habitación de aquellas condiciones, vendría obligado a abonarle la indemnización graduada según la importancia demográfica de la localidad».

La Ley de Educación Primaria del 17 de julio de 1945 también recogía lo reclamado por los maestros. A pesar de los argumentos, el Ayuntamiento acuerda denegar la petición[9].

El documento más antiguo conservado en el actual CEIP Ferroviario es el *Cuaderno de Visitas de Inspección*, que inicia la inspectora de Educación, Victoria Santamaría, con una diligencia de apertura fechada en noviembre de 1957, en su visita al grupo escolar Ferroviario.

En el informe de visita, indica doña Victoria que el colegio de los Ferroviarios está bajo el régimen de Patronato y se trata de un magnífico edificio con todas las comodidades y detalles. A continuación, detalla la composición del centro, estando dirigido por Justino Espadas. Las maestras son siete, cinco en plantilla y dos agregadas desde hace años, a causa de no haber locales en las escuelas de las que son titulares. Especifica que la agregada número 6 de Párvulos está ocupada por Filomena Calatayud Cáceres y la agregada número 7 de Párvulos la regenta la maestra Francisca Espinosa Alcázar. El grado Preparatorio de niñas está a cargo de la maestra propietaria Magdalena García-Donas, mientras que el grado Preparatorio de niños está atendido por Silvina Roldán, maestra propietaria y profesora de Piano. Al frente del primer grado de niñas está Casandra Arévalo Mateos, que llevaba muchos años destinada en el centro, mientras que el segundo grado de niñas estaba

Clase de doña Silvina en el colegio Ferroviario, 1953. Fotografía cedida por Antonio García-Donas.

atendido por Dolores Ballesteros Mohíno. Por último, indicar que el grado tercero de niñas estaba atendido por Raimunda Martín Naranjo.

La redacción del informe termina con estas palabras:

> «La Inspectora que suscribe, ya que únicamente tiene atribuciones para visitar las clases desempeñadas por Maestras, debe manifestar que ha visto con verdadera complacencia a un plantel de Maestras, en el Grupo Escolar Ferroviarios que con razón acreditan a este Centro docente como uno de los verdaderamente modelos entre los primeros de la capital, y desea y espera que continúen su magnífica labor con igual entusiasmo siempre».

A finales de 1950 la plantilla de profesorado del centro estaba compuesta por doña Rosario, Lola Ballesteros, Silvina Roldán Fernández, Casandra Arévalo Mateos, Raimunda Martín Naranjo, Filomena Calatayud, Magdalena García-Donas, Justino Espadas, Justo Espadas, Luis Sánchez Sánchez, Salvador Encina Palomo y otros tres maestros más, de los que desconocemos su identidad. El capellán del centro era José Gimeno.

El colegio disponía de conserje, que pagaba la Asociación. En 1956 comenzó en dicho cargo Arturo Díaz Merchán, quien estuvo ejerciéndolo hasta 1986. Arturo y su familia vivían en la segunda planta del edificio, encargándose del mantenimiento del centro, atender a las familias, ayudar en la organización de los eventos, poner el belén, adornar la capilla, etc.

Jubilación de Dª Rosario

Claustro de Profesores
del Colegio Ferroviario

1   *Servilia Glez. de la Higuera*
2   *Justo Espadas*
3   *José Jimeno (Capellán)*
4   *Salvador Encina Palomo*
5   *Emilio Gil (Delegado Ed.)*
6   *Luis Sánchez Sánchez*
7   *Justino Espadas*
8   *Raimunda Martín Naranjo*
9   *Magdalena Gª-Donas Nav.*
10
11 *Casandra Arévalo Mateos*
12 *Filomena Calatayud*
13 *Rosario*
14 *Dolores Ballesteros*
15 *Silvina Roldán*

Arriba, maestros, maestras y funcionarios del colegio Ferroviario, en la jubilación de doña Rosario. Fotografía cedida por Antonio García-Donas. Derecha, Arturo Díaz Merchán, conserje del colegio Ferroviario. Fotografía cedida por Manoli y Juani Díaz.

Manoli y Juani Díaz Roma, hijas de Arturo, nos informan sobre numerosos detalles de la vida cotidiana del colegio y de las personas que se encargaban de la limpieza del centro. Felisa Archidona, Felisa (madre de la anterior) y Rafaela eran las encargadas de realizar la limpieza diariamente. También recuerdan la misa que daba el sacerdote José Gimeno todos los domingos, a la cual podía asistir todo el público de la capital que quisiera. El capellán se encargaba, con la colaboración de las maestras, de preparar a los niños y niñas para la Comunión y la organización del día citado, además de los actos que se hacían durante el mes de mayo dedicados a la Virgen.

Junta de la Zona 18 llevando el ramo a la Virgen del Prado. Fotografía cedida por Manoli y Juani Díaz.

Entre 1953 y 1963 se recibió en España la ayuda alimenticia de Estados Unidos. En los colegios se repartía leche en polvo y queso, ambos alimentos se guardaban en la segunda planta del edificio. La leche se repartía en el recreo y el queso se daba para merendar por la tarde. Estos alimentos, junto con mantequilla se repartían también en Auxilio Social, en hospitales de caridad y en otras instituciones benéficas.

La leche en polvo se preparaba con agua en la vivienda que había en la segunda planta del colegio, que estaba destinada al director, que no vivía en ella.

La inspectora Felisa de las Cuevas enviaba al centro numerosas circulares sobre las normas para realizar el complemento alimenticio, ya que era la encargada del Servicio Escolar de Alimentación y Nutrición. Tras su marcha a Madrid, se hará cargo de este servicio la inspectora Nieves del Arco. El complemento alimenticio tenía dos modalidades, la primera era «el botellín escolar», que llegaría a nuestra provincia en el año 1965. Los envases debían entregarlos a las

Cáritas parroquiales y se contabilizaban. Estos botellines tenían una capacidad de un cuarto de litro de leche, que podía ser pasteurizada o esterilizada, en ambos casos descremada. La segunda modalidad era «el vaso de leche», que consistía en disolver la leche en polvo en agua, siendo la proporción de un volumen de leche en polvo por nueve litros de agua. Esta modalidad provenía de la Ayuda Social Americana (ASA), iniciada en 1954, a través de Catholic Relif Services.

La Ayuda Americana se completó con el Programa de Productos Lácteos Españoles (PLE) en colaboración con UNICEF. La leche en polvo española comenzó a facilitarse en 1959. Su consumo y elaboración debía ser en las escuelas y a los maestros colaboradores se les podía conceder un voto de gracias.

Todos los meses se tenía que enviar cumplimentado un documento en el que se registraba el consumo. En las instrucciones de los documentos se daban también normas higiénicas para la elaboración y conservación de la leche en polvo.

La finalidad del complemento alimenticio era sanitaria y no de beneficencia, es decir, iba encaminada a suplir las carencias de proteínas y calcio de los niños en edad escolar. Durante esa campaña se convocaron varios cursos para maestros sobre Educación en Alimentación y Nutrición.

Manolo y Genaro González Pizarro, alumnos del colegio Ferroviario, curso 1951-1952. Fotografía cedida por Manuel González Molina.

Encarni Maján Garcia (arriba) y Lorenzo Prado Cárdenas (abajo), 1960.

6
LA ESCUELA GRADUADA MIXTA FERROVIARIA EN LA DÉCADA DE 1960

La distribución de aulas y otros espacios en dicha década la recuerdan Manoli y Juani Díaz de la siguiente manera:

En el sótano había dos carboneras y una carpintería, donde el señor Paco arreglaba las sillas, mesas y todos los objetos de madera del colegio.

En la planta baja había varias aulas, un patio interior con su techo acristalado y una pequeña fuente, unos servicios y la maqueta de la máquina de tren. Allí estaba la bandera de los ferroviarios y a ella se dedicaba el canto del himno.

En la primera planta estaba la capilla, la biblioteca, varias aulas, despachos, Dirección, Secretaría y los servicios.

En la segunda planta había dos viviendas, una para el director del colegio, que no se ocupó nunca, y otra donde vivía el conserje junto con su familia.

La Asociación de Ferroviarios tenía allí sus oficinas, siendo entonces su presidente Luis Muñoz de Morales y su secretario Carmelo Abad.

Recuerdan que en la puerta del colegio estaba el quiosco de Andrés Portillo y Josefa Martínez, donde los chicos compraban las chucherías y la riquísima horchata en el tiempo de calor.

El patio del colegio tenía varias funciones, la primera y principal era para que los chicos saliesen al recreo. También se utilizaba para celebrar las fiestas de los ferroviarios, y cuando llegaban las fiestas de la Virgen del Prado se hacían verbenas, competiciones deportivas, cine, bailes, elección «Miss Zona 18», veladas de boxeo, exposiciones artísticas y actuaciones musicales.

Salvador Encina Mena, hijo de don Salvador, nos comenta sus vivencias como alumno en estos años. Recuerda el canto a las tres banderas (España, Requeté y Falange) que hacían los alumnos todos los días antes de la clase.

Carmen Dondarza, alumna del colegio, recuerda que antes de entrar a clase, tanto por la mañana como por la tarde, los alumnos hacían filas en el patio y se cantaba el *Cara al Sol* y se rezaba un padrenuestro.

En la década de 1960 empezamos a tener más datos sobre el funcionamiento pedagógico del centro gracias a que se conservan en el archivo del actual CEIP Ferroviario. Entre la documentación importante está el Libro de Actas del profesorado, que data del 27 de septiembre de 1966 y numerosos escritos e instrucciones de la Inspección Educativa y de la Delegación Provincial de Educación.

Primera Comunión de las niñas del colegio Ferroviario, acompañadas de maestros y miembros de la Asociación, curso1966-1967. Fotografía cedida por Mariló Molina Cortés.

Otra fuente de información, para conocer diversos acontecimientos del devenir del colegio, es el diario *Lanza*. El día 20 de marzo de 1965 informa detalladamente del homenaje que se ha dado a Justino Espadas, con motivo de su jubilación. La Junta de Zona 18, los maestros, padres y alumnos son los que llevan a efecto dicho reconocimiento. Los actos comenzaron con una misa en la capilla del centro, oficiada por José Gimeno. A continuación, se le hace el acto protocolario en el salón de actos. La mesa presidencial estuvo ocupada por el alcalde señor Rodríguez Velasco; el inspector jefe, Valeriano Pastrana; el delegado provincial de Información y Turismo, señor Calatayud; el delegado provincial del SEM, señor Jurado; el presidente de la Asociación, señor García-Donas; directivos de la Junta Local, señores Archidona, Muñoz de Morales, Sánchez de la Gándara, Fernández, Vigara y García Román.

En primer lugar, habló don Justino, diciendo que lleva cuarenta años de director y agradece el obsequio recibido con las firmas de todos los maestros y maestras del grupo escolar. Tras él intervino el señor García-Donas, agradeciéndole su trabajo y entregándole un obsequio. A continuación Valeriano Pastrana informa a todos de que se le ha impuesto al Sr. Espadas la insignia de la Orden Civil Alfonso X el Sabio por la labor que ha realizado a lo largo de tantos años y dejando uno de los mejores colegios de la provincia. Al final habló el señor Rodríguez Velasco para darle las gracias por su labor docente y le informa que en el acta municipal correspondiente se recoge su reconocimiento a nivel municipal. Dicho homenaje terminó con un vino para todos los asistentes.

El Día del Maestro se celebraba todos los años en la festividad de san José donde se hacía entrega por parte de las autoridades educativas de diversas condecoraciones a varios maestros de la provincia. En esta ocasión los premiados fueron Ramona Ponce, Justino Espadas, Marcelino Arias y Ángel de Diego[10].

En 1965 estaba de inspector jefe Valeriano Pastrana Magariños, y los inspectores asignados al colegio eran Julián Díaz Peco y Dolores Moreno Espinosa, según la documentación encontrada en el archivo del centro. La plantilla de profesorado estaba compuesta por el director, D. Luis Sánchez; la secretaria, Magdalena García-Donas; Salvador Encina, Justo Espadas, Luis García de la Barrera, Dolores Ballesteros, Casandra Arévalo, Silvina Roldán y Raimunda Martín.

Para hacernos una idea del número de alumnos y su distribución por edades y sexos en esta década, vamos a analizar las siguientes tablas.

Tabla 54

ALUMNADO DE PRIMARIA DEL COLEGIO FERROVIARIO, 1965-1969

CURSO DE PRIMARIA	1965	1966	1967	1968	1969
1º	63	81	73	80	86
2º	82	53	67	90	82
3º	81	72	66	91	88
4º	69	78	81	70	51
5º	47	55	33	30	36
6º	30	28	26	25	18
7º	10	23	15	6	7
8º	6	4	11	5	1

Fuente: Archivo del CEIP Ferroviario. Elaboración propia.

Tabla 55

ALUMNADO DEL COLEGIO FERROVIARIO POR SEXOS, 1965-1969

AÑOS	NIÑOS	NIÑAS	TOTAL
1965	179	209	388
1966	193	201	394
1967	191	207	398
1968	Sin datos	Sin datos	396
1969	190	179	369

Fuente: Archivo del CEIP Ferroviario. Elaboración propia.

La disminución considerable de alumnos a partir de 4º de Primaria se debía a que muchos alumnos accedían a estudios medios y por tanto se marchaban del colegio. Otro aspecto a resaltar es que la distribución por sexos a lo largo

Antonio García-Donas y su grupo de alumnos del colegio Ferroviario, curso 1967-1968. Fotografía cedida por él.

de estos años podemos considerarla normal. En estos momentos el colegio es una graduada mixta, es decir asisten niños y niñas, pero no hay coeducación. El número de alumnos por aula estaba, como podemos observar, rondando los cuarenta alumnos. Para los niños y niñas que no se iban al Instituto a partir de 4º de Primaria, la Delegación Provincial enviaba material encaminado al futuro profesional. Valeriano Pastrana les comunica, en un escrito dirigido al director el 23 de octubre de 1965, que les ha concedido con destino a la clase de Iniciación Profesional, Modalidad Artesana, una máquina de coser y bordar «Wertheim». En 1968 les dotará con un equipo de Química, un equipo para Trabajos Manuales, que comprende Electromecánica, Carpintería, Ebanistería, Torno y Ajuste, junto con una máquina de hacer punto.

El colegio de los Ferroviarios siempre fue muy dinámico en el aspecto pedagógico, así en 1965 los maestros hicieron un cursillo de Educación en Alimentación y Nutrición, mientras que fomentaban la participación de los niños y niñas en las colonias escolares a través de los Centros de Vacaciones. La graduada de los Ferroviarios era desde 1960 un Centro de Colaboración Pedagógica. En la Orden Ministerial de 26 de octubre de 1957 se anunciaba que los inspectores podrían establecer los citados centros. El objetivo era estimular el perfeccionamiento de los maestros de una determinada zona, para lo cual se establecían reuniones y se daban orientaciones y normas para unificar criterios. En 1964 se aprueba el Reglamento de dichos centros.

En estas reuniones se intercambiaban experiencias, mejoraban recursos, sistematizan las doctrinas pedagógicas, aplicaban e investigaban tipos de organizaciones escolares, metodología, material pedagógico e instrumentos bibliográficos de las escuelas. También estudiaban los problemas relativos a las relaciones de la escuela con su ambiente físico y social, matrícula, asistencia, horarios escolares, relaciones con las familias y la promoción cultural de los adultos.

El inspector nombraba un presidente, un secretario y un administrador, estando los maestros obligados a asistir a dichas reuniones.

En el colegio no se conserva el libro de actas de las citadas reuniones, pero en un documento fechado el 19 de febrero de 1970 se relacionan las dietas que cobran los maestros del colegio por asistir; cada asistencia se pagaba a 57 pesetas.

El jefe de Inspección, Valeriano Pastrana, da instrucciones en un documento fechado el 20 de enero de 1961, sobre la reestructuración que va a realizar de los centros de Colaboración Pedagógica, quedando de la siguiente manera los correspondientes a la zona de Ciudad Real:

El Centro número 1, con sede en el grupo escolar Cruz Prado; el número 2, tendrá la sede en el grupo Ferroviario; el número 3, estará en la

graduada aneja masculina y el número 4, tendrá su sede en Argamasilla de Calatrava. El Centro número 2, establecido en el grupo Ferroviario, estaba constituido por las escuelas del mismo, la unitaria de niños número 2, las de niñas números 1 y 2, las del Hogar Provincial, el grupo escolar Hermano Gárate, el grupo Pérez Molina, el Instituto Popular de la Concepción y los maestros y maestras de La Poblachuela, Poblete y El Pardillo. Se nombrará presidente a Justino Espadas y secretario a Máximo Ciudad Fontecha, los cuales tendrán tres reuniones anuales con los maestros y maestras correspondientes.

Sello del grupo escolar Ferroviario.

En estos años los sueldos de los maestros seguían siendo cortos y por eso solían dar «permanencias» para obtener un complemento a su sueldo. Los alumnos que no pudiesen pagarlas podían solicitar becas al Patronato de Igualdad de Oportunidades (PIO), el cual concedía ayudas por valor de 50 pesetas por mes escolar. En 1966 la Junta del Patronato se muestra contrario a ellas debido a que los niños tenían que pagan una cantidad mensual para el sostenimiento de las escuelas y además habría que pagar más a las limpiadoras y al conserje. En 1970 los sueldos de los maestros del colegio oscilaban entre las 130.320 pesetas anuales, que cobraba José Luis Jiménez, y las 207.060 pesetas, que cobraba Silvina Roldán.

EL GRUPO ESCOLAR FERROVIARIO EN LA DÉCADA DE 1970

La implantación de la Ley General de Educación de 1970 y por tanto de la Educación General Básica va a suponer un aumento del profesorado y una escolaridad obligatoria hasta los catorce años en los colegios. En estos momentos ya estaban escolarizados todos los niños de Ciudad Real. Los colegios que tenía la ciudad eran: Cruz Prado, Pérez Molina, Generalísimo Franco, Pío XII, Escuelas del Hogar Provincial, San Juan Bautista de la Concepción (Larache), Patronato de los Ferroviarios, Patronato del Instituto Popular de la Concepción, Patronato Hermano Gárate, colegio Nuestra Señora del Prado (Marianistas), colegio San José, colegio Alfonso X y colegio San Francisco de Asís.

La Educación General Básica implica la especialización del profesorado en la segunda etapa de EGB, lo que lleva a un aumento del número de maestros. El claustro de profesores en esta década estaba formado y evoluciona de la manera que se indica en la tabla de la página siguiente.

La Ley General de Educación trae novedades importantes, como la coeducación que se establece en el colegio el curso 1972-1973 y la puesta en marcha de una unidad de Preescolar en el curso 1976-1977, regentado por María José Abad. Al curso siguiente tendrán dos unidades de Párvulos, regentadas por Amparo Pecero Ponce y doña María José.

En el ámbito educativo, desde la Ley Moyano de 1857 no se había producido otra ley educativa que implicara tantos cambios como la Ley General de Educación de Villar Palasí. Los presupuestos de los centros aumentan considerablemente, poco a poco, y las dotaciones de material pedagógico serán importantes en la segunda parte de la década. El presupuesto del centro para el curso 1973-1974, se componía de 14.400 pesetas que había en caja, 171.129 pesetas que envía el MEC y 25.000 pesetas de cuotas y donativos.

El Ministerio de Educación y Ciencia (MEC) envía al colegio material pedagógico como un proyector de vistas fijas, máquina de coser eléctrica, máquina de tejer y material de Ciencias Naturales y de Laboratorio. En una circular de 28 de enero de 1974 se comunica por parte de Álvaro Rodríguez, inspector educativo, que el centro, caso de no tener, solicite la adjudicación de una máquina de escribir ya que tienen disponibles. También indica que debe solicitarse material pedagógico de entre los siguientes: franelogramas, juegos de cuerpos geométricos, juegos de volúmenes, juegos de pesas y medidas, juego de escuadra, regla, cartabón y compás, mapas mundi, de España y continentes, atlas, globos terráqueos, estaciones

Tabla 56

PROFESORADO DEL COLEGIO FERROVIARIO, 1971-1979

MAESTROS/AS	1971	1973	1974	1975	1977	1979	SITUACIÓN
Silvina Roldán	x	x	x	x	x	x	Estatal
Josefa Abad	-	x	x	x	x	x	Estatal
Casandra Arévalo	x	x	x	x	x	x	Estatal
Luis Sánchez	x	x	x	-	-	-	Estatal (director hasta 1975)
Salvador Encina	x	x	x	-	-	-	Estatal
Raimunda Martín	x	x	x	-	-	-	Estatal
José Morales Rodríguez	x	x	x	x	x	x	Patronato
Dolores Ballesteros	x	x	x	x	x	-	Estatal
José Luis Jiménez	x	x	x	x	x	x	Patronato hasta 1975
Benedicta González	x	x	x	x	x	x	Estatal
Magdalena García-Donas	x	x	x	x	x	x	Estatal (secretaria)
Urbano Lorca	x	x	x	x	x	x	Patronato (dir. desde 1975)
Emiliano Serrano	-	-	-	x	x	x	Patronato-privado
Manuela Abengózar	-	-	-	x	x	x	Patronato-privado
Amparo Pecero	-	-	-	-	x	x	Contratada
Felisa Lucas Carreras	-	-	-	-	-	x	Contratada
Luis García de la Barrera	x	-	-	-	-	-	

Fuente: Documentación del archivo del CEIP Ferroviario. Elaboración propia.

meteorológicas, equipos de Ciencias Naturales, equipos de Física, equipos de Química, proyectores de vistas fijas, pantallas de proyección, tocadiscos, magnetófonos, selecciones de discos, cintas magnetofónicas, equipos de Formación Pretecnológica, equipos de Expresión Plástica, instrumentos musicales y material deportivo.

Poco a poco se van dando pasos hacia una escuela más abierta y dinámica. Será en 1974 cuando, por primera vez, se establezca en el colegio el Plan de Autoprotección del colegio para casos de emergencia. Las actividades de los sábados por la mañana abandonan su carácter religioso y/o político y se encaminan a canciones, teatro y otras actividades de tipo cultural. En otro documento del archivo del colegio se especifican las actividades anteriores. Se distribuyen las actividades de la siguiente manera:

Doña Silvina se dedicará a las canciones, piano, recitaciones, dibujo y gimnasia.
Doña Casandra hará gimnasia, recitación y dibujo.

Doña Dolores trabajará la biblioteca, dramatizaciones, teatro, gimnasia, canto y turismo.

Doña Raimunda hará gimnasia, cantos regionales, juegos dirigidos y labores.

Doña Magdalena realizará trabajos manuales, audiciones, dibujo, dramatizaciones, y visitas a industrias y centros de la localidad.

Don José Luis Jiménez hará trabajos manuales, gimnasia y dibujo.

Don Luis trabajará el dibujo y la música.

Don José dará educación física, trabajos manuales y dibujo.

Don Salvador se dedicará a hacer periódicos murales, música y trabajos manuales.

Don Luis García enseñará carpintería, electricidad, filatelia, numismática y hará visitas a diferentes industrias locales.

Encontramos en documentos del centro de 1972 la realización de excursiones fuera de la localidad, siendo la principal a Aranjuez. Van empezando nuevos aires en el colegio y nuevas situaciones de apertura.

El director, Luis Sánchez, se jubila en 1974 y se nombra directora accidental a Dolores Ballesteros, siendo la primera directora del colegio, aunque por un corto periodo de tiempo, ya que el cargo recaerá en Urbano Lorca.

Durante la década de 1970 la distribución del alumnado es:

Tabla 57

ALUMNADO DEL COLEGIO FERROVIARIO, 1970-1979

CURSO	1970	1972	1973	1974	1979
Preescolar de 4 años	-	-	-	-	40
Preescolar de 5 años	-	-	-	-	45
1º EGB	74	40	40	40	54
2º EGB	55	67	42	40	47
3º EGB	64	70	70	42	38
4º EGB	80	78	73	52	45
5º EGB	34	76	78	74	39
6º EGB	19	72	71	74	38
7º EGB	18	13	70	70	46
8º EGB	6	9	0	64	40

Fuente: Archivo del CEIP Ferroviario. Elaboración propia.

El aumento del número de alumnos en el centro fue considerable a lo largo de estos años, como podemos observar en la tabla de la página siguiente. El aumento viene dado por la incorporación de las nuevas clases de Preescolar y por las aulas de 7º y 8º de EGB.

En 1975 se extingue el Consejo Escolar Primario de la Asociación General de Empleados y Obreros de los Ferrocarriles de España. El colegio

Tabla 58

NÚMERO DE ALUMNOS ANUAL DEL COLEGIO FERROVIARIO, 1970-1979

Año	1970	1971	1972	1973	1974	1975	1976	1977	1978	1979
Nº DE ALUMNOS	362	385	424	444	456	454	-	480	481	432

Fuente: Archivo del CEIP Ferroviario. Elaboración propia.

de Ciudad Real pasa a ser desde el 7 de enero del año citado un colegio de Educación General Básica de doce unidades. Las características del colegio en ese momento son las que siguen:

1º La plantilla de los maestros está formada por nueve maestros nacionales, dos maestros nacionales del Plan Profesional, uno de EGB y un especialista de Educación Física.

2º Los gastos de funcionamiento ascendían a 342.420 pesetas.

3º El resto del personal lo componían el conserje y dos limpiadoras. Arturo Díaz, trabajaba de conserje y vivía junto a su familia en la última planta del edificio, y las limpiadoras eran Felisa Archidona y Juliana de la O Zapata. Felisa tenía una antigüedad en el colegio de 1 de enero de 1948 y disponía de un sueldo de 7.130 anuales, mientras que Juliana tenía una antigüedad de 1 de septiembre de 1965, siendo su sueldo de 7.000 pesetas, trabajando cuatro horas diarias.

4º La distribución arquitectónica era la siguiente:

Tabla 59

DISTRIBUCIÓN ARQUITECTÓNICA DEL EDIFICIO DEL COLEGIO FERROVIARIO

Superficie construida	1.385 m^2
Doce aulas	484 m^2
Biblioteca	32 m^2
Laboratorio	37 m^2
Salón de actos	107 m^2
Despacho de Dirección	35 m^2
Secretaría	32 m^2
Vivienda del conserje	99 m^2
Tres servicios	31,5 m^2
Dos tutorías	17 m^2
Patio de recreo	1500 m^2

Fuente: Archivo del CEIP Ferroviario. Elaboración propia.

Según los documentos que hay en la actualidad en el archivo del CEIP Ferroviario, los niños del colegio participaron en las colonias escolares desde de 1969 hasta 1995. Las colonias escolares surgen en España gracias a los

Clase de Párvulos del colegio Ferroviario, 1975. Fotografía cedida por Ramón García.

miembros de la Institución Libre de Enseñanza a finales del siglo XIX. Sus finalidades eran higiénicas, alimenticias y de ocio. Al llegar las vacaciones de verano llevaban a los niños al mar o a la montaña acompañados de sus maestros, monitores y algún médico. En la dictadura de Primo de Rivera se continúan realizando y en la Segunda República se siguen haciendo, dando mucha importancia a la alimentación de los niños, el ejercicio físico y a las actividades de ocio. Durante la Guerra Civil se hicieron pocas y sirvieron para fines ideológicos fundamentalmente.

En el periodo de la posguerra se realizan muchas actividades de tipo religioso y político. Cuando se implanta la Ley General de Educación en 1970, se da una nueva apertura y flexibilidad a las colonias. En 1973 el Ministerio de Educación y Ciencia (MEC) crea los Centros de Vacaciones Escolares en los cuales se pretende fomentar el descanso de los niños, realizando prácticas sociales y de convivencia, sin olvidar la salud, las actividades deportivas y culturales.

La democracia y las sucesivas reformas educativas llevaría a los Centros de Vacaciones Escolares a tener una estructura democrática en la cual se trabajaba la solidaridad, la cooperación, la convivencia, la libertad responsable, etc. Los niños en esta época ya estaban bien alimentados y tenían buenas condiciones higiénicas y sanitarias.

La LOGSE, establecida en 1990, y el paso de competencias a las comunidades autónomas hacen que finalicen los Centros de Vacaciones Escolares en 1995.

Siguiendo los documentos del colegio nos encontramos con los primeros niños que van a la colonia El Castillo, instalada en Alicante, siendo su estancia del 4 al 23 de agosto de 1969. En 1972 asisten seis niños a la colonia de Cádiz y dos niñas a la de Sanlúcar de Barrameda, mientras que en 1974 van seis niños becados al CVE de Cádiz y ocho niñas becadas al de Sanlúcar. En el verano de 1975 los niños irán al CVE de Pilar de la Horadada y las niñas al de San Javier en Murcia.

La colonia de 1978 se realiza con carácter mixto, asistiendo a los CVE de Alicante y Murcia un total de 23 alumnos, de los cuales 17 eran becados.

Otro aspecto que nos parece interesante reflejar en nuestro estudio son las contribuciones o colaboraciones que se hacían para ayudar a las misiones y a los niños de otros continentes. El colegio Ferroviario, al igual que todos los demás, participaban en la década de 1960 y posteriores en las campañas del Domund y de la Santa Infancia. ¡Quién no recuerda a los niños y niñas con las huchas por las calles pidiendo una ayuda!

Las actividades deportivas siempre se fomentaban en el centro, dentro de los escasos medios de que se disponía, el deporte de voleibol fue uno de ellos y se obtuvieron a lo largo de los años numerosos éxitos provinciales.

Chicas jugando al voleibol en el patio del colegio Ferroviario, 1979. Fotografía cedida por José Luis Jiménez.

El colegio tenía capilla, siempre bien atendida por Arturo, y se daba misa los domingos para todo el público de Ciudad Real. Reflejamos en la tabla 60 los datos que se conservan referidos a las donaciones que se hacían en la misa, la capilla y las campañas de Santa Infancia y Domund con la ayuda de los maestros, niños y familias.

Tabla 60

DONACIONES Y CAMPAÑAS SOLIDARIAS DEL COLEGIO FERROVIARIO, 1965-1974

CONCEPTOS/PESETAS	1965	1966	1967	1968	1969	1970	1971	1972	1973	1974
Colecta	917	773	-	-	-	-	-	-	-	581
Bautizos	870	1.005	-	-	-	-	-	-	-	1.110
Santa Infancia	-	-	-	2.018	3.764	2.626	2.673	3.840	3.000	5.010
Domund	-	-	1.608	2.130	2.331	2.492	2.140	4.400	3.325	2.528

Fuente: Archivo del CEIP Ferroviario. Elaboración propia.

8

LA DÉCADA DE 1980. FINAL DEL COLEGIO DE LOS FERROVIARIOS Y COMIENZO DEL COLEGIO PÚBLICO FERROVIARIO

Estos años van a marcar el nuevo rumbo que va a tener el colegio, pues deja de ser un centro perteneciente a la Asociación de Ferroviarios y va a pasar a ser un centro estatal. Desde el curso 1987-1988 es un colegio de naturaleza pública (*BOE*, 26 de junio de 1987) como consecuencia de la implantación de la Ley Orgánica del Derecho a la Educación (LODE). La transformación del Patronato hasta llegar a ser colegio público del Estado merece que lo tratemos con el debido esmero, para ello nos vamos a detener cuidadosamente en los documentos que en el archivo del centro se encuentran.

El presidente de la Asociación General de Empleados y Obreros de los Ferrocarriles de España dirige, con fecha 23 de mayo de 1986, al director del colegio el siguiente escrito:

«Muy Señor mío:

Dentro de las actividades sociales que esta Asociación ha venido desarrollando a lo largo de su historia, ocupa lugar preferente la fundación de Colegios que impartían la formación de nuestros Socios y familiares en una época en la que existían graves problemas de escolarización en nuestro País.

Con la promulgación de la Ley General de Educación, en 1970, se dio un primer paso en el ordenamiento del sistema educativo, que ha culminado recientemente con la aprobación e implantación de la Ley Orgánica del Derecho a la Educación (LODE), por lo que ha desaparecido la razón que justificaba la existencia de Centros Escolares patrocinados por esta Asociación.

Estas razones y la necesidad de centrar toda nuestra atención en la actividad principal de esta Asociación, que es el Mutualismo Social, indujeron al Consejo de Administración a tomar la decisión de proponer la extinción de dichos Grupos Escolares. El primer paso en este sentido fue el de informar de nuestra decisión al Claustro de Profesores existente en ese Centro, quienes mostraron su interés por la compra del inmueble, continuando así la actividad escolar, mediante la constitución de una Cooperativa de Enseñanza. Ello ha dado lugar a que se iniciaran negociaciones que, pese a los buenos deseos por ambas partes, no han permitido alcanzar el acuerdo deseado. Por ello esta Asociación lamenta no poder ratificar, en su propio nombre, el concierto educativo solicitado en su día.

Conscientes de las repercusiones que tal decisión pudiera tener para los escolares, informamos oportunamente a la Delegación Provincial de la situación existente, quien nos ha manifestado tomará las medidas oportunas para que el Centro CONTINÚE SU FUNCIONAMIENTO CON TODA NORMALIDAD, por lo que se mantienen contactos para buscar una solución definitiva que garantice el futuro del Centro.

En este sentido nos complace informarle que a partir del día 26 QUEDA ABIERTO EL PLAZO DE ADMISIÓN DE ALUMNOS PARA EL PRÓXIMO CURSO ESCOLAR 1986/87.

Lo que le comunico para su conocimiento y efectos oportunos».

El escrito anterior deja claro por parte de la AGEOFE que su intención es traspasar los colegios de los que son propietarios, bien a los maestros o bien al Estado. El Patronato cesa su actividad el 1 de septiembre de 1986, y la AGEOFE, titular del centro concertado, a su clausura, cede el edificio al Ministerio de Educación y Ciencia para su uso, mientras se tramita el expediente de compraventa por parte del MEC.

Las negociaciones con el MEC no llegan a buen puerto, por lo que la Asociación vende el edificio el día 31 de mayo de 1991, mediante escritura otorgada por el notario de Madrid, Gonzalo Gerona Peña, a favor de la Compañía Mercantil VIPEN, S.A.

VIPEN, S.A. se pone en contacto con el MEC para venderle el edificio, sin llegar a un acuerdo en el precio, aunque mientras tanto sigue permitiendo el uso del edificio para la finalidad educativa.

Por el Real Decreto 249/1993 del 12 de febrero (*BOE* de 26 de febrero de 1993) se expropia el inmueble, declarándose de urgencia la misma con objeto de continuar la escolarización. El día 27 de abril de 1993 se firma el acta de expropiación por el MEC del colegio público Ferroviario. Mientras esto sucede, por Orden Ministerial de 26 de mayo de 1987 se constituye el colegio público Ferroviario (*BOE* de 26 de junio de 1987) con la composición de nueve unidades mixtas de EGB, dos de Párvulos y una Dirección con docencia. En estas unidades se integran algunas de los colegios públicos San Juan Bautista de la Concepción y Generalísimo Franco.

Según el acta previa de ocupación que hemos localizado en el Archivo Municipal López-Villaseñor, se reúnen:

- De una parte:
. Por el MEC, Manuel Morales Bonilla, secretario de la Dirección Provincial.
. Por el Ayuntamiento de Ciudad Real, Tomás Cano de Mateo, concejal de Urbanismo.
. Por la Administración, José María Romero Cárdenas, arquitecto jefe de la Unidad Técnica de Ciudad Real.

-De otra parte:
. Adriano Morales Manzanero, representando a la Compañía Mercantil VIPEN, S.A.

El inmueble se expropia con el fin de continuar la escolarización de niños en Ciudad Real. Tiene una superficie de 544 m², siendo el patio de recreo propiedad de Renfe. Cuenta con tres accesos exteriores y un patio interior de 23,79 m^2, consta de sótano, planta baja de 411,32 m^2 útiles, planta primera, y una segunda planta con 294,18 m^2. Dicho inmueble está inscrito a favor de la Compañía Mercantil VIPEN, S.A.

Continúa el escrito indicando que la finca fue comprada por VIPEN, S.A. a la AGEOFE el 31 de mayo de 1991, siendo la superficie de expropiación de 1710,36 m^2. De acuerdo con lo anterior, la tasación del edificio se hace teniendo en cuenta el coeficiente de conservación que, dado el estado más que aceptable del edificio, se estima en 1,20.

Las superficies a considerar son: un sótano de 252 m^2, una planta baja de 544 m^2, una planta primera de 514,24 m^2 y una segunda planta de 399,32 m^2, lo que hace un total de 1.710,36 m^2. Termina indicando que el solar ocupado por el edificio tiene 544 m^2. Teniendo en cuenta todo lo expresado, José María Romero Cárdenas lo tasa en 47.823.776 pesetas[11].

Al tener el colegio desde el curso 1986-1987 un carácter público, se empieza a regir por la normativa establecida para los colegios públicos estatales, incluyendo la adjudicación del profesorado. La plantilla en esta década estaba compuesta como se indica en la tabla de la página siguiente.

Antes de 1986 los maestros del Patronato eran estatales con oposición, pero habían sido propuestos por la Asociación a la Delegación Provincial de Educación, la cual los nombraba. A estos maestros había que añadir los contratados por la Asociación, los cuales no tenían la oposición.

La AGEOFE manda recoger el mobiliario del colegio, que era de su propiedad, para trasladarlo a Madrid. Junto con el mobiliario, se llevan las lámparas tan vistosas y voluminosas que estaban en los halls, el busto de Franco realizado por Juan Ávalos, la bandera de los Ferroviarios, la pianola que tocaba doña Silvina, los sofás, etc. En la capilla del colegio había dos esculturas, una del arcángel san Rafael y otra del Sagrado Corazón de Jesús, que fueron entregadas a particulares.

El colegio público Ferroviario empieza su andadura con la elección de nuevo director, recayendo el cargo en José Luis Jiménez González, que nombra secretario a José Morales.

El centro se mantiene con dos unidades de Preescolar y diez de EGB hasta 1989 en el cual se incorpora Jesús Díaz Tercero, como profesor de Educación Física, y Bernardo Larrañeta, como profesor de Apoyo.

El nuevo director, José Luis Jiménez, y el claustro de profesores ven la necesidad de acondicionar el colegio a la nueva andadura y lo transmiten a la Dirección Provincial de Educación, solicitando material educativo, mobiliario y los arreglos necesarios en el edificio. Aunque son momentos difíciles y de cierta inquietud del Magisterio, convocándose algunas huelgas en esta década, se van a realizar las gestiones oportunas y pronto comienzan las obras en el centro. Según nos cuenta don José Luis, el sótano se acondiciona para laboratorio y un aula de Pretecnología, aprovechando que la calefacción de carbón

Tabla 61
PROFESORADO DEL COLEGIO FERROVIARIO, 1982-1989

MAESTROS/AS	1982	1985	1986	1989	SITUACIÓN
Urbano Lorca Garrido	X	X	X	X	Patronato (director hasta 1986)
Rosario Vera Martínez	X	X	-	-	Contratada
Mercedes Gómez Rodríguez	X	X	-	-	Contratada
Felisa Lucas Carreras	X	X	-	-	Contratada
Emiliano Serrano Arias	X	X	-	-	Patronato
Amparo Pecero Ponce	X	X	-	-	Contratada
Manuela Abengozar	X	X	-	-	Patronato
María Luz Rico Paredes	X	X	-	-	Contratada
José Luis Jiménez González	X	X	X	X	Patronato (director desde 1986)
Rosa María Zapata López	X	X	-	-	Contratada
José Morales Rodríguez	X	X	X	X	Patronato (secretario desde 1986)
Benedicta González Casquero	X	X	X	X	Patronato
Carmen Llop Forner	-	-	X	-	Provisional
Prado Gijón Gallego	-	-	X	-	Provisional
Carmen González Cantón	-	-	X	-	provisional
Dora Vega Pascual	-	-	X	-	Provisional
Dolores Bustos Álvarez	-	-	X	-	Provisional
Petra Alhambra	-	-	X	-	Provisional
Carmen Naharro Arteche	-	-	X	X	Provisional (jefa de estudios en 1986)
Carmen Díaz Acedo	-	-	-	X	Jefa de estudios (desde 1987)
Josefa Martin Maestre	-	-	-	X	Maestra del MEC
Milagros Aguilera	-	-	-	X	Maestra del MEC
Consuelo de Diego	-	-	-	X	Maestra del MEC
Pilar Hornero	-	-	-	X	Maestra del MEC
María Ortega	-	-	-	X	Maestra del MEC
Manuel Miguel Moraga	-	-	-	X	Maestro del MEC
Josefa Bernalte	-	-	-	X	Maestra del MEC
Jesús Díaz Tercero	-	-	-	X	Maestro del MEC

Fuente: Actas de claustros archivo del CEIP Ferroviario. Elaboración propia.

desaparece y se ha puesto de gasoil. El presupuesto para reformas fueron unos cuarenta millones de pesetas, con ellos se arreglaron las cubiertas de edificio, los servicios de alumnos, se elimina la fuente interior y se pone una nueva en el patio, se hacen servicios de profesores en todas las plantas, se reforma el salón de actos, se agrandan algunas aulas, se hace un aula de usos múltiples en la

Grupo de niños del colegio Ferroviario con el profesor José Luis Jiménez, 1980. Fotografía cedida por él.

Fachada principal del colegio Ferroviario recién restaurado. Fotografía cedida por José Luis Jiménez.

Fachada a Ronda (arriba) y del patio (abajo) del colegio Ferroviario. Fotografías cedidas por José Luis Jiménez.

segunda planta, se revisten con planchas de corcho los cielos rasos, se arregla la fachada y se pinta todo el exterior del edificio, además se ponen cenefas en las ventanas exteriores de la segunda planta. En el patio se tira el graderío y se hace, al fondo, un arenero para Preescolar, apareciendo en el movimiento de tierra gran cantidad de balas y casquillos. Las obras empezaron el 1 de julio de 1987 y terminaron un año más tarde. Como puede observarse en las fotografías que adjuntamos se añaden las cenefas, que rodean las ventanas, a las plantas primera y segunda del patio y de la Ronda.

El director gestiona el inmediato envío de mobiliario y material didáctico con Carlos García Díaz, funcionario de la Delegación Provincial de Educación, y en poco tiempo el colegio queda dotado convenientemente. En dicho material iba incluido un televisor en color proveniente del MEC, y otro que donó la Caja de Ahorros de Cuenca y Ciudad Real.

Representación de una obra de teatro por Navidad en el salón de actos del colegio Ferroviario, 1986. Fotografía cedida por José Luis Jiménez.

A lo largo de esta década el número de alumnos continúa siendo de unos cuatrocientos. La distribución es la que presentamos en la tabla de la página siguiente. Como podemos observar, la mayoría de las aulas tenían una ratio de casi cuarenta alumnos; en los casos donde se sobrepasaba dicho número, desdoblaban las aulas.

Los niños y niñas del colegio seguían asistiendo en verano a los Centros de Vacaciones Escolares. En 1983 van cinco niños y cuatro niñas a los centros de Torrevieja y Cádiz. El MEC y la Diputación concedían becas para dichas colonias y en 1986 van un total de once niños becados.

En el aspecto extraescolar, cabe destacar las numerosas excursiones que se realizaban en el centro desde 1986, abarcando salidas a numerosos lugares de la provincia y la extraordinaria excursión que se hacía todos los años, durante varios

Tabla 62

ALUMNADO DEL COLEGIO PÚBLICO FERROVIARIO, 1981-1989

CURSO	1981	1982	1983	1985	1989
Preescolar de 4 años	38	35	32	30	29
Preescolar de 5 años	40	36	36	38	35
1º EGB	40	36	36	34	30
2º EGB	40	42	40	40	38
3º EGB	52	35	40	38	30
4º EGB	53	45	35	31	36
5º EGB	40	61	58	40	40
6º EGB	43	44	66	40	47
7º EGB	42	42	42	69	40
8º EGB	37	39	46	50	33
TOTALES	417	415	431	415	360

Fuente: Archivo del CEIP Ferroviario. Elaboración propia.

días, a diferentes lugares de España con los alumnos que terminaban la EGB. Las semanas culturales que se hacían contemplaban mañana y tarde, haciéndose múltiples y diversas actividades. En ellas participaban padres, madres, alumnado, profesorado, Policía Municipal, AMPA y numerosos particulares y organizaciones.

Orla de la promoción 1988-1989 del colegio público Ferroviario. Fotografía cedida por José Luis Jiménez.

El aspecto deportivo también es de destacar, haciéndose innumerables salidas y en diferentes deportes. El diario *Lanza* recoge la noticia de las numerosas medallas obtenidas por los alumnos del Ferroviario y del colegio Pérez Molina en natación durante la Navidad de 1984 en una competición organizada por el Patronato Municipal de Deportes.

Durante estos años se siguieron haciendo campañas solidarias en colaboración con la Santa Infancia y el Domund.

La década de 1980 comienza con cambios en el aspecto pedagógico y organizativo de tipo escolar a nivel nacional. El MEC promueve cursos de especialización en Preescolar y Pedagogía Terapéutica, ya que casi no hay profesorado formado en dichas materias y las necesidades en los colegios aumentan considerablemente. Para atender las nuevas necesidades que se quieren cubrir, los Servicios de Orientación Escolar y Vocacional (SOEV) funcionarán en las sedes provinciales, aunque pronto se empezarán a ampliar para atender todas las necesidades especiales que recogía la Ley de Integración de 1985. Otras novedades importantes van a ser la prohibición de fumar en las aulas, la aparición de las asociaciones de padres de alumnos (APA) y la voluntariedad de recibir clase de Religión.

Desde el MEC se pretende una renovación pedagógica del profesorado, para que adapte métodos, metodologías y se perfeccione en Preescolar, Educación Psicomotriz, Expresión Plástica y Expresión Musical. Para tal fin se ponen en marcha los centros de profesores, y en Ciudad Real comenzará en 1984.

Jubilación de la maestra del colegio Ferroviario Consuelo de Diego, en 1989. Sentadas: desconocida, Elena Salcedo, Consuelo, Bernardo Larrañeta y Carmen Arévalo. Fotografía cedida por José Luis Jiménez.

La década va a terminar con la triste noticia del fallecimiento de Silvina Roldán, hecho que recoge el diario *Lanza* el 14 de abril de 1989. María Luisa García le dedica unas líneas reflejando grandes elogios por la bondad y alegría que transmitía a sus alumnos a través de la pianola que les tocaba día a día.

9
EL COLEGIO PÚBLICO FERROVIARIO EN LA DÉCADA DE 1990

El centro se va consolidando y adaptando a los nuevos tiempos. La plantilla del profesorado aumenta puesto que la ratio disminuye a treinta alumnos por aula y se dota al colegio de profesores especialistas. A continuación, podemos observar dichos cambios en la tabla que exponemos.

Tabla 63

PROFESORADO DEL COLEGIO PÚBLICO FERROVIARIO, 1993-1999

MAESTROS/AS	1993	1995	1996	1999	ESPECIALIDAD
José Luis Jiménez González	x	x	-	-	Primaria (director hasta 1995)
Piedad Gallardo	x	x	x	x	Educación Infantil
María Luisa Balbuena García	x	x	x	x	Educación Infantil (directora desde 1996)
Josefa Martín Maestre	x	-	-	-	Educación Infantil
Consuelo de Diego	x	-	-	-	Primaria
Josefa Bernalte Lluch	x	x	x	x	Primaria
María Ortega Moreno	x	x	-	-	Primaria
Manuel Miguel Moraga	x	x	-	-	Primaria
Conrado Gil Novillo	x	x	x	x	Inglés (jefe de estudios desde 1996)
José Morales Rodríguez	x	x	-	-	Primaria
Carmen Díaz Acedo	x	x	x	-	Primaria (jefa de estudios 1987-1995))
Benedicta González Casquero	x	x	x	x	Primaria
Eustasio Sánchez Romano	x	x	x	x	Educación Física (secretario desde 1996)
Estrella Castellanos Carrión	-	x	x	x	Educación Infantil
Belén Romero	-	x	-	-	Primaria
Asunción Rguez. de Guzmán	-	x	x	x	Primaria
Antonio Baos	-	x	-	-	Música
Concepción Corral Ruiz	-	x	x	x	Primaria
Manuel Miguel Moraga	-	x	-	-	Primaria
Nieves Arellano Cárdenas	-	-	x	-	Educación Infantil
Ángel Chico Rivilla	-	-	x	x	Primaria

Tabla 63 (continuación)

PROFESORADO DEL COLEGIO PÚBLICO FERROVIARIO, 1993-1999

MAESTROS/AS	1993	1995	1996	1999	ESPECIALIDAD
Prado Ortega Moreno	-	-	x	x	Primaria
Amelia Crespo Bordonaba	-	-	x	-	Educación Infantil
Juan Manuel	-	-	x	-	Música
Rafael Díaz Molina	-	-	-	x	Educación Infantil
Teresa García Andújar	-	-	-	x	Educación Infantil
Mar Loro	-	-	-	x	Música
Adela Carrasco Valencia	-	-	-	x	Pedagogía Terapéutica

Fuente: Actas de claustros, *DOC* y *PGA* del CP Ferroviario. Elaboración propia.

La plantilla del profesorado en 1990 estaba compuesta por dos unidades de Educación Infantil, once de Primaria y un maestro de Apoyo. En el curso 1993-1994 la composición cambia y había tres unidades de Educación Infantil, ocho de Primaria, una de inglés y una de Educación Física. A lo largo de estos años se van incorporando los niños de tres años en 1993, se crea la plaza de Música en 1994 y la de Pedagogía Terapéutica en 1996.

Profesores del colegio Ferroviario, curso 1990-1991. De pie: Pepita B., Consuelo D., Jesús D., Benedicta G., Pepe M., María O., Manolo M., Pepita M. y Piedad G. Sentados: Cándida C., Luis Javier M., Carmen M., Bernardo L., Carmen Díaz y José Luis J.

El centro era muy demandado por las familias y la ratio por aula se sitúa en unos 28 alumnos por aula. Al finalizar el siglo XX la composición era de tres unidades de Educación Infantil y una de Apoyo, siete unidades de Primaria y los maestros especialistas de Educación Física, Música, Pedagogía Terapéutica e Inglés. La incorporación al colegio de Rafael Díaz Molina en 1999 supone un paso más a la normalización del profesorado, ya que es el primer maestro varón que va a ejercer en Educación Infantil.

Otra novedad importante es la finalización de la EGB en el curso 1995-1996, comenzando así la Educación Primaria. Por tanto, los alumnos de 7º y 8º de EGB pasarán a los institutos, quedando en el colegio los niños y niñas de 3 a 12 años.

Si importante es conocer el organigrama del centro, también lo es conocer la vida diaria y las actividades más significativas que se realizaban con los niños. Durante esta década se estuvo realizando la Campaña del Flúor con la finalidad de que los niños aprendieran a cuidar la higiene bucodental y cogiesen el hábito de limpiarse los dientes. Otra novedad fue el tema de la vacunación, que desde tiempos inmemoriales se venía haciendo en las escuelas, y que en 1993 se establece que las familias lleven a sus hijos a los consultorios médicos.

Siendo director José Luis Jiménez se pone en marcha en 1990 la experiencia de la publicación de un periódico escolar y se empieza por crear el Consejo de Redacción. Dicho periódico estuvo funcionando durante bastantes cursos y la participación del alumnado fue muy numerosa. También se realizaban gran cantidad de actividades culturales, complementarias y extraescolares. Se hicieron muy populares y grandiosas las semanas culturales que se hacían en el mes de mayo, en las cuales había actividades deportivas, musicales, teatro, exposición de manualidades y pintura, concurso de redacciones, etc. En la de 1996 intervinieron y colaboraron la AMPA, las familias, la Agrupación de Voluntarios de Protección Civil, la ONCE, Emergencia Ciudad Real (006), la Hermandad de Donantes de Sangre, la Policía Local, Jesús Martín (medico), el Ayuntamiento, la Diputación y la Delegación Provincial de Educación. Se hicieron frecuentes las visitas de los niños con sus maestros a industrias locales y provinciales, el Ayuntamiento, la Diputación y la realización de excursiones por toda la provincia. La excursión estrella era con los niños que finalizaban 8º de EGB y luego 6º de Primaria, dicho evento se realizaba en junio y duraba varios días en los cuales recorrían diversos lugares de España.

En el curso 1996-1997 entra de directora María Luisa Balbuena, primera directora del colegio en su historia. Durante su periodo de Dirección el colegio continúa avanzando y fomentando la relación con las familias y la Asociación de Padres y Madres de alumnos. En su labor de Dirección la van a apoyar Conrado Gil, como jefe de estudios, y Eustasio Sánchez en las labores de Secretaría. Las ayudas a los más necesitados y las campañas solidarias se continuaron haciendo en el colegio durante esta década, siempre contando con la colaboración de niños, familias, maestros y APA. En la campaña del Domund de 1997 se llegaron a recoger 32.940 pesetas.

La maestra Piedad Gallardo con su grupo del colegio Ferroviario, 1995. Fotografía cedida por Carmen Dondarza.

El aumento de alumnado y las nuevas necesidades de infraestructuras del colegio llevan a que la directora solicite a las autoridades competentes algunas reformas o hacer un nuevo colegio. El diario *Lanza* publica el 14 de abril de 1999 una noticia referida a la información que doña María Luisa le ha trasladado al alcalde, Francisco Gil Ortega, en la cual le indica que el colegio se ha quedado pequeño ante la gran demanda de solicitudes que tiene por parte de las familias. El alcalde manifiesta que hacer un colegio nuevo no es competencia suya, pero que lo tramitará a la administración competente en dicha materia, y también indica que el parking de 48 plazas al lado del colegio se ha realizado con la colaboración de la Diputación y el INEM.

10
EL CEIP FERROVIARIO EN LA PRIMERA DÉCADA DEL SIGLO XXI

Entramos en el siglo XXI con el nuevo director, Benigno Raya, que estará acompañado en su labor por Conrado Gil, como jefe de estudios, y Eustasio Sánchez, ejerciendo de secretario. El nuevo milenio trae nuevas ideas y cambios en la escuela. En el claustro del 5 de septiembre del 2000 se expone la necesidad de crear un aula de Informática para los alumnos en el sótano del colegio. Otro de los cambios importantes va ser el comienzo del Proyecto de Información de la Jornada Escolar Continua que arrancará en 2001 y que traerá en años sucesivos un cambio significativo en los horarios de los colegios. En el acta del claustro del 20 de enero del 2001 se expresa que en el referéndum realizado a los padres y madres han participado un 65,35%, de los cuales están a favor el 78,28% y, por tanto, el 21,22% en contra de que se establezca el nuevo horario propuesto.

El Consejo Escolar aprueba la jornada continua con el 100% de los votos a favor, comenzando en el curso 2001-2002, siendo el horario del centro de 9 a 14 horas para la asistencia y atención al alumnado. Por las tardes se establecerán unos talleres de 16 a 18 horas a los que podrán asistir los niños con carácter voluntario. Estos talleres los llevarán a efecto los maestros y otros serán organizados por la Asociación de Padres y Madres (AMPA) del colegio.

Los talleres de actividades extracurriculares que se efectuaron en el curso 2003-2004 fueron los siguientes: Proyecto Fantasía, para Educación Infantil; e Informática, Pintura y Aerobic para Primaria. Todos organizados por el AMPA.

Los maestros y maestras organizaron los talleres de Expresión Corporal, Dibujo, Pintura, Jugando a la Ortografía, Música y juegos de mesa.

Las fiestas de graduación de los alumnos de Educación Infantil y de 6º de Primaria se hicieron espectaculares a lo largo de los cursos, siendo preparadas con exquisito esmero por parte de los maestros y maestras las obras de teatro que se los alumnos representaban. En esta ocasión fue *El rey verano*, cuya decoración fue realizada por Alicia Pérez, madre de una alumna.

El Ayuntamiento de la capital colaboró a través del Patronato Municipal de Deportes ofreciendo actividades de futbito para los niños y niñas de 5º y 6º de Primaria.

Ante los nuevos retos educativos, el profesorado del centro decide prepararse en Informática y constituyen un grupo de trabajo para aplicar la Informática a las diferentes áreas curriculares. La anticipación al tema informático es importante

La maestra Estrella Castellanos y su grupo de Infantil del colegio Ferroviario, 2003.

porque en el curso 2002-2003 la Junta de Comunidades de Castilla-La Mancha instala en el centro el aula Althia de Informática. Este proyecto de familiarizar al alumnado y profesorado con la Informática culmina en el curso 2008-2009, en el cual la Junta dota a cada maestro del centro con un ordenador portátil de la marca Toshiba.

Los programas de organización administrativa y organizativa del centro se modernizan y el Programa Escuela del MEC se sustituye en el año 2007 por el Programa Delphos de la Consejería de Educación. La apuesta por las nuevas tecnologías es un hecho, y en 2009 se colocan las primeras pantallas y videoproyectores en varias aulas. Otro trámite administrativo que sufre un cambio importante son los libros de escolaridad, que desaparecen en 2008.

La plantilla del profesorado en esta primera década del nuevo milenio evoluciona tal y como aparece en la tabla de la página siguiente.

El colegio fue aumentando el número de alumnos y por tanto también aumentó el número de maestros. En el año 2000 se incorpora una maestra para la especialidad de Audición y Lenguaje (Logopedia) y en 2002 se extiende la enseñanza del inglés a Educación Infantil. Para atender las necesidades de orientación escolar y familiar se incorpora al centro en 2005 la orientadora María Luz López.

Será en el curso 2007-2008 cuando pasa a formar parte de la plantilla del centro Antonio Camacho Ortiz para impartir Educación Física, que

Tabla 64
PROFESORADO DEL CEIP FERROVIARIO, 2000-2009

MAESTROS/AS	1993	1995	1996	ESPECIALIDAD
Benigno Raya Soriano	X	X	X	Primaria (director desde 2000)
Conrado Gil Novillo	X	X	X	Inglés (jefe de estudios hasta 2009)
Eustasio Sánchez Romano	X	X	X	Educación Física (secretario hasta 2004)
Estrella Castellanos Carrión	X	X	X	Educación Infantil
Rafael Díaz Molina	X	X	X	Educación Infantil (jefe de estudios desde 2009)
Teresa García Andújar	X	X	-	Educación Infantil
María Luisa Balbuena García	X	X	X	Educación Infantil
Pascualina Mateos Moya	X	X	X	Inglés
Piedad Gallardo	X	X	X	Primaria
Josefa Bernalte Lluch	X	-	-	Primaria
Concepción Corral Ruiz	X	X	X	Primaria
Asunción Rodríguez de Guzmán	X	X	X	Primaria
Benedicta González	X	-	-	Primaria
Ángel Chico Rivilla	X	X	-	Primaria
Adela Carrasco Valencia	X	X	X	Pedagogía Terapéutica
Mar Loro Rodríguez	X	-	-	Música
Prado Gómez Garzás	X	X	X	Religión
Ana Isabel Rodríguez	X	X	-	
María José Amador Fresneda	X	X	X	Educación Infantil
Mercedes de Juan Menchero	-	X	X	
Luisa Tena	-	X	-	
Carmen Bonet Segura	-	X	-	Primaria
Carlos Úbeda	-	X	-	Inglés
María Luisa Ciudad Cebrián	-	X	X	Música (secretaria desde 2004)
María Luz López	-	X	-	Orientadora
María Luisa Villaverde	-	X	-	Logopeda
Domingo Calvo Moya	-	-	X	Orientador
Antonio Camacho Díaz	-	-	X	Educación Física
Carmen Infantes Nieves	-	-	X	Servicios a la Comunidad
Ana Isabel Martín Espartero	-	-	X	Primaria
Juan Pedro Morales Marín	-	-	X	Educación Física
Montserrat Morales Pérez	-	-	X	Educación Infantil
Altamira Morate Ortiz	-	-	X	Logopeda
Antonio Muñoz Gomis	-	-	X	Educación Infantil
Carmen Novalbos Cárdenas	-	-	X	Educación Infantil
María Luz del Rey Gil	-	-	X	Inglés

Tabla 64 (continuación)
PROFESORADO DEL CEIP FERROVIARIO, 2000-2009

MAESTROS/AS	1993	1995	1996	ESPECIALIDAD
Tania Rodríguez Ramos	-	-	X	Primaria
María Teresa Sánchez Ruiz	-	-	X	Primaria
Rosario Vera Martínez	-	-	X	Educación Infantil

Fuente: Actas de claustros, *DOC* y *PGA* del CP Ferroviario. Elaboración propia.

pronto empezaría con la campaña «Muévete» y continuaría con «Jugando al Atletismo» en el curso 2008-2009, que tantos éxitos y reconocimientos dará al colegio, a los niños y niñas y a él mismo.

Un hecho importante para el colegio fue el establecimiento de la doble línea en el centro, es decir, en el curso 2006-2007 tienen dos cursos por cada nivel educativo. Este desdoblamiento de cursos se debe a la ratio establecida y a la gran demanda del colegio por parte de las familias. La evolución del número de alumnos durante esta década es la que reflejamos en la siguiente tabla.

Tabla 65
ALUMNADO DEL CEIP FERROVIARIO, 2000-2009

ALUMNADO	2000	2001	2002	2003	2004	2005	2006	2007	2008	2009
Número de alumnos	243	246	240	243	245	243	285	342	357	384
Dan Religión	-	-	-	-	-	-	221	303	325	348

Fuente: Actas de claustros y Programa Delphos del CEIP Ferroviario. Elaboración propia.

Hemos añadido la variable de alumnos que dan Religión para ir observando su evolución a lo largo de los próximos años, así como también vamos a ir detallando el número de alumnos de procedencia extranjera. A lo largo de esta década el alumnado extranjero se mantiene en unos quince, siendo su procedencia mayoritaria de América del Sur y Marruecos.

El acontecimiento más importante, desde el punto de vista histórico, es la construcción de un nuevo colegio al lado del antiguo. El diario *Lanza* anuncia el día 9 de enero del 2004 que la Junta de Comunidades de Castilla-La Mancha va a construir un nuevo colegio, según ha manifestado el consejero de Educación, José Valverde. Esta noticia se verá completada con la que da el día 25 de junio del 2005 en la que se indica que el Consejo de Gobierno autoriza un gasto de cuatro millones de euros para la construcción del citado colegio Ferroviario. El nuevo centro constará de seis unidades de Educación Infantil y doce de Educación Primaria, un aula de música, biblioteca, dos salas de usos múltiples, gimnasio, pistas polideportivas y pabellón cubierto.

El mismo periódico comunica, el 16 de octubre del 2005, que las obras se han adjudicado por un valor de 3.800.000 euros, siendo su ubicación en el patio del actual colegio, y situando las instalaciones deportivas en unos terrenos cedidos por el Ayuntamiento. Las obras han sido adjudicadas a la empresa Juan Ramírez, Proyectos y Construcciones, S.A., debiéndose acabar las mismas en el plazo de un año.

El consejero de Educación, José Valverde, visita las obras el 6 de enero de 2006. En dicha visita anuncia que se pretende iniciar el curso escolar 2006-2007 en el nuevo edificio; asimismo comunica que va ser un colegio de doble línea y que va a pasar de los 250 alumnos actuales a 450. En sus declaraciones a la prensa añade que va a llevar un aula de Informática y estará dotado de comedor escolar. Al terminar, indica que el colegio actual va a ser cedido a la entidad financiera Caja de Castilla-La Mancha, que ubicará su sede cultural y social en dicho edificio.

Puerta de entrada y patio del colegio Ferroviario, 2005. Fotografía cedida por Antonio García-Donas.

El curso 2006-2007 se inicia en el nuevo edificio, después de los 82 años enseñando y educando en el antiguo colegio fundado por la Asociación de los Ferroviarios.

El día 16 de abril del 2007 *Lanza* informa sobre la visita del presidente de Castilla-La Mancha, José María Barreda, al nuevo colegio Ferroviario y a su pabellón deportivo cubierto. Esta noticia es ampliada el día 17 y en ella se hace una relación más extensa de los acontecimientos. A José María Barreda le acompañaron el alcalde de Ciudad Real, Francisco Gil-Ortega; el

José María Barreda, José Valverde, Francisco Gil-Ortega y Ángel Amador en su visita al nuevo colegio Ferroviario. Fuente: *Lanza*, 17 de abril de 2007.

vicepresidente de la Diputación, Ángel Amador; el consejero de Educación, José Valverde; el delegado provincial de Educación, Ángel López; el director del centro, Benigno Raya, todos los maestros y maestras del colegio y los representantes del AMPA. Tras la visita a las instalaciones, José María Barreda pronunció un pequeño discurso, del cual destaco la siguiente frase: «La mejor inversión en el futuro, para asegurar el progreso, es en educación». A continuación, intervinieron el alcalde de la capital y el director del centro.

El nuevo milenio y el nuevo edificio traen proyectos innovadores e inquietudes al profesorado. Las actividades culturales se multiplican, entre ellas se hacen a lo largo del curso cuentacuentos, teatro, guiñol, actividades deportivas, jornadas culturales, Fiesta de Carnaval, Día del Libro, Día de la Paz, Día de la Constitución y charlas sobre temas novedosos como la protección solar y la ecología. Los nuevos tiempos hacen que sea necesario concienciar a los niños sobre el consumo responsable y sobre la contaminación, para ello se comienzan a realizar talleres de reciclaje y se motiva al alumnado para que lleve a cabo un aprovechamiento razonable de los recursos naturales.

La solidaridad con los más necesitados se sigue transmitiendo y fomentando entre los niños: se realizan la campaña de recogida de alimentos y se entregan a la parroquia, se colabora en las campañas del Domund y de Infancia Misionera. Comienza a realizarse una actividad solidaria nueva a favor de los niños con cáncer a través de Afanion; para ello se realiza un

Excursión de fin de etapa de los alumnos del colegio Ferroviario al Oceanogràfic de Valencia con Ángel Chico, junio de 2003.

mercadillo del libro, donde todas las familias donan libros y se venden a otras, siendo destinado el dinero recaudado a la asociación indicada anteriormente.

En cuanto a las actividades realizadas fuera del recinto escolar, destacamos las visitas al Ayuntamiento y Diputación, Museo de la Merced, Catedral, Parque de Bomberos, Museo Diocesano, diario *La Tribuna*, diario *Lanza*, Parque Arqueológico de Alarcos, Centro Astacícola del Chaparrillo, Parque de Gasset, Cortes de Castilla-La Mancha, industrias locales y provinciales, campaña «Conoce tu ciudad», organizada por el Ayuntamiento, etc.

En el ámbito deportivo hay un aumento significativo de las participaciones del colegio en este tipo de eventos. Se venían haciendo actividades de balonmano, baloncesto, futbito y la campaña de «Deporte limpio». La llegada de Antonio Camacho en el curso 2007/08 va a suponer una dinámica diferente y más amplia todavía. Se va a participar en todas las «carreras del Pavo» que organiza el Ayuntamiento por Navidad y en la cual se consigue una importante cantidad de dinero gracias a la gran participación del alumnado. Ese dinero se invierte en material deportivo para todos los niños y niñas del centro. Otra novedad organizada por don Antonio fue la actividad «Jugando al atletismo», en la que participaron los colegios Pérez Molina, Jorge Manrique, Carlos Eraña y el Ferroviario. Esta actividad se mantiene actualmente, teniendo buena aceptación entre los colegios participantes. La promoción deportiva, que le llevaría a obtener, junto con los niños y niñas, grandes éxitos locales, provinciales y regionales, será la participación en las carreras atléticas escolares.

El Ayuntamiento de Ciudad Real desde finales del siglo pasado viene realizando una actividad formativa y lúdica llamada Educación Vial. En sus comienzos era impartida por los policías locales Fernando González Polo y Anastasio Hidalgo, y a lo largo de los años se ha ido manteniendo y ha logrado un prestigio y un reconocimiento significativo y valorado por todos los niños y el profesorado de la localidad. A estos policías locales, que empezaron la actividad, se unió su compañera Sara Expósito.

El nuevo colegio e instalaciones van a traer servicios nuevos a las familias, este es el caso del comedor escolar, que comenzará a funcionar en el curso 2007-2008 con 120 comensales, de los cuales veinte eran del colegio Carlos Eraña. Aprovechando las nuevas instalaciones, el Ayuntamiento organiza en el colegio la Escuela de Verano durante todos los años.

Pistas deportivas del colegio Ferroviario desde la que se aprecia el cenro nuevo y el antiguo. Fuente: Archivo del centro.

11
EL CEIP FERROVIARIO
EN LA DÉCADA DE 2010

La nueva década va a traer al centro numerosos cambios tanto en el equipo directivo, como en profesorado y alumnado. El colegio, al igual que los demás, se tiene que ir adaptando a la sociedad en la que vive para ir colaborando en su educación, desarrollo cultural y social.

Antonio Camacho, acompañado de María José López, Rafael Díaz, Benigno Raya, María Luisa Balbuena y José Luis Jiménez, anteriores directores del centro, 2019.

Las variaciones en el equipo directivo son las que reflejamos en la tabla 66. La plantilla de profesorado en estos años sufre numerosos cambios que podemos ver a través de la tabla 67.

El colegio disponía de seis unidades de Educación Infantil y una maestra de Apoyo a dicha etapa educativa, en Primaria disponían de doce unidades con su tutor correspondiente, dos profesores de Educación Física, dos profesores de Inglés,

Tabla 66

EQUIPOS DIRECTIVOS DEL CEIP FERROVIARIO, 2010-2022

CARGO	2010	2013	2014	2018	2022
Director/a	Benigno Raya	Rafael Díaz	María José López	Antonio Camacho	Juan Pedro Morales
Jefe/a de	Rafael Díaz	Juan Pedro Morales	Julia Encina	M.ª Prado Merino	María Elena Manzaneque
Secretario/a	María Luisa Ciudad	María Luisa Ciudad	Juan Pedro Morales	Juan Pedro Morales	Sergio Abad

Fuente: Actas de claustros y Programa Delphos. Elaboración propia.

Tabla 67

PROFESORADO DEL CEIP FERROVIARIO, 2010-2019

MAESTROS/AS	2010	2015	2019	ESPECIALIDAD
Benigno Raya Soriano	X	-	-	Primaria (director hasta 2010)
Rafael Díaz Molina	X	X	X	Educación Infantil y Primaria (jefe de estudios 2010, director 2013)
María Luisa Ciudad Ceprián	X	X	X	Música (secretaria hasta 2013)
M.ª José Amador Fresneda	X	X	X	Educación Infantil
Pilar Arévalo Olmedilla	X	X	X	Inglés
Rosario Arroyo Molina	X	X	X	Educación Infantil
M.ª Luisa Balbuena García	X	X	-	Educación Infantil
M.ª Mar Blanco Moreno	X	-	-	Primaria
Carmen Bonet Segura	X	X	-	Primaria
Domingo Calvo Moya	X	-	-	Orientador
Antonio Camacho Ortiz	X	X	X	Educación Física (director desde 2018)
Adela Carrasco Valencia	X	-	-	Pedagogía Terapéutica
Estrella Castellanos Carrión	X	-	-	Educación Infantil
Cándida Céspedes Ciudad	X	X	X	Inglés
Concepción Corral Ruiz	X	-	-	Primaria
Ana Rosa Espinar López	X	-	-	Música
Ángela García Navarro	X	-	-	Primaria
Prado Gómez Garzás	X	X	X	Religión
M.ª Carmen Infantes Nieves	X	-	X	Servicios a la Comunidad (PTSC)
María José López Sánchez-Herrera	-	X	X	Primaria (directora desde 2014 a 2018)
Mercedes de Juan Menchero	X	-	-	Primaria
Ana Isabel Martín Espartero	X	X	X	Primaria

Tabla 67 (continuación)
PROFESORADO DEL CEIP FERROVIARIO, 2010-2019

MAESTROS/AS	2010	2015	2019	ESPECIALIDAD
Pascualina Mateos Moya	X	-	-	Inglés
Antonio Menchero	X	-	-	Primaria
Ángel Mendoza Barrajón	X	-	-	Educación Física
Juan Pedro Morales Marín	X	X	X	E. Física (jefe de estudios, 2013; secretario desde 2014)
Altamira Morate Ortiz	X	X	-	Logopedia (Audición y Lenguaje)
Carmen Novalbos Cárdenas	X	X	X	Educación Infantil
Eustasio Sánchez Romano	X	-	-	Primaria
Teresa Sánchez Ruiz	X	X	X	Primaria
Ana Soanez Poveda	X	-	-	Primaria
Rosario Vera Martínez	X	X	X	Educación Infantil
Felipe Arévalo Martín	-	X	X	Primaria
Félix Barba Ciudad	-	X	X	Primaria
Adoración Escudero Almena	-	X	X	Pedagogía Terapéutica
Remedios Granados Rguez.	-	X	X	Primaria
Alejandra Lozano Expósito	-	X	-	Educación Infantil
María Ángela Martínez	-	X	-	Primaria
Prado Merino Gascón	-	X	-	Educación Infantil (jefa de estudios desde 2018)
Ángela Prieto Jurado	-	X	-	Primaria
Felipe Pulla González	-	X	X	Educación Física
Teresa Ramírez Pedraza	-	X	-	Primaria
María Luz del Rey Gil	-	X	-	Inglés
Alicia Rodríguez García	-	X	-	Educación Infantil
Pilar Santos Molina	-	X	-	Compensación Educativa
Julia Encina López	-	X	-	Orientadora (jefa de estudios desde 2014 a 2018)
Antonio Muñoz Gomis	-	-	X	Educación Infantil
Eva María Ramírez García	-	-	X	Educación Infantil
Concepción Llamas Arroyo	-	-	X	Primaria
Francisco J. Camargo Sánchez	-	-	X	Primaria
Elena Manzaneque Casero	-	-	X	Primaria
Francisca García Menchero	-	-	X	Primaria
Cristian Guerra Navarro	-	-	X	Primaria
Carmen Sánchez Sánchez	-	-	X	Primaria
Belén Romero Vela	-	-	X	Educación Infantil
M.ª del Mar Moreno Nieto	-	-	X	Inglés
Victoria Cejudo	-	-	X	Logopedia (Audición y Lenguaje)
Luis F. García Rodríguez	-	-	X	Orientador

Fuente: Actas de claustros y Programa Delphos del CEIP Ferroviario. Elaboración propia.

Jubilación de María José Amador, maestra del colegio Ferroviario, 2019.

uno de Religión, uno de Pedagogía Terapéutica, uno de Audición y Lenguaje, uno de Orientación y un asistente social. En cuadro estadístico nos aparecen algunas plazas de profesores más, debido a que el equipo directivo no tiene la jornada completa de docencia directa y para suplir sus horas se contratan más profesorado.

La nueva década trae más tecnologías al ámbito educativo. Los equipos informáticos para uso del alumnado se circunscribían hasta ese momento al aula Althia, instalada en el curso 2007-2008 con doce equipos de sobremesa distribuidos en grupos de tres, además de un ordenador del profesor con herramienta de class-control. Según nos informa Juan Pedro Morales, secretario del centro, los equipamientos informáticos para uso del alumnado a lo largo de estos años se distribuyen de la siguiente forma:

Curso 2009-2010. Dentro del Programa Escuela 2.0 se dota al centro en el nivel de 5º de Primaria de veinte miniordenadores o netbooks marca HP 5101, dos armarios con sistema de carga, dos proyectores Epson y dos pizarras digitales Smart.

La gran cantidad de ordenadores de diferentes tipos que había en el colegio hace que la red wifi se sature frecuentemente y el funcionamiento no sea el deseado. La formación del profesorado es importante y en 2011 se hace un curso de formación y manejo de los programas Delphos y Papas 2.0.

Según la información que nos proporciona el maestro Rafael Díaz Molina, el aspecto informático del centro durante estos años es el siguiente:

Curso 2010-2011. Continuando con el Programa Escuela 2.0, se completa la dotación para 5º y 6º con dos nuevos proyectores Epson, dos pizarras digitales Smart y quince netbooks marca Toshiba NB250.

Curso 2015-2016. Dotación de nuevos portátiles convertibles marca Hacer en armario cargador con ruedas para su transporte a diferentes aulas.

Curso 2018-2019. Dotación para modernizar el equipamiento informático dentro del Plan Meta: se adquieren catorce portátiles de aula para conectarlos a las pizarras digitales, así como una pantalla interactiva marca Smart Board MX165.

Curso 2019-2020. Puesta en marcha del Programa Escuelas conectadas, que implica una modernización de las redes inalámbricas del centro, además de la ampliación en los puntos de cobertura de estas redes; junto con la conexión a Internet por fibra óptica en sustitución de la antigua ADSL.

Dentro de la dotación específica para el Programa Carmenta, se adquiere otra pantalla interactiva Smart Board MX165 junto con trece tablets Samsung T580 para los tres profesores tutores que desarrollarán este programa en el nivel de 3º de Primaria, y también se compran otras diez tablets para los alumnos del programa de gratuidad de materiales curriculares.

Resulta conveniente indicar que el material anterior procede de partidas de la Consejería, al que habría que añadir los equipos informáticos adquiridos por el centro entre 2012 y 2020. Se compran ordenadores para las aulas de Educación Infantil, y se instalan proyectores en todas las aulas del centro que carecían de ellos, así como en la biblioteca y la sala de profesores.

Una mejora importante que se realizará en las aulas de Educación Infantil durante el curso 2010-2011 va a ser lainstalación de aire acondicionado en todas ellas.

Por lo que respecta al alumnado y a sus familias, el centro es uno de los más demandados de la capital, gozando de gran prestigio en la ciudad. La distribución del alumnado por años es la que refleja la tabla siguiente.

Tabla 68
ALUMNADO DEL CEIP FERROVIARIO, 2010-2020

ALUMNADO	2010	2011	2012	2013	2014	2017	2018	2019	2020
Número de alumnos	384	418	428	438	468	481	479	467	476
Dan Religión	348	376	383	391	400	-	375	339	352
Extranjeros	16	11	9	10	9	7	5	6	8

Fuente: Programa Delphos. Elaboración propia.

La gran cantidad de niños que tiene el colegio junto con la necesidad de que en las familias trabajen los dos cónyuges va a provocar un aumento en la demanda del comedor. Los usuarios del comedor y aula matinal se distribuyen como se indica en la tabla de la página siguiente.

En lo que respecta a las actividades culturales, formativas, deportivas y lúdicas, podemos decir que son abundantes y diversas, atendiendo a las demandas

Tabla 69

COMEDOR Y AULA MATINAL DEL CEIP FERROVIARIO, 2010-2020

SERVICIO	2010	2011	2012	2013	2014	2015	2016	2017	2018	2019	2020
Comedor	170	160	160	116	160	140	140	160	159	174	177
Aula matinal	-	-	25	25	25	35	35	35	34	35	43

Fuente: Programa Delphos del CEIP Ferroviario. Elaboración propia.

de la nueva sociedad y de los avances tecnológicos. Muchas de ellas se mantienen a lo largo de todos los años de esta década. Conviene indicar que muchas de estas actividades se realizan en colaboración con el AMPA del colegio. Vamos a pormenorizar dichas actividades, extraídas de las memorias del centro, documentos programáticos y de la información que nos proporciona Rafael Molina.

1, Actividades culturales, medioambientales y excursiones realizadas: visita al Parque Arqueológico de Alarcos, visita al Parque Natural de la Atalaya, visita a la playa del Vicario, visita al Centro Astacícola del Chaparrillo, visita al Parque Nacional de las Tablas de Daimiel, visita al Parque Nacional de Cabañeros, visita al Museo Provincial y a las exposiciones «Origen del hombre» y «Vinum vita est», visita al castillo de Calatrava, talleres de arqueología, visita al teatro de Almagro y excursiones a Aranjuez y Toledo.

2. Actividades solidarias y de ayuda a otras personas: Mercadillo solidario del libro usado cuyos beneficios se donan a Afanion, campaña de recogida de material escolar para los niños del Sahara, campaña a favor de los niños de Mali, campaña de recogida de juguetes para los niños pobres de Ciudad Real, campaña de recogida de alimentos para el Banco de Alimentos, Cáritas y la parroquia de San José Obrero y campaña del Domund.

3. Actividades sobre reciclaje y medioambiente: Taller de Residuos Sólidos Urbanos (RSU),taller de reciclado de papel y plásticos y campaña sobre el consumo de agua.

4. Actividades sobre alimentación sana: Plan de Consumo de frutas (Comunidad Económica Europea), Desayunos Saludables, taller sobre Nutrición y taller sobre Higiene y Alimentación.

5. Actividades literarias, históricas y proyectos de innovación e investigación: proyecto de innovación «Leyendo con los árboles», proyecto de innovación «Desde el arte», proyecto de innovación «Proyecto Steam de centro», proyecto de investigación «Centenario del Parque de Gasset», seminario «Descubriendo las aplicaciones de la pizarra digital en el aula», grupo de trabajo «Creación de blogs y su empleo en el aula», seminario «Plan Carmenta», seminario «Formación Steam», actividades del IV Centenario de la segunda parte del *Quijote*, recital de poesía de Gloria Fuertes,

encuentros literarios sobre recitación poética en el Parque de Gasset con la participación de los colegios Carlos Eraña, Pérez Molina, Quijote y Jorge Manrique y elaboración de un libro sobre «El Parque de Gasset» por los alumnos de 6º de Primaria, y publicado por la Diputación.

6. Actividades de carácter interno: Concurso de belenes, fiesta de la Navidad, Día de la Paz, Día de la Constitución, fiesta de Carnaval, jornadas culturales de mayo, escuela de padres y madres y Educación Vial (realizada por la Policía Local de Ciudad Real).

7. Actividades deportivas: «Juego limpio», proyecto «Jugando al Atletismo», organización del torneo de Navidad «Jugando al Atletismo» con la participación de los colegios Carlos Eraña, Pérez Molina, Jorge Manrique y Ferroviario, participación en el XIII Campeonato de España «Jugando al Atletismo» en Murcia, participación en los campeonatos regionales del deporte en edad escolar (campo a través individual y por equipos), obtención de un premio en la Gala del Deporte en 2018 y obtención del Premio Nacional del Deporte Joaquín Blume, entregado por el rey Felipe VI el 19 de febrero de 2018.

Desde 1924 han pasado multitud de alumnos y alumnas por el colegio, en abril del 2019 un grupo de ellos decide reunirse y recordar los años que estuvieron conviviendo en el centro. La promoción de 1975-1983 se junta en la puerta del antiguo edificio con algunos maestros para tener una jornada de convivencia y una comida llena de nostalgia.

11.1. EL TROFEO JOAQUÍN BLUME, PREMIO AL ESFUERZO Y A LA CONSTANCIA

A finales de esta década de 2010 se obtiene un merecido premio a un esfuerzo continuado a lo largo de los años y del que son partícipes y colaboradores, junto con Antonio Camacho, los niños y niñas del colegio, el equipo directivo, todo el profesorado, AMPA, madres y padres.

El maestro Antonio Camacho se incorpora al centro en 2007 y en un solo curso consigue sentar las bases para que empezase a funcionar el proyecto deportivo que pretendía para todos los niños y niñas del colegio. Al curso siguiente empiezan los primeros éxitos a nivel provincial y continuarían en los ámbitos regional y nacional. Nos cuenta que el AMPA se implicó mucho desde el primer momento y le suministraron todas las equipaciones deportivas necesarias. Para Antonio lo más importante era enganchar a todos los alumnos y en especial a aquellos que, por la edad, no podían competir.

Así me describe sus sentimientos y proyectos:

«Pensé que sería muy bonito para estos niños, organizar una actividad deportiva de iniciación al atletismo en la que participarían los colegios de nuestro entorno. Se trataría de una actividad para niños menores de 8 años, mixta y no competitiva, es decir, no habría clasificaciones, todos serían campeones. A todos los niños y niñas se les daría una medalla conmemorativa de esta actividad y un trofeo a cada colegio participante. Además, con esta actividad se fomentarían los lazos de unión y amistad entre los colegios participantes. La AMPA del colegio Ferroviario jugaría un papel fundamental en la organización de esta actividad pues año tras año se han ido encargando de contactar con los distintos establecimientos de la ciudad para que colaboraran con nosotros y poder ofrecer así a todos los alumnos participantes distintos regalos y la clásica «bolsa de corredor». Se hace necesario, también, poner en relieve el apoyo recibido por las distintas administraciones: Ayuntamiento, Diputación Provincial, Dirección Provincial de Educación, Patronato Municipal de Deportes y Federación de Atletismo.

Y así fue cómo surgió esta maravillosa actividad intercentros cuya 1ª edición se celebró en diciembre de 2008 y que a partir de entonces se celebra siempre el viernes de la semana previa a las vacaciones de Navidad y que pasó a llamarse Torneo de Navidad "Jugando al Atletismo".

Los colegios participantes en las primeras ediciones fueron: CEIP Carlos Eraña, CEIP Jorge Manrique, CEIP Ciudad Jardín y CEIP Ferroviario. A partir del año 2013 se incorpora el CEIP Pérez Molina en el lugar del colegio Ciudad Jardín.

A lo largo de todos estos años los casi 1.500 niños y niñas que han participado en esta maravillosa actividad han tenido la oportunidad de experimentar sensaciones difíciles de transmitir: sueños, alegrías, entusiasmo, esfuerzo… La felicidad y emoción se reflejaban en sus rostros y hacían que los adultos nos contagiáramos también de esas emociones. En algunas ocasiones hemos contado con la presencia de deportistas de élite que trasladaron sus experiencias a nuestros alumnos y que se fueron maravillados con esta actividad. En el año 2014 nos acompañó el atleta olímpico en el salto de altura y mundialista Javier Bermejo y en el año 2017 contamos con la presencia de la campeona del mundo en carreras de ultra trail Gemma Arenas. Sin lugar a dudas fueron unos ejemplos modélicos de deportistas para nuestros alumnos».

El Torneo de Navidad se ha ido ganando el prestigio en la ciudad y los medios de comunicación, y así lo han ido reflejando en sus crónicas. En el año 2018 y coincidiendo con la concesión del Premio Nacional del Deporte Joaquín Blume, asistieron al evento deportivo el consejero de Educación, Cultura y Deportes, la alcaldesa de Ciudad Real, el vicepresidente de la Diputación, la delegada de la Junta, el secretario de la Federación Regional de Atletismo, el director provincial de Educación, el inspector de Educación del colegio y todo el profesorado.

Este trofeo es el «premio a una bonita historia», así me lo expresa Antonio en un texto que escribe para contarnos la trayectoria y los momentos vividos durante años y años. Dice así:

«En el año 2007 obtuve destino definitivo como maestro de Educación Física en el CEIP Ferroviario de Ciudad Real. Al incorporarme a este centro propuse al director don Benigno Raya, la puesta en funcionamiento de un proyecto deportivo que se extendía más allá de los límites propios de mi asignatura y que englobaba a toda la comunidad educativa de este colegio: maestros, alumnos y padres. Un proyecto basado en el fomento de los valores del esfuerzo, el compañerismo y la ilusión en alcanzar una meta común. Pocas imágenes son tan hermosas como la del rostro de un niño esforzándose al límite de sus posibilidades por intentar alcanzar su sueño. Como la propuesta fue considerada como muy interesante para nuestro alumnado, procedimos a construir unas bases firmes y sólidas sobre las que se apoyaría toda nuestra filosofía de trabajo».

Tras asentar unas bases sólidas de las que partir en el presente proyecto deportivo, se integra en el Proyecto Educativo de Centro y se hace partícipe a toda la comunidad educativa. En el mismo texto, Antonio se afianza en su idea y anhelo de la siguiente forma:

«Necesitábamos trazar un eje vertebrador de todo nuestro trabajo, dibujar un faro que nos orientara, presentar a nuestros alumnos un deporte que les ayudara a formarse, a evolucionar, a crecer, a hacer realidad sus sueños…, construir un equipo del que se sintiera orgulloso todo el colegio. Y pensamos que el atletismo reúne todos los requisitos que nosotros buscamos en el deporte. Nuestro objetivo en el deporte no es la derrota del adversario, no pretendemos ser mejores que nadie. Nuestra ilusión es la de trabajar día a día para progresar, para evolucionar, para crecer, para mejora… "Antonio, hoy es el día más feliz de mi vida". Este es el comentario que un alumno de 9 años me hizo tras su primer entrenamiento con el equipo de atletismo. En el atletismo es bonito ganar medallas, pero, aunque no las ganes siempre puedes tener motivos para estar satisfecho con tu rendimiento. Si consigues ser un segundo más rápido, o saltar o lanzar un centímetro más, la alegría que te produce puede ser comparable a la de una gran victoria. Además, el atletismo es un deporte "sano y honrado". Cuando participas en una determinada carrera y un niño te ha ganado es porque ha sido más rápido, no podrás decir que ha sido por culpa del árbitro».

Los comienzos fueron difíciles, pero Antonio nos comenta su agradecimiento a la junta directiva del AMPA de aquella época, que estaba formada por Pilar Martínez Carrasco, José Manuel Torres Mateos y José Luis Palomo Jiménez. A todos ellos agradece su apoyo, colaboración y aquellas primeras equipaciones para todos los niños y niñas. Los resultados no se hicieron esperar y en el curso 2007-2008 obtienen algunos trofeos.

Al año siguiente fueron campeones de Castilla-La Mancha y cuartos de España. A partir de ese momento todo fue más sencillo. Me lo describe así Antonio Camacho:

«Todos los niños y niñas del colegio querían formar parte del equipo de atletismo del colegio. Las familias acompañaban de un modo masivo a todas las competiciones y disfrutaban viendo a sus hijos ilusionarse con el deporte.

Benigno Raya y Antonio Camacho con el grupo de atletismo del colegio Ferroviario, curso 2007-2008.

Los alumnos mayores no paraban de traer trofeos y medallas al colegio y se pasaban por las clases para compartir sus éxitos con todos sus compañeros. Para los alumnos más pequeños eran unos héroes, soñaban con ser como ellos cuando fueran mayores».

A lo largo de estos años han sido 25 veces campeones provinciales, 14 veces campeones de Castilla la Mancha, 4 veces terceros de España (Motril, Getafe y Lorca). Su gran logro se produjo en el 2011 proclamándose campeones de España en Puertollano.

Antonio Camacho, buen maestro y persona que sabe transmitir los valores deportivos, me describe las emociones que se sienten en dichos eventos deportivos de esta manera:

«Para conseguir todos estos éxitos, estos jóvenes atletas han tenido que superar muchos momentos difíciles. A más de uno se le han saltado las lágrimas de impotencia cuando las cosas no le salían como querían. Levantarse un domingo de invierno a las 6 de la mañana para ir a competir en el barro, la lluvia y el frío del campo a través, no es nada sencillo. Pero, una vez superados esos obstáculos, la alegría por cruzar la meta y alcanzar tu sueño es inmensa».

El nombre del colegio y de la ciudad lo han llevado todos en su corazón allá donde han participado, creando en todos los lugares grandes lazos de unión con otros niños, familias y colegios.

Rafael Díaz y Antonio Camacho con familiares de alumnos, sus hijos e hijas, en el colegio Ferroviario.

El 6 de noviembre de 2017 el colegio Ferroviario recibe la noticia deportiva más impresionante de toda su historia:

«El CEIP Ferroviario de Ciudad Real ha sido galardonado con uno de los Premios Nacionales del Deporte que el Consejo Superior de Deportes concede cada año a aquellas personas o entidades que, bien por su directa actividad o iniciativa personal, bien como partícipes en el desarrollo de la política deportiva, hayan contribuido en forma destacada a impulsar o difundir la actividad físico-deportiva. En concreto, el premio que se les concedió fue el Trofeo Joaquín Blume al haber sido el centro escolar que se ha distinguido de modo especial por su labor en la promoción y fomento del deporte».

Dicho premio se publicó en el *BOE* del 13 de noviembre de 2017. Según nos cuenta Antonio, el acto de entrega de estos premios se llevó a cabo el 19 de febrero del 2018. Antonio Camacho Ortiz, en representación de la comunidad educativa del CEIP Ferroviario, recogió el Premio Joaquín Blume de manos de del rey Felipe VI. En este mismo acto fueron premiados deportistas de la talla de Saúl Craviotto (mejor deportista español), Lydia Valentín y Maialen Chourrault (mejores deportistas españolas), Marcus Cooper, Teresa Perales o Jesús Ángel Bragado, entre otros.

Además de Antonio Camacho, a este acto asistieron María José López, como directora del colegio; Rafael Díaz Molina y Rosario Arroyo, en representación del profesorado; José Vicente Sánchez-Crespo y Antonio Fernández, en representación de los padres y madres, y Sara Mejía y Carlota González, representando al alumnado.

Conviene que indiquemos que este premio es la segunda vez en la historia que se otorga a un colegio público.

El rey Felipe VI entregando el Premio Joaquín Blume a Antonio Camacho.

Felipe VI con las representantes de los alumnos del colegio Ferroviario, Carlota González y Sara Mejía, en el Premio Joaquín Blume.

Entrega del Premio Joaquín Blume, 19 de febrero de 2018. Arriba, Antonio Fernández, María José López, Antonio Camacho, el rey Felipe VI, José Vicente Sánchez-Crespo, Rosario María Arroyo y Rafael Díaz. Abajo, Rosario María Arroyo, María José López, Carlota González, la reina Sofía, Rafael Díaz, Sara Mejía, Antonio Camacho, José Vicente Sánchez-Crespo y Nohemí Gómez-Pimpollo.

La Diputación felicita al CEIP Ferroviario por la obtención del Premio Joaquín Blume. En la fotografía, David Triguero, José Manuel Caballero, Antonio Camacho, Luis García Maroto y Sara Benito con los niños y niñas del centro. Fuente: *Lanza Digital*, 19 de marzo de 2018.

Vamos a terminar esta dedicación al mérito deportivo de este colegio Ferroviario con las palabras que el maestro me expresa en el texto que transcribo:

«"Antonio, cuando paso por delante del colegio me emociono tanto que, a veces, se me escapa alguna lágrima". Este fue el comentario que me hizo un antiguo alumno al que no había vuelto a ver desde hacía bastante tiempo. A lo largo de estos más de diez años que llevamos embarcados en esta bonita aventura han ido pasando por nuestro colegio un gran número de alumnos. Y todos ellos tienen algo en común, el orgullo que sienten al haber formado parte de esta historia que habla de esfuerzos, de compañerismo, de sueños, de ilusiones…

Se pueden recibir muchos reconocimientos y muchos premios, pero no existe mayor premio que el abrazo de un niño y contemplar su inmensa felicidad al alcanzar aquello por lo que tanto se ha esforzado y que, en ocasiones, casi desesperado y con lágrimas en los ojos te pregunta: "Pero, ¿por qué no me salen las cosas?, ¿qué puedo hacer para mejorar?".

Es bonito contemplar cómo nuestros alumnos realizan su camino con sus maletas repletas de ilusiones y compañerismo, afrontando un futuro apasionante».

11.2 LA ASOCIACIÓN DE MADRES Y PADRES DE ALUMNOS GASSET

La Asociación de Padres de Alumnos (APA), así era su primer nombre, del colegio Ferroviario nace de modo oficial el 30 de octubre de 1987, según se recoge en el primer libro de actas de dicha asociación. La primera gestora de ella estaba compuesta por José Luis Barrajón Huertas, Ramón García Fernández, Antonio Piñero Méndez y José Luis Sánchez Pozo. A la primera asamblea general asistieron un total de setenta y siete personas y el orden del día estaba compuesto por los siguientes puntos: presentación de la gestora, acta de constitución, estatutos de la asociación y procedimiento electoral.

En dicha asamblea queda elegida la Junta Directiva, que estará compuesta por el presidente, el vicepresidente, el secretario, el tesorero y los vocales. Resultan elegidos José Luis Barrajón, Ramón García, María Soledad González Cava, Miguel López Laínez, Manuel Martín Cano, José María Peco Carrión, Antonio Piñero Méndez, José Luis Sánchez Mozo, María del Carmen Serrano González y José Antonio Ramos Antón.

Los comienzos de la asociación fueron difíciles, pero contaron con el apoyo del director, y pronto empezaron las colaboraciones entre el claustro de profesores y el APA en multitud de actividades. El relevo a esta primera Junta Directiva se hará en febrero de 1992, saliendo elegido presidente José Luis Vadillo Santiago; vicepresidente, Andrés Guerrero Bravo; secretaria, Carmen Serrano Fernández; tesorero, Pelayo Dorado Alonso, y seis vocales.

Desde su fundación, la APA realiza actividades deportivas, culturales, de ocio, excursiones y de tipo solidario, apoyando las necesidades que le demanda el equipo directivo, claustro y los padres y madres de los alumnos. Muchas de ellas han sido descritas en la década que ya hemos presentado. En 1995 cambia su nombre por Asociación de Madres y Padres de Alumnos (AMPA) adaptándose a la normativa legal y a los nuevos tiempos.

En 1997 se convocan elecciones y se forma una nueva Junta Directiva, que está compuesta por su presidente, José Luis Romero Guerra; vicepresidenta, Rosario Fernández Sierra; secretario, Enrique Martínez; tesorero, Carlos del Hoyo Navarrete, y cinco vocales. La nueva junta recoge la tarea de la anterior y sigue impulsando la colaboración con el profesorado y acercando el colegio a la ciudad.

Todas las juntas directivas anteriores y posteriores tendrán dificultades para llevar a cabo todas sus iniciativas, entre estas las más frecuentes son las de tipo económico y los problemas personales para atender las necesidades y actividades programadas, teniendo en cuenta el trabajo que cada uno debe desarrollar en su vida particular. Hay que tener en cuenta que muchas de las actividades se realizan en horario escolar, por las tardes e incluso las excursiones pueden hacerse en varios días.

En diciembre de 2000 hay elecciones y la nueva Junta Directiva estará formada por su presidente, José Manuel Torres Mateos; vicepresidenta, Pilar

Martínez Carrasco; secretaria, Carolina Domínguez Mora; tesorero, José Luis Palomo Jiménez, y cinco vocales. Esta nueva junta acordará denominar la asociación con el nombre AMPA Gasset y así continúa en la actualidad. Esta Junta Directiva se va a mantener hasta 2009. Su continuidad tanto tiempo se debe a su infatigable empeño de trabajar por hacer un colegio más abierto, participativo, solidario y cooperativo. A ello dedicaron tantos años, aunque por motivos laborales y personales hubo algunos cambios en los cargos a lo largo de los nueve años. Pudieron estar tantos años debido a que seguían teniendo hijos e hijas en el colegio y su pasión por hacer actividades para niños y familias los llevó a una entrega total. Tuvieron la suerte de participar en el traslado al nuevo edificio y a la vez de desarrollar actividades en las nuevas instalaciones.

En 2003 hacen una pequeña reestructuración en los cargos directivos, continuando de presidente José Manuel y de tesorero José Luis Palomo. Pilar Martínez realizará las labores de secretaria y se incorpora de vicepresidenta Angela Patón Arche. En 2007 cesa la vicepresidenta y ocupa el cargo Elena Asensio Arche.

Raúl con su equipo de fútbol del colegio Ferroviario. Fotografía cedida por el AMPA (José Luis, Pilar y José Manuel).

En una entrevista con Pilar, José Manuel y José Luis me comentan la cordialidad que se estableció durante todos esos años que estuvieron. Recuerdan el cambio de jornada partida a jornada única en sus primeros comienzos y la diversidad de opiniones que había, al final se hizo y todos disfrutan de ella. Otro gran recuerdo fue el cambio de edificio con las consiguientes incomodidades, pero al final mereció la pena. Sus deseos de ofrecer al centro su trabajo y esfuerzo se veían en las múltiples actividades que organizaban, talleres de pintura, aerobic, inglés, etc. Cuando llegaba la Navidad ayudaban en el teatro que se realizaba, en la decoración del centro y en la visita de los pajes reales a los niños de Educación Infantil. En el ámbito deportivo recuerdan los equipos de fútbol, balonmano y otros deportes que entrenaban por las tardes en el patio del colegio. La contratación de Rubén y Raúl como monitores para llevar a cabo dichas actividades fue un éxito que recuerdan todavía. Las fiestas de Carnaval eran un momento de relación entre las familias y una explosión de alegría y colorido, todo ello acompañado de disfraces, música y una buena chocolatada. También recuerdan con mucha nostalgia las fiestas de fin de curso en las cuales la relación personal entre todas las familias era un punto de unión, y donde no faltaba la merienda, bocadillos y refrescos que se repartían entre todos. Dicha fiesta acababa con «El baile de la espuma» que se extendía en el patio y donde todos los niños disfrutaban entre ella y llenaban de risas aquel patio del colegio.

Rubén con el equipo de futbol del colegio Ferroviario. Fotografía cedida por el AMPA (José Luis, Pilar y José Manuel).

Por primera vez en la historia del AMPA, en 2009 sale elegida de presidenta una mujer. Se trata de Gloria García-Rabadán Gascón, que estará acompañada de la vicepresidenta, María Teresa Lozano Bolaños; secretaria, Beatriz Laguna Pérez; tesorero, José Ramón Baeza, y cuatro vocales. En 2011 se tiene que producir un reajuste en los cargos del AMPA por motivos laborales, entrando de vicepresidenta María del Carmen Toledano y cesando José Ramón Baeza. Como dato significativo, podemos indicar que todos los cargos directivos y las vocales son mujeres. Los asuntos laborales particulares y las dificultades de financiación para hacer frente a los gastos que ocasionan las actividades que se realizan, van a desembocar en una situación difícil ya que no se presenta nadie a la renovación total de la asociación en 2013.

El número de socios del AMPA ha ido creciendo a lo largo de los años, pero aun así son insuficientes las cuotas que pagan para hacer frente a los gastos. Las ayudas de la Diputación, Ayuntamiento y entidades privadas son necesarias para poder seguir realizando actividades. En junio de 2013 se consigue que haya personas dispuestas a solucionar la crisis y hay elecciones. En 2014 había 158 socios, aumentaron en 2016 a 177 y llegaron a 187 en 2018.

Tabla 70

JUNTAS DIRECTIVAS DEL AMPA DEL CEIP FERROVIARIO, 2013-2018

CARGO	2013	2014	2016	2018
Presidente/a	María Miñarro González	Marisa Nogueras	Rufino Félix Rodríguez	Rufino Félix Rodríguez
Vicepresidenta	Amaya Aguirre	Rosa Torres	M.ª Carmen Pradas	Mercedes Guerrero
Secretaria	Silvia Encina García	Carolina Hernández	Carolina Hernández	Carolina Hernández
Tesorero/a	María Jesús Velasco Madrid	Antonio Fernández	Antonio Fernández	M.ª Carmen Pradas

Fuente: Archivo del CEIP Ferroviario. Elaboración propia

La colaboración de estas juntas directivas y los vocales ha sido muy estrecha con los diferentes equipos directivos y profesorado, como puede observarse en la multitud de actividades, ya expuestas en otro apartado, que año tras año se vienen realizando en el colegio.

En la actualidad, 2023, la presidenta del AMPA Celia Laguna y el resto de la Junta Directiva están muy implicadas en todos los eventos y en especial con los relacionados con el Centenario del Colegio.

Este capítulo de la investigación se lo hemos dedicado a todas las personas que han dedicado sus esfuerzos e ilusiones para que sus hijos y los hijos de toda la comunidad educativa del colegio Ferroviario formen una gran familia y lleven el nombre del colegio y sus vivencias allá por donde se encuentren.

12
LA DÉCADA DE 2020. EL COVID-19
Y LA DIGITALIZACIÖN DE LA ENSEÑANZA

El 14 de marzo de 2020, día de la suspensión de la actividad docente sin fecha de reingreso, marcó un antes y un después dentro de las actividades y vivencias en los colegios. Antonio Camacho, director del centro, me lo describe así:

«Jamás podríamos imaginar que horas después del entrenamiento del equipo de atletismo de aquella tarde del jueves, 12 de marzo de 2020, cerraríamos las puertas del colegio, nos confinaríamos en nuestras casas y pondríamos en funcionamiento una metodología de enseñanza totalmente distinta en uno de los períodos más tristes de nuestra historia.

Esa misma noche, a las 21:40 horas, el equipo directivo envía a las familias de nuestro alumnado la comunicación oficial de la suspensión indefinida de las actividades lectivas en todos los centros educativos de Castilla-La Mancha.

El curso 2019-2020 quedará siempre marcado por la crisis del coronavirus que nos obligó a estar confinados en nuestros domicilios y a seguir el proceso de enseñanza-aprendizaje de un modo telemático.

Fueron unos meses complicados para todos. Para el profesorado supuso un gran desafío. Intentamos dar lo mejor de nosotros para que ningún niño se quedara atrás. Abrimos nuestras casas y cedimos nuestra intimidad y nuestro

Claustro del colegio Ferroviario del curso 2020-2021 en la puerta del centro. Fotografía cedida por Antonio Camacho.

tiempo con la finalidad de poder prestar la atención educativa que cada uno de nuestros alumnos necesitó.

Como actividad destacada se encuentra el Festival de Artistas Ferroviarios en el que los alumnos se grababan en casa haciendo algo original y luego se editó un vídeo de todo el colegio. Sirvió para mantenernos unidos durante el confinamiento y motivar emocionalmente al alumnado. La televisión de Castilla-La Mancha se hizo eco de esta actividad y la expusieron en su informativo de noticias del mediodía».

Según nos detalla Antonio Camacho:

«El curso 2020-2021 se caracteriza por la incorporación de los alumnos y alumnas a las aulas después del confinamiento vivido en el curso anterior y por la puesta en funcionamiento en el CEIP Ferroviario de una serie de medidas que evitaran, en la medida de lo posible, la transmisión del coronavirus en la comunidad educativa:

- Elaboración de un plan de contingencia en el que se contemplaban lo distintos escenarios con los que nos podríamos encontrar, dependiendo de la evolución de la pandemia.
- Adaptación de nuestras metodologías de enseñanza.
- Habilitación como aulas de todos los espacios disponibles del centro:
Aula de Psicomotricidad (para un grupo de Educación Infantil-4 años)
Salón de actos (para un grupo de 2º de Educación Primaria).
Sala de profesores (para un grupo de 1º de Educación Primaria)
Aula de Música (para un grupo de 1º de Educación Primaria)
Biblioteca (para un grupo de 1º de Educación Primaria)
Aula de recursos del profesorado (para un grupo de Educación Infantil-4 años).
- Modificación del comedor para establecer dos turnos de comida.
- Habilitación del escenario del salón de actos como espacio para el comedor.
- Habilitación de cinco puertas de entradas y salidas diferenciadas.
- Establecimiento de distintos turnos de entradas y salidas.
- Habilitación de distintos espacios del Parque de Gasset para ser utilizados como recreos para el alumnado de Educación Primaria.
- Señalización de las entradas, pasillos, aseos, etc.
- Dotación de aparatos purificadores de aire con filtros HEPA en todas las aulas y comedor.
- Utilización del Parque de Gasset como espacio al aire libre para dar las clases.
- Participación en un estudio científico llevado a cabo por la Universidad de Castilla-La Mancha para comprobar los niveles de CO_2 en las aulas (se pudo constatar que el hecho de estar nuestro centro dentro del Parque de Gasset, posibilita que el nivel de CO_2 es bastante bajo cuando se mantienen las ventanas abiertas).

El colegio fue designado para la realización de las pruebas PIRLS (Estudio Internacional de Progreso en Comprensión Lectora, PIRLS 2021). Se trata de un estudio dirigido por la IEA (International Association for the Evaluation of Educational Achievement) en el que participan más de cincuenta países y que tiene como objetivo la evaluación comparativa internacional de la comprensión lectora en 4º curso de Educación Primaria. Estas pruebas se llevaron a cabo el 4 de mayo de 2021.

En ausencia de actividades extraescolares motivada por la situación de la pandemia, las actividades complementarias se llevan a cabo de modo telemático.

Continúan con los proyectos educativos que nos caracterizan:

- Proyecto Carmenta entre nuestro alumnado de 3º a 6º de Educación Primaria.
- Proyecto Steam para todo el centro.
- Proyecto Deportivo (por motivos de la pandemia no pudimos participar en ninguna actividad deportiva. El clásico Torneo de Navidad se llevó a cabo de manera on line).
- Utilización del Parque como recurso esencial en nuestro proceso de enseñanza-aprendizaje.
- Proyecto de Formación en el centro, fomentando el intercambio de experiencias entre el profesorado.
- Asambleas ferroviarias, integradas por los delegados de cada clase, en las que el alumnado opina e interviene en la toma de decisiones en el colegio.

Comienza el curso 2021-2022, y el mayor conocimiento de la enfermedad, las instrucciones de Sanidad y el resultado de las medidas tomadas en el colegio y en las familias hicieron posible que poco a poco se fuese volviendo a una situación de «normalidad» similar a la época pre-pandemia:

- Participación en actividades complementarias presenciales y en excursiones: celebración del Día Internacional del Niño con Cáncer, celebración del Mercadillo

Elena Manzaneque, Natalia Muñoz, Adoración Escudero, Rafael Díaz, Juan Pedro Morales, Eva María Ramírez, Jorge Ramírez, María Belén Romero, Prado Merino, María Quílez, María Teresa Bravo, María Antonia Rubio, Isabel Mendiola, Toñi Zafra, y Rosario Arroyo. Agachados: Felipe Arévalo, Miriam Cuenca, María Luz del Rey, Antonio e Isabel Barrena, en la celebración del Centenario de la colocación de la primera piedra del colegio Ferroviario.

Niños y niñas del colegio Ferroviario en la representación del Centenario (1922-2022) en el antiguo Casino. Fotografía de Juan Pedro Morales.

Solidario Afanion, visita de los Reyes Magos al colegio, Desayuno Molinero en Navidad, celebración del Día de la Paz, grabación del *Himno del Colegio*, celebración del «Abrazo al Parque de Gasset», visita a institutos de Secundaria, participación en todas las actividades propuestas por el Ayuntamiento, celebración del Centenario de la colocación de la Primera Piedra del edificio que dio origen a nuestro centro (24 de abril de 2022).

- Fiesta de graduación del alumnado de 6º curso de Primaria y Educación Infantil de 5 años.
- Fiesta de fin de curso con la participación de toda la comunidad educativa (más de mil personas).
- Celebración del Homenaje al Maestro y Maestra del Colegio Ferroviario.
- Participación en el Campeonato Regional del Deporte en Edad Escolar:
- Campeones provinciales en campo a través y atletismo.
- Mejor colegio de Castilla-La Mancha en infantil femenino.
- Campeones de Castilla-La Mancha en track'atlon (modalidad de atletismo adaptado a estas edades en la que se compite con equipo mixtos).
- Cuarta posición en el Campeonato de España de track'atlon.
- Se vuelven a organizar la rutas senderistas: La Atalaya y caminos de La Poblachuela.
- Se organiza de nuevo el Torneo de Navidad «Jugando al Atletismo» de manera presencial con la participación de los colegios: Pérez Molina, Carlos Eraña y Ferroviario».

Campeones regionales del colegio Ferroviario. Fuente: *Lanza Digital*, 26 de abril de 2022.

Don Antonio finaliza con las siguientes palabras:

«En resumen, los dos últimos cursos de mi etapa como director del CEIP Ferroviario se han visto condicionados irremediablemente por el advenimiento de una pandemia que ha azotado al mundo entero y que ha tenido unas consecuencias directas en el acto de enseñanza-aprendizaje.

En el CEIP Ferroviario estamos muy satisfechos con la respuesta educativa e higiénico-sanitaria que se ofreció a toda la comunidad educativa durante estos dos años. Por un lado, se ofreció una enseñanza de primerísima calidad modificando metodologías, estrategias, uso de material, agrupamientos, etc. Por otro lado, las medidas de protección que se pusieron en funcionamiento fueron todo un éxito pues hicieron posible que el índice de contagios por coronavirus fuera prácticamente nulo.

Y todo ello se ha llevado a cabo sin olvidarnos de aquellos objetivos que tanto nos identifican y que hacen que nos sintamos orgullosos de pertenecer a este colegio:

- Ofrecer a nuestro alumnado una educación de vanguardia propia del siglo XXI, utilizando todos los recursos que nos ofrecen las nuevas tecnologías.
- Promocionar la práctica deportiva y el ejercicio físico en nuestro alumnado como parte esencial en sus vidas.
- Utilización del Parque de Gasset como un recurso indispensable en nuestro proceso de enseñanza aprendizaje.
- Colaboración con todas aquellas entidades o asociaciones que tengan proyectos solidarios y el objetivo valioso de hacer un mundo mejor».

El curso 2022-2023 comienza con un nuevo equipo directivo formado por el director, Juan Pedro Morales Marín; la jefa de estudios, María Elena Manzaneque Casero, y el secretario, Sergio Abad Gómez-Pastrana. El tema de la pandemia del Covid-19 ha pasado a un segundo plano y se vuelve a la nueva normalidad, pero el profesorado y el centro tienen un nuevo reto, que será el proceso de digitalización y formación.

Los éxitos deportivos siguen acumulándose cada curso escolar y en mayo de 2023 se proclaman campeones de España de track'atlhom en el campeonato celebrado en Madrid. El equipo titular estuvo formado por Rubén Heras, Carlota Mera, Jorge Domínguez, Lucía García, Javier Romero, Lucía Donoso, Javier Sánchez-Crespo y Lucía Mingo.

En junio de 2023 el Ayuntamiento de Ciudad Real concedió una Mención Municipal a la Labor Educativa a Antonio Camacho por su constante trabajo a lo largo de tantos años en favor del deporte con los niños y niñas.

Durante el curso 2022-2023 se constituyó en el centro una comisión encargada de programar y organizar los actos del centenario del colegio que se van a realizar a lo largo de 2024. El 16 de mayo de 2023 se organiza «El tren del Centenario» que viajó con todo el alumnado del centro desde su edificio hasta la Plaza Mayor, siendo un gran acontecimiento lleno de colorido e ilusión que hizo participe a toda la ciudadanía del citado evento por las calles de la capital. Esta actividad fue recogida por los diferentes medios de comunicación de la ciudad con numerosa información e imágenes. La implicación del equipo directivo, profesorado actual y antiguo, alumnado, AMPA y familiares hacen posible tales eventos.

Tren del colegio Ferroviario conmemorando el centenario del centro, mayo de 2023. Fuente: Archivo del centro.

13
LA TRANSFORMACIÓN DE LOS ESPACIOS A LO LARGO DEL TIEMPO

Hemos ido exponiendo a lo largo del texto la evolución y transformación de los espacios para irlos adaptando a las necesidades que en cada momento iban teniendo. Ya sabemos que en su comienzo se deja el sótano para talleres, caldera de carbón y carbonera. A esta dependencia se accedía por la escalera del interior del edificio y el carbón se metía desde la Ronda. En las reformas de 1985, el sótano se acondiciona para laboratorio y un aula de Pretecnología, aprovechando que la calefacción de carbón desaparece y se pone de gasoil.

En la planta baja había tres puertas, una que daba a la Ronda (Paseo de Cisneros), la otra al Parque de Gasset, siendo esta la puerta principal y la tercera daba al patio de recreo. En esta planta había seis aulas, comedor, WC, hall de entrada, hall cubierto con bebederos para los niños, la sala de profesores y dos galerías de distribución. A medida que las necesidades aumentan, como

Entrada principal del centro (izquierda) y puerta de acceso exterior al colegio Ferroviario desde el Parque de Gasset, 2005. Fotografías cedidas por Antonio García-Donas.

consecuencia de implantarse la Ley General de Educación (1970), se pusieron ocho aulas (cuatro con vistas a la Ronda y otras cuatro que daban al patio), puesto para el conserje y servicios de niños y de niñas.

En la primera planta se situaban un salón, los despachos del presidente, secretario y delegados ferroviarios, sala de visitas y WC. Esta planta sufre muchas modificaciones y en la década de 1970 queda de la siguiente manera: despacho para el presidente de la Asociación, secretaria del centro, cuatro cursos, Dirección del centro, WC, capilla y dos galerías de distribución. En la remodelación de 1985 hay nuevas transformaciones, y la capilla se transforma en salón de actos o de usos múltiples, se suprime un aula y se destina a sala de reuniones, y el despacho de Dirección se transforma en sacristía.

La planta segunda estaba ocupada originalmente por dos viviendas, una para el conserje y otra para el presidente de la Asociación. La del presidente daba a la Ronda y la del conserje al patio del colegio. El presidente de la Asociación nunca llegó a vivir allí, por lo que la vivienda se adjudicó para el director del colegio, que tampoco la ocupó. Por tanto, esta vivienda se dedicó a aula de recursos, biblioteca y una gran aula de servicios múltiples. La vivienda de Arturo Díaz, conserje del colegio, estaba compuesta por tres habitaciones, cocina, WC, sala estar y comedor. A ambas viviendas se accedía por la escalera y por las galerías de distribución.

Al patio se llegaba desde una puerta que daba al Parque de Gasset y desde la planta baja del edificio escolar. En sus comienzos era más pequeño y debido al aumento de niños se amplió en la zona sur con bastantes metros en la década de 1980. Según

Escalera de acceso a la primera planta del colegio Ferroviario, 2005. Fotografía cedida por Antonio García-Donas.

me manifiesta José Luis Jiménez, el patio no pertenecía a la Asociación, pero Renfe se lo tenía arrendado simbólicamente por una peseta al año. Durante las obras de acondicionamiento del patio, al final de él, aparecieron balas y casquillos, que posiblemente fueran de la época de la Guerra Civil.

En lo que respecta a la fachada, podemos decir que en la reforma de 1985 se pusieron cenefas alrededor de las ventanas que no las tenían: ventanas de las plantas primera y segunda del patio, en la segunda planta de la fachada de la Ronda y en la fachada este.

14
EL INCIERTO DESTINO DEL EDIFICIO
DE LA ACADEMIA DE LOS FERROVIARIOS

Las primeras noticias de su posible destino las encontramos en unas declaraciones que hizo el consejero de Educación, José Valverde, al diario *Lanza* cuando fue a visitar las obras del nuevo edificio el 6 de junio del 2006. Valverde anuncia que el antiguo edificio del colegio va a ser cedido a la entidad financiera Caja de Castilla-La Mancha para ubicar en él su sede cultural y social.

El citado periódico informa el día 27 de mayo de 2007 sobre el programa electoral que presenta Rosa Romero a la Alcaldía de Ciudad Real en el cual se indica que apoyarán la creación de un centro cultural en el antiguo edificio ferroviario.

Pasa el tiempo y la portavoz de Izquierda Unida, Carmen Soanez, advierte en un comunicado, publicado por el diario *Lanza* el 13 de agosto de 2010, del deterioro que está sufriendo el antiguo colegio Ferroviario.

Francisco Cañizares, miembro del PP, informa que va a trasladar a la Junta de Comunidades las denuncias y quejas ciudadanas sobre el edificio antiguo de los ferroviarios, que está en un estado deplorable y cuyo propietario es la Junta[12].

Pasado un año, el candidato a la Alcaldía de Ciudad Real por el PSOE, José Valverde, anuncia que va a gestionar con el presidente de la Asociación de Cofradías de Semana Santa, Emilio Aguirre, que el antiguo edificio del colegio Ferroviario se convierta en el futuro museo de la Semana Santa[13].

El diario *Lanza* del día 20 de marzo de 2011 recoge unas declaraciones del presidente de Castilla-La Mancha, José María Barreda, en las cuales apoya la creación de un museo de la Semana Santa en el antiguo colegio de los ferroviarios.

Continúan las declaraciones, intenciones y comunicados de los diferentes grupos políticos y en 2011 todo sigue igual, es decir, el colegio está tal y como se dejó con el consiguiente deterioro a lo largo de estos años de inactividad.

Carmen Soánez, candidata a la Alcaldía por Izquierda Unida, propone hacer en el antiguo colegio Ferroviario una sede para todas las asociaciones y la Concejalía de Participación, según recoge el diario *Lanza* el día 7 de mayo de 2011.

El citado periódico informa el día 7 de mayo de 2012 que la Junta de Comunidades ha cambiado de opinión sobre el destino del colegio, ya que se ha publicado en el *Diario Oficial de Castilla-La Mancha* el 4 de mayo del 2012 la subasta del antiguo colegio ferroviario por 2,1 millones de euros con una fianza de 421.000 euros. De esta información se desprende que Ciudad Real se queda sin el museo de la Semana Santa.

En días posteriores la Asociación de Cofradías pide a la nueva presidenta de Castilla-La Mancha, Dolores de Cospedal, que respete el acuerdo verbal que tenían con el anterior presidente.

El día 3 de julio saldrá a subasta por segunda vez el edificio del antiguo colegio y el día 27 de septiembre sale a subasta pública por 1.686.489 euros, a pesar de estar incluido en el catálogo de Bienes de Interés Cultural.

Pilar Zamora, candidata a la Alcaldía de Ciudad Real por el PSOE en 2015, informa al diario *Lanza* que pretende hacer en el antiguo colegio Ferroviario la Casa de la Ciudad, y de esta manera las asociaciones y otros colectivos de la ciudad podrán tener un espacio para desarrollar sus actividades[14].

Diego Peris Sánchez escribe un artículo titulado «Casa de la Ciudad. Ferroviario», publicado en el periódico *Lanza* el 26 de abril de 2015, en el cual se muestra a favor de hacer un espacio participativo para todas las asociaciones y colectivos de la ciudad e indica que «la mejor manera de conservar un edificio es dándole uso, y atribuyéndole una función que día a día lo llene de vida». El 1 de noviembre vuelve a publicar otro artículo titulado «Colegio Ferroviaria» en el cual aboga en que se mantenga la fachada, y las distribuciones interiores se adapten a los nuevos usos, aunque manteniendo las distribuciones y organización actuales.

Las buenas ideas e intenciones de todos no faltan, pero el antiguo colegio sigue abandonado. Su deterioro es evidente y el periódico *Lanza* se hace cargo de comunicar el 11 de septiembre los desprendimientos que se han producido en la fachada del edificio, por los cuales se ha vallado el exterior del mismo.

El presidente de Castilla-La Mancha, Emiliano García-Page, anuncia en FITUR 2017 que el antiguo colegio Ferroviario puede albergar un Centro Regional de Folclore[15].

Han pasado ya once años y el edificio está abandonado y en continuo deterioro, al igual que el antiguo edificio de la Cruz Roja, la Casa de la Cultura y los silos. La llegada de la pandemia Covid-19 en marzo de 2020 va a suponer otro retraso en las buenas intenciones de todos.

El diario *La Tribuna* publica el 25 de mayo de 2021 un artículo titulado «La Junta adjudica por 1,7 millones la construcción del Centro Regional del Folclore». En dicho artículo, el periodista Hilario L. Muñoz informa sobre la adjudicación de la reforma a la empresa Construcciones Garzón, S.L. por un importe total de 1.669.329,90 euros, en el cual van incluidos cinco años de mantenimiento. La financiación de la obra se realizará a través de los fondos adicionales del Mecanismo de Recuperación y Resiliencia (Next Generation EU). Estos fondos europeos van destinados a la recuperación tras la crisis provocada por el Covid-19. Las pretensiones de la Junta, según indica el periodista, son abonar la obra en dos anualidades de 755.919 euros en 2021 y 943.410 en 2022. Dicho proyecto contempla que en la planta baja se instale un salón de actos, una sala de ensayo o usos múltiples y la recepción. En la primera planta irá una biblioteca, una sala de consultas, un archivo, una sala de reuniones y dos aulas.

En otros espacios están planteadas dos salas amplias para exposiciones temporales y permanentes. También se reformará el edificio para que tenga accesibilidad a todas las personas, se acondicionarán convenientemente los espacios sanitarios y se arreglará la fachada manteniendo su carácter y singularidad.

Las dificultades surgen cuando el Ayuntamiento de la capital deniega la licencia de obra en el antiguo colegio Ferroviario. La periodista Manuela Lillo del diario *La Tribuna* informa, en un artículo publicado el 17 de septiembre, de las deficiencias que la Concejalía de Urbanismo ha detectado en dicho proyecto. Estas deficiencias afectan al sistema de ventilación en aseos y vestuarios, la potencia del cuadro técnico de la sala de máquinas y las puertas de evacuación.

La periodista anterior publica el 22 de octubre otro artículo sobre el tema, titulado «El tortuoso camino para la licencia». En el mismo indica que la Junta presentó dicho proyecto en el Ayuntamiento el 24 de julio del 2020 y no se ha resuelto debido a las deficiencias que los técnicos de Urbanismo detectaron en él. En estos momentos se reúnen ambas partes, Ayuntamiento y Junta, para darle una solución, que será la corrección de dicho proyecto.

El día 3 de noviembre el diario *La Tribuna* publica una noticia titulada «Aprobada la licencia de obra para la reforma del antiguo Ferroviario». En ella se informa que el día 2 el Ayuntamiento aprobó la licencia de construcción y remodelación del antiguo colegio Ferroviario para que en su lugar se ubique el futuro Centro Regional de Folclore.

Los meses siguen pasando y el 12 de noviembre se vuelve a publicar un nuevo artículo titulado «La obra del Ferroviario, sin fecha al no recibir aún la Junta la licencia municipal». En el mismo se indica que el Ayuntamiento aprobó la licencia en junta local extraordinaria el día 2 de noviembre y sin embargo la Junta de Comunidades no ha recibido la documentación a la fecha de esta publicación.

La crisis económica y energética que atravesamos a nivel nacional y mundial hace que se hayan encarecido mucho todos los precios y por tanto las obras. Una vez más el periódico *La Tribuna* se hace eco de este interminable proceso y publica el 26 de mayo de 2022 la noticia, con el título «La obra del Ferroviario volverá a salir a licitación por 500.000 euros más», sobre la revisión llevada a cabo en los precios para la realización de la obra. La nueva licitación va a salir por 2,5 millones de euros frente a los 1.998.855 con que salió en la anterior. Continúa indicando que en la anterior ocasión se adjudicó por 1.699.329 euros y la empresa Construcciones Garzón, S.L. tuvo que renunciar meses después porque era inviable realizarla en ese precio debido al encarecimiento de los materiales.

La Tribuna publica el 9 de septiembre una nueva noticia sobre las obras del antiguo colegio Ferroviario con el título «La obra del Centro Regional de Folclore se adjudica por 2,1 millones de euros». Según se comunica, las obras se han adjudicado y podrían empezar el mes de octubre, un año después de lo previsto. Dichas obras se han adjudicado a la empresa Conscytec, S.L.U.

por 2.154.475 euros y su plazo de ejecución será de doce meses. La adjudicación anterior fue de 1,7 millones de euros, pero la empresa adjudicataria renunció debido al gran encarecimiento de los materiales. La consejera de Educación, Rosa Ana Rodríguez, informó que la superficie sobre la que se actúa tiene 1.256 m² útiles y la superficie construida es de 1.752 m², siendo el arquitecto de la obra Pablo Francisco García Fenoll. Por fin hemos podido ver las obras realizándose durante 2023.

NOTAS

I. DE HOSPICIO PROVINCIAL A CEIP SANTO TOMÁS DE VILLANUEVA

[1] María José Lop Otín, *El convento de San Francisco de Ciudad Real en el doble contexto de la orden y de la villa. Frailes, aprendices y estudiantes*, coordinadores Víctor Iniesta y Julia Martínez, Universidad de Castilla-La Mancha, 2019, p. 13.

[2] Félix Pillet, *Geografía Urbana de Ciudad Real*, Akal/Universitaria, 1984, p. 216.

[3] Luis Delgado Merchán, *Historia documentada de Ciudad Real*, Establecimiento Tipográfico de Enrique Pérez, 1907, p. 342.

[4] Domingo Clemente, *Guía de Ciudad Real*, Establecimiento Tipográfico de Cayetano Rubisco, 1869, p. 81.

[5] Isidro Sánchez Sánchez, *Caridad, beneficencia y educación: un espacio de Ciudad Real desde el fin del Convento de Franciscos Observantes hasta la Residencia Universitaria*, coordinadores Víctor Iniesta y Julia Martínez, Universidad de Castilla-La Mancha, 2019, p. 126.

[6] Domingo Clemente, *op. cit.*, p. 67.

[7] Jesús Rejá Núñez, *Guía Consultor e Indicador de Ciudad Real y su provincia*, Tipografía Ruiz Morote, 1905, pp. 55 y 56.

[8] Archivo General de la Diputación, Actas provinciales, 6 de julio de 1914.

[9] José Patricio Clemente y Díaz del Campo nació en Puebla de Don Fabrique (Toledo) el 17 de marzo de 1827. Estudió Magisterio en la Escuela Normal de Maestros de Madrid y posteriormente se licenció en Derecho. Fue maestro de la Escuela Normal, escritor, secretario del Gobierno Superior Civil, subdirector general de Administración en Filipinas, Inspector de Instrucción Primaria de 1849 a 1863 en Ciudad Real, secretario de la Junta de Instrucción Primaria de Madrid, inspector de Colegios y Hospicios, alcalde de Moral de Calatrava y vicepresidente de la Diputación de Ciudad Real. Hizo una gran labor mientras estuvo de inspector en Ciudad Real, consiguiendo que se creasen la mayoría de las escuelas de niñas y adultos en los pueblos. Se le concedió la Cruz de Carlos III y murió el día 27 de julio de 1909 en Moral de Calatrava. Dejó un cuantioso legado, que sirvió para construir escuelas, dar estudios a los pobres, pagar los estudios de Magisterio a los hijos de familias pobres, otorgar becas y premios a los niños y niñas, etc. Al Hospicio de Ciudad Real y a la Escuela Normal les dejó una gran cantidad de dinero para que la administrasen y diesen estudios a los niños y niñas pobres que valiesen para ello.

[10] Archivo General de la Diputación, Actas provinciales, 29 de mayo de 1913.

[11] *Vida Manchega*, 30 de septiembre de 1924, Archivo Histórico Municipal López-Villaseñor de Ciudad Real, Fondos Digitalizados.

[12] *El Pueblo Manchego*, 9 de diciembre de 1930, Biblioteca Virtual de Prensa Histórica, Ministerio de Educación, Cultura y Deportes.

[13] *Vida Manchega*, 2 de enero de 1928, Archivo Histórico Municipal López-Villaseñor de Ciudad Real, Fondos Digitalizados.

[14] *Vida Manchega*, 27 de diciembre de 1921, Archivo Histórico Municipal López-Villaseñor de Ciudad Real, Fondos Digitalizados.

[15] *El Pueblo Manchego*, 6 de junio de 1925, Biblioteca Virtual de Prensa Histórica, Ministerio de Educación, Cultura y Deportes.

[16] Archivo General de la Diputación, Caja de Documentos, núm. 4.150.

[17] Archivo Histórico Provincial de la Diputación, Caja de Documentos, núm. 553.

[18] José Luis González y Silvia Moratalla, *Colonias Escolares. Visiones y relatos*, Amuni, 2014, p. 22.

[19] Isidro Sánchez Sánchez, *op. cit.*, p. 152.

[20] Vicente Castellanos Gómez, *Musicalerías. Ciudad Real: Música y Sociedad, 1915-1965*, Biblioteca de Autores Manchegos, 2005, p. 252.

[21] Archivo General de la Diputación, Actas provinciales, 3 de marzo de 1933.

[22] Archivo General de la Diputación, Actas provinciales, 4 de marzo de 1934.

[23] *Vida Manchega*, 29 de julio de 1935, Archivo Histórico Municipal López-Villaseñor de Ciudad Real, Fondos Digitalizados.

[24] Archivo General de la Diputación, Actas provinciales, 27 de octubre de 1938.

[25] Archivo General de la Diputación, Informe del 7 de mayo de 1937, Caja núm. 3.170.

[26] Archivo General de la Diputación, Caja de Documentos, núm. 3.170.

[27] Isidro Sánchez Sánchez, *op. cit.*, p. 160.

[28] Archivo General de la Diputación, Actas provinciales, 27 de septiembre de 1939.

[29] *Lanza*, 20 de mayo de 1943, Biblioteca Virtual de Castilla-La Mancha, Hemeroteca Digital, p. 5.

[30] Archivo General de la Diputación, Caja de Documentos, núm. 3.170.

[31] *Lanza*, 11 de julio de 1964, Biblioteca Virtual de Castilla-La Mancha, Hemeroteca Digital, p. 2.

[32] Archivo General de la Diputación, Actas provinciales, 28 de diciembre de 1967.

[33] *Lanza*, 24 de junio de 1969, Biblioteca Virtual de Castilla-La Mancha, Hemeroteca Digital, pp. 1 y 6.

[34] *Lanza*, 10 de junio de 1970, Biblioteca Virtual de Castilla-La Mancha, Hemeroteca Digital, p. 3.

[35] *Siempre en Marcha*, núm. 32, agosto de 1974.

[36] Archivo General de la Diputación, Convenio con los Salesianos (1 de septiembre de 1980), Caja núm. 3.171.

[37] Archivo General de la Diputación, Estatutos del Centro, Caja núm. 3.171.

[38] *Siempre en Marcha*, Vacaciones 1969.

[39] Archivo General de la Diputación, Escrito de sor Carmen Arriba, Caja núm. 3.170.

[40] *Lanza*, 13 de junio de 1973, Biblioteca Virtual de Castilla-La Mancha, Hemeroteca Digital, pp. 6 y 7.

[41] Archivo General de la Diputación, Subvención de los colegios, Caja núm. 3.171.

[42] *20.000 km²*, Diputación Provincial, 1976.

[43] Archivo General de la Diputación, Escrito de sor María Laguía, Caja núm. 3.171.

[44] Archivo General de la Diputación, Actas provinciales, 25 de noviembre de 1988.

[45] Actas del Claustro de Profesores, Colegio Santo Tomás de Villanueva, Curso 1991-1992.

[46] Documento de Organización del Centro Santo Tomás de Villanueva, 1996.

[47] Actas de Claustro, DOC y Memoria del Centro Santo Tomás de Villanueva, 1996.

[48] *Lanza*, 22 de junio de 2011, Biblioteca Virtual de Castilla-La Mancha, Hemeroteca Digital, p. 52.

II. DE GRUPO DE PÁRVULOS A CEIP PÉREZ MOLINA

[1] Inocente Hervás y Buendía, *Diccionario histórico, geográfico, biográfico y bibliográfico de la provincia de Ciudad Real*, Imprenta Clemente Rubisco, 1914, pp. 363 y 364.

[2] Luis Delgado Merchán, *Historia documentada de Ciudad Real*, Imprenta Enrique Pérez, 1907, pp, 335 y 336.

[3] Inocente Hervás y Buendía, *op. cit.*, *p.* 363.

[4] Archivo General de la Diputación, Actas provinciales, 6 de noviembre de 1918.

[5] Archivo Histórico Municipal López-Villaseñor, Acta municipal, 29 de abril de 1920.

[6] *Vida Manchega,* 6 de diciembre de 1927, Archivo Histórico Municipal López-Villaseñor de Ciudad Real, Fondos Digitalizados.

[7] *El Pueblo Manchego*, 30 de enero de 1932, Centro de Estudios de Castilla-La Mancha, UCLM, Hemeroteca Digital.

[8] *Vida Manchega*, 29 de noviembre de 1932, Archivo Histórico Municipal López-Villaseñor de Ciudad Real, Fondos Digitalizados.

[9] Archivo Histórico Municipal López-Villaseñor, Acta municipal, 13 de septiembre de 1933.

[10] VV, AA., *La Semana Cultural Pedagógica*, Ciudad Real, FETE-UGT, 1933, pp. 4 y 5.

[11] Archivo Histórico Municipal López-Villaseñor, Acta municipal, 21 de enero de 1937.

[12] Archivo Histórico Municipal López-Villaseñor, Acta municipal, 23 de septiembre de 1939.

[13] Actas de Claustro de 20 de febrero de 1954, Graduada de Niñas Pérez Molina.

[14] Archivo Histórico Municipal López-Villaseñor, Acta municipal, 19 de noviembre de 1917.

[15] *Lanza*, 25 de diciembre de 1986, Biblioteca Virtual de Castilla-La Mancha, Hemeroteca Digital, p. 8.

[16] *Lanza*, 29 de mayo de 1984, Biblioteca Virtual de Castilla-La Mancha, Hemeroteca Digital, p. 3.

[17] Actas del Consejo Escolar 29 de octubre de 1987, Colegio Público Pérez Molina.

[18] Actas de Claustro de 29 de junio de 2015, CEIP Pérez Molina.

[19] *La Tribuna*, 6 de mayo de 2019.

III. DE GRADUADA MIXTA A CEIP ALCALDE JOSÉ CRUZ PRADO

[1] Inocente Hervás y Buendía, *Diccionario histórico, geográfico, biográfico y bibliográfico de la provincia de Ciudad Real*, Imprenta Clemente Rubisco, 1914. p. 358.

[2] Archivo Histórico Municipal López-Villaseñor, Acta municipal, 16 de septiembre de 1916.

[3] Archivo Histórico Municipal López-Villaseñor, Acta municipal, 12 de mayo de 1917.

[4] Archivo Histórico Municipal López-Villaseñor, Acta municipal, 19 de septiembre de 1918.

[5] Archivo Histórico Municipal López-Villaseñor, Acta municipal, 17 de julio de 1920.

[6] *Vida Manchega*, 14 de enero de 192, Archivo Histórico Municipal López-Villaseñor de Ciudad Real, Fondos Digitalizados.

[7] Archivo Histórico Municipal López-Villaseñor, Caja de Documentos de Escuelas, núm. 2.

[8] Actas de claustro de 21 de enero de 1944, Graduada Mixta Cruz Prado.

[9] *Libro de Visitas de la Inspección*, 20 de diciembre de 1944, Graduada Mixta Cruz Prado.

[10] Archivo Histórico Municipal López-Villaseñor, Caja de Documentos de Escuelas, núm. 1.

[11] Ibídem.

[12] Ibídem.

[13] *Lanza*, 11 de diciembre de 1963, Biblioteca Virtual de Castilla-La Mancha, Hemeroteca Digital, p. 2.

[14] *Lanza*, 15 de marzo de 1987, Biblioteca Virtual de Castilla-La Mancha, Hemeroteca Digital, p. 14.

[15] *Lanza Digital*, 9 de mayo 2022.

[16] *Imás Información. Períodico Digital de Castilla-La Mancha*, 13 de octubre de 2022.

[17] *La Tribuna digital de Ciudad Real*, 4 de julio de 2021.

IV. DE ACADEMIA DE LOS FERROVIARIOS A CEIP FERROVIARIO DE CIUDAD REAL

[1] Antonio Plaza Plaza, *Los orígenes del sindicalismo ferroviario en España*, IV Congreso de Historia Ferroviaria, Málaga, 2006, p. 10.

[2] *Boletín Extraordinario del Colegio de Huérfanos Ferroviarios*, Fundado por Antonio Gistau, 11 de mayo de 1930, Biblioteca Virtual de Castilla-La Mancha.

[3] Archivo Generall de la Diputación, Caja de Documentos, núm. 4.151.

[4] Archivo del CEIP Ferroviario, *Himno de los Ferroviarios*.

[5] Francisco Alonso Martos nació en Granada el 30 de octubre de 1887 y murió en Madrid en 1961.Se tituló en 1913 en la Escuela Superior de Arquitectura de Madrid. Su vida profesional la desarrolló fundamentalmente trabajando para la Asociación General de Empleados y Obreros de los Ferrocarriles Españoles (AGEOFE), aunque también estuvo realizando proyectos para la Dirección General de Prisiones durante un poco tiempo. Los grandes proyectos que realizó para la Asociación de Ferroviarios se pueden encontrar por toda España. Sus obras civiles más destacadas con el cine Salamanca de Madrid (1933/35), la estación de servicio y garaje de Goya de Vitoria (1935) y la Casa de Maternidad y Expósitos de Ciudad Real.

[6] Ponciano Montero Ramírez nació en 1880 y murió en Ciudad Real el 11 de julio de 1944. Su familia y luego él tenían una gran tienda de ultramarinos, aceites y legumbres en la actual Plaza Mayor de la capital. Entre sus varias ocupaciones y actividades, podemos destacar las de presidente de la Asociación de Ferroviarios de Ciudad Real Zona 18, promotor de la construcción de la Academia de los Ferroviarios en Ciudad Real, presidente de la Cámara de Comercio y presidente de la Sociedad Obrero Benéfica de Ciudad Real. También estuvo ocupando cargos dentro de la política como diputado provincial durante los años 1924 a 1929, siendo el diputado-visitador del Hospicio y del resto de establecimientos de la Beneficencia. Como diputado-visitador hizo grandes cambios y reformas en el Hospicio. Otra de sus aficiones fue el periodismo y para ello usaba dos seudónimos: Jeromo Timbales, para las críticas taurinas, y Pepe Patacón, para sus columnas periodísticas.

[7] *Vida Manchega*, 3 de junio de 1931. Centro de Estudios de Castilla la Mancha. UCLM. Hemeroteca Digital.

[8] *Vida Manchega*, 17 y 22 de agosto de 1935, Centro de Estudios de Castilla-La Mancha, UCLM, Hemeroteca Digital.

[9] Archivo Histórico Municipal López-Villaseñor, Caja de Documentos de Escuelas, núm. 2.

[10] *Lanza*, 28 de noviembre de 1964, Biblioteca Virtual de Castilla-La Mancha, Hemeroteca Digital, pp. 1 y 9.

[11] Archivo Histórico Municipal López-Villaseñor, Venta del Edificio a VIPEN, S.A., Caja de Documentos de Escuelas, núm. 2.

[12] *Lanza*, 10 de septiembre de 2010, Biblioteca Virtual de Castilla-La Mancha, Hemeroteca Digital, p. 8.

[13] *Lanza*, 27 de enero de 2011, Biblioteca Virtual de Castilla-La Mancha, Hemeroteca Digital, p. 2.

[14] *Lanza*, 24 de abril de 2015, Biblioteca Virtual de Castilla-La Mancha, Hemeroteca Digital, p. 7.

[15] *Lanza*, 20 de enero de 2017, Biblioteca Virtual de Castilla-La Mancha, Hemeroteca Digital, p. 10.

FUENTES Y BIBLIOGRAFÍA

1. ARCHIVOS Y FUENTES DOCUMENTALES

ARCHIVO HISTÓRICO MUNICIPAL LÓPEZ-VILLASEÑOR DE CIUDAD REAL

Libros de actas del Ayuntamiento pleno de Ciudad Real, 1800-1980.
Vida Manchega, (1921-1936, excepto 1933).
Boletín de Información Municipal.
Carpetas de Escuelas, num. 1 y 2.

ARCHIVO GENERAL DE LA DIPUTACIÓN PROVINCIAL DE CIUDAD REAL

Boletín Oficial de la Provincia de Ciudad Real, 1836-2000.
Actas provinciales, 1800-1998.
Cajas de documentos, núm. 542, 553, 2.286, 2.940, 2.941, 3.170, 3.171, 4.150 y 4.151.

ARCHIVO DEL CEIP SANTO TOMÁS DE VILLANUEVA

Libros de actas de claustros del colegio Santo Tomás de Villanueva,1981-2022 y del colegio Virgen del Prado, 1983-1988.
Libros de actas del Consejo Escolar, 1986-2022.
Memorias de fin de curso, *Plan de Centro, Documento de Organización del Centro* (*DOC*), *Programación General Anua*l (*PGA*), 1986-2022).

ARCHIVO DEL CEIP PÉREZ MOLINA

Libros de actas de claustros, 1940-2022.
Libros de actas del Consejo Escolar, 1982-2022.
Memorias de fin de curso, *Plan de Centro, Documento de Organización del Centro* (*DOC*), *Programación General Anual* (*PGA*).

ARCHIVO DEL CEIP CRUZ PRADO

Libros de actas de claustros de la graduada femenina, 1934-1956 y del colegio público, 1974-2022.
Libros de actas del Consejo Escolar, 1982-2022.
Memorias de fin de curso, *Plan de Centro, Documento de Organización del Centro* (*DOC*), *Programación General Anual* (*PGA*).

ARCHIVO DEL CEIP FERROVIARIO
Libros de actas de claustros, 1965-2022.
Libros de actas del Consejo Escolar, 1982-2022.
Memorias de fin de curso, *Plan de Centro, Documento de Organización del Centro (DOC), Programación General Anual (PGA).*

BIBLIOTECA NACIONAL DE ESPAÑA, FONDOS DIGITALIZADOS
El País
El Sol
La Libertad
El Imparcial. Diario Liberal.
El Liberal de la Mancha.
Gaceta de Instrucción Pública

BIBLIOTECA VIRTUAL DE PRENSA HISTÓRICA, FONDOS DIGITALIZADOS
Adelante
La Bandera Profesional

CENTRO DE ESTUDIOS DE CASTILLA-LA MANCHA, UCLM, HEMEROTECA DIGITAL, PRENSA
Avance. Diario marxista
Diario de La Mancha: periódico de información regional (1906-1910)
Lanza (1943-2023)
Don Quijote de la Mancha. Ciudad Real (1902-1903)
El Eco de Valdepeñas (1925-1936)
Pero Grullo. Ciudad Real (1905)
El Pueblo Manchego. Ciudad Real (1911-1937)
La Tierra Hidalga. Almagro (1923-1924)
Vida Manchega: semanario ilustrado. Ciudad Real (1912-1920)
La Asociación
La Asociación, número especial 835 de 30 de abril de 1922
Boletín extraordinario del Colegio de Huérfanos Ferroviarios, 11 de mayo de 1930
Siempre en Marcha, década de 1970, publicada en el Hogar Provincial.
Página web de Manuel García Isardo, aasalesciudadreal.novamix.es.
El Sayón: http//elsayon.blogspot.com/

2. FUENTES ORALES

Entrevistas a:

1. Patrocinio García Vélez, alumna de la escuela pública de Párvulos Pérez Molina en el periodo de la Guerra Civil y posteriormente en la graduada de niñas Pérez Molina.
2. Carmen Cinca López, maestra del colegio público Pérez Molina de 1963 a 1985.
3. Pilar Cinca López, maestra del colegio público Pérez Molina de 1966 a 1985.
4. Pilar Menchero García, alumna del colegio Virgen del Prado.
5. Jesús Gutiérrez Patón, alumno de Formación Profesional en la Escuela Hogar Santo Tomás de Villanueva en la década de 1970.
6. Aurelio Fernández Cortés, maestro y director del colegio Santo Tomás de Villanueva (1975-2012).
7. Manoli y Juani Díaz Roma, hijas de Arturo, vivieron en el colegio Ferroviario desde 1956 a 1986.
8. José Antonio Iglesias Alonso, maestro en la Comandancia (1970) y en el colegio Cruz Prado (1975-2004).
9. Salvador Encina Mena, hijo de Salvador Encina Palomo.
10. José Luis Palomo Jiménez, José Manuel Torres Mateos y Pilar Martínez Carrasco, miembros del AMPA del colegio Ferroviario (2000-2008).
11. Carmen Dondarza, alumna del colegio Ferroviario (1965-1975).
12. José Luis Jiménez González, maestro y director del colegio Ferroviario (1986-1996).
13. Equipos directivos de los colegios Cruz Prado, Ferroviario, Pérez Molina y Santo Tomás de Villanueva.

3. BIBLIOGRAFÍA

ABELLÁN, Rafael: *Cuadros a pluma (notas descriptivas de Ciudad Real)*, 1914.

ALÍA MIRANDA, Francisco: *Ciudad Real durante la dictadura de Primo de Rivera*, Ciudad Real, Instituto de Estudios Manchegos, 1986.

—: *La Guerra Civil en retaguardia. Ciudad Real (1936-1939)*, Ciudad Real, Biblioteca de Autores Manchegos, 1994.

ALÍA MIRANDA, F. y otros: *El Palacio Provincial y su época*, Ciudad Real, Biblioteca de Autores Manchegos, 2017.

ALTAMIRA, R.: *Problemas urgentes de la primera enseñanza en España*, Madrid, 1912.

ASENSIO RUBIO, Francisco: *La Enseñanza Primaria en la II República y Guerra Civil: Ciudad Real, 1931-1939*, Ciudad Real, Biblioteca de Autores Manchegos, 2007.

—: Historia de la educación en Ciudad Real durante la segunda mitad del siglo XIX y comienzos del XX, en *1ªs Jornadas de Educación. Lorenzo Luzuriaga y la política educativa de su tiempo*, Ciudad Real, Biblioteca de Autores Manchegos, 1986.

BARREDA FONTES, José María e Isidro SÁNCHEZ SÁNCHEZ: «Contribución a la Historia de la prensa en la provincia de Ciudad Real», en *Cuadernos de Estudios Manchegos*, núm. 12, Ciudad Real, Instituto de Estudios Manchegos, 1982.

BARREIRO RODRÍGUEZ, H.: *Lorenzo Luzuriaga y la escuela pública en España (1889-1936)*, Ciudad Real, Biblioteca de Autores Manchegos, 1984.

BELLO, L.: *Viajes por las Escuelas de España*, 4 vol., Madrid, Magisterio Español, 1927.

CAPEL MARTÍNEZ, R, M.: *El trabajo y la educación de la mujer en España (1900-1930)*, Madrid, Ministerio de Cultura, 1982.

CASTELLANOS GÓMEZ, V.: *Musicalerías. Ciudad Real; Música y sociedad, 1915-1965*, Ciudad Real, Biblioteca de Autores Manchegos, 2005

CASTILLEJO DUARTE, José: *Guerra e ideas en España*, Madrid, Revista de Occidente, 1976.

CLEMENTE, D.: *Guía de Ciudad Real*, Ciudad Real, Tipografía Cayetano Rubisco, 1869.

COSSÍO, M. B. y L. LUZURIAGA: *La enseñanza primaria en España*, Madrid, Museo Pedagógico Nacional, 1915.

DELGADO MERCHÁN, L.: *Historia Documentada de Ciudad Real*, Ciudad Real, Enrique Pérez, 1907.

DOMINGO, M.: *La Escuela en la República (la obra de ocho meses)*, Madrid, M. Aguilar Editor, 1932.

GAMERO MERINO, C.: *Un modelo europeo de renovación pedagógica: José Castillejo*, Madrid, CSIC, Instituto de Estudios Manchegos, 1988.

GINER DE LOS RÍOS, F.: *Estudios sobre educación. Obras Completas*, Madrid, Espasa Calpe, 1933.

GONZÁLEZ DÍAZ, R.: «Alcaldes de Ciudad Real», en *Boletín de Información Municipal*, Navidad de 1971.

GONZÁLEZ GERALDO, J. L. y S. MORATALLA ISASI: *Colonias Escolares. Visiones y Relatos*, Albacete, Amuni, 2014.

GONZÁLEZ RODRÍGUEZ, E.: *Sociedad y Educación en la España de Alfonso XIII*, Barcelona, s.f.

HERRERA ORIA, A.: *Educación de una España Nueva*, Fax, 1934.

HERVÁS Y BUENDÍA, I.: *Diccionario histórico, geográfico, biográfico y bibliográfico de la provincia de Ciudad Real*, Ciudad Real, Imprenta Clemente Rubisco, 1914.

INSTITUTO DE SEGUNDA ENSEÑANZA DE CIUDAD REAL: *Memoria acerca del estado del Instituto de Segunda Enseñanza de Ciudad Real durante los cursos 1898-99, 1899-00, 1900-01, 1901-02 ,1902-03, 1903-04,*

1904-05, 1905-06, 1906-07, 1907-08 y 1908-09, Ciudad Real, Tipografía del Hospicio Provincial.

JARA BARREIRO, Ángel: *Sociedad y Educación en la prensa provincial de Ciudad Real, 1900-1936*, Centro de Estudios de Castilla-La Mancha, UCLM, Hemeroteca Digital.

—: *La Segunda Enseñanza en La Mancha. El Instituto de Ciudad Real (1837-1967)*, Ciudad Real, Biblioteca de Autores Manchegos, 2001.

—: «La educación en Ciudad Real en tiempos de José Castillejo (1900-1930)», en *José Castillejo y la política europeísta para la reforma educativa española*, Ciudad Real, Biblioteca de Autores Manchegos, 1987, pp. 257-278.

—: «*El Magisterio*, periódico de educación y enseñanza en la provincia de Ciudad Real (1858-1928)», en *Actas del Primer Congreso de Historia de Castilla-La Mancha*, Toledo, Junta de Comunidades de Castilla-La Mancha, 1988, pp. 295-303.

JIMÉNEZ CANO, A.: *Historia del ferrocarril en Ciudad Real. Primera parte (1846-1941)*, Ciudad Real, Biblioteca de Autores Manchegos, 2020.

JIMÉNEZ LADI, A.: *La Institución Libre de Enseñanza. Los orígenes*, Madrid, Taurus, 1973.

LACRUZ ALCOCER, M.: *Las Escuelas Normales de Maestros y Maestras de Ciudad Real ,1842-1936*, Ciudad Real, Biblioteca de Autores Manchegos, 2022.

LARRETA, Juan y Francisco PRIETO: *La vuelta a La Mancha a pie*, Valdepeñas, 1923.

LÓPEZ PASTOR, Cecilio: *Ciudad Real, medio siglo de su comercio*, Ciudad Real, Cámara de Comercio e Industria de Ciudad Real y Caja Rural Provincial, 1986.

LÓPEZ PECO, C.: *Los jesuitas en Ciudad Real, 1903-1986, Ciudad Real*, Biblioteca de Autores Manchegos, 2003.

LUZURIAGA, L.: *Historia de la Educación Pública*, Buenos Aires, Losada, 1940.

—: *El analfabetismo en España*, Madrid, J. Cosano Publicaciones del Mundo Pedagógico Nacional, 1926.

MAESTRO SAN JOSÉ, J.: *20 meses de labor municipal*, Ayuntamiento de Ciudad Real, Escuelas Gráficas del Hogar Provincial, 1933.

MARTÍNEZ GUERAU DE ARELLANO, D., F. ASENSIO SERRANO y C. GONZÁLEZ MORENA: *La Instrucción Pública en Ciudad Real (1850-1931)*, Ciudad Real, Biblioteca de Autores Manchegos, 1986.

MONTERO PINTADO, A.: *La Institución Libre de Enseñanza: un proyecto de renovación pedagógica*, Madrid, Anaya, 1985.

MORENO BETETA, M. J.: *Prensa, Radio y Cine en Ciudad Real durante la II República*, Ciudad Real, Biblioteca de Autores Manchegos, 1987.

MOYANO GÓMEZ, A. y A. MOYANO ENRÍQUEZ DE SALAMANCA: *Ciudad Real, 1810-2010. Dos siglos de transformaciones*, Ciudad Real, Biblioteca de Autores Manchegos, 2021.

NAVARRO BARREDA, D.: *Penal de Inocentes*, edición del autor, 2009.

OTERO OCHAÍTA, J.: *Modernización e inmovilismo en La Mancha de Ciudad Real (1931-1936)*, Ciudad Real, Biblioteca de Autores Manchegos, 1993.

OTERO URTAZA, E. M.: *Manuel Bartolomé Cossío. Trayectoria vital de un educador*, Madrid, Publicaciones de la Residencia de Estudiantes-CSIC, 1994.

—: *Manuel Bartolomé Cossío. Pensamiento pedagógico y acción educativa*, Madrid, CIDE, 1994.

—: «Excursionismo, lecciones de cosas y trabajos manuales: algunos influjos de Pestalozzi en la Institución Libre de Enseñanza», *en La recepción de la pedagogía pestalozziana en las sociedades latinas*, Madrid, Endymion, 1998.

PALACIOS BAÑUELOS, L.: *José Castillejo. Última etapa de la Institución Libre de Enseñanza*, Madrid, Narcea-Bitácora, 1979.

—: *Castillejo, educador*, Ciudad Real, Biblioteca de Autores Manchegos, 1986.

—: *La España soñada. José Castillejo, un regenerador desde la Institución Libre de enseñanza*, Ciudad Real, Biblioteca de Autores Manchegos, 2019.

PALOMARES GARCÍA, V.: *Miguel Pérez Molina (1868-1939) y la Academia General de Enseñanza de Ciudad Real*, Ciudad Real, Biblioteca de Autores Manchegos, 2018.

PÉREZ FERNÁNDEZ, F.: *Efemérides Manchegas. 1ª serie, 1970*, Ciudad Real, Biblioteca de Autores Manchegos, 2012.

—: *Efemérides Manchegas. 2ª serie, 1975*, Ciudad Real, Biblioteca de Autores Manchegos, 2013.

PÉREZ GALÁN, M.: *La enseñanza en la Segunda República Española*, Madrid, Cuadernos para el Diálogo, 1975.

PERIS SÁNCHEZ, D.: *Espacios y tiempos en Ciudad Real. La ciudad interior*, Ciudad Real, Serendipia, 2017.

PILLET CAPDEPÓN, F.: *Geografía urbana de Ciudad Real (1255-1980)*, Madrid, Akal, 1984.

POZO ANDRÉS, M.ª M.: *La educación en Castilla la Mancha en el siglo XX (1900-1975)*, Toledo, Almud, 2007.

REJÁ SUÑER, Jesús: *Guía consultor e indicador de Ciudad Real y su provincia*, Ciudad Real, Tipografía Ruiz Morote, 1905.

RUIZ AMADO, R.: *La reforma de la Segunda Enseñanza*, Barcelona, 1922.

SÁNCHEZ LILLO, J.: «La desaparecida plaza, plazuela de Hernán Pérez del Pulgar», *Lanza*, 23 de agosto de 2017.

SÁNCHEZ SÁNCHEZ, Isidro: *Historia y evolución de la Prensa manchega (1813-1939)*, Ciudad Real, Biblioteca de Autores Manchegos, 1990.

—: «Caridad, Beneficencia y Educación. Un espacio en Ciudad Real desde fin del convento de Franciscanos Observantes hasta la Residencia Universitaria», en V. Iniesta y J. Martínez, *Frailes, aprendices y estudiantes*, Cuenca, Ediciones de la Universidad de Castilla-La Mancha, 2019.

SÁNCHEZ SÁNCHEZ, Isidro y Patricia FRANCO JIMÉNEZ (coord..): *Cámara de Comercio e Industria de Ciudad Real (1912-2012). Cien años de actividad económica en la provincia*, Ciudad Real, Cámara de Comercio e Industria y Universidad de Castilla-La Mancha, 2012.

TURÍN, I.: *La educación en la escuela en España de 1874 a 1902. Liberalismo y tradición*, Madrid, Aguilar, 1967.

UÑA, J.: «Bases para una reforma de nuestra Instrucción Pública», en *Boletín de la Institución Libre de Enseñanza*, núm. 705, 1918.

VILANOVA RIBAS, M. y Julia MORENO: *Atlas de la evolución del analfabetismo en España de 1887 a 1991*, Madrid, CIDE, Ministerio de Educación y Ciencia y Comisión Española de Cooperación con la UNESCO, 1992.

VIÑAO FRAGO, X.: *Innovación pedagógica y racionalidad científica. La escuela graduada pública en España (1898-1936)*, Madrid, Akal, 1990.

VV.AA.: *Historia de la educación en España, t. III, De la Restauración a la II República*, Madrid, Ministerio de Educación y Ciencia, 1979.

VV.AA.: *Segundas Jornadas de Educación. José Castillejo y la política europeísta para la reforma educativa española*, Ciudad Real, Biblioteca de Autores Manchegos, 1987.

VV.AA.: *Semana Cultural Pedagógica*, Ciudad Real, FETE-UGT,1933.

VV.AA.: *Ciudad Real 1931-1934*, Ciudad Real, Agrupación Socialista de Ciudad Real, 1983.

ÍNDICE DE TABLAS